REVISTA DE DIREITO MERCANTIL
industrial, econômico e financeiro

114

Publicação do
Instituto Brasileiro de Direito Comercial Comparado
e Biblioteca Tullio Ascarelli
do Departamento de Direito Comercial
da Faculdade de Direito da Universidade de São Paulo

Ano XXXVII (Nova Série)
abril-junho/1999

MALHEIROS EDITORES

REVISTA DE DIREITO MERCANTIL
industrial, econômico e financeiro

Nova Série — Ano XXXVII — n. 114 — abril-junho de 1999

REVISTA DE DIREITO MERCANTIL
publicação trimestral de
MALHEIROS EDITORES LTDA.
Rua Paes de Araújo, 29, cj. 171
CEP 04531-940
São Paulo, SP - Brasil
Tel. 822-9205 - 820-5549 - Fax: 829-2495

Assinaturas e comercialização:
CATAVENTO DISTRIBUIDORA DE LIVROS S.A.
Rua Conselheiro Ramalho, 928
CEP 01325-000
São Paulo, SP - Brasil
Tel. 289-0811 - Fax: 251-3756

Diretor Responsável: Álvaro Malheiros
Diretora: Suzana Fleury Malheiros

Supervisão Gráfica: Vânia Lúcia Amato
Composição: PC Editorial Ltda.

SUMÁRIO

DOUTRINA
O DIREITO DE RECESSO NO DIREITO BRASILEIRO E NA LEGISLAÇÃO COMPARADA
Newton de Lucca 7
A RESPONSABILIDADE SOCIAL DAS COMPANHIAS
Rachel Sztajn 34
CONDUTAS ANTICONCORRENCIAIS NO SETOR BANCÁRIO
Calixto Salomão Filho 51

ATUALIDADES
NEGÓCIOS COM OPÇÕES – A OPÇÃO FLEXÍVEL
Haroldo Malheiros Duclerc Verçosa 63
EFEITOS DO SILÊNCIO E DA RATIFICAÇÃO NO CONTRATO DE MANDATO CIVIL OU MERCANTIL
Jorge Lobo 68
OS JUROS NO DIREITO BRASILEIRO
João Luiz Coelho da Rocha 73
POSIÇÃO DO PROMITENTE-COMPRADOR, NO NEGÓCIO JURÍDICO COMPLEXO REGIDO PELA LEI DE INCORPORAÇÃO IMOBILIÁRIA, NA HIPÓTESE DE FALÊNCIA DO INCORPORADOR
Luiz Antonio Guerra da Silva 82
CRISE CAMBIAL E REVISÃO JUDICIAL DOS CONTRATOS DE "LEASING" INDEXADOS EM MOEDA ESTRANGEIRA: BREVE CONTRIBUIÇÃO AO DEBATE
Renato Ventura Ribeiro 87
BUSCA E APREENSÃO NA ALIENAÇÃO FIDUCIÁRIA
Luiz Rodrigues Wambier 117
REFLEXÃO SOBRE A ATIVIDADE INVENTIVA
Mauricio Lopes de Oliveira 134
O DIREITO DE CONTINUAR SÓCIO DE S/A FACE AS REORGANIZACÕES SOCIETÁRIAS
Christian Max Finardi Squassoni 140
FORMAÇÃO DO CONTRATO DE COMPRA E VENDA INTERNACIONAL DE MERCADORIAS
Patrícia Bezerra de M. Galindo da Fonseca 146

JURISPRUDÊNCIA COMENTADA
SOCIEDADE POR QUOTAS
Paulo Salvador Frontini 161
PENHORA DE DINHEIRO EM BANCO
Haroldo Malheiros Duclerc Verçosa 170
DISSOLUÇÃO PARCIAL DE S/A. QUEBRA DA "AFFECTIO SOCIETATIS". APURAÇÃO DE HAVERES
Uinie Caminha 174
DISSOLUÇÃO DE S/A. LIQUIDAÇÃO IRREGULAR. RESPONSABILIDADE DOS ADMINISTRADORES
Cesar Amendolara 183
CUMULAÇÃO DE CAUSAS DE DISSOLUÇÃO DE S/A. PREVALÊNCIA DAQUELA QUE OCORREU EM PRIMEIRO LUGAR. CASOS DE INCONVERTIBILIDADE DO PROCEDIMENTO DE LIQUIDAÇÃO
Jacyra Xavier de Sá 192

ESPAÇO DISCENTE
A ASSEMBLÉIA ESPECIAL DOS PREFERENCIALISTAS E OS PROCEDIMENTOS DE REESTRUTURAÇÃO DAS EMPRESAS
Pedro Marini Neto 199

ESTACIONAMENTOS EM "SHOPPING CENTERS" (UMA ANÁLISE DA EVOLUÇÃO JURISPRUDENCIAL)
Sandra de Medeiros Nery 206

TEXTOS CLÁSSICOS
O DESENVOLVIMENTO HISTÓRICO DO DIREITO COMERCIAL E O SIGNIFICADO DA UNIFICAÇÃO DO DIREITO PRIVADO
Tullio Ascarelli 237

PARECERES
QUESTÃO REFERENTE A LIVROS SOCIETÁRIOS E DOCUMENTOS RELATIVOS À PRESENÇA E ÀS DELIBERAÇÕES DAS ASSEMBLÉIAS-GERAIS – IRREGULARIDADES DE MENOR MONTA QUE NÃO SE CONFUNDEM COM FALSIDADE NEM JUSTIFICAM A SUA ANULAÇÃO
Waldirio Bulgarelli 253
RESTRIÇÃO À CONCORRÊNCIA, AUTORIZAÇÃO LEGAL E SEUS LIMITES. – LEI 8.884, DE 1994 E LEI 6.729, DE 1979 ("LEI FERRARI")
Eros Roberto Grau e Paula A. Forgioni 258

COLABORAM NESTE NÚMERO

CALIXTO SALOMÃO FILHO
Livre-Docente e Professor de Direito Comercial da Faculdade de Direito da USP

CESAR AMENDOLARA
Pós-Graduando da Faculdade de Direito da USP

CHRISTIAN MAX FINARDI SQUASSONI
Pós-Graduando da Faculdade de Direito da USP

EROS ROBERTO GRAU
Professor Titular da Faculdade de Direito da USP. Professor Visitante da Faculdade de Direito da Universidade de Montpellier I

HAROLDO MALHEIROS DUCLERC VERÇOSA
Mestre e Doutor em Direito pela Faculdade de Direito da USP. Professor de Direito Comercial nos Cursos de Graduação e Pós-graduação da USP e da UNICID

JACYRA XAVIER DE SÁ
Pós-Graduanda da Faculdade de Direito da USP

JOÃO LUIZ COELHO DA ROCHA
Professor de Direito Comercial da PUC/RJ. Advogado

JORGE LOBO
Livre-Docente em Direito Comercial pela UERJ. Advogado

LUIZ ANTONIO GUERRA DA SILVA
Chefe do Departamento de Direito Privado da Faculdade de Direito do Distrito Federal, do Centro Universitário de Brasília. Professor de Direito Comercial e Processual Civil da FADI/CEUB. Consultor Jurídico e Advogado

LUIZ RODRIGUES WAMBIER
Mestre em Direito pela Universidade Estadual de Londrina-PR. Doutor em Direito pela PUC/SP. Professor-Adjunto na Universidade Estadual de Ponta Grossa. Advogado

MAURICIO LOPES DE OLIVEIRA
Mestre em Direito pela Universidade de Montpellier. Diplomado pelo Centre d'Études Internationales de la Propriété Industrielle (CEIPI) da Universidade Robert Schuman de Strasbourg e em International Intellectual Property Law pela Universidade da Flórida (French Itinerary Program)

NEWTON DE LUCCA
Mestre, Doutor, Livre-Docente e Adjunto pela Faculdade de Direito da USP. Desembargador Federal do Tribunal Regional Federal da 3ª Região

PATRÍCIA BEZERRA DE M. GALINDO DA FONSECA
Professora na Faculdade de Direito da Universidade Federal Fluminense. *Scholar in Residence* na Pace University School of Law

PAULA A. FORGIONI
Professora de Direito Econômico da Escola de Administração de Empresas da FGV/SP. Doutora em Direito pela USP

PAULO SALVADOR FRONTINI
Professor da Faculdade de Direito da USP

PEDRO MARINI NETO
Pós-Graduando da Faculdade de Direito da USP

RACHEL SZTAJN
Professora Associada da Faculdade de Direito da USP

Renato Ventura Ribeiro
Professor Assistente Temporário. Mestre e Doutorando da Faculdade de Direito da USP. Professor-Adjunto da UNICID. Advogado

Sandra de Medeiros Nery
Pós-Graduanda da Faculdade de Direito da USP

Uinie Caminha
Pós-Graduanda da Faculdade de Direito da USP

Waldirio Bulgarelli
Professor Titular de Direito Comercial da Faculdade de Direito da USP

Doutrina

O DIREITO DE RECESSO NO DIREITO BRASILEIRO E NA LEGISLAÇÃO COMPARADA*

NEWTON DE LUCCA

I – Considerações introdutórias. II – Conceito e função do direito de recesso. III – O direito de recesso na legislação comparada. IV – O direito de recesso na sociedade por cotas de responsabilidade limitada. V – O direito de recesso na Lei 6.404/76. VI – O direito de recesso na Lei 7.958/89 (a malfadada "Lei Lobão"). VII – O direito de recesso na Lei 9.457/97. VIII – Bibliografia.

I – Considerações introdutórias

Discorrer sobre o direito de recesso, ainda que de forma meramente panorâmica, nos limites de uma única palestra, constitui um daqueles desafios que só podem empolgar os mais corajosos. Espíritos não afeitos à audácia ou à astúcia, incapazes de empreendimentos difíceis ou que estejam além de suas próprias forças – como há de ser lastimavelmente o meu – não são os mais indicados para tal tarefa...

Reconheço que, no presente caso, tentei reunir toda a audácia que ainda me restava para tentar levar a cabo essa empresa, sem perder de vista, por certo, aquela sábia advertência, atribuída a Lord Chesterfield, de que a astúcia parece ser o sombrio santuário da incapacidade[1]...

Com efeito, há que se ter, sobretudo, para tema tão vasto a ser enfrentado em algumas poucas horas, um sentido espantoso de resposta às interrogações de natureza mais complexa, além de um poder, deveras especial e quase sempre raro em nosso meio, de captação imediata do âmago das coisas.

Tantos são os aspectos polêmicos desse direito e tantas são as matérias que poderiam ou deveriam ser tratadas por quem se proponha a dissertar sobre elas, que o talento para sintetizá-las há de estar, efetivamente, muito além do que o simples esforço deste expositor pode oferecer.

De toda sorte, a maior de todas as coragens, como já se disse algures, é a de assumir responsabilidades. E a esta última, por razões de variada ordem, eu não desejava me esgueirar à sorrelfa, posto ser grande e antigo o meu carinho pela Pontifícia Universidade Católica de São Paulo que organiza este curso.

Principio por dizer que o art. 109 da Lei 6.404, de 15.12.76, disciplinadora das

* Texto básico da palestra proferida em Curso sobre Direito Societário promovido pela Faculdade de Direito da PUC/SP, no dia 9.11.98.

1. Dentre tantas frases de espírito a esse autor atribuídas, tomamos a liberdade de relembrar mais esta: "A única coisa que desejo quanto ao meu enterro é não ser enterrado vivo".

sociedades por ações no Brasil, estabeleceu os chamados direitos essenciais também conhecidos por direitos intangíveis, fundamentais ou interrogáveis[2] do acionista.

Dispõe ele que:

"Nem o estatuto social nem a assembléia-geral poderão privar o acionista dos direitos de:

"I – participar dos lucros sociais;

"II – participar do acervo da companhia, em caso de liquidação;

"III – fiscalizar, na forma prevista nesta Lei, a gestão dos negócios sociais;

"IV – preferência para subscrição de ações, partes beneficiárias conversíveis em ações, debêntures conversíveis em ações e bônus de subscrição, observado o disposto nos arts. 171 e 172;

"V – retirar-se da sociedade nos casos previstos nesta Lei.

"§ 1º. As ações de cada classe conferirão iguais direitos aos seus titulares.

"§ 2º. Os meios, processos ou ações que a lei confere ao acionista para assegurar os seus direitos não podem ser elididos pelo estatuto ou pela assembléia-geral."

Verifica-se, pois, numa primeira aproximação com o tema, que o direito de recesso se insere no âmbito desses direitos essenciais ou intangíveis, consoante a expressa disposição do inc. V do art. 109 retrotranscrito.[3]

Assim como, no plano constitucional, foram criados os direitos e garantias individuais[4] como forma de coartar os abusos de poder dos governantes, poder-se-ia dizer, analogamente, que os direitos essenciais do acionista, em certo sentido, foram declarados para conter os atos de abuso de poder por parte dos controladores, consoante vislumbrado por Luiz Gastão Paes de Barros Leães:[5] "Assim, à semelhança dos direitos individuais dos cidadãos, cuja inviolabilidade é assegurada pela Constituição Federal (art. 153),[6] a Lei de Sociedades Anônimas firma o elenco dos direitos essenciais dos acionistas, assegurando-lhe a intangibilidade, de maneira expressa e taxativa. Esses direitos, somados a poderes, ônus e obrigações atinentes aos acionistas, compõem o chamado *status socii*, que se define como a posição do sócio dentro da coletividade social, e pressuposto comum e constante de tais direitos e deveres".

Na mesma linha, doutrina José Rubens Costa,[7] *in verbis*: "(...) Se é certo que os direitos individuais do cidadão decorrem do Direito Natural, não menos certo é que a noção de Direito Natural é muito imprecisa e necessita, por conseguinte, de uma regulamentação de Direito Positivo, para que se determine quais são estes direitos naturais inerentes à condição humana. Da mesma forma, portanto, o Direito Positivo cataloga os direitos essenciais de cada acionista dentro da sociedade, como inerentes à sua condição, ao seu *status* de sócio".

2. Segundo as Cortes de Justiça norte-americanas, constituem *vested rights* aquelas prerrogativas dos acionistas que não podem ser derrogadas.

3. Sobre a insuficiência e os perigos de tal inserção, cf. logo mais adiante no texto principal.

4. A doutrina constitucionalista distingue, com razão, os *direitos* individuais das *garantias* individuais, conforme já apregoara o nosso grande publicista da primeira República, Rui Barbosa (*A Constituição e os Atos Inconstitucionais*, Rio de Janeiro, 2ª ed., p. 189). Mais modernamente, engendrada como modalidade autônoma, mas decorrente das garantias constitucionais mencionadas, fala-se em *garantias institucionais* cujo estudo aprofundado é devido ao jurista alemão Carl Schmitt. Para uma ampla e percuciente investigação, entre nós, cf. Paulo Bonavides, *Curso de Direito Constitucional*, 6ª ed., Malheiros Editores, capítulo 15, pp. 481 e ss.

5. *Comentários à Lei das Sociedades Anônimas*, § 214, p. 216.

6. O autor referiu-se, evidentemente, à Constituição Federal vigente à época em que foram escritos os seus *Comentários* (CF de 1967, com a redação da Emenda Constitucional de 1969). A referência atual seria, como se sabe, ao art. 5º.

7. "Sociedades anônimas. Direitos essenciais dos acionistas", cit.

As expressões *numa primeira aproximação com o tema* e *em certo sentido*, linhas atrás utilizadas, denotam a nossa preocupação de, independentemente de maiores aprofundamentos doutrinários, prefixarem-se conceitos rígidos e peremptórios, de ranço marcadamente positivista, sem margem às construções exegéticas de qualquer espécie...

Tal procedimento, na verdade, nos parece extremamente nefasto pelo seu caráter obliterado e reducionista, posto que o direito de recesso, como tantos outros institutos jurídicos, não pode ser adequadamente entendido se analisado exclusivamente sob o prisma das disposições legais que o consagram.

Daí a importância decisiva de nos determos, no item subseqüente, na análise não apenas do *conceito* do direito do recesso, mas também da *função* que o mesmo é chamado a desempenhar, a fim de que não se tirem ilações indevidas, a partir de conceituações prévias, que desviam o intérprete da exegese sistêmica do instituto em estudo.

Deveras, o direito de *recesso* ou de *dissidência* do acionista – pela nossa lei epigrafado como *direito de retirada* – é matéria que vem dando margem às mais calorosas discussões. Nem poderia ser de outra forma. Situa-se ela, talvez, no epicentro dos conflitos entre acionistas controladores, de um lado, e acionistas minoritários, de outro.

Já se disse, com propriedade, que o instituto do recesso reflete a tensão permanente entre os interesses individuais dos sócios e as necessidades de desenvolvimento da empresa; não se pode condenar o acionista a permanecer em uma empresa que não atende mais aos seus interesses. A legislação visa proteger esse acionista e permitir que ele se desligue da "nova" companhia, pela qual ele não se sente mais atraído.[8]

A par das discussões essencialmente jurídico-doutrinárias sobre a natureza desse direito – em princípio a de um *negócio jurídico* que produz a extinção da relação jurídica entre o acionista e a companhia, caracterizando-se por ser *manifestação unilateral de vontade* ou *reclamação* na voz sempre autorizada de Pontes de Miranda[9] – e inserindo-se ele, a nosso ver impropriamente, no quadro dos direitos individuais dos acionistas, o caráter eminentemente ideológico desse direito torna-se indisfarçável, bastando, para tanto, que se recorde as vicissitudes por que passaram aqueles direitos individuais dos acionistas (*Sonderrecht*), consagrados no BGB alemão do final da centúria passada, mas duramente castigados durante o período nazista em que foi editada a *Aktiengesetz* de 1937.

Assim, é certo que o direito de recesso como acontece, sobretudo, com o direito de voto acompanha, de certo modo, a evolução democrática das sociedades anônimas e sua posterior involução atual para um caráter predominantemente aristocrático, como nô-lo demonstra a doutrina mais autorizada a respeito da matéria.

Modesto Carvalhosa,[10] p. ex., em epígrafe a que denominou "Involução política refletida na Lei n. 6.404, de 1976", assinala com a costumeira propriedade: "Temos, assim, que as Leis 6.404, de 1976, e 9.457, de 1997, não somente deixaram de evoluir com referência à lei de 1940, como involuíram profundamente no que respeita ao principal direito do acionista, qual seja, o de participar das deliberações sociais em assembléia-geral.

"A Lei 6.404, de 1976, não pode ser alinhada na concepção democrática da sociedade anônima, fundada no contrato social, em que o voto é o principal instrumento de participação e de representação social."

8. Cf. Alfredo Lamy Filho e José Luiz Bulhões Pedreira, *A Lei das S/A*, v. II, p. 339.

9. *Tratado de Direito Privado*, t. L, § 5.328, 2, p. 342.

10. *Comentários à Lei de Sociedades Anônimas*, v. 2, p. 283.

Já Rachel Sztajn,[11] após assinalar as diferenças existentes em matéria de direito de recesso no plano do Direito Comparado, mesmo no que se refere às "legislações pertencentes a uma mesma família", assevera que "a suspeita de que o direito de recesso não constitui instituto voltado para a tutela de minoritários – torna-se mais e mais intensa e impõe a busca de outra hipótese".

Apesar de aceitar a idéia de que as relações entre a maioria e a minoria acionárias são, efetivamente, a "pedra de toque de qualquer sistema de sociedades", conclui a referida Professora que: "Ora, aceita essa afirmação, se o recesso for direito voltado para a tutela de minorias, deveria estar presente em todas as legislações, independentemente do sistema jurídico, pois a questão maioria/minoria não é própria apenas do Direito brasileiro".

Aurelio Menéndez Menéndez,[12] depois de assinalar que a concepção democrática da sociedade anônima, enquanto forma de grande empresa, entrou em crise, com a tendência de concentração e de unificação do poder acelerando-se cada vez mais, dado que a necessidade de se assegurar a maior eficácia possível à gestão da empresa social fez com que o poder se deslocasse para os chamados órgãos da administração, tece as seguintes considerações: "Si es ésta la realidad, es natural que nos preguntemos sobre el sentido que desde esta perspectiva puede tener la diferenciación entre accionistas de control y accionistas inversores de fondos, o si se quiere, para seguir recordando las ideas expuestas, sobre el sentido que tienen las acciones sin voto. Parece que por este lado la respuesta no es dudosa: las acciones sin voto significarían que en una buena parte lo que era la piedra de toque de la organización del poder queda suprimida. En otros términos, que frente a una sociedad anónima de base democrática, con el voto del socio como origen de todo poder y la soberanía de la junta como principio cardinal de su estructura, caminamos hacia una sociedad anónima que, volviendo en cierto modo – sólo en cierto modo – a lo que fue en sus orígenes, trata de suprimir el voto del accionista y de constituirse sobre una base más bien oligárquica, fundada en el dominio de los socios que aspiran a participar en la administración y en el poder de gestión concentrado en los órganos de dirección y las minorias de control. Pero desde este momento decae o desaparece el instrumento de defensa del accionista en forma particularmente aguda. Y el Derecho que, como la Naturaleza – según una feliz expresión –, 'tiene horror al vacío', buscará, sin duda, los mecanismos compensadores al poder liberado de los administradores y los equipos de dirección".

De minha parte, não posso deixar de me manifestar a respeito de tema tão apaixonante, na feliz expressão de Paulo Salvador Frontini.[13] O direito de recesso sempre foi – e continua a sê-lo no presente – um convite permanente à reflexão. Não que me revolva o peito, é claro, a esperança íntima de dar alguma contribuição em matéria sobre a qual já se pronunciaram as mais autorizadas vozes no mundo do Direito.

Além do mais, opiniões isoladas não alteram o curso natural das coisas, máxime quando expressas nos acanhados limites de uma simples palestra...

De toda sorte, estou pessoalmente convencido de que o conteúdo do direito de recesso não se confunde, efetivamente, com a essência dos chamados direitos individuais ou intangíveis do acionista, resultando daí, talvez, a melhor explicação para a sua assimetria entre as mais diversas legislações e mesmo para a sua completa inexistência em algumas outras.

11. "O direito de recesso nas sociedades comerciais", in *RDM* 71/50-54, especialmente p. 51.

12. "Ensayo sobre la evolución actual de la Sociedad Anônima", p. 38.

13. *RDM* 86/71 e ss., especialmente p. 75.

E não se confunde pela simples e boa razão de que entre os direitos individuais dos acionistas estão albergados direitos de natureza absolutamente diversa.

Mostrou-o, com a precisão admirável de sempre, Fábio Konder Comparato,[14] destacando tanto a existência de *direitos materiais*,[15] com a finalidade voltada à obtenção de bens econômicos, quanto a de *remédios jurídicos*,[16] estes consubstanciados nos meios ou recursos de realização ou de proteção daqueles direitos materiais.

Esclarece, igualmente, o preclaro Professor, que alguns dos direitos individuais dos acionistas correspondem a prerrogativas essenciais do sócio, independentemente do tipo de sociedade mercantil, pois tais prerrogativas seriam inerentes a qualquer sociedade, podendo-se afirmar que, sem aquelas, não existiria esta última. Exemplifica o citado mestre "com o caso paradigmático do direito de participar dos lucros sociais, com a correlata regra da nulidade das sociedades *leoninas*", estas previstas no art. 288 do Código Comercial.[17]

E nos completa Comparato:[18] "Já o mesmo não ocorre quando o direito individual é reconhecido em lei unicamente para a proteção do interesse minoritário, a modo de contrapeso ao princípio do governo social pela maioria. Exatamente porque não se cuida, aí, de prerrogativa ligada à própria essência da sociedade, nem todas as legislações consagram tais direitos, ou os alçam à categoria de poderes intangíveis".

Daí porque afirmamos, linhas atrás, que a inserção do direito de recesso no âmbito dos chamados direitos individuais, essenciais, intangíveis ou fundamentais do acionista – a par de sua notória insuficiência teórica, posto situar-lhe o gênero próximo sem, contudo, indicar-lhe a diferença específica – pode representar até mesmo um certo perigo, na medida em que parece retirar do direito de recesso a sua verdadeira natureza de um *remédio* jurídico.

E por tratar-se de remédio, desejo antecipar, já nestas linhas introdutórias, a minha posição francamente favorável à existência desse direito de recesso, não obstante os problemas que a sua utilização abusiva terá gerado não apenas na vida empresarial brasileira como, igualmente, na de outros países.[19]

Mas já se disse, com felicidade, que a diferença entre o remédio e o veneno é a quantidade. Pois bem: o recesso bem dosado sempre foi e continuará sendo um remédio jurídico; se mal, infelizmente, degenera em abuso.

Como, porém, *abusus non tollit usum*, como diziam os latinos, não será pela ocorrência de distorções – e elas existiram realmente – que se vai condenar o instituto às trevas do banimento, como querem alguns. Não posso aceitar, p. ex., a supressão pura e simples desse direito nas hipóteses de cisão, assim como também não concordo com algumas das limitações que lhe foram impostas nas hipóteses de incorporação, de fusão e de participação em grupo de sociedades, tal como procedeu a Lei 9.457/97, embora também pense com Paulo Frontini, Rachel Sztajn e com tantos outros que, em princípio, deixa de existir fundamento para o exercício do direito de recesso, nas com-

14. "Valor de reembolso no recesso acionário", *RT* 563/48-56.

15. P. ex., o direito de participação dos lucros sociais (inc. I) e o direito de participar do acervo da companhia, em caso de liquidação (inc. II), ambos do art. 109 da Lei 6.404.

16. P. ex., o direito de fiscalizar, na forma prevista na lei, a gestão dos negócios sociais (inc. III do art. 109).

17. Diz esse artigo do Código: "É nula a sociedade ou companhia em que se estipular que a totalidade dos lucros pertença a um só dos associados, ou em que algum seja excluído, e a que desonerar de toda a contribuição nas perdas as somas ou efeitos entrados por um ou mais sócios para o fundo social".

18. Idem, p. 50.

19. Tal fenômeno ocorreu, p. ex., na Itália, conforme será mostrado mais adiante, no capítulo referente à legislação comparada.

panhias abertas, quando o acionista tem *ampla* e *irrestrita* possibilidade de negociar livremente os seus papéis nas Bolsas de Valores.

Quero deixar registrado, aliás, que sempre fui – e continuo a sê-lo de forma cada vez mais pronunciada – uma espécie, meio fora de moda, de democrata por fatalidade congênita.

Se há um texto de que me orgulharia muito de subscrever – e oxalá a minha assinatura viesse aposta a algumas centenas de milhares de outras – é aquele muito recente de Norberto Bobbio,[20] no qual, numa livre tradução, assim se expressou: "Eu sou um democrata convicto, ao extremo de continuar a defender a democracia, ainda quando ela seja ineficiente, corrupta, e corra o risco de precipitar-se nos dois extremos da guerra de todos contra todos, ou da ordem imposta do alto. A democracia é o lugar onde os extremistas não prevalecem (e se prevalecem, a democracia está terminada). Essa é também a razão pela qual as alas extremas, em enfileiramento político pluralista, de esquerda ou de direita, acham-se unidas pelo ódio à democracia, ainda que por opostas razões".

Entendo que o direito de recesso – conquanto tenha sido muito utilizado no Brasil de forma divorciada de suas verdadeiras funções, a ponto de falar-se numa "indústria do recesso" – representa o mais importante mecanismo de contrapeso ao poder incontrastável do acionista controlador, sendo, de certo modo, o reverso da medalha na qual um de seus lados estampa a garantia constitucional de cada um poder associar-se livremente.

Não foram poucas, porém, as críticas existentes sobre o direito de recesso – quase sempre, aliás, inteiramente procedentes –, tal como se achava previsto na redação original da Lei 6.404. Os próprios autores do anteprojeto, Alfredo Lamy Filho e José Luiz Bulhões Pedreira, ao fazerem um balanço dos dez anos de vigência da lei, asseveravam que o único instituto que mereceria reparos, na verdade, era o do direito de recesso, tendo em vista as disfunções ocorridas durante a década inicial de vigência daquele texto legal.[21]

Fábio Konder Comparato, após conferência pronunciada no Seminário sobre a Lei das S/A e seus efeitos sobre as Sociedades de Economia Mista, na Secretaria da Fazenda do Estado de São Paulo, declarava a utilização do direito de recesso como *negócio*, já que muitas empresas tinham as suas ações cotadas em Bolsa por valor muito abaixo do valor patrimonial, tornando extremamente vantajoso, em tais hipóteses, o exercício do direito de retirada.[22]

Arnoldo Wald, igualmente, assim se pronunciou sobre o direito de recesso:[23] "Reminiscência da ultrapassada concepção

20. *De Senectute e Altri Scritti Autobiografici*, p. 148.

21. Cf. jornal *Gazeta Mercantil*, edição de 28.11.86, em entrevista realizada por Cecília Costa, p. 27, na qual esses autores afirmaram a necessidade de pouquíssimas reparações, estando entre elas a alteração do critério do valor do reembolso, nas hipóteses de recesso, trocando-se o do valor patrimonial das ações por uma média de cotação do título na Bolsa de Valores.

22. Cf. a entrevista concedida pelo citado professor ao jornal *Gazeta Mercantil*, edição de 13.3.77, Caderno das Finanças, tendo como título "O direito de recesso como negócio".

23. Cf. *RDM* 40/29-35, especialmente pp. 30-31. Já na mesma *RDM*, a de n. 62, no artigo "Dez anos de vigência da Lei das Sociedades Anônimas", pp. 5 e ss., especialmente p. 9, esse mesmo Professor limitou-se a fazer o seguinte comentário sobre o direito de retirada: "No tocante ao recesso, o art. 45 da lei determina que o reembolso se faça de acordo com o valor de patrimônio líquido contábil. Ocorre que, muitas vezes, o patrimônio líquido contábil não corresponde ao valor real da sociedade, seja pelo fato de nele não constarem bens intangíveis, seja em virtude da depreciação de determinados móveis ou imóveis Discute-se então se o patrimônio líquido, que deve servir de base ao reembolso deve ser o contábil ou o real. Tanto a letra da lei, como o seu espírito, nos levam a atender ao valor de balanço (atualizado quando decorridos mais de 60 dias). Há, todavia, uma tendência doutrinária em sentido inverso".

contratualista da sociedade, constitui o direito de recesso um aspecto da resilição unilateral ou denúncia, entendida como forma de rescisão parcial do contrato de sociedade justificada pela modificação das cláusulas essenciais, que levaram o acionista a subscrever ou adquirir as suas ações".

Pouco mais adiante, prossegue esse ilustre Professor: "É um remédio excepcional de proteção aos não controladores contra o ato voluntário da maioria que pode ser considerado abusivo pelo fato de alterar as regras básicas que ensejaram a criação da empresa. A idéia de *abuso* e até de *opressão* da maioria, à qual se refere o Direito inglês, faz parte das condições necessárias para o exercício de recesso, que não se justifica diante da evolução normal da atividade societária, que se modifica em virtude das condições externas, de ato do príncipe ou até de fatores tecnológicos" (grifos do autor).

Não obstante todas essas judiciosas considerações – inteiramente procedentes, segundo a minha maneira de ver – não nos filiamos entre aqueles que preferiam ver banido da legislação brasileira o direito de recesso.

Corrigir os excessos e as distorções havidas com o propósito de pôr termo aos que se transformaram em profissionais da retromencionada "indústria do recesso" é ponto inquestionável. Mas esse objetivo deve estar inteiramente voltado a extirpar a especulação antiética, isto é, a coibir o procedimento caviloso de adquirir ações com o propósito exclusivo de dissentir das deliberações da assembléia-geral, ensejadoras de tal direito, e receber o reembolso das ações correspondentes.

Apesar das críticas inevitáveis que devem ser feitas no que se refere às inovações promovidas pela Lei 9.457/97 – e nós as exteriorizaremos, sem hesitação, no decorrer do presente trabalho –, não se poderá deixar de reconhecer que ela atingiu em cheio os abusos cometidos pelos profissionais do ramo, conforme iremos analisar no capítulo pertinente.

Feitas essas considerações a título meramente introdutório, passemos ao exame do conceito e das funções do instituto ora estudado.

II – Conceito e função do direito de recesso

a) Conceito

Modesto Carvalhosa[24] define o direito de recesso como "a faculdade legal do acionista de retirar-se da companhia, mediante a reposição do valor patrimonial das ações respectivas", acrescentando ainda: "Trata-se de um negócio jurídico, em virtude do qual a companhia é obrigada a pagar aos acionistas dissidentes o valor de suas ações. Constitui uma resilição unilateral ou denúncia. É, portanto, reminiscência da concepção contratualista da sociedade anônima, que ainda subsiste em diversas esferas da sua estrutura".

Praticamente idêntico é o ensinamento de Nelson Eizirik,[25] segundo o qual o direito de recesso "constitui uma faculdade legal do acionista de retirar-se da sociedade, em determinadas circunstâncias, recebendo dela o valor real e atualizado das suas ações", prosseguindo que ele "consiste, pois, no poder jurídico de extinguir, por ato unilateral, nos casos previstos em lei, as relações que vinculam o sócio a companhia, passando à posição de credor da mesma, pelo valor de reembolso de suas ações".

Conclui esse ilustre autor que se trata o direito de recesso, portanto, "do direito que o acionista tem de, ao discordar de certas deliberações da assembléia-geral, nos casos previstos em lei, retirar-se da sociedade mediante o reembolso do valor de suas ações".

24. Ob. cit., p. 741.

25. *Reforma das S/A & do Mercado de Capitais*, p. 61.

Fábio Konder Comparato,[26] como deflui naturalmente das considerações já transcritas na parte introdutória desta exposição, considera que o direito de recesso é "um remédio jurídico e não um direito material à obtenção de lucros ou vantagens. E remédio reconhecido em lei para a proteção de interesses individuais do acionista, não correspondentes, portanto, ao interesse social. Deste, o intérprete primeiro continua sendo o majoritário ou controlador. Ele tem o direito – e, em certas circunstâncias, até mesmo o dever – de tomar a iniciativa das deliberações sociais que contrariam o interesse dos minoritários. Mas o sacrifício destes é considerado iníquo sem uma compensação: o poder atribuído aos dissidentes de se retirarem da sociedade com o reembolso do valor de sua participação social".

Rachel Sztajn, no artigo retro citado, assevera que "o recesso é meio de o acionista deixar a sociedade, não de fazer lucros às suas custas".

Não são necessárias maiores considerações a respeito dessa noção sobre a qual não paira dúvida. Estamos diante de um direito que tem o acionista discordante de deliberações da assembléia-geral, sobre matérias taxativamente previstas em lei, de retirar-se da companhia mediante o reembolso do valor de suas ações. Resta saber – e isso é o que tentaremos responder ao longo da presente exposição – em que limites e em que extensão deve ele ser exercido a fim de que a sua função básica não seja desvirtuada.

Assinale-se, igualmente, que a doutrina costuma designar o recesso, com apoio em Giampiccolo,[27] como uma declaração unilateral de vontade do acionista dissidente de natureza receptícia,[28] havendo dificuldades, no entanto, no seu enquadramento em apenas uma das modalidades de participação, como demonstrou, com razão, Tavares Guerreiro.[29]

b) Função

A função do direito de recesso, portanto, a partir das lições já transcritas, parece ser bastante evidente: garante-se ao acionista minoritário, nas hipóteses legalmente previstas, o direito de retirar-se da sociedade, em contrapartida à derrota de sua vontade na votação na assembléia-geral.

Questão das mais relevantes a ser necessariamente enfrentada diz respeito à necessidade ou não de que o exercício do direito de recesso esteja condicionado à existência de prejuízo sofrido pelos acionistas dissidentes.

Assinale-se, de início, que a redação original do art. 137, *caput*, e do seu § 1º, da Lei 6.404 era a seguinte:

"Art. 137. A aprovação das matérias previstas nos incs. I, II e IV a VIII do art. 136 desta Lei dá ao acionista dissidente direito de retirar-se da companhia, mediante reembolso do valor das suas ações (art. 45), se o reclamar à companhia no prazo de 30 (trinta) dias, contados da publicação da Ata da Assembléia-Geral.

"§ 1º. O acionista dissidente de deliberação da assembléia, inclusive o titular de ações preferenciais sem direito de voto,

26. Artigo citado, p. 50.

27. *La Dechiarazione Receffizia*, pp. 44-50.

28. Cf. José Alexandre Tavares Guerreiro, "Direito de retirada e poder de retratação", in *RDM* 44/22-27; v. tb., Rachel Sztajn, art. cit., p. 51.

29. Mostrou o Prof. Guerreiro, no citado artigo, que a manifestação do recesso tanto contém uma participação de notícia quanto uma participação de exigência – verdadeira *intimazione*, na expressão de Giorgio Giampiccolo. Afigura-se complexa tal categorização, com efeito, porquanto poderia vislumbrar-se, igualmente, uma participação de intenção do acionista, posto que a possível retratação posterior dos controladores descaracterizaria, em parte, a participação de exigência para a participação de mera intenção. Relembre-se, a propósito, que a classificação clássica das declarações receptícias é pentapartida: propostas, participações de notícia, participações de exigência, participações de previsão e participações de intenção.

pode pedir o reembolso das ações de que, comprovadamente, era titular na data da assembléia, ainda que se tenha abstido de votar contra a deliberação ou não tenha comparecido à reunião."

Com o advento da Lei 7.958, de 20.12.89, a redação do *caput* do artigo passou a ser a seguinte: "A aprovação das matérias previstas nos incs. I, II, IV, V e VII do art. 136 desta Lei dá ao acionista dissidente direito de retirar-se da companhia, mediante reembolso do valor de suas ações (art. 45), se o reclamar à companhia no prazo de 30 (trinta) dias, contados da publicação da Ata da Assembléia-Geral".

A redação atual do artigo e do inc. I acha-se expressa nos seguintes termos: "A aprovação das matérias previstas nos incs. I a VI do art. 136 dá ao acionista dissidente direito de retirar-se da companhia, mediante reembolso do valor das suas ações (art. 45), observadas as seguintes normas: I – nos casos dos incs. I e II do art. 136, somente terá direito de retirada o titular de ações de espécie ou classe prejudicadas".

Entendiam alguns, mesmo antes dessa última redação que faz alusão expressa a titular de ações de espécie ou classe *prejudicadas*, que a existência de prejuízo era indispensável.

Wilson de Souza Campos Batalha,[30] p. ex., afirmava: "Não basta ser dissidente. É de mister provar legítimo interesse e o prejuízo resultante da deliberação assemblear. Não pode o preceito, norteado pelos propósitos mais elevados de proteger as minorias contra as arbitrariedades da maioria, constituir-se em fonte de abusos e locupletamentos.

"Assim, é indispensável, a justificar o direito de retirada, que a modificação do objeto social seja substancial ou fundamental, não bastando qualquer ligeira modificação, acréscimo ou redução, desde que o núcleo fundamental dos interesses persista íntegro."

Outros entendem que, com a atual redação do inc. I, impõe-se a necessidade de existência de prejuízo.

Leslie Amendolara, em recentíssimo livro,[31] é categórico a respeito: "O inc. I do art. 137 dispõe que somente terá direito de retirada o titular de ações *de espécie ou classe prejudicadas*. O texto anterior era omisso e o atual visou deixar claro que, para ocorrer a dissidência, terá que haver prejuízo. O silêncio da lei anterior poderia propiciar a alguém, mesmo não tendo sido prejudicado pela mudança, pleitear o recesso e obter vantagem indevida, recebendo o valor de suas ações por preço superior ao de mercado, na sociedade aberta" (grifos do próprio autor).

Nelson Eizirik,[32] por sua vez, assim se expressa: "Nos termos do art. 137, I, em sua nova redação, a aprovação das matérias previstas nos incs. I e II do art. 136, acima mencionadas, somente dá o direito de retirada ao titular de ações de espécie ou classe prejudicadas. (...) A reforma adota o princípio de que, nas hipóteses acima, somente cabe o exercício do direito de recesso se o acionista dissidente demonstrar a ocorrência de prejuízos, conforme já manifestado pela jurisprudência dos tribunais. Os prejuízos não se presumem, cabendo ao dissidente a sua comprovação, exceto no caso de redução de dividendo obrigatório".

Seja-me permitido, nesse particular, discrepar de tão judiciosas considerações. Mesmo irrestritamente afinado com o pensamento de todos os que condenam a utilização do direito de recesso como instrumento para abusos – o que me leva a concordar tanto com a afirmação de Fábio Konder Comparato de que o direito de recesso estava sendo utilizado por muitos como "negócio", quanto de Rachel Sztajn

30. *Comentários à Lei das Sociedades Anônimas*, v. 2, arts. 106 a 188, pp. 645-646.

31. *Os Direitos dos Acionistas Minoritários*, pp. 71 e 72.

32. Ob. cit., pp. 77-78.

no sentido de que "o recesso é meio de o acionista deixar a sociedade, não de fazer lucros às suas custas", e mesmo com Wilson de Souza Campos Batalha de que o preceito não pode se constituir em fonte de abusos e locupletamentos –, não posso aceitar como correta a dicção do inc. I do art. 137 da Lei 6.404, que atribui o direito de retirada ao "titular de ações de espécie ou classe *prejudicadas*".

E não posso fazê-lo pela simples e boa razão de que a deliberação da assembléia capaz de ensejar o exercício do direito de recesso não se insere no âmbito dos atos ilícitos.

Já em 1982, Fábio Konder Comparato,[33] no luminoso artigo tantas vezes citado, chamara atenção para o fato de que o ato praticado pelo acionista controlador ensejador do direito de recesso não se enquadraria no âmbito dos atos ilícitos, significando apenas a compensação de interesses particulares sacrificados legitimamente em favor do interesse social.

Nelson Eizirik,[34] igualmente, é enfático em afirmar que: "O ato praticado pela companhia contrariamente aos interesses dos minoritários e que enseja o direito de recesso *não* constitui ato ilícito" (grifo do autor).

Modesto Carvalhosa, com toda a razão, alude corretamente à necessidade de um interesse protegido. Diz-nos, com efeito, esse autor: "A redação do inc. I do presente art. 137 fala em 'espécie ou classe *prejudicadas*'. O legislador, ao assim dispor, procurou refletir a tendência jurisprudencial e doutrinária, no sentido de que o exercício do recesso pressupõe a possível diminuição de direitos patrimoniais dos minoritários. Não obstante, o legislador despreparado fala em 'prejuízo', desconhecendo que o termo é sinônimo de dano, decorrente de ato ilícito que afeta o patrimônio material ou moral de alguém. (...)

"Ocorre que as alterações institucionais ou estatutárias da companhia constituem atos lícitos e previstos expressamente em lei, não violando em si direito algum do acionista, pelo que não se pode falar em dano. Assim, é inadmissível falar-se em *prejuízo* do acionista alcançado pela alteração estatutária ou estrutural da companhia. O direito do minoritário nasce quando o seu *interesse* patrimonial é alcançado pelas alterações havidas" (grifos do autor).

E conclui o eminente Professor com inteiro acerto: "A regra de que o direito cabe a qualquer acionista não deve, no entanto, ser entendida como absoluta. Há o pressuposto de que o *interesse* do acionista foi atingido" (grifos do autor).

III – O direito de recesso na legislação comparada

O título do presente capítulo leva em conta, evidentemente, as célebres advertências de Ascarelli[35] aos critérios metodológicos no estudo do Direito Comparado. Breves referências feitas de forma assistemática e exclusivamente baseadas em comentários de autores, sem nenhum contato direto com a realidade do país mencionado, não podem significar, propriamente falando, *Direito Comparado*. Assim, com esta necessária ressalva, passemos ao exame da *legislação comparada*.

Comecemos pelo que dispunha o Código de Comércio italiano de 1882, ao que

33. "Valor de reembolso no recesso acionário", *RT* 563/50.

34. Ob. cit., p. 61.

35. Diz-nos o autor citado, in *Problemas das Sociedades Anônimas e Direito Comparado*, São Paulo, Saraiva, 1969, p. 5: "São, mais ou menos, as que sempre foram feitas pelos que se dedicam ao direito comparado. Bastaria, nesse sentido, relembrar o velho livro de Amari, que, em substância, faz a advertência em que se resume quanto vai dito nestas paginas: o que cumpre estudar é o direito comparado e não simplesmente a legislação comparada, a menos que se queira correr o risco de tirar conclusões que, pelo fato de não serem completas, poderiam ser, afinal, erradas".

saibamos o pioneiro no trato da matéria em todo o mundo.[36] Ali se dispunha, no art. 158,[37] que seria possível o recesso do acionista de deliberação de assembléia em várias hipóteses.

Vivante o considerava um *freio* e um *remédio* contra o poder ilimitado das assembléias de modificar o próprio estatuto, acrescentando que se tratava de um instituto de ordem pública que não podia ser tolhido aos acionistas, nem pelo estatuto, nem pela assembléia.[38]

Não obstante a grande controvérsia instalada durante o período de vigência desse art. 158 – seja no tocante à natureza pública ou privada do direito de recesso; seja, igualmente, acerca das vantagens e desvantagens de sua manutenção; seja, ainda, no que se referia à licitude das restrições estatutárias à eficácia e ao exercício desse direito –, parecia entender-se, predominantemente, que se tratava de direito inderrogável por deliberação da maioria,[39] mas derrogável pelo estatuto originário, segundo autorizada doutrina.[40]

Diz-nos a respeito Tullio Ascarelli:[41] "A jurisprudência italiana (interpretando o art. 158 do Código de Comércio de 1882) admitiu, às vezes, não poder, a maioria, derrogar o direito de retirada, mas poder, o acionista, previamente renunciar a ele. Admitiu-se, conseqüentemente, que o direito de retirada não pode ser excluído por meio de uma modificação do estatuto, mas que o pode na própria constituição da sociedade, o que se dava, na Itália, com muita freqüência. Admitiu-se até, na jurisprudência italiana, que o direito de retirada está implicitamente excluído quanto às modificações estatutárias previstas pelo estatuto. A despeito da divergência de Vivante (v. II, n. 517) foi essa a opinião, talvez, dominante (Scialoja, *Saggi di Vario Diritto*, v. II, p. 405; Ap. de Milão, de 22 de janeiro de 1926 e Ap. de Turim, de 27 de janeiro de 1926, *Foro It*., 1926, I, p. 801)."

A par de tais considerações no que concernia à inderrogabilidade do direito de retirada por deliberação da maioria e à possibilidade ou não de o acionista renunciar previamente a ele, por disposição estatutária em tal sentido, cabia esse direito, em princípio, da decisão que aprovasse a *fusão* de uma sociedade com outra ou a *incorporação* de uma por outra.

36. Cf., a propósito, Tullio Ascarelli, ob. cit., p. 80, nota de rodapé 38. V., igualmente, Egberto Lacerda Teixeira, *Das Sociedade por Quotas de Responsabilidade Limitada*, § 101, p. 218; Pontes de Miranda, ob. cit., t. L, p. 340; Leães, ob. cit., p. 224 e Modesto Carvalhosa, ob. cit., p. 739.

37. Dizia esse artigo: "Qualora l'atto costitutivo o lo statuto nos disponga altrimenti, è sempre necessaria la presenza di tanti socii che rappresentono i tre quarti del capitale sociale, ed il voto favorevole di tanti socii intervvenutti che rappresentono almeno la metà del capital medesimo, per deliberare: 1º. lo schioglimento antecipato della società; 2º. la prorogazione della sua durata; 3º. la fuzione com altra società; 4º. la riduzione del capitale sociale; 5º. la reitegrazione o l'aumento del capitale stesso; 6º. il cambiamento dell'oggeto della società; ogni altra modificazione dell'atto costitutivo. La maggioranza stessa è inoltre richiesta in tutti i casi specialmente designati dalla legge. I socii dissenzienti dalle deliberazioni indicate nei n. 3º, 5º e 6º e dalla prorogazione della durata della società, se non è acconsentita nell'atto costitutivo, hanno diritto di ricedere della società ed di ottenere il rimborso delle loro quote ed azioni in proporzione dell'ativo sociale secondo l'ultimo bilancio approvato. Il recesso dev'essere dichiarato dagli intervenuti all'assemblea entro venticuattro ore dalla chiusa di essa, e dagli altri socii entro un mese dalla publicazione della deliberazione nel giornale degli annunzi giudiziarii, sotto pena di decadenza".

38. *Trattato di Diritto Commerciale*, v. II, *Le Società Comerciali*, § 517: "Il diritto di recesso agisce come un freno e un rimedio contro il potere illimitato delle assemblee di modificare il proprio statuto. È un istituto d'ordine pubblico, che non può essere tolto agli azionisti nè dallo statuto nè dall'assemblea".

39. Cf. Tullio Ascarelli, idem, ibidem, além da citação que se fará, logo mais adiante, no texto principal. Cesare Vivante, *Trattato di Diritto Commerciale*, v. II, p. 249, § 517 e nota de rodapé 66; Vighi, "I diritti individuali degli acionisti", p. 97 e Soprano, "Della responsabilità civile e penale degli amministratori di società per azioni", I, p. 385.

40. Cf. Tullio Ascarelli, idem, ibidem. Em sentido contrário, Vivante, ob. cit., v. II, p. 250.

41. Ob. cit., pp. 399 e 400.

Enquanto na fusão era esse direito outorgado aos acionistas das diferentes sociedades envolvidas nesse processo de concentração empresarial, na incorporação o recesso só se admitia aos acionistas da sociedade incorporada.

Em segundo lugar, admitia-se a retirada na *reintegração* ou *aumento* de capital com contribuição adicional dos sócios. Embora a doutrina distinguisse as duas situações na primeira, com a redução inicial do capital social, posteriormente recomposto com a nova versão de recursos pelos acionistas; e, na segunda, com o novo aporte de capital por parte dos acionistas, era o direito de recesso permitido em ambas as situações.

Em terceiro lugar, concedia-se o direito de retirada na prorrogação do prazo de duração da sociedade, concebendo-se, no caso, que tal tipo de decisão significava, em última análise, dilatar a responsabilidade do acionista para além do prazo inicialmente pactuado.

E, finalmente, em quarto e derradeiro lugar, afigurava-se possível o direito de retirada nos casos de alteração do objeto social, com fundamento de que ninguém poderia ser obrigado a contribuir com recursos para uma atividade diversa da qual havia sido motivado o seu investimento.

No período entre 1882 e 1942 – data em que entraria em vigor o famoso Código Civil daquele país – a tendência no Direito italiano foi no sentido da progressiva exclusão do direito de recesso em determinadas hipóteses,[42] já se revelando, desde então, a utilização da supressão desse direito como instrumento de políticas macroeconômicas.

Essa tendência foi confirmada pelo atual art. 2.437 do Código Civil italiano de 1942, acerca do *Diritto di Recesso*, que assim dispôs a respeito da matéria:

"I soci dissenzienti dalle deliberazioni riguardanti il cambiamento dell'oggeto o del tipi della società, o il trasferimento della sede sociale all'estero (2.369) hanno diritto di ricedere dalla società e di ottenere il rimborso delle proprie azioni, secondo il prezzo medio dell'ultimo semestre, se queste sono quotate in borsa, o, in caso contrario, in proporzione del patrimonio sociale risultante dal bilancio dell'ultimo esercizio (2.423).

"La dichiarazione di recesso deve essere comunicata com raccomandata dai soci intervenuti all'assemblea non oltre tre giorni dalla chiusura di questa, e dai soci non intervenuti non oltre quindici giorni dalla data dell'iscrizione della deliberazione nel registro delle imprese (2.188; att. 100).

"È nullo ogni patto che esclude il diritto di recesso o ne rende più gravoso l'esercizio."

Percebe-se, portanto, que o direito de recesso foi bastante modificado no Código de 1942, relativamente ao art. 158 do anterior Código de Comércio de 1882. Está prevista no direito peninsular a possibilidade de recesso apenas para os sócios dissidentes das deliberações da assembléia-geral que versarem sobre a mudança do objeto social da companhia, da transformação do tipo societário e, ainda, da transferência da sede social para o exterior.

Conclui-se que o legislador italiano, na esteira das críticas que a doutrina lança-

42. A Lei 431, de 1915, excluiu o recesso nas hipóteses de fusão e nos aumentos de capital em que este se fizesse exclusivamente com a emissão de ações preferenciais. Já o RDL, de 1932, suprimiu esse direito, mesmo nas hipóteses de concentração em que ocorresse a alteração do objeto social. Relata Giuseppe Donadio (*Il Recesso del Socio*, pp. 37 e ss.), igualmente, que em 1923 o legislador italiano ampliou a regra anterior de que o recesso não seria cabível nos aumentos de capital feitos com subscrição de ações preferenciais, passando a considerar o mesmo também incabível nos aumentos de capital com emissão de ações ordinárias. Cf. Tullio Ascarelli, ob. cit., pp. 392-393 e Fré, *Rivista di Diritto Commerciale*, 1933, v. I, pp. 632 e 762.

va a respeito da largueza do direito de recesso, tal como fora previsto no antigo Código de Comércio, visou coibir a atitude egoísta de alguns sócios minoritários que desejavam prontamente exercer o seu direito de receber o reembolso de suas participações.

Brunetti, em seu famoso tratado,[43] depois de criticar a péssima utilização do direito de recesso na Itália, com *possível prejuízo econômico da sociedade*, acentuou que:

"Il recesso è oggidì ridotto a proporzioni assai modeste concedendosi limitatamente a quelle deliberazioni che riguardano: a) il cambiamento dell'oggetto o del tipo della società; b) il trasferimento della sede sociale all'estero.

"Negli altri casi: di variazione del capitale sociale (riduzione, reintegrazione, aumento) e di fusione com altra società, non è ammesso. E nei detti casi dovranno osservarsi le modalità previste dall'art. 2.437, che sono inderogabili anche per deliberazione dell'assemblea."

Mas, como bem observado por Egberto Lacerda Teixeira:[44] "Se, por um lado, o Código Civil limitou, consideravelmente, o campo de aplicação do recesso, trouxe, por outro, o reconhecimento formal da natureza pública desse direito, ao fulminar, com a pena de nulidade, todo e qualquer pacto tendente a excluir ou a tornar mais oneroso o seu exercício".

Em França, inexiste o direito de recesso.[45] Se é certo, porém, que o art. 217 da lei de sociedades de 1966 nada disponha a respeito, também é verdade que autorizada doutrina propugna pela sua adoção como forma de proteção das minorias contra o abuso das maiorias.

Veja-se, a propósito, o seguinte trecho de Dominique Schmidt:[46]

"Dans ces conditions, faute de pouvoir directement punir les responsables de l'abus, on se souciera davantage de protéger les victimes. L'insertion dans les statuts d'un droit de retraite(1) répond pleinement à cet objectif.

"Certes, cette institution a été décriée (2), à juste titre, parce qu'elle aboutissait à affaiblir la société au moment précis où elle avait besoin de toutes ses ressources (3). Mais ces critiques perdent toute autorité dès lors que l'exercice du droit ne répond plus à des mobiles égoïstes, mais correspond à un procédé de défense de la minorité contre les abus de majorité. Le droit de retraite pourrait ainsi être limité au seul cas où une décision de justice aurait constaté l'abus, et il s'exercerait, par exemple, dans les deux mois de la décision. D'un côté les dirigeants seraient mal venus à se plaindre de la retraite des minoritaires et d'une diminution des forces de la société, alors qu'ils en seraient les responsables; de l'autre côté, l'exercice du droit permettrait à la minorité de libérer ses intérêts de la loi des majoritaires: ses actions trouveront acquéreur (4) et il suffira de veiller à ce que le prix offert corresponde réellement à leur valeur dans la société."

E, rematando tais comentários, diz Dominique Schmidt[47] que o legislador de 1966, como vimos, não previu o exercício do direito de recesso em caso de abuso de poder da maioria; antes, pelo contrário, as disposições do art. 217 da Lei de 24.7.66 proibiram de regulamentá-lo estatutariamente, lamentando esse autor que, no estado atual do direito, a minoria não possa esperar obter outras sanções para o abuso da maioria que o estrito restabelecimento da igualdade entre os acionistas; a desinteli-

43. *Trattato de Diritto delle Società*, v. 2, n. 677, pp. 422-423.

44. Ob. cit., pp. 219-220.

45. Cf. Carvalhosa, ob. cit., v. 2, p. 740; Rachel Sztajn, art. cit., p. 51.

46. *Les Droits de la Minorité dans la Société Anonyme*, t. 21, n. 255, pp. 192-193.

47. Ob. cit., pp. 193-194.

gência entre os acionistas imputável aos majoritários torna-se, em contrapartida, impunível, o que não garante o futuro.

Na Alemanha, a situação não difere muito[48] das que se acaba de expor. Não obstante a norma constante do art. 375, que admite a possibilidade do recesso na hipótese de transformação da forma da sociedade, com a compra pela companhia da parcela de capital do acionista, entende-se haver caráter indenitário nessa compra e não, propriamente, o exercício de um direito de recesso.

Além disso, é certo que o art. 57 da *Akztiengesetz* exclui a possibilidade do exercício do direito de recesso tendo em conta a proibição expressa de que sejam devolvidas as contribuições dos sócios ao capital social.

Nos Estados Unidos da América, as diversas legislações estaduais discrepam sobre a amplitude desse direito.[49] Mas, como esclarece Leães,[50] assemelham-se na previsão das *três hipóteses tópicas*: a) nas fusões e incorporações; b) na venda de parcelas substanciais do ativo da companhia, e, c) em determinadas alterações estatutárias.

Acrescenta esse autor: "Na grande maioria das legislações estaduais, limita-se o recesso às hipóteses de fusão e incorporação. É o caso da Lei de Delaware, que, como se sabe, disciplina a vida de mais de noventa por cento das companhias de mercado nos Estados Unidos (§ 262. *Payment for stock or membership of person objecting to merger or consolidation*). Cerca de metade das legislações estaduais, acrescentam a esta hipótese a de recesso no caso de cessão ou permuta de todo ou parte do ativo da companhia, operada fora do curso regular dos negócios. É o caso das Lei de Nova Iorque, § 910. Em menor número, inscrevem-se as leis estaduais que acolhem o direito de recesso na hipótese de *charter amendment*, como é exemplo a Lei de Ohio (§ 1701.74). A *Texas Business Corporation Act* estende ainda o recesso às hipóteses de prorrogação (*extension*) ou novação (*revival*) do contrato social. Em contraposição, a Lei do West Virginia não contempla a hipótese de recesso na disciplina do anonimato. Consolidando essa prática multifária o *Model Business Corporation Act*, em seu, § 80, disciplina os casos em que assiste ao acionista o direito de recesso, ou seja, nas fusões e incorporações e na venda ou troca de todo ou parte substancial do ativo da companhia".

Em Portugal,[51] a Lei de 1901, no § 3º de seu art. 41, inspirando-se no art. 158 do Código de Comércio da Itália, retro mencionado, reconheceu aos sócios que não concordassem com a prorrogação, fusão, aumento, reintegração ou redução do capital social, desde que o declarassem na assembléia-geral respectiva, o direito de retirar-se da sociedade, recebendo o reembolso da quantia correspondente ao seu capital na proporção do último balanço aprovado.

Essa disciplina jurídica do direito de recesso vinha complementada pela disposições constantes dos §§ 5º e 6º desse mesmo art. 41, *in verbis*:

"O direito de reembolso não tira ao sócio, que tenha declarado a intenção de se apartar da sociedade, no caso em que se torne efetiva a deliberação da assembléia, o direito de se opor, judicialmente e nos termos gerais, a qualquer forma de redução do capital.

"Os sócios que se apartarem da sociedade não ficam exonerados das prestações correspondentes às quotas respectivas, na parte em que essas prestações forem ne-

48. Cf. Carvalhosa, idem, ibidem; Rachel Sztajn, idem, ibidem.

49. Cf. Carvalhosa, ob. cit., v. 2, pp. 739-740; Rachel Sztajn, idem, ibidem.

50. Ob. cit., § 230, p. 225.

51. Cf. Azevedo Souto, *Lei das Sociedades por Quotas Anotada*, p. 135.

cessárias para pagamento das obrigações contraídas até a data do registro definitivo da modificação social."

Na Argentina, o direito de recesso ocorre na hipótese de dissolução antecipada, transformação, incorporação, fusão ou cisão.

Na lei uruguaia, onde o direito de recesso acha-se previsto, semelhantemente ao que ocorre em nossa lei, entre os direitos intangíveis do acionista, no art. 319 da Lei Acionária, prevê-se o exercício de tal direito no art. 363, nos casos de fusão, cisão, transformação, dissolução antecipada, transferência de domicílio para o exterior e no caso de mudança substancial do capital social.

Fica assim – apenas palidamente entrevisto – o direito de recesso em algumas legislações alienígenas.

IV – O direito de recesso na sociedade por cotas de responsabilidade limitada

O Decreto-lei 3.708, de 10 de janeiro de 1919, que disciplina até hoje a sociedade por cotas de responsabilidade limitada no Brasil, previu a matéria em seu art. 15, do teor seguinte: "Assiste aos sócios que divergirem da alteração do contrato social a faculdade de se retirarem da sociedade, obtendo o reembolso da quantia correspondente ao seu capital, na proporção do último balanço aprovado. Ficam, porém, obrigados às prestações correspondentes às quotas respectivas, na parte em que essas prestações forem necessárias para pagamento das obrigações contraídas, até a data do registro definitivo da modificação do estatuto social".

Como é sabido, a nossa mais Alta Corte de Justiça editou a respeito da matéria a Súmula 265, *in verbis*: "Na apuração de haveres não prevalece o balanço não aprovado pelo sócio falecido, excluído ou que se retirou".

Não parece indispensável, para a coerência interna da presente exposição, que se adentre o mérito do direito de recesso nas sociedades por cotas de responsabilidade limitada. E isto pela razão de que, como acentuado por Rachel Sztajn, o direito de retirada desponta como algo muito mais relacionado às sociedades de capitais do que com as sociedades de pessoas, circunstância que parece prevalecer na maioria dos casos das sociedades limitadas.

De toda sorte, imprescindível a referência ao meritório estudo de Vera Helena de Mello Franco[52] no que respeita ao direito de recesso no âmbito das sociedades por cotas, principalmente no que toca à oportuna insistência com que essa autora sublinha, no estudo citado, a distinção entre dissolução parcial e recesso acionário.

V – O direito de recesso na Lei 6.404/76

Não posso deixar de assinalar, em sede liminar – não obstante as nossas observações anteriores no sentido de que as sociedades anônimas parecem marchar, tanto no Brasil quanto no exterior, progressivamente, para um sistema cada vez mais oligárquico, em detrimento da democracia acionária – que a Lei 6.404/76, fruto de um anteprojeto elaborado por juristas de nomeada como Alfredo Lamy Filho e José Luiz Bulhões Pedreira, e com vigor conduzido pelo então Ministro Mário Henrique Simonsen, de saudosa memória, representou inquestionável avanço no Direito Comercial brasileiro e, em especial, em nossa legislação societária que se regia, à época, pelo Decreto-lei 2.627, inferior tecnicamente ao diploma de 1976.

O item 10 da Exposição de Motivos, inicialmente preparada pela Comissão de Juristas autora do anteprojeto e enviada ao

52. "Dissolução parcial e recesso nas sociedades por quotas de responsabilidade limitada. Legitimidade e procedimento. Critério e momento de apuração de haveres", in *RDM* 75/19-30.

Sr. Ministro da Fazenda, já tivera a ocasião de ressaltar que o texto procurara "construir – com normas que se distribuem praticamente por todos os seus capítulos – sistema de proteção dos acionistas minoritários sem sacrificar, todavia, a ação livre, ainda que responsável, da maioria e dos administradores, indispensável ao funcionamento e à própria viabilidade da empresa".

O Prof. Alfredo Lamy Filho destacou, com propriedade, que o então anteprojeto se constituía num "tratado de paz entre maioria e minoria e encontrar o ponto ótimo desse equilíbrio é o principal desafio", concluindo, em síntese feliz, que: "A maioria precisa de liberdade para bem administrar a sociedade e a minoria precisa de garantias para nela investir e permanecer".

A Lei 6.404/76, disciplinou a matéria no art. 137 da seguinte forma, em sua redação original:

"Art. 137. A aprovação das matérias previstas nos incs. I, n e IV a VIII do art. 136 desta Lei dá ao acionista dissidente direito de retirar-se da companhia, mediante reembolso do valor das suas ações (art. 45), se o reclamar à companhia no prazo de 30 (trinta) dias, contados da publicação da Ata da Assembléia-Geral.

"§ 1º. O acionista dissidente de deliberação da assembléia, inclusive o titular de ações preferenciais sem direito de voto, pode pedir o reembolso das ações de que, comprovadamente, era titular na data da assembléia, ainda que se tenha abstido de votar contra a deliberação ou não tenha comparecido à reunião.

"§ 2º. É facultado aos órgãos da administração convocar, nos 10 (dez) dias subseqüentes ao término do prazo de que trata este artigo, a assembléia-geral para reconsiderar ou ratificar a deliberação, se entenderem que o pagamento do preço do reembolso das ações aos acionistas dissidentes, que exerceram o direito de retirada, porá em risco a estabilidade financeira da empresa.

"§ 3º. Decairá do direito de retirada o acionista que o não exercer no prazo fixado."

VI – O direito de recesso na Lei 7.958, de 20.12.89 (a malfadada "Lei Lobão")

Essa lei – desastradamente, diga-se desde logo – suprimiu os incs. VI e VIII do art. 137 – que cuidavam, respectivamente, do direito de retirada nas hipóteses de incorporação da companhia em outra, sua fusão ou cisão e na participação em grupo de sociedade – na remissão feita por este art. 137 ao art. 136 da mesma lei.

"Art. 137. A aprovação das matérias previstas nos incs. I, II, IV, V e VII do art. 136 desta Lei dá ao acionista dissidente direito de retirar-se da companhia, mediante reembolso do valor das suas ações (art. 45), se o reclamar à companhia no prazo de 30 (trinta) dias, contados da publicação da Ata da Assembléia-Geral."

Tratou-se, como se sabe, de mais um dos casuísmos vergonhosos que grassam em nossa ordenação jurídica, pois a aprovação da lei, feita à socapa, envolvia os interesses de uma única companhia de grande porte desejosa de ver incorporada uma controlada sua sem que fosse eventualmente molestada pelo recesso dos minoritários.

Modesto Carvalhosa foi absolutamente enfático a respeito desse melancólico episódio:[53] "A Lei 7.958, de 1989, de caráter grotescamente casuístico porque fruto da demanda de uma única companhia de grande porte que desejava incorporar controlada, sem o questionamento eventual do recesso dos minoritários não logrou o seu intento supressivo de vários direitos de retirada, garantidos como essenciais. Esse triste episódio legislativo recebeu a repulsa unânime da opinião pública e dos meios jurídicos, pois constituiu verdadeiro estelio-

53. Ob. cit., comentários aos arts. 45 e 109, pp. 325 e 279, respectivamente.

nato legislativo. Ocorre que, pela ausência de técnica, tornou-se o 'diploma' totalmente ineficaz. Por esse execrável monumento do casuísmo legislativo, pretendia-se suprimir o direito de retirada nos casos de fusão, cisão e incorporação. Para tanto, 'alterava' o *caput* do art. 137 da lei societária, para dele 'excluir' aquelas operações de reorganização societária".

O jornal *O Estado de S. Paulo*, na p. 3 de sua edição de 12.1.90, comentou a lei como "escandaloso casuísmo legislativo".

A revista *Visão*, naquela época, fez reportagem contendo vários pronunciamentos contrários ao texto legal, sob o título: "Lei das S/As. Golpe infeliz contra acionistas" (edição de 24.1.90).

Tanto a Bolsa de Valores de São Paulo quanto a Comissão de Valores Mobiliários que possuem, presumivelmente, a mais larga experiência com o problema, manifestaram-se francamente contrárias à medida.

A *Gazeta Mercantil*, de 16.1.90, registrou, na oportunidade, o seguinte pronunciamento do vice-presidente da BOVESPA: "O mercado não foi ouvido. Em tempos de democracia essa questão deveria ser levada a audiência pública".

E o fez, também, o então presidente da CVM, Martin Wimmer, que disse ter aquela entidade sido consultada em setembro do ano anterior, por carta, tendo se manifestado *contra* a aprovação do Projeto.

O próprio Consultor-Geral da República que tem competência específica para assistir o Presidente da República em matéria de anteprojetos e projetos a ele submetidos afirmou que "o direito dos acionistas minoritários deve ser preservado" e que o Presidente da República teria sido "mal assessorado" na análise do Projeto.

E o Presidente da República Senador José Sarney – reconheceu expressamente: "Sancionei a lei em boa-fé, mas vejo agora que foi um erro", conforme noticiava *O Estado de S. Paulo*, em 13.1.90.

As reações no meio jurídico, como não poderia deixar de ser, foram as piores possíveis. Mesmo assim, como sói acontece em nosso país, houve quem se prestasse a fazer a defesa da lei.

Para o então Ministro da Justiça, Saulo Ramos, a medida era boa para restringir a ação de "litigantes contumazes". Segundo ele, "não podemos dar ao acionista minoritário pretextos para infernizar a vida das companhias. Muitos acionistas minoritários e aproveitadores já prejudicaram, com suas exigências, negociações envolvendo fusões ou incorporações de empresas. (...) Precisamos afastar os famosos chatos (...)" (*Gazeta Mercantil*, de 16.1.90).

O Senador Edison Lobão, autor do Projeto que se converteu na lei em tela, apresentou a seguinte explicação, absolutamente incompreensível mesmo para os espíritos afeitos à matéria: "O sentido da lei é o de defender os acionistas minoritários. Procuramos garantir o seu direito de influir nas decisões das sociedades anônimas, não fechar as portas para os descontentes".

Tentou explicar, depois (*Folha de S. Paulo*, 24.1.90), que só queria alterar o direito de recesso na hipótese do art. 265, vale dizer, no caso de constituição de grupos de sociedades.

Mas na justificativa apresentada (Projeto de Lei do Senado 182, de 1989, por esse Senador subscrito) está dito: "Duas hipóteses, dentre as enunciadas pelo art. 136 (*sic*) da Lei 6.404/76 mostraram-se, na prática destes últimos dez anos, contrárias ao livre desenvolvimento de empresas constituídas pela modalidade de ações (*sic*). Trata-se de incorporação, fusão, cisão e participação em grupos de sociedades. Tais providências, quando decididas pelos sócios, são salutares e benéficas para o desenvolvimento dos negócios sociais, não justificando, sobretudo na incorporação ou fusão, a retirada do dissidente através do desgastante processo da apuração do patrimônio líquido, muitas vezes usado abusivamente para, através da criação de embaraços, obterem-se vantagens indevidas" (cf. *Diário Oficial do Congresso Nacional*, Seção II, de 29.6.89, pp. 3.202-3.203).

Houve, ainda, outros defensores dessa malfadada lei. Ex.: Luíza Prisco Paraíso, Profa. de Direito Comercial da Fundação Getúlio Vargas e Faculdade Cândido Mendes, que não admite que "a posição dos minoritários venha a emperrar decisões de majoritários".

Ninguém mais duvida, ao que parece, do enorme equívoco da Lei 7.958. Ela eliminou a remissão feita no art. 137 da Lei 6.404 aos incs. VI e VIII. É evidente que a intenção do legislador ficou clara: ele quis abolir duas hipóteses de direito de recesso por parte de acionistas minoritários:

a) incorporação da companhia em outra, sua fusão ou cisão (inc. VI);

b) participação em grupo de sociedade (inc. VIII).

Sucede que, conforme anotado por Mauro Rodrigues Penteado, comercialista da Faculdade de Direito da USP – que realizou, em nossa opinião, a mais percuciente análise dessa matéria na doutrina brasileira – continuou a existir esse mesmo direito potestativo de recesso em mais cinco mandamentos na Lei 6.404 não alterados pela famigerada Lei Lobão. Eram eles: art. 225, inc. IV; §§ 3º e 4º do art. 264; art. 230 (no caso das fusões, incorporações e cisões) e art. 270 (para os grupos societários).

A lei teria revogado, portanto, o direito de retirada nas hipóteses mencionadas apenas no artigo genérico da lei que cuida desse direito. Deixou de fazê-lo, porém, nos outros pontos, da mesma Lei 6.404, onde esse direito vinha previsto e regulado.

Filiamo-nos – em todos os pronunciamentos realizados em aulas, palestras e conferências – à tese do ilustre Prof. Mauro Rodrigues Penteado. E o fizemos, fundamentalmente, por julgar ser de somenos importância, na aplicação das leis, a intenção do legislador.

Como disse com muita propriedade o Prof. Eros Roberto Grau, numa de suas inolvidáveis palestras,[54] se fosse importante perquirirmos a intenção do legislador na interpretação dos textos legais, seria necessário contarmos com duas espécies de assessoramento, ambos fora do meio jurídico. Precisaríamos contar com o auxílio de um psicólogo e, eventualmente, de um militante kardexista[55]...

O fato é que a Lei Lobão terminou por gerar enorme dificuldade para a apresentação de conclusões seguras acerca da subsistência ou não do direito de retirada nas hipóteses de fusão, incorporação, cisão e participação em grupo de sociedades, no Direito brasileiro.

a) Posição da doutrina

Muito já se escreveu, até o momento, sobre o problema. São diversos os pronunciamentos a respeito. Não obstante, é possível afirmar-se que a doutrina se acha claramente dividida. Escusava esclarecer, evidentemente, que a discussão apenas subsiste no que se refere ao período anterior à Lei 9.457/97, posto que este texto revogou expressamente a Lei Lobão por referência expressa de seu art. 6º.

Favoráveis à subsistência do direito de recesso nas hipóteses de que se cuida estão, exemplificativamente, os Profs. Mau-

54. Trata-se da palestra proferida no III Congresso Internacional de Direito do Consumidor, realizado em Canela-RS, em março de 1992, e publicada na *Revista Direito do Consumidor* 5/183 e ss.

55. No texto referido na nota de rodapé anterior, por evidente lapso de gravação e de revisão, constou, literalmente, que "seria necessária a colaboração de dois tipos de profissionais não jurídicos: um psicólogo, para discernir a vontade do legislador, e, em outras hipóteses, algum exercício de *catecismo* haveria de ser praticado, dada a impossibilidade de se descobrir essa vontade". Claro está, portanto, que a expressão *catecismo* terá sido desastradamente introduzida no texto...

ro Rodrigues Penteado, retro mencionado (cf. *RDM* 77/29 e ss.); Rubens Aprobato Machado (*RDM* 82/46 e ss.); Paulo Salvador Frontini (*RDM* 86/71 e ss.); Modesto Carvalhosa (*RDM* 96/21 e ss.); Norma Jonssen Parente (*RDM* 97/67 e ss.); Maria Lúcia de Araújo Cintra (*RDM* 98/80 e ss.) e Renata Brandão Moritz (*RDM* 101/56 e ss.).

Em posição oposta, vamos encontrar o Prof. Jorge Lobo (*RT* 664/43 e ss.) num estudo que foi submetido e aprovado pelo Instituto dos Advogados Brasileiros do Rio de Janeiro; Alfredo Lamy Filho e José Luiz Bulhões Pedreira (*A Lei das S/A*, pp. 344 e 352) e Waldirio Bulgarelli (*Fusões, Incorporações e Cisões de Sociedades*, p. 237); José Edwaldo Tavares Borba (*Direito Societário*, pp. 332 e ss.).

b) Posição da jurisprudência

Somente logramos encontrar, até o momento, dois precedentes jurisprudenciais a respeito. Comentemos, em rápidas linhas, o primeiro deles.

Trata-se o primeiro de acórdão da 2ª Câmara Civil do Tribunal de Alçada de Minas Gerais, nos autos de apelação cível 116.737-1, julgada em 21.8.91, na qual foi integralmente acolhida a tese defendida pelo Prof. Mauro Rodrigues Penteado.

Embora, no caso concreto, o direito fora manifestado *antes* da vigência da Lei 7.958 – o que, só por si, terá facilitado a decisão do aresto, tendo em conta o direito adquirido e o ato jurídico perfeito –, não resta dúvida de que o julgado em referência acolheu integralmente a argumentação desenvolvida pelo comercialista de São Paulo.

Recorde-se o seguinte trecho do voto do E. Relator, Juiz José Brandão:

"Ocorre que a Lei 7.958/89 modificou a redação do art. 137, da Lei 6.404/76, mas, com palavras de Mauro Rodrigues Penteado (in *RDM*, jan.-mar. 90, p. 46) não modificou o direito de retirada contido na Lei 6.404/76.

"Diz o comercialista (ob. cit.): 'No afã de suprimirem o direito de recesso nas hipóteses em tela, os participantes do processo legislativo de elaboração da Lei 7.958 – o autor do Projeto 182/89, os assessores e parlamentares das comissões permanentes do Senado e da Câmara, o Ministério da Justiça – incorreram, *data venia*, em gritante erronia. Eliminaram apenas a remissão feita no art. 137, VI e VIII da Lei 6.404, não se dando ao trabalho de compulsar o texto completo desse diploma legal, onde encontrariam esse mesmo direito potestativo dos acionistas previsto e assegurado em mais cinco outros mandamentos, que não foram feridos pela lei recém-editada: os arts. 225, I, 264, §§ 3º e 4º e 230 (para as incorporações, fusões e cisões) e o art. 270, parágrafo único (para a constituição de grupos societários)'."

Após a citação desse longo trecho do estudo do Prof. Mauro Penteado, aduz o E. Relator: "Comungo com a opinião do autor citado, de que o art. 137 da Lei 6.404 enuncia em caráter não exaustivo e não exclusivo as hipóteses de retirada, por remissão ao art. 136, que versa sobre matérias que exigem *quorum* qualificado para deliberação em assembléia-geral extraordinária".

O Prof. Paulo Salvador Frontini,[56] em preciso comentário a respeito desse aresto, teve a ocasião de destacar: "Sobre a origem, tramitação, sanção e repercussão do diploma, é ocioso dispender energia em novos comentários. O tema foi esgotado em percuciente análise de talentoso comercialista ("A Lei 7.958/89 e a pretensa modificação do direito de retirada dos acionistas: uma discussão inócua", Mauro Rodrigues Penteado, *RDM* 77/29)".

Não apenas concordamos irrestritamente com o trecho retro transcrito do Prof.

56. *RDM* cit., p. 76.

Paulo Frontini quanto com esta sua outra conclusão que, a seguir, se transcreve: "Pensamos que a r. decisão, ora comentada, deu solução razoável à espécie. Mas, com a devida *venia*, longe está de colocar as grandes questões que o tema encerra, e muito menos de enfrentá-las. Em instâncias superiores, por certo, a matéria será debatida com outra profundidade".

O segundo precedente jurisprudencial foi a apelação cível 187.636-4, também do Tribunal de Alçada de Minas Gerais, objeto do comentário retro mencionado, de autoria de Maria Lúcia de Araújo Cintra,[57] que assim se expressou:

"Embora dando uma desnecessária ênfase à interpretação autêntica da lei, ou seja, na suposta intenção do legislador, o acórdão está bem fundamentado, com apoio na opinião de diversos juristas, na manifestação da CVM e ainda na interpretação sistemática da Lei 6.404/76.

"A decisão não poderia ser diferente.

"Com efeito, a interpretação sistemática da lei leva inevitavelmente à conclusão de que a Lei 7.958 não derrogou o direito de recesso na hipótese de incorporação.

"Na realidade, as hipóteses legalmente admitidas para o exercício do direito de recesso não estão restritas àquelas enumeradas no art. 137. Outros artigos prevêem diferentes situações em que o acionista dissidente poderá retirar-se da companhia, como os arts. 221 (transformação), 236 (aquisição de controle por pessoas de direito público) e 256 (aquisição de controle por preço acima de valor determinado."

E conclui a eminente advogada de São Paulo: "Fica evidente, portanto, que o direito de retirada não está limitado às hipóteses elencadas no art. 137, desde que outro artigo disponha especialmente sobre a matéria como ocorre no caso em questão, diante do disposto no art. 230 da Lei 6.404/76".

57. *RDM* 98/80 e ss.

c) Posição da Instância Administrativa. Julgamento da CVM

Cabe registrar, por derradeiro, que a CVM examinou o pedido de reembolso de acionistas da Panex S/A, que foram dissidentes da deliberação da assembléia que determinara uma cisão parcial.

Cuidou-se de uma assembléia-geral extraordinária, realizada em 31.12.89, logo em seguida à entrada em vigor da Lei 7.958, com a empresa informando à CVM que não haveria direito de retirada tendo em vista esse novo texto legal.

Mas o Relator da matéria, Prof. Ary Osvaldo Mattos Filho, então presidente daquela autarquia, optou por reconhecer o direito de retirada daqueles acionistas dissidentes, a despeito de os fatos terem ocorrido após a publicação da Lei Lobão.

Renata Brandão Moritz, em seu já citado estudo,[58] dá notícia de que o Colegiado da CVM também defendeu o direito dos acionistas minoritários dissidentes da incorporação da Sulina Alimentos S/A pela Perdigão Agroindustrial S/A.

Diferente é o posicionamento atual daquela autarquia federal. Acompanhando a tendência de conceber a Lei das Sociedades Anônimas como instrumento da política macroeconômica do Governo Federal, conforme tantas vezes salientado por Carvalhosa, passou ela, mesmo antes do advento da Lei 9.457/97, a entender que o recesso significaria um entrave ao livre desenvolvimento das empresas.

Sabe-se que, no ano de 1996, em recurso interposto contra decisão proferida pela Superintendência de Empresas da CVM a respeito do prazo para o exercício do direito de retirada, o Colegiado daquela autarquia deu provimento ao mesmo.

Ao fazê-lo, na verdade, revogou o entendimento anteriormente esposado – su-

58. "As hipóteses de recesso na Lei das Sociedades Anônimas", *RDM* 101/70, nota de rodapé 21.

pedâneo daquelas decisões anteriores que não admitiam estivesse o direito dos acionistas minoritários coarctados pela Lei Lobão – asseverando que a Lei 7.958/89, além de ter suprimido o inc. VI do rol do art. 137, houvera também revogado os arts. 225, inc. IV, e 230 da Lei 6.404/76.

Fundou-se o voto do Relator, na oportunidade, na autorizada doutrina de Carlos Maximiliano, segundo a qual "extinta uma disposição ou um instituto jurídico, cessam todas as determinações que aparecem como simples conseqüências, explicações, limitações, ou se destinam a lhe facilitar a execução ou funcionamento, a fortalecer ou abrandar os seus efeitos", sendo certo, assim, que "o preceito principal arrasta em sua queda o seu dependente ou acessório".

Desde tal julgamento pelo Colegiado, passou a CVM a entender não mais existente o direito de recesso nas hipóteses de fusão, cisão e incorporação.

Assinale-se, em remate ao capítulo, que essa malfadada Lei Lobão já pertence ao passado. Foi ela expressamente revogada pelo art. 6º da Lei 9.457, a seguir examinada, no que pertine ao nosso tema do recesso acionário.

VII – O direito de recesso na Lei 9.457/97

Dispõe o art. 137 da Lei 6.404, na redação atual que lhe deu a Lei 9.457/97:

"Art. 137. A aprovação das matérias previstas nos incs. I a VI do art. 136 dá ao acionista dissidente direito de retirar-se da companhia, mediante reembolso do valor das suas ações (art. 45), observadas as seguintes normas:

"I – nos casos dos incs. I e II do art. 136, somente terá direito de retirada o titular de ações de espécie ou classe prejudicadas;

"II – nos casos dos incs. IV e V, somente terá direito de retirada o titular de ações:

"a) que não integrem índices gerais representativos de carteira de ações admitidos à negociação em bolsas de futuros; e

"b) de companhias abertas das quais se encontram em circulação no mercado menos da metade do total das ações por ela emitidas, entendendo-se por ações em circulação no mercado todas as ações da companhia menos as de propriedade do acionista controlador;

"III – o reembolso da ação deve ser reclamado à companhia no prazo de trinta dias contados da publicação da Ata da Assembléia-Geral;

"IV – o prazo para o dissidente de deliberação de assembléia especial (art. 136, § 1º) será contado da publicação da respectiva ata;

"V – o pagamento do reembolso somente poderá ser exigido após a observância do disposto no § 3º e, se for o caso, da ratificação pela assembléia-geral;

"§ 1º. O acionista dissidente de deliberação da assembléia, inclusive o titular de ações preferenciais sem direito de voto, poderá exercer o direito de reembolso das ações que, comprovadamente, era titular na data da primeira publicação do edital de convocação da assembléia, ou na data da comunicação do fato relevante objeto da deliberação, se anterior.

"§ 2º. O direito de reembolso poderá ser exercido no prazo previsto no inc. III do *caput* deste artigo, ainda que o titular das ações tenha-se abstido de votar contra a deliberação ou não tenha comparecido à reunião.

"§ 3º. Nos dez dias subseqüentes ao término do prazo de que trata o inc. III do *caput* deste artigo, contado da publicação da Ata da Assembléia-Geral ou da assembléia especial que ratificar a deliberação, é facultado aos órgãos da administração, se entenderem que o pagamento do preço do reembolso das ações aos acionistas dissidentes que exerceram o direito de retirada porá em risco a estabilidade financeira da empresa.

"§ 4º. Decairá do direito de retirada o acionista que não o exercer no prazo fixado."

Não se questiona, na verdade, quanto aos propósitos da Lei 9.457/97 no sentido de acabar com a retro aludida "indústria do recesso".

Mas, em que sentido, poder-se-ia dizer que a nova lei, efetivamente, visou coibir apenas aquele procedimento eticamente condenável de adquirir-se ações de uma determinada companhia com o objetivo exclusivo de dissentir das deliberações sociais para poder exigir o valor do reembolso pertinente?

Não tenho dúvida em afirmar que, ao dispor o § 1º do art. 137 que o acionista dissidente de deliberação da assembléia poderá exercer o direito de reembolso das ações de que, comprovadamente, era titular na data da primeira publicação do edital de convocação da assembléia, ou na data da comunicação do fato relevante objeto da deliberação (se anterior à publicação do edital), ficou impedida a prática dos profissionais do recesso que, cientes de que a companhia estava prestes a tomar decisões ensejadoras do direito de retirada, adquiriam rapidamente as suas ações antes que se realizasse a assembléia-geral...

Ninguém, creio eu – exceção feita aos inescrupulosos minoritários de plantão que não se envergonhavam em fazer a mais deslavada chantagem com controladores de grandes empresas – poderá criticar a nova lei nesse particular.

No que se refere à supressão do direito de recesso, porém, nas hipóteses de cisão[59] de companhia aberta, e nas limitações a ele impostas nos casos de incorporação e fusão da mesma modalidade societária, razão parece assistir, mais uma vez, a Modesto Carvalhosa.

Salientou o ilustre Professor, de forma candente, em várias passagens de sua obra, seu inconformismo com o novo texto legal, desde o seu nascedouro, quando era ainda o Projeto de Lei 1.564, de 1996. Sobre ele, assim se expressou Carvalhosa:[60] "Inscreve-se portanto esse projeto no processo de contínuo solapamento dos direitos essenciais dos acionistas, a duras penas incluídos na Lei 6.404, de 1976, por força das emendas aprovadas pelo Congresso Nacional, em 1976. Confirma o 'Projeto Kandir' o caráter crescentemente oligárquico do 'capitalismo' nacional, que leva à impossibilidade cada vez mais evidente de criação de um mercado de ações no País".

A manobra governamental ficou, com efeito, absolutamente evidente. Era sabido que o modelo de privatização do país calcava-se, entre outros aspectos, na prévia cisão de empresas estatais, concessionárias de serviços públicos, principalmente nos setores de telefonia e de geração e distribuição de energia elétrica.

Para diminuir o custo dessas privatizações, o Projeto de Lei 1.564, de 1996, transformado na Lei 9.457/97 – embora atenuado pela Emenda Hauly[61] que outorgou certas compensações patrimoniais aos acionistas minoritários – investiu duramente contra os interesses desses últimos.

Era escusado dizer que a retórica oficial, quase sempre mergulhada na hipocrisia que tem servido de supedâneo ao Poder Público no Brasil, não iria reconhecer o óbvio, isto é, que o novo texto legal, como muito bem destacado por Carvalhosa, a exemplo do que já ocorrera anteriormente com a Lei Lobão, *inscreve-se no processo*

59. A leitura combinada dos §§ 3º e 4º do art. 223, em sua nova redação, leva à conclusão de que o direito de recesso só permanece aos minoritários na hipótese de as companhias sucessoras no processo de cisão não remanescerem na condição de sociedades abertas.

60. Ob. cit., v. 2, p. 732.

61. Nome do Deputado Luiz Carlos Hauly, relator do Projeto Kandir.

de contínuo solapamento dos direitos essenciais dos acionistas, a duras penas incluídos na Lei 6.404.

De um lado, deu-se o poderoso ataque com a supressão do direito de recesso na hipótese de cisão e com a sua progressiva neutralização nos casos de fusão e de incorporação.

De outro lado, com truculência que nos pareceu ainda maior, o texto legal aboliu a obrigatoriedade da oferta pública aos acionistas minoritários nos casos de transferência de controle, revogando-se integralmente o art. 254 e parcialmente o art. 255 da Lei 6.404, disposições que representavam a síntese de longas discussões no Congresso Nacional por ocasião da aprovação de seu texto.

Reconheço, como não poderia deixar de ser, o caráter altamente polêmico desse ideal de igualdade entre todos os acionistas nas cessões de controle acionário. Bastaria lembrar, a esse propósito, a mais clássica de todas as obras nessa matéria, na qual o Prof. Fábio Konder Comparato,[62] depois de acurada reflexão, mostrava que o poder de controle, como realidade econômica, não poderia deixar de ser considerado como tendo um valor próprio, distinto das ações singularmente consideradas. Ao referir-se ao famoso e substancioso estudo de Ballantine,[63] observou o ilustre Professor: "Um autor norte-americano afirmou o óbvio, ao declarar que, de modo geral, o poder de controlar a eleição de diretores e, portanto, de gerir e controlar os bens, negócios e o comércio de uma grande companhia, de decidir sobre as diretrizes de sua política empresarial e o dispêndio de grandes somas de dinheiro, de indiretamente nomear e furar a remuneração de seus prepostos e representantes, é um bem valioso ou poder de grande valor, mesmo se a companhia se encontra apenas em situação de pagar salários e não dividendos".

Prossegue esse mesmo Professor[64] ponderando que, se o nosso sistema econômico fundamenta a apropriação do lucro empresarial, com base no exclusivismo da responsabilidade daqueles que efetivamente assumem as responsabilidades pelo poder, como "democratizar" o poder de controle? Não seria o caso, então, de partilhar-se o preço da alienação não apenas entre todos os acionistas, mas também entre todos os componentes do complexo empresarial, abarcando, igualmente, os empregados?

Outro argumento praticamente irrespondível, utilizado por Comparato, diz respeito às garantias prestadas pelo titular do controle acionário, por ocasião de sua alienação. Seja mediante a prestação de caução das próprias ações em garantia de empréstimos concedidos à sociedade alienada, seja pela outorga de avais em títulos de crédito, como falar-se aqui em igualdade de situação jurídica entre controladores alienantes e os demais acionistas não controladores?

Mas, já naquela oportunidade, o mesmo Prof. Comparato sugeria ao legislador brasileiro duas medidas prudentes, sendo que a primeira delas seria exatamente a de atribuir aos acionistas não controladores, titulares de ações há mais de dois anos, o direito de recesso pelo seu valor contábil, apurado segundo os algarismos do último balanço social aprovado, em razão de uma transferência de controle acionário, onerosa ou gratuita.[65]

Como se sabe, grande foi a discussão por ocasião da tramitação do Projeto pelo Parlamento Nacional. Os arts. 254 e 255 da Lei 6.404/76 não constavam do Projeto

62. "O poder de controle na sociedade anônima", Ed. RT, São Paulo, 1975, tese com a qual conquistou o cargo de Prof. Titular da Faculdade de Direito da USP.

63. Henry Winthrop Ballantine, *Ballantine on Corporations*, p. 433.

64. Ob. cit., p. 249.

65. Ob. cit., p. 251.

original e foram introduzidos em virtude de emenda apresentada no Senado pelo Senador Otto Cirilo Lehman, prevendo a obrigatoriedade de oferta pública, quando da alienação do controle de companhia aberta, mediante o qual seria preservado ao acionista minoritário o direito de receber o mesmo preço pago pelos adquirentes ao acionista controlador.

Esse tratamento igualitário passou a ser desejado a partir de 1972, logo após a despudorada cessão de controle de um banco comercial em que os controladores adquiriram a preço irrisório as ações dos minoritários, revendendo-as, em seguida, por preço muitas vezes superior ao dessa aquisição, motivando o Deputado Herbert Levy a apresentar, na Câmara dos Deputados, o Projeto de Lei 1.042, segundo o qual "na transferência de controle acionário, por venda, os acionistas minoritários nas sociedades anônimas de capital aberto receberão por suas ações preço igual ao estabelecido para as ações do grupo ou grupos majoritários".

O mesmo Deputado, na legislatura seguinte, iria oferecer um substitutivo, nele propondo que os titulares de ações preferenciais da companhia recebessem 25% do ágio pago aos acionistas majoritários, desde que tal ágio correspondesse ao dobro ou mais do valor de mercado das ações.

Mas, como foi dito linhas atrás, por ocasião da discussão do Projeto que iria se converter na Lei 6.404, prevaleceu a solução proposta pela Emenda Lehman, que recebeu aquiescência da maior parte da doutrina. A Lei 9.457/97 promoveu profunda alteração nesse estado de coisas.

O Deputado Luiz Carlos Hauly destacou, em seu voto, o seguinte: "Tanto o oportuno projeto de lei como as sugestões oferecidas, assim como o PL 622, de 1995, foram cuidadosamente apreciados, tendo em vista o fortalecimento do mercado de capitais de risco, a conciliação dos interesses envolvidos nas sociedades por ações e a busca do ponto de equilíbrio desejável nas relações entre a maioria e a minoria, visando, assim, melhorar o sistema adotado, que se baseia na efetiva responsabilidade do controlador da empresa e de seus administradores, na precisa definição dos direitos do minoritário e na ampla publicidade, para que o que é imperioso, também, ensejar à Comissão de Valores Mobiliários melhores condições para bem exercer a fiscalização que lhe cabe, na defesa da empresa, do minoritário, do crédito público e das instituições que atuam no mercado".

Não obstante seja forçoso reconhecer que a Emenda Hauly – como haveria de ficar conhecido o substitutivo ao Projeto de Lei 622-A – amenizou ligeiramente a situação dos acionistas minoritários, dando-lhes algumas vantagens de caráter patrimonial, não resta dúvida de que ela referendou as principais inovações trazidas pelo Projeto original do Governo, claramente tendentes a obedecer aos propósitos da nova política macroeconômica deste último.

Carvalhosa[66] é incisivo a respeito: "E no plano das iniqüidades a Lei 9.457, de 1997, acolheu a supressão dos arts. 254 e 255 da Lei 6.404, de 1976, que tratavam da oferta pública em caso de alienação de controle. Tal retrocesso demonstra mais uma vez a persistência e aprofundamento do perfil institucional da lei societária, sempre a serviço das macropolíticas governamentais do momento. No caso presente, sua política está voltada a atender a implantação de um Estado neoliberal. Some-se a esse *tatcherismo* tropical a tendência sempre demonstrada pelos controladores e suas entidades de classe, contrários ao procedimento de eqüidade representado pela oferta pública. Continua vigendo no Brasil a célebre declaração do Barão de Fürstenherg feita numa assembléia do *Deutsche Bank*, realizada nos fins do século passado: 'Os acionistas são uns tolos e uns arro-

66. Ob. cit., v. 2, p. 286.

gantes; tolos porque nos dão o seu dinheiro e arrogantes porque querem receber dividendos'. Acrescente-se que essa supressão de um direito fundamental dos acionistas recebeu inclusive o apoio explícito da Comissão de Valores Mobiliários, embora seja encarregada por lei de promover a defesa dos investidores no mercado de ações".

Não nos pareceu feliz, com efeito, a forma pela qual a Lei 9.457/97 introduziu essas alterações em nossa lei societária. E nossa crítica – em brevíssimas linhas,[67] como não poderia deixar de ser – pode ser sintetizada nas seguintes considerações.[68]

A supressão da obrigatoriedade da oferta pública aos acionistas minoritários, nos casos de transferência de controle, revogando-se integralmente o art. 254 e parcialmente o art. 255 da Lei 6.404 – disposições que, como dissemos, não obstante a polêmica sobre o tema, representavam a síntese de longas discussões no Congresso Nacional por ocasião da aprovação de seu texto – sem a corresponde outorga do direito de recesso pareceu-nos, efetivamente, um doloroso retrocesso à proteção das minorias acionárias no Direito brasileiro.

Em segundo lugar, não vislumbramos nenhuma razão para a abolição integral do direito de recesso na hipótese de cisão, salvo, como já foi dito, para atender a uma política macroeconômica momentânea do Governo Federal relacionada à diminuição dos custos da privatização das companhias estatais.

Mas a cisão de uma companhia constitui uma das alterações mais sensíveis no interesse do acionista minoritário, sendo, por isso mesmo, o direito de recesso preservado em tal hipótese nos países em que o adotam, como tivemos a oportunidade de verificar.

Em terceiro – e por derradeiro – julgamos que os critérios utilizados pelo legislador para autorizar o recesso, se afiguram ambíguos, em alguns casos, levando a crer que, na prática, eles poderão conduzir à progressiva neutralização desse direito.

Refiro-me aos casos de fusão, de incorporação e de formação do grupo de direito. É que o art. 137, inc. II, alude à possibilidade do exercício do direito de recesso nos casos dos incs. IV e V do art. 136 (sendo o inc. IV relativo à fusão da companhia, ou sua incorporação em outra, enquanto o inc. V diz respeito à participação em grupo de sociedades) somente quando as ações de seu titular:

a) não integrarem índices gerais representativos de carteira de ações admitidos à negociação em bolsas de futuros; e

b) sejam de emissão de companhia aberta nas quais menos da metade das ações emitidas estejam em *circulação no mercado*, entendendo-se por essa expressão – *ações em circulação no mercado* – "todas as ações da companhia menos as de propriedade do acionista controlador".

Poder-se-ia alegar, em princípio, que a negação do direito de retirada, nas hipóteses mencionadas, decorreria da compreensível presunção de que, existindo elevados níveis de liquidez das ações da companhia, de um lado, ou, paralelamente, havendo alto grau de dispersão de suas ações no mercado, de outro lado, o acionista discordante da decisão da assembléia não necessitaria do recesso para poder livrar-se de seu investimento que teve a sua natureza abruptamente alterada.

O raciocínio seria de todo válido, deveras – e corresponderia ao que já havíamos destacado linhas atrás –, no sentido de que são muitos os autores como Nelson Eizirik, Paulo Frontini, Rachel Sztajn, para ficar apenas em alguns exemplos, que entendem ocorrer a perda de fundamento para o

67. Tais críticas cingem-se, apenas, tendo em conta o âmbito da presente exposição, as questões relacionadas ao direito de recesso.

68. Estamos nos atendo, por questões de tempo e de espaço, aos três pontos que consideramos mais delicados na reforma promovida pela Lei 9.457/97.

exercício do direito de recesso, nas companhias abertas, quando o acionista insatisfeito tem a possibilidade de alienar livremente suas ações nas Bolsas de Valores.

Parece não haver dúvida quanto ao raciocínio em tela no que se refere à alínea *a* do inc. II do art. 137 da Lei. Com efeito, no caso de ações integrantes de índices gerais representativos de carteira de ações admitidos à negociação em Bolsas de Futuros, haveria uma espécie de presunção *ex lege* de que de tais títulos tenham liquidez absolutamente comprovada, inexistindo fundamento axiológico para a manutenção do direito de recesso.

Ocorre, porém, na hipótese da alínea *b* desse mesmo inc. II do art. 137, isto é, somente terá direito de retirada o titular de ações "de companhias abertas das quais se encontram em circulação no mercado menos da metade do total das ações por ela emitidas, entendendo-se por ações em circulação no mercado todas as ações da companhia menos as de propriedade do acionista controlador".

O texto está longe de ser um primor de clareza, mas não há dúvida de que não há necessidade de ser versado em matemática para perceber que o critério de dispersão, adotado pela lei, é inequivocamente falho.

Nelson Eizirik[69] fornece um exemplo extremo. Diz ele: "Uma companhia com dois acionistas, um com a totalidade das ações votantes (1/3 do capital) e outro com a totalidade das ações votantes (2/3 do capital) registra-se na CVM como companhia aberta para emitir publicamente debêntures não conversíveis em ações; em seguida, é incorporada por outra e nega ao preferencialista o direito de recesso, com base em interpretação literal da lei, pois ela é aberta e mais da metade das suas ações não são de propriedade do acionista controlador".

69. Ob. cit., pp. 72-73.

Em seguida, conclui esse autor que: "Assim, quando a Lei menciona as companhias abertas cujas ações estejam em circulação no mercado, está se referindo, inequivocamente, àquelas companhias abertas que se registraram na CVM para procederem à emissão pública de ações.

"O critério de dispersão *não* se relaciona apenas às ações ordinárias, com pleno direito de voto; referindo-se a Lei ao 'total das ações emitidas', fica claro que podem ser ordinárias *ou* preferenciais, sem direito de voto" (grifos do autor).

Os exemplos poderiam variar indefinidamente. Haveria *n* hipóteses nas quais o grau de dispersão presumido pelo legislador seria, efetivamente, mínimo. Basta pensar, p. ex., quer na hipótese de acionistas minoritários ligados ao controlador; quer no caso de o minoritário ser titular de grande número de ações, fazendo com que a *metade* existente em circulação não represente a dispersão mínima para que se pudesse falar em alienação livre de ações no mercado.

Enfim, o tema é *apaixonante* mesmo. Mas é preciso ter cuidado. Como já se disse algures, quando a paixão entra pela porta principal, a sensatez foge pela porta dos fundos...

VIII – Bibliografia

AMENDOLARA, Leslie, *Os Direitos dos Acionistas Minoritários*, Ed. STS Publicações e Serviços, São Paulo, set. 1998.

APROBATO MACHADO, Rubens, *RDM* 82.

ASCARELLI, Tullio, *Problemas das Sociedades Anônimas e Direito Comparado*, São Paulo, Saraiva, 1969.

AZEVEDO SOUTO, *Lei das Sociedades por Quotas Anotada*, 3ª ed., Coimbra, 1941.

BALLANTINE, Henry Winthrop, *Ballantine on Corporations*, ed. Revista, Chicago (Callagnhan and Company), 1946.

BATALHA, Wilson de Souza Campos, *Comentários à Lei das Sociedades Anônimas*, v. 2, Rio de Janeiro, Forense.

BOBBIO, Norberto, *De Senectute e Altri Scritti Autobiografici*, Einaudi.

BRUNETTI, Antonio, *Trattato de Diritto delle Società*, v. 2, Milão, Giuffrè, 1948.

BULGARELLI, Waldirio, *Fusões, Incorporações e Cisões de Sociedades*, São Paulo, Atlas, 1996.

CARVALHOSA, Modesto, *Comentários à Lei de Sociedades Anônimas*, v. 2, Saraiva, 1997.

________. *RDM* 96.

CINTRA, Maria Lúcia de Araújo, *RDM* 98.

COMPARATO, Fábio Konder, "Valor de reembolso no recesso acionário", *RT* 563.

________. *O Poder de Controle na Sociedade Anônima*, São Paulo, Ed. RT, 1975.

COSTA, José Rubens, "Sociedades anônimas. Direitos essenciais dos acionistas", *Revista Forense* 270/567, n. 2, 1980.

DONADIO, Giuseppe, *Il Recesso del Socio*, Milão, Giuffrè, 1940.

EIZIRIK, Nelson, *Reforma das S/A & do Mercado de Capitais*, Renovar.

________. "Reforma das S/A e direito de recesso", *RDM* 111.

FRONTINI, Paulo Salvador, *RDM* 86.

GIAMPICCOLO, Giorgio, *La Dechiarazione Recettizia*, Milão, Giuffrè, 1959.

LAMY FILHO, Alfredo e BULHÕES PEDREIRA, José Luiz, *A Lei das S/A*, v. II, Rio de Janeiro, Renovar, 1966, p. 339.

LEÃES, Luiz Gastão Paes de Barros, *Comentários à Lei das Sociedades Anônimas*, Saraiva, 1980, § 214, p. 216.

LOBO, Jorge, *RT* 664.

MELLO FRANCO, Vera Helena de, "Dissolução parcial e recesso nas sociedades por quotas de responsabilidade limitada. Legitimidade e procedimento. Critério e momento de apuração de haveres", *RDM* 75.

MENÉNDEZ MENÉNDEZ, Aurelio, "Ensayo sobre la evolución actual de la Sociedad Anônima", *Cuadernos Civitas*, Madrid, Ed. Revista de Occidente, 1974.

MIRANDA, Pontes de, *Tratado de Direito Privado*, Parte Especial, t. L, São Paulo, Ed. RT, 1984.

MORITZ, Renata Brandão, *RDM* 101.

PARENTE, Norma Jonssen, *RDM* 97.

PENTEADO, Mauro Rodrigues, *RDM* 77.

SCHMIDT, Dominique, *Les Droits de la Minorité dans la Société Anonyme*, Bibliothèque de Droit Commercial, dirigida por R. Houin, t. 21, Sirey.

SZTAJN, Rachel, "O direito de recesso nas sociedades comerciais", *RDM* 71, jul./set. 88.

TAVARES BORBA, José Edwaldo, *Direito Societário*, 2ª ed., Biblioteca Jurídica Freitas Bastos, 1995.

TAVARES GUERREIRO, José Alexandre, "Direito de retirada e poder de retratação", *RDM* 44.

TEIXEIRA, Egberto Lacerda, *Das Sociedade por Quotas de Responsabilidade Limitada*, Max Limonad, 1956.

VIVANTE, Cesare, *Trattato di Diritto Commerciale*, v. II, *Le Società Comerciali*, Francesco Vallardi, 1935.

WALD, Arnoldo, *RDM* 40 e 62.

WANDER BASTOS, Aurélio e EIZIRIK, Nelson, *Mercado de Capitais e S/A – Jurisprudência*, v. 2, Comissão Nacional de Bolsa de Valores.

Doutrina

A RESPONSABILIDADE SOCIAL DAS COMPANHIAS

RACHEL SZTAJN

O estudo do Direito Societário, em geral, costuma levar em conta uma de duas vertentes: aspectos da organização interna, isto é, as relações dos sócios entre si e destes com os administradores e assessores/conselheiros da sociedade, ou, de outro lado, as relações externas, da pessoa jurídica com terceiros não sócios, fisco, empregados, fornecedores, consumidores, credores em geral. As relações externas, objeto do presente, pretendem avançar em outro campo, o das relações com a comunidade, credora em alguma forma, por práticas da sociedade.

Ignorando o limite usual das relações da pessoa jurídica sociedade com seus credores diretos, imediatos, abordar-se-á o ângulo da responsabilidade social que tem ganho, a cada dia, importância nas preocupações da comunidade.

Em 10.11.98 sob o título "A responsabilidade que dá retorno" (p. C-8) a *Gazeta Mercantil* publica artigo em que encontro o seguinte: "Longe de ser blá-blá-blá teórico e filantropia pura, o conceito de responsabilidade social – a decisão das empresas de participar mais diretamente das ações comunitárias na região em que está presente e minorar possíveis danos ambientais decorrentes do tipo de atividade que exercem – está surgindo de forma mais abrangente". Cita o prêmio Bem Eficiente idealizado por Stephen Kanitz e o Instituto Ethos que estimula a adoção de práticas desse tipo, entendendo que serão necessárias, a médio prazo, para a competitividade empresarial.

O mesmo jornal, em 24.11.98 sob o título "A dura adaptação ao selo verde" (p. A-7), informa que madeireira Rohden, do Paraná, encontra dificuldades para exportar por não conseguir comprovar que usa madeira de reflorestamento. Finalmente, em 15.12.98 sob o título "A questão com o meio ambiente preocupa empresas" (p. A-8), informa que cerca de 85% das empresas brasileiras adota algum tipo de procedimento associado a questões ambientais.

As relações externas das companhias passam a incluir, dessa forma, "credores involuntários", ou seja, pessoas ou comunidades que sofrem os efeitos da atividade, especialmente no que se refere a direitos de solidariedade, direitos esses de ordem ética, moral, não legal, e que têm como contrapartida a denominada responsabilidade social. A expressão é empregada em sentido muito largo, para abarcar não só as pessoas diretamente ligadas à sociedade ou empresa, no entender de alguns, mas também quem, por qualquer forma, possa ser atingido pelo resultado de atividades econômicas desenvolvidas no e para o mercado.

Responsabilidade social está ligada a direitos sociais, aos previstos no Capítulo II da Constituição Federal de 1988, entre os quais destaco a saúde, o trabalho, a assistência aos desamparados. Embora nem todos sejam de responsabilidade direta de particulares exercentes de atividades econômicas, tende a crescer, entre empresários privados, a responsabilidade com o bem-estar coletivo, segundo modelo de solidariedade empresarial.

Quando se fala em solidariedade apela-se para um dever que não se impõe, especialmente de forma coercitiva, mas em que se espera alguma cooperação entre pessoas visando a aumentar o bem-estar coletivo. Essa idéia de solidariedade é antiga, seja por resultar de práticas religiosas, seja pela sensação de que há dever de auxiliar os menos afortunados, de forma a restringir algumas das desigualdades sociais; o "novo" é que chegue às atividades econômicas não voltadas à filantropia, a caridade.

No caso das companhias a responsabilidade social de que aqui se pretende cuidar, consiste na tomada de decisões administrativas que levem em conta valores éticos, o respeito às pessoas, à comunidade, o cumprimento das normas legais, o cuidado com o meio ambiente. Quer dizer, responsabilidade social implica em administrar a sociedade de forma a atender ou superar os anseios éticos, jurídicos e negociais do público, tendo em vista as atividades exercidas.

É, portanto, fruto de política administrativa que não pode ser eventual, mas deve ser, ao revés, consistente, representada por práticas e programas integrados nas operações sociais e inseridos no processo decisório, reconhecidos pelos sócios e pela comunidade como desejáveis e meritórios e que por isso se mantêm, se aperfeiçoam e se ampliam.

A par da regra constitucional é fácil ancorar a solidariedade, em texto religioso. Cito frase do Talmud, que espelha uma faceta da fé judaico-cristã, indicativa do dever: "se eu não for por mim, quem será? e se for só por mim, quem sou eu? se não agora, quando?".

Respostas à segunda e terceira indagações são indicativas do que se imagina e das razões pelas quais ser solidário, de que ter consciência das necessidades sociais é importante. Se eu for só por mim, se for egoísta, quem serei? Como serei visto pela comunidade, quem será meu amigo, quem se importará comigo? O egoísmo é nefasto para as relações sociais, notadamente em sociedades em que a colaboração pode ser a diferença entre vida e morte. Esperar indeterminadamente para tomar medidas leva à indagar: e se forem tardias, será que produzirão os efeitos desejados?

E quais são os efeitos desejados pelo legislador constituinte de 1988? Garantir respeito e qualidade de vida para todos, o que exige ação coordenada do Poder Público e particulares. No plano das atividades privadas, é certo que as grandes companhias, pelo poder e pela influência que exercem no mercado, deve recair, num primeiro instante, o ônus de serem a mola propulsora da alocação de recursos tendo presente suas respectivas responsabilidades sociais. Sem esquecer que o movimento não é espontâneo, que muitas organizações não governamentais – Green Peace, WWF, Fundação Abrinq pelos Direitos da Criança, para ficar com três apenas –, é perceptível a tendência entre empresários no cuidado com certas práticas voltadas para problemas da comunidade, de segmentos da população, ou do meio ambiente.

As práticas, em geral, são benemerentes, o que significa custo, monetário ou não, para as sociedades e, é claro, as sociedades comerciais visam o lucro, portanto, não se imagine que as companhias traçarão políticas administrativas fugindo de seu objeto social, distribuindo os resultados a terceiros, não sócios ou empregados. Não se visa transformá-las em instituições de caridade; bem ao contrário, supõe-se que a opção por tais práticas tenha em mira o aumento de seus resultados econômico-financeiros. Estudos levados a cabo por economistas comparando, no exterior, resultados de sociedades que têm políticas socialmente responsáveis com as que as ignoram, demonstram que adotar práticas sociais responsáveis leva a aumento dos resultados, indicando, portanto, tendências de que o compromisso empresarial com comportamentos éticos resultará em avaliação favorável do mercado, provocando reflexo positivo no preço das ações negociadas em bolsa. Vale dizer, os acionistas serão premiados pelas boas ações das companhias investidas.

Se consumidores derem preferência, na aquisição de produtos ou serviços, àqueles oferecidos por fornecedores de boa reputação, comprometidos com a solução de problemas da comunidade, as sociedades assim qualificadas experimentarão aumento das vendas. Boas relações entre a sociedade, seus empregados e clientes, produzem lucros e, dessa forma, aumentam a riqueza dos sócios/acionistas. A afirmativa está sobejamente demonstrada pela prática e é aceita pelo Direito quando se admite a existência do fundo de comércio decorrente de especial organização do estabelecimento mercantil e que leva à criação de valor para a empresa. O que muda é a forma pela qual essa criação de valor é analisada. Deixa de estar baseada na relação comerciante/cliente fiel, para se fixar na relação fornecedor/consumidor/comunidade (a palavra *fornecedor* inclui toda a cadeia produtiva).

Claro que cada sociedade adota uma política no que concerne à responsabilidade social. Por isso que algumas sociedades se voltam para empregados e familiares, outras para o meio ambiente, outras para comunidades determinadas como crianças, pessoas carentes ou enfermas, enquanto algumas tentam atender a vários escopos sociais combinados. As diferenças prendem-se a fatores como tamanho, setor em que atua, exigências da comunidade e, evidente, à liderança de seus administradores no perseguir o modelo aprovado.

Tomando como ponto de partida o direito ao trabalho, como diz a CF, talvez fosse melhor dizer que o direito ao trabalho deve corresponder a direito a boas condições de trabalho, não a trabalho insalubre, inseguro, em que o respeito à dignidade inexista.

Esforços dispendidos em garantir melhores condições de trabalho, em geral, significam aumento de produtividade e diminuição de produtos de segunda qualidade, defeituosos; nota-se ainda aumento na assiduidade e diminuição do número de acidentes e moléstias profissionais, o que representa menores custos com saúde, seja ele representado por seguro saúde seja por medicação e reabilitação dos empregados. Resultado secundário é que esse cuidado leva a melhores condições ambientais.

Cuidados com o local de trabalho devem incluir, além do plano de carreira e salário questões paralelas como, p. ex., benefícios, treinamento, privacidade, contratações temporárias, atividades culturais. Dar aos empregados a segurança de que é bom trabalhar para aquela sociedade reduz pedidos de dispensa, facilita a contratação de pessoal, especialmente os que têm habilidades específicas, aumenta a produtividade dada a camaradagem entre os empregados que é fruto da integração e do desejo de mostrar bons resultados.

A negociação coletiva, ainda em fase de ensaio no Brasil, pode representar um marco na área. Manter programas de treinamento, aperfeiçoamento, encorajar o aprendizado, estimular as habilidades prevendo mudanças tecnológicas, privilegiando o estar empregado é um dos escopos que se persegue com essa política. A diminuição das atividades, a robotização, não podem ser excludentes de responsabilidade social pois são previsíveis, pelo que medidas alternativas, paliativas ou preventivas, podem ser tomadas. O que se deve considerar é discutir o salário e benefícios do super-especialista em apertar parafusos do lado esquerdo contra preparar os trabalhadores para o futuro, mediante o oferecimento de programas de educação continuada em diferentes níveis, do básico à pós-graduação, p. ex. O que importa é que desenvolvam suas habilidades, que possam ser mantidos os postos de trabalho em situações diferentes. Planos de participação nos resultados, impedindo ou punindo assédios ou abusos, criando formas de ajustar o trabalho e a vida pessoal aumentam a lealdade e o compromisso com o empregador.

É importante que o ambiente de trabalho encoraje os empregados a oferecer idéias e sugestões para o cumprimento das políticas empresariais; é ainda uma forma de valorizar as relações sociais.

Por seu turno, muitos investidores acreditam que boas condições de trabalho, programas de benefícios, seguro-saúde, segurança do local de trabalho, envolvimento dos empregados com as metas do empregador, demonstram preocupação com a responsabilidade social. Políticas que reservem vagas para deficientes físicos ou idosos, são positivamente avaliadas. Programas que beneficiem familiares dos empregados são, ainda, outra forma de cumprir com a responsabilidade social e de atender ao preceito constitucional.

Parte da responsabilidade social na área do trabalho é a observância da regra de direitos humanos quanto à proibição de trabalho infantil e do trabalho escravo. Por direito humanos entenda-se os padrões básicos de tratamento a ser dispensado aos seres humanos, independente de nacionalidade, sexo, raça ou religião. A incorporação de regras tutelares dos direitos humanos e trabalhistas em códigos de conduta das companhias, de associados na cadeia produtiva e em princípios gerais no comércio internacional pode parecer, em certos casos, imposição de barreiras não tarifárias a certos produtos – e, em muitos casos o é – mas não deixa de ser notável que os empresários busquem essa forma para, publicamente, demonstrar sua preocupação com o que ocorre em outros países.

O respeito aos direitos humanos no ambiente de trabalho evitará distúrbios e reclamações que poderiam causar atrasos na produção; o respeito aos direitos humanos, ao revés, contribuirá para a produtividade e imagem da sociedade.

O certificado ISO – *International Standards Organization* – leva em conta o respeito aos direitos humanos nos locais de trabalho. Como a certificação constitui elemento importante para que a empresa concorra no mercado globalizado, fica claro que as normas constitucionais são implementadas mais rapidamente para garantir presença no mercado.

Novas técnicas e tecnologia pressupõem empregados preparados para usá-las e por isso os programas de aperfeiçoamento, de atualização, que permita a rápida absorção das inovações. Reconhecê-lo implica ação compartilhada das empresas/empregados/sindicatos que devem dar preferência a empregadores que ofereçam programas de educação continuada, que garantam a qualificação da mão-de-obra. Programas desse tipo deverão constituir-se em ponto de atração para futuras contratações, tendendo a carrear para a sociedade os candidatos melhor qualificados, aumentando a eficiência produtiva.

Explicação similar empregada na discussão de questões ambientais, mostra como a proteção à natureza, o tratamento de efluentes antes de devolvê-los ao meio ambiente, também é fonte de aumento de lucros. Sem o passionalismo de alguns ecologistas, que se vêem messiânicos em sua cruzada ambientalista é preciso, objetivamente, questionar por quê e como as sociedades que exercem atividades econômicas são responsáveis pela preservação ambiental. Uma das razões é a exigência de certo tipo de consumidor (caso da madeira, de produtos transgênicos). Diz a reportagem da *Gazeta Mercantil* de 24.1.98, que a preocupação com o meio ambiente foi além da porta das fábricas, que as empresas estão educando a comunidade e até cedendo infra-estrutura aos Municípios, tudo para o combate à poluição. Outra razão é que deve ser imputado ao causador do dano o dever de recompô-lo, de repará-lo. Ou, como dizem alguns, o bolso mais profundo, o que melhor suportará o ônus, é o do empresário que tem como externalizar o custo.

Não está, porém, só no Direito Positivo mas, também, nas regras de bem-viver, um fundamento para as ações sociais adotadas pelas sociedades, especialmente as grandes empresas. Decisões empresariais, notadamente no que concerne à atividade, início, continuidade e encerramento, podem ser relevantes para o futuro, inclusive para outras gerações de seres humanos. Empresas "ecologicamente corretas" serão o paradigma do sucesso. E isto com base no cálculo empresarial que não é desinteressado, altruísta, por isso que há pesquisas visando avaliar se o que os empresários supõem tem fundamento.

Cuidados com proteção ambiental, impostos pela legislação ou voluntários, implica incorrer custos aparentes, expressos, e implícitos, sem retorno garantido. Por que, então, optar por essas práticas? A resposta é que há indícios de que, em muitas atividades, a redução voluntária na emissão de poluentes aumenta o resultado financeiro.

Além disso, cuidados na redução de poluentes alterando o processo produtivo, tendem a reduzir custos de armazenamento de lixo industrial e, se os consumidores forem conscientes, há aumento da demanda por produtos "verdes" ou ecologicamente corretos. A confirmar-se tal tendência é de supor que as empresas que mantenham tais práticas acabarão por granjear reputação que se fará representar no aumento de vendas e lucros. A madeireira do Paraná indica que se isso não é verdade, o contrário seguramente o é.

Por força de experiências diferentes o Banco Nacional de Desenvolvimento Econômico e Social-BNDES, a par de promover seminários, dispõe de verba para financiamento a empresas que decidam investir na preservação ambiental e em programas sociais.

A pressão social, para cuidados com o meio ambiente vem aumentando e, nos últimos meses, manifestações em prol de ações empresariais relacionadas com o bem-estar das pessoas – empregados, familiares e comunidade são a tônica de muitas discussões. As ações tomadas pelos administradores, notadamente nas grandes companhias, embora não devam ser ignoradas pelas demais sociedades exercentes de atividade econômica, constitui movimento importante de conscientização das responsabilidades sociais dos agentes econômicos.

Nota-se que as declarações encontram eco na população que demonstra sinais de preferência pelas designadas "marcas do bem", ou seja, busca privilegiar produtos cujos fabricantes possam, de algum modo, ser ligados a ações no plano social. Produtos ou serviços "ecologicamente corretos" estão entre as marcas do bem. Em Santa Catarina, empresas que investiram em programas de conservação ambiental, observaram economia no uso de água por produto fabricado. O sub-produto do programa ambiental pode ser comprovado em outras empresas e diferentes atividades.

Estimulada e mantida, essa tendência provocará impacto na forma pela qual as companhias são administradas, efeitos significativos sobre seus resultados serão produzidos e, portanto, quer a riqueza dos acionistas, quer as relações com empregados e com a comunidade, deverão ser aperfeiçoadas.

Uma questão que é proposta por economistas é saber como avaliar o "preço" (custo) desses investimentos em preservação ambiental, notadamente no que concerne à preocupação com o futuro, ou com as futuras gerações. Ex.: como encarar alterações climáticas produtoras de danos na camada de ozônio por emissão de poluentes? Segundo o conhecimento atual a destruição da camada de ozônio provoca câncer de pele, uma das formas mais letais da moléstia se detectada precocemente. A par da perda de vidas, o custo social que isso representa, as despesas diretas com tratamentos, faltas ao trabalho, angústia do enfermo, familiares e amigos, apreensão quanto ao futuro são suficientes para indicar que o problema é sério.

Assim, um dos direitos sociais, aquele referente à saúde, que tanto pode ser interpretado no sentido de garantia de assistência médico-hospitalar quanto de prevenção a enfermidades, estaria presente na tutela ambiental. Emitir poluentes, sólido, líquidos ou gasosos, depositar, de modo inadequado, materiais poluentes ou não biodegradáveis, pode causar enfermidades e, portanto, violar preceito constitucional.

Para incentivar os empresários a tratar os poluentes resultantes do processo industrial, pensa-se em utilizar a relação custo-benefício, ou então o método do valor presente do fluxo de lucros futuros. Nessa hipótese põe-se a dificuldade de saber qual a taxa de desconto a ser empregada.

Explica-se. Supondo que haja cura para essa moléstia em 10, 20 ou 30 anos, que parâmetro servirá para avaliar o custo da proteção ambiental? O proposto pelo "estado da arte" atual, que considera a moléstia onerosa e muitas vezes fatal, ou o futuro, após a descoberta de tratamento e cura? No primeiro caso a taxa de desconto será elevada, no segundo baixa. Alguns entendem que, por se tratar de futuro, essa deveria ser a taxa empregada, dada a futura cura.

Assim, entendem, seria desnecessário incorrer altos custos de prevenção de câncer de pele, ou outras moléstias provocadas pela emissão de poluentes industriais, hospitalares, em face do horizonte previsto para a cura. Não parece convincente a argumentação. Primeiro porque nesses 10, 20 ou 30 anos, e é patente que não há segurança quanto ao prazo, talvez milhares, dezenas de milhares de pessoas terão perdido a vida e outras tantas deixarão de nascer. Esse custo é inestimável pelo que poderiam contribuir para a cultura, ciência, conhecimento, enfim, para o bem geral da comunidade. Depois, porque o dano ambiental atual pode não ser reversível e outras moléstias, desconhecidas, dele se originarem.

Apresenta-se situação em que eventual avaliação futura, ainda que favorável à inércia no presente, deva ser descartada. Há que encarar problemas dessa ordem sempre que houver a percepção de que o dano causado poderá ser irreversível, transferindo-se de uma para outra geração.

Finalmente, porque, sempre se pensa, em termos econômicos, na existência de mercados e mercados existem quando há operações levadas a cabo por pessoas que buscam eficiência na troca econômica, portanto, existentes. Sabendo que mercados perfeitos são inexistentes, ou quase, na vida negocial, poder-se-á abandonar a idéia de relação custo-benefício?

A resposta é, novamente, negativa. Considerando que as decisões empresariais tendem a avaliar o futuro, o que ocorreria se não houve imperfeição de mercado, e na ausência de imperfeições de mercado o valor futuro da riqueza aumentará, resultado da decisão tomada hoje, reduz-se, substancialmente, o que aparecia como problema futuro.

Não há como obter-se eficiência ou distribuições Pareto ótimas em todos os casos. Muitas vezes o máximo é um o bem-estar social de Kaldor-Hicks, que para alguns é Pareto inferior, mas, por se tratar de bem-estar geral é solução boa. Tudo depende do conjunto de direitos de propriedade e da avaliação de cada uma quanto à alocação dos recursos em cada momento.

Claro que, das questões que se põem nesse tipo de estratégia, voltada não apenas para a avaliação atual das empresas, mas também para o benefício que se possa garantir para futuras gerações, está presa ao retorno do investimento, portanto, a saber se o "preço" do "investimento" é justo, pois parte dele poderá recair sobre as futuras gerações que se visa tutelar. A dúvida é saber se as gerações futuras, potenciais beneficiárias das ações, avaliá-las-ão da mesma forma quanto aos esforços dispendidos, ou seja, se a alocação de recursos de hoje será igualmente avaliada como Pareto eficiente ou Kaldor-Hicks desejável futuramente.

De outro lado as taxas de desconto, ou padrões de avaliação, são subjetivos, como se sabe, e transpondo essa idéia para outros, que nem sempre terão a mesma a informação e, dessa forma, chegarão a resultados diversos.

Não há resposta única para tais dúvidas. O operador do Direito, habituado a pensar que as mudanças sociais são lentas, que as transformações sempre se fazem com base em situações conhecidas, e por isso o Direito muda pouco, projeta o futuro sobre os dados elaborados hoje e entende que as gerações futuras, educadas pelas atuais, devem ter como valores básicos aqueles vigentes hoje. Eventuais discrepâncias seriam devidas a avanços tecnológicos, descobertas científicas, que poderiam alterar padrões de conduta.

Veja-se a proibição de casamentos consangüíneos, que eram comuns no Egito antigo, decorre do conhecimento de que a soma de genes "defeituosos" em tais casais resulta em filhos com maior probabilidade de serem portadores do "defeito" de que resultará danos para a espécie humana. Os estudos de Mendeleiev contribuíram para que a lei determinasse a proibição.

Do ponto de vista da análise econômica do Direito a existência de sociedades que não demonstrem preocupação com a responsabilidade social pode ser vista como imperfeição do mercado, resultado da inexistência, atualmente, de mercado de bens ambientais, ou, de outra forma, o mercado ainda subavalia o meio ambiente como bem de caráter patrimonial, que merece tutela embora não haja proprietário definido, e que por isso acaba por aceitar, em alguma medida, o abuso ou à degradação dos recursos naturais.

As campanhas para conservação de água e energia elétrica, petróleo – combustível fóssil – indicam que a preocupação com a degradação ambiental está surgindo. Quando se desenhar contrato futuro de ar limpo, água potável, ou outro bem natural, estar-se-á estimulando o funcionamento de um mercado ambiental.

Para algumas atividades, aquelas reconhecidas como poluentes – polpa de madeira e papel, petroquímica, química –, as exigências conservacionistas são mais intensas. A questão atual se põe no campo da engenharia genética, dos alimentos transgênicos, do gado alimentado com anabolizantes. O temor é que os produtos causem danos aos seres humanos, danos desconhecidos e por isso assustadores.

Romper o equilíbrio ecológico é outra probabilidade. Sabe-se que a eliminação de qualquer predador provoca o surgimento de outro, que antes não incomodava. Conquanto não se possa proibir as experimentações e o progresso tecnológico, alguma cautela há de ser exigida no momento de sua propagação ou implementação em larga escala.

É certo que a administração das sociedades está mudando. Os empresários descobriram a estreita ligação que há entre demonstrar responsabilidade social e resultados financeiros, entre atender a expectativas dos empregados, comunidade local e lealdade ao empregador e aos produtos e serviços oferecidos no mercado. Que maximizar o retorno dos acionistas depende, agora, de manter políticas que demonstrem a inserção real da empresa na comunidade.

Nota-se que o público e os *stakeholders* passaram e requerer mais das companhias além da produção de resultados financeiros positivos. Há *credores* da ação social que se revelam quando preferem adquirir produtos de *marcas do bem*, ou oferecidos por sociedades com responsabilidade social. Exemplo da idéia de marcar o produto com alguma ação voltada para a comunidade é a informação encontrada em muitas áreas verdes da cidade que são conservadas por uma certa sociedade; outra forma, eventual, é a propaganda do guaraná Antártica durante o mês de dezembro de 1998, em que prometeu doar parte do preço de venda do refrigerante a uma instituição mantenedora de crianças carentes. Outra, ainda, aquela da cadeia McDonald's que, periodicamente, transfere o resultado de um dia de vendas para alguma instituição que cuide de necessitados ou enfermos.

A prática reiterada e consistente de tais políticas depende de decisões administrativas que devem encontrar eco na maioria dos sócios, daí o exercício do poder de controle ser relevante para a tomada e manutenção da responsabilidade social das companhias.

Mas não basta associar a marca, o produto, a uma certa ação social, é preciso, também, informar à comunidade que essa é a política definida pela administração. Outra informação da responsabilidade social tem que ver com o fato de os produtos oferecidos no mercado serem produzidos sem agressão ao meio ambiente, com preservação de espécies, sem uso de trabalho escravo, por exemplo.

De outro lado, as pessoas começam a exigir das companhias informações precisas quanto a seus compromissos no plano da responsabilidade social. Daí o balanço social que deve esclarecer quais as ações desencadeadas em prol da comunidade, seja ela interna ou externa. Na medida em que aumenta o número de companhias que publica balanço social, crescem as tentativas de padronizar as informações. Seriam incluídas a rotatividade dos empregados, fidelidade dos clientes, percentual de produtos defeituosos, além de outras questões de ética empresarial. O surgimento de especialistas nessas avaliações aumentaria a credibilidade no que se refere aos resultados alcançados com as políticas adotadas.

Princípios de contabilidade ética e social baseiam-se em explicar como a sociedade introduz e mantém valores éticos na organização e administração. A informação deve permitir a continuação do diálogo com a comunidade e o ajuste de rumos, sempre que necessário ou conveniente; questões como ações propostas contra a sociedade, segurança no trabalho, salubridade e saúde, não discriminação, reclamações dos empregados, informação sobre os controladores, impacto ambiental, criação de empregos, investimentos, contribuições, comércio internacional, multas aplicadas contra a sociedade, oferecem pontos de partida para o aperfeiçoamento das metas que aparecerão no outro balanço social.

O balanço social serve para comparar os resultados com as políticas propostas podendo ir de aspectos pontuais a informações genéricas, passar por metas sociais claras ou por materiais de publicidade institucional. O escopo e limites varia de sociedade para sociedade, sendo vital envolver no processo eventuais interessados nos resultados das ações administrativas, já que eles são destinatários delas. É possível que nem todos os dados sejam publicados, mas isso não invalida a auditoria do balanço social que pode sensibilizar empregados e fornecedores para os esforços envidados pela sociedade no sentido de ampliação da responsabilidade social.

De notar a preocupação de algumas companhias, e seus administradores, com o denominado "balanço social", balanço esse que nada tem a ver com as demonstrações contábeis-financeiras tradicionais, embora sejam publicados em conjunto. O balanço social prende-se a demonstração de que aquela sociedade, a par de seu objeto, no exercício da atividade, leva em conta outros interesses além dos imediatos de seus acionistas, os interesses da comunidade e, por vezes, da humanidade.

O balanço social é o modo pelo qual se informa, interna e externamente, os impactos sociais, ambientais, e o resultado das políticas adotadas, os aperfeiçoamentos das políticas de recursos humanos, respeito aos direitos humanos, enfim, dos valores éticos seguidos pela administração. Tais políticas não são mensuráveis numericamente, mas responsabilidades potenciais podem ser aqui apontadas.

Desenvolvem-se estratégias para que as práticas sociais sejam auditadas, sem que os avaliadores sejam ligados ou dependentes da sociedade. Em geral a auditoria procura enfatizar os aspectos positivos e as fraquezas de forma a aperfeiçoar o processo decisório no plano da responsabilidade social.

Essa verificação permite reunir informações que facilitam a coordenação eficiente entre os diferentes departamentos, unidades e estabelecimentos. Permite que a cadeia produtiva colabore para a universalização das preocupações com a comunidade, aumentando o bem-estar geral. O impacto não-financeiro da política voltada para o social pode ser também melhor apreendido por essa auditoria externa e explicado aos investidores e comunidade. A apuração de eventual violação de expectativas dos *stakeholders* e sua pronta correção, aprendizado da administração, também constituem aspecto importante da auditoria social.

Eventual indício de prática de que possa resultar responsabilidade da sociedade, se descoberto pela auditoria, poderá ser corrigido diminuindo o impacto financeiro, entre outros. P. ex., discriminação no ambiente de trabalho, procedimentos de contratação falhos, falta de informação em produtos ou serviços exigidos pela Lei do Consumidor, podem ser corrigidos antes que atinjam grandes proporções.

O balanço social aperfeiçoa a qualidade da informação sobre as metas sociais da companhia e, portanto, as relações com investidores e comunidade, aí incluídos organizações não governamentais e ativistas em geral, meios de comunicação e autoridades.

Os investidores que assumem algum tipo de responsabilidade social têm a oportunidade de incluir em suas carteiras valores mobiliários emitidos por sociedades que têm políticas que satisfaçam suas exigências. Eventuais diálogos entre administradores e comunidade criam oportunidades para que preocupações mútuas sejam discutidas e auxiliem na definição de prioridades que se afinem com as atividades e código de ética ou demonstrem que há fosso entre ambos.

Há fundamento legal, a par dos preceitos constitucionais, para essas preocupações ou está-se diante de administradores que procuram demonstrar posição sócio-política ao arrepio da legislação societária? Decorrem tais atos de imposição externa, notadamente de países industrializados que, criando barreiras extra-legais de proteção aos mercados, insistem em que produtos fabricados empregando "trabalho semi-escravo", de menores e crianças, sem respeito à natureza, devem ser banidos dos estabelecimentos em seus países?

Fundamento para muitas das ações administrativas pode ser facilmente encontrado nos textos legais. Ainda mais diante de pressões externas que dificultam o acesso a consumidores estrangeiros, que podem exercer controles sobre produtores-exportadores brasileiros. Mas, também, no plano interno, os cidadãos passaram a exercer mais diretamente o poder de fiscalizar as atividades empresariais exigindo sejam garantidos o meio ambiente, preservados os recursos naturais não renováveis e, especialmente, afastadas as crianças das atividades econômicas antes de alcançarem a idade mínima de 14 anos.

Além do art. 6º da CF/88, o mandamento do art. 170 enfatiza que a valorização do trabalho humano e a livre iniciativa devem ter por fim assegurar existência digna, segundo as regras da justiça social, e observados, entre outros os princípios da função social da propriedade, defesa do meio ambiente e a livre concorrência.

No concernente à intervenção do Estado no domínio econômico, a exploração direta só será permitida se necessária a segurança nacional ou a interesse coletivo relevante, cabendo à lei regular as relações da empresa pública com o Estado e a sociedade (art. 173 e § 3º).

A preocupação do legislador de 1988 ao dispor sobre os princípios que regem a ordem econômica e financeira, enfatiza a função social da propriedade e a proteção do meio ambiente.

A tentativa que se segue é buscar a harmonização desses princípios constitucionais com a regra do parágrafo único ao art. 116, da Lei 6.404/76. Nesse texto o legislador dispõe sobre o uso do poder de controle que se venha a exercer. Deve o controlador, entre outros deveres, usar o poder de controle para que a companhia exerça sua função social. Também fica claro que tem deveres para com os demais acionistas, os trabalhadores e a comunidade em que a companhia atua.

Embora sempre se insista na separação entre propriedade e controle, na verdade dever-se-ia dizer administração, não resta dúvida de que o reconhecimento do controle, que nas companhias representa o poder de determinar a direção das atividades sociais e de eleger a maioria dos administradores (art. 116 da Lei 6.404/76), implica o poder de dispor dos bens sociais como se seus fossem.

Por isso é que muitas vezes se confunde controlador com "dono", como proprietário da sociedade, e por via de conseqüência, que todos os acionistas seriam, em alguma medida, "proprietários" das companhias. Não há dúvida de que os resultados decorrentes das atividades empresariais das companhias refletem mediatamente sobre o patrimônio dos acionistas. Havendo lucros são eles os beneficiários, se houver distribuição pelo ingresso de recursos em seus caixas, se não houver distribuição, auferem ganhos de capital; havendo perdas, mesmo que não sejam responsáveis pelas obrigações sociais, experimentam redução patrimonial já que parcela de seu patrimônio ativo passa a valer menos. Mas é evidente que o resultado imediato da atividade é da sociedade, pessoa jurídica.

A equivalência patrimonial prevista na Lei 6.404/76 para a contabilização das participações de uma sociedade no capital de outra(s), como controladora ou coligada, demonstra o que se afirmou. Se o patrimônio líquido da companhia diminuiu, o valor patrimonial das ações que o representam se reduz e, conseqüentemente, cada acionista perde substância econômica.

Nem outro é o resultado da queda das cotações de preço das ações negociadas nas bolsas de valores. Sabe-o bem quem investe recursos para auferir ganhos de capital ou valorização do preço dos valores mobiliários negociados em bolsa de valores. E, dependo da política fiscal adotada no país, as opções por dividendos ou ganhos de capital aparecem na escolha dos investidores que buscam companhias cujas políticas se afinem com as escolhas individuais.

Tendo presente, porém, que, além dos acionistas, titulares da "propriedade" e dos administradores, os que a controlam, são partes interessadas nos resultados da atividade das companhias, a comunidade em que as sociedades desenvolvem suas atividades é que se passaria a avaliar as decisões administrativas e a exigir determinados comportamentos dos administradores que levem em conta outros interesses, os dos empregados, da comunidade em que a sociedade atua, resumidamente, os dos *stakeholders* em geral.

A palavra *stakeholder* aparece em sentido muito largo, incluindo não só eventuais fornecedores de recursos, bens ou serviços, mas também as pessoas que possam ser atingidas pelas ações administrativas.

O resultado dessa atividade decorre de decisões da administração, diretores, conselheiros e assessores que integram categorias profissionais determinadas como contadores/auditores, administradores de empresas, engenheiros, advogados, entre outras e que tanto podem participar de órgãos societários quanto figurar como consultores de sócios ou administradores.

A razão é que as decisões da administração, como se sabe, recaem, também, sobre a comunidade e, por isso, as responsabilidades dos administradores podem ultrapassar aquelas previstas na lei do anonimato. Nem por outra razão há que considerar os esforços envidados por algumas pessoas para que as companhias "ajam de forma a preservar os recursos naturais" ou "tenham consciência dos problemas sociais" locais, nacionais ou internacionais.

As decisões empresariais são fundadas na leis de oferta e demanda, ou de outra forma, na relação custo-benefício, que justificará as razões para a alocação de recursos finitos na produção de um ou outro bem para ofertar no mercado. De modo geral, as decisões tendem, num sistema de mercado, para alcançar posições em que os ganhos superem os prejuízos, mas sem nenhum garantia de que tal resultado será o final. É claro, entretanto, que os empresários tomam decisões distintas das de não empresários.

Há quem diga que a aptidão para enfrentar esse tipo de decisão, que leva à satisfação dos consumidores, é que caracteriza o empresário bem sucedido. Supondo que análises de tipo custo-benefício levariam a decisões adequadas, porque a apropriação privada do lucro constituiria estímulo para a tomada de decisões "corretas".

Dessa forma, decisões empresariais baseadas tão-somente na lógica do lucro, começam a ser questionadas. O fato para o qual Coase chamou a atenção de economistas, em 1962, com seu trabalho *The Problem of Social Cost*, conhecido como "O teorema de Coase", está refletido em muitas das decisões e estratégias empresariais tanto no país quanto no exterior.

Sem conhecer as oportunidades que tais gerações futuras terão, os avanços do conhecimento, da tecnologia, a alteração das preferências, fica difícil fazer tal "desconto". Pode-se, porém, presumir que os empresários, na tomada de decisões, levam em conta os lucros futuros associados a preferências atuais e que, imagina-se, grosseiramente, refletem as oportunidades e preferências futuras. Vale dizer que se passa ao campo das externalidades na tomada de muitas das decisões sociais. Mesmo porque a escolha da taxa de desconto pode ser arbitrária por subjetiva; cada empresário, segundo sua propensão para o risco, adotará, a partir de um piso, sua taxa de desconto e, igualmente, cada um, tendo em vista sua idéia do que é melhor para a comunidade, adotará cursos de ação que possam satisfazê-la.

Ilustrativamente tome-se como exemplo ações no plano macroeconômico. A discussão que se trava no país quanto à reforma da previdência é exemplar. A indagação primeira é quanto e quais os critérios para a concessão de benefícios sociais, seguida da avaliação das fontes de financiamento. Será que teriam sido tomadas, e quais foram, as medidas adequadas para garantir benefícios a todos no futuro? E o "fechamento" das contas externas mediante a contratação de empréstimos? Honrar os pagamentos é obrigação que recai sobre futuras gerações sempre que o mútuo é de longo prazo.

Da falta de compreensão ou de indagação quanto ao resultado futuro resultou, em muitos países, a insolvência, tanto da previdência pública quanto, no plano externo, da solvabilidade nacional. Empréstimos – internos e externos – mal aplicados, sem retorno, que oneram o Tesouro e resultam em aumento da carga tributária são exemplo de decisões formuladas de modo incompleto, tendo presente apenas resolver a situação atual, o hoje, supondo, imaginando que "o amanhã tomará conta de si mesmo" e tudo se resolverá sem maiores problemas. Decisões como essas, que recaem sobre a população, não foram tomadas há séculos, mas há poucos anos, 40 anos, se tanto neste país!

Terá havido, na época, deliberada intenção de provocar danos para as futuras gerações? A resposta tenderá a ser negativa. Se se imaginar que as decisões visavam, deliberadamente, criar favorecimentos imediatos e ônus futuros, teria havido desvio de poder ou função, inaceitáveis em qualquer modelo de governo democrático. Mas os resultados difíceis aí estão. Interesses vestidos, protegidos sob o manto do direito adquirido, recaem sobre parcela da população que não se manifestou, até por não ser nascida, no momento em que os privilégios foram instituídos.

E como deixar de honrar aqueles compromissos? Não há como escapar das dívidas assumidas pelos governos, exceto recusando-se a pagar os impostos criados para lhes fazer face ou, de outra forma, passando a integrar o espectro informal da economia, sonegando tributos. Solução extrema será deixar o país, emigrar, perdendo raízes e referências. Deixar de pagar impostos constitui delito penalmente tipificado e deixar o país é decisão que poucas pessoas podem ou se arriscam a tomar. Por isso que a responsabilidade pelo futuro se impõe a todos os que tomam decisões que recaem sobre eles, sobre terceiros e que se protraem no tempo. Políticas, públicas ou privadas, nefastas deixam, conseqüências, marcas, seqüelas nas comunidades sobre as quais recaiam. Como resolver o problema?

Partindo da idéia de congruência patrimonial – ativo superior ao passivo – para que os credores, quaisquer credores, tenham suas pretensões satisfeitas, é de supor que as obrigações de longo prazo de maturação sejam assumidas de forma a manter o equilíbrio patrimonial. Igualmente, no plano social ou macroeconômico, é preciso projetar os resultados das ações administrativas para que os benefícios suplantem os ônus derivados das políticas aprovadas.

Tendo em mente o dilema, os administradores de sociedades, eleitos ou indicados, embora isso se aplique, sem ressalvas, ao Poder Público, que zelam pelo bom nome da sociedade e de seu próprio, deveriam evitar assumir obrigações que escapassem de suas expectativas racionais de honrá-las. A preocupação com a reputação pode, muito bem, constituir-se em freio para desmandos ou falta de planejamento nas companhias, elemento fundante de sua responsabilidade social.

Essa mesma preocupação com a imagem, que influi na tomada de decisões, aparece nas decisões das administrações das companhias que têm imagem, reputação, bom nome e que pretendem manter elos com a comunidade de modo permanente. Por isso que começa a se impor no meio empresarial nacional a preocupação de, ao lado do resultado econômico, da maximização da riqueza do sócio, o cuidado com a comunidade.

O número crescente de sociedades que publicam o "balanço social", aquelas que oferecem produtos ecologicamente corretos, as que mantêm fundações para propiciar benefícios médicos, educacionais, esportivos aos empregados e familiares, as que se ocupam de pessoas carentes que vivem na comunidade em que se localizam, a publicidade que tem sido dada a tais medidas, são demonstração clara de que os empresários estão se voltando para a sociedade.

As áreas prioritárias dessas ações passam por esforços de recuperação das crianças, cuidados com o meio ambiente, seja diretamente, seja por intermédio de fundações, por associações comunitárias, entre outras formas de colaboração com a população carente.

Alguns estudiosos da matéria no Brasil entendem que informação, transparência, controle compartilhado estão na raiz das atuais discussões quanto à administração das companhias quando, controle compartilhado ou não, o fulcro da questão está onde sempre esteve, na velha discussão sobre a separação entre propriedade e controle apontada por Berle e Means, acrescido, agora, da conscientização da comunidade que é tanto destinatária dos bens e serviços produzidos, quanto de outros resultados não visados diretamente pela administração, mas que recaem sobre pessoas externas aos interesses diretos e imediatos das companhias.

A idéia é retomada quando que se discute o modelo de administração das companhias, o do hetero-organicismo, e está presente nas análises do modelo de administração, resultado, hoje, da inserção de novos atores no quadro geral da avaliação. O modelo brasileiro, na administração dual, é de que os membros do conselho de administração sejam acionistas e os diretores, acionistas ou não. O Conselho de Administração funciona como espécie de mini-assembléia-geral, já que integrado por sócios e a ele cabe, entre outras atribuições, a de fixar as diretrizes gerais da companhia. Assim não só a assembléia-geral mas outro órgão colegiado tem poder para determinar as políticas de cunho social geral.

Quando a legislação não impõe, como faz no Brasil, a exigência de que os membros do conselho de administração sejam acionistas, a contratação de profissionais para tais cargos pode acentuar os problemas acima apontados. Seriam os conselheiros eleitos para privilegiar os acionistas ou poderiam definir políticas que visassem à comunidade? Estudos recentes indicam que visar à comunidade resulta em benefícios aos acionistas. Se estranhos aos quadros sociais decidem por tais práticas, poderiam os administradores das companhias brasileiras, sem correr o risco de serem responsabilizados na forma do art. 159 da Lei 6.404/76, adotá-las? Qual o modelo que melhor atenderia ao escopo, o da administração dual ou o da divisão de competências entre assembléia-geral e diretoria? Ambas as formas de repartição de competências atende à política de responsabilidade social das companhias. Reconheça-se que, em alguns casos, o descontentamento da sociedade, com os resultados das funções da Administração é tal, que a solução "óbvia", a mais em voga neste país, seria alterar-se a legislação societária. Impor aos administradores deveres para com a coletividade seria a tônica de nova reforma da lei, ou que lhes garantiria maior independência em relação aos desejos, interesses e opções dos acionistas.

Antes de expor a tese, porém, é preciso verificar se os dispositivos legais existentes estão, ou não, aptos a resolver os conflitos entre todas as pessoas que têm interesses nos resultados das companhias, acionistas, empregados, governo, consumidores, credores outros e comunidade.

Conveniente analisar haver, ou não, algum tipo de correlação entre a implementação de práticas e políticas voltadas para a responsabilidade social das companhias e a independência de seus administradores. E qual o papel dos auditores no indicar meios para que essa responsabilidade se manifeste. Será que se os órgãos da administração, com composição bastante diversificada, quer quanto a conhecimento e experiência de seus membros, quer quanto a sexo ou representando minorias étnicas, aperfeiçoarão o processo decisório e, pelo maior envolvimento com a comunidade, consolidarão as políticas de responsabilidade social? Recentes estudos nos Estados Unidos da América oferecem respostas positivas para ambas as questões.

Sabe-se que quanto mais estreitas forem as relações entre interessados nas atividades das sociedades, maiores serão as probabilidades de evitar publicidade adversa que empanará a imagem e os negócios sociais. Diálogo permanente com a comunidade, consumidores e empregados reduz a probabilidade de campanhas públicas contra certas práticas, com reflexo na reputação da sociedade e de que resultam melhores resultados econômicos.

A administração hetero-organicista, típica das companhias, passa, no Brasil, por dois modelos. Nas companhias fechadas: assembléia-geral de acionistas e diretoria, para a qual podem ser eleitos ou indicadas quaisquer pessoas, acionistas ou não; nas companhias abertas: além da assembléia-geral, que tem competência residual, o modelo dual impõe que, para integrar o Conselho de Administração, é preciso ser acionista, mantendo o mesmo esquema das companhias fechadas para a diretoria. Cabe à assembléia-geral a eleição dos conselheiros, o que lhe permite imprimir a tendência quanto ao tipo de administração que visa.

As decisões quanto às diretrizes administrativas cabem ao Conselho de Administração e, sua execução, à diretoria, eleita pelo conselho. A representação no Conselho depende de votos colhidos em assembléia-geral e, muitas vezes, interesses pessoais dos acionistas eleitores é que estão representados nesse colegiado. Daí decorrer a aplicação de regras tendentes a concretizar a responsabilidade social das companhias ser tarefa inviável já que muitos dos eleitores sequer têm presente que é em seu benefício que se adotam aquelas políticas que chegam à comunidade.

A falta de normas legais impositivas, cogentes, dirão alguns, é a causadora da situação. Enfrentar problemas alterando as leis está se tornado um dos mais prestigiados esportes nacionais, esporte esse em que todos os grupos de interesse envidam esforços para, desta vez, obter a tutela que resulte em benefício para suas posições particulares, sem se incomodar com os resultados daí decorrentes, seja no plano nacional, seja no local.

A questão, no que se refere a administração das companhias, deveria ser enfrentada, preliminarmente, por análise do quadro societário e das relações entre companhias e comunidades e, depois sim, se os textos legais forem insuficientes ou inadequados para compor os conflitos, cogitar-se de alterá-los.

Exemplo, no plano do Direito Societário, são as últimas alterações que a Lei 9.457/97 introduziu na Lei 6.404/76. O que se visou, com boa parte das modificações, foi dar ao governo melhores condições de privatização das sociedades de economia mista e empresas públicas, sem se tornar refém de grupos de acionistas externos ao controle, os minoritários que, na maior parte dos casos, são majoritários se considerada a participação no capital das companhias e não o direito de voto.

Uma das questões que afronta a inteligência é supor que minoritários são apenas aqueles acionistas, titulares de ações com direito de voto, que sejam vencidos nas deliberações assembleares. E quem não vota é o quê? Vencedor? Não acionista mesmo sendo titular de ações?

É claro que, em qualquer deliberação em que a regra seja a da maioria, minoria é o grupo vencido. Porém, os impedidos de votar, seja por não terem voz, seja por não poderem manifestar-se, podem caber em qualquer dos grupos, o vencedor e o vencido. Alinhá-los sem mais ao primeiro é ignorar o próprio texto da Lei 6.404/76, no § 1º ao art. 137, mesmo com a nova redação, garante aos ausentes e titulares de ações sem direito de voto, o poder de se retirarem da companhia mediante o exercício do recesso.

Assim, no caso de definição de maioria/minoria há que levar em conta o propósito da qualificação. Na assembléia é minoria o grupo vencido na deliberação, no conjunto dos acionistas, minoria depende de saber qual a proporção de ações preferenciais em relação às ordinárias. Supor que a maioria é representada por 17% do capital total, que em verdade equivale a 51% ou mais do capital votante é levar longe demais a análise puramente numérica ou quantitativa.

É preciso combinar quantidade e qualidade, isto é, número de ações e direito de voto. Quem tenha, p. ex., 0,01% de ações e vote com a maioria é, para este efeito, majoritário; já quem tenha 10% das ações e seja vencido é minoritário. Nesse tipo de raciocínio quem não tem voto será majoritário ou minoritário conforme apoie, ou não, as deliberações tomadas em assembléia-geral por maioria.

Deixando de lado essa *vexata quaestio*, que é matéria de aritmética simples aplicada às sociedades e retomando o discurso inicial, parece-me oportuno, tentar pôr alguma ordem na questão do que seja o campo de incidência da responsabilidade social das companhias e de seus administradores no que concerne à definição de políticas sociais.

Busca-se vencer o desafio de solucionar conflitos entre pessoas – informadas e motivadas algumas delas – que detenham poder para impor alteração nas condutas dos administradores das companhias, em relação a outras que não têm informação. Novamente a assimetria informacional, foco de disciplina na Lei 6.385/76, na Lei 8.087/90 – lembrando apenas dois textos –, é ponto de análise na administração das companhias. Até porque há quem diga que a maximização da riqueza das companhias é importante para a maximização da riqueza social, aproximando o modelo de uma Pareto ótimo.

Ora é sabido que o modelo de Pareto só é eficaz em mercados livres, e nem sempre atende a ponderações de ordem social, por isso, outros preferem a regulação das relações de poder para alinhar os interesses privados com os públicos ou os coletivos, ao menos.

Para que uma companhia privada satisfaça interesse público, seus administradores devem levar em consideração os interesses de bem-estar e maximização da riqueza social. E para isso pode ser insuficiente impor normas jurídicas que modelem interesse privado ao público. Ademais disso, parece-me que aceitar ser o poder das companhias função de seu tamanho, de sua força econômica, seja no setor econômico em que atuam, seja geograficamente, um dos fatores que se deve ter presente ao estudar o envolvimento da companhia com práticas sociais.

Os administradores externos ao quadro societário são prestadores de serviços que desempenham função importante no que concerne à credibilidade e necessidade das decisões tomadas pela administração e sobre a qual se fundam as expectativas dos investidores.

E, por refletirem ações que se espera de profissionais detentores de capacitação específica, cuja experiência anterior é reconhecida, essa prova de confiança implica, igualmente, se reconheça a assimetria de informações. Logo a necessidade de controles próprios que facilitem o acompanhamento das ações desencadeadas pelos profissionais das quais devem resultar benefícios para todas as pessoas que têm interesse nos resultados da companhia. No primeiro momento os *stakeholders*, os credores a qualquer título e, no segundo instante, a comunidade em que a companhia atua.

Observando que o conhecimento, parte do capital humano, é menos facilmente transferido do que outros, ativas mudanças das políticas administrativas são, via de regra, resultado de troca de administradores. Vale dizer, a experiência das pessoas é individual e não se transfere facilmente; na verdade as experiências se somam e facilitam a previsão de situações que, no mais das vezes, são, nas companhias, cíclicas.

Uma das questões básicas a ser confrontada decorre da assimetria informacional que constitui dado importante na discussão da responsabilidade social das companhias. O evidente conflito de interesses entre profissionais e acionistas, entre estes e os credores (todos) da sociedade, os trabalhadores, passando pelo conflito entre administradores/acionistas e consumidores/usuários dos produtos e serviços oferecidos no mercado tem-se o pano de fundo dessa nova visão do antigo problema das companhias.

Que informação é parte importante nessa discussão fica patente, portanto, o aparato que se possa desenvolver para equacionar esses conflitos depende de encontrar o nível ótimo de informação comparado com o custo decorrente. É fácil impor, por via de norma jurídica ou regulamentar, o dever/obrigação, de prestar as melhores, mais completas e amplas informações ao público em geral.

Mas será que o público em geral está tecnicamente preparado para analisar as informações que vierem a ser prestadas pelas companhias?

Outra forma, possivelmente menos instrutiva mas igualmente eficaz, poderia resultar de exigências dos investidores. Bastaria pensar que, se a confiança que se deposita em determinada companhia deriva da qualidade de seus profissionais, da certeza de que os administradores, todos, seja qual for o órgão a que se vinculem, compensarão a assimetria informacional pendendo, no caso do conflito, para os *stakeholders*, essa companhia atrairá mais interessados nos valores mobiliários que venha a emitir, todas as demais coisas constantes, do que outra cujo compromisso com os *stakeholders* não seja esse.

Ficam pendente de estudos responder às perguntas: em que medida as informações porão em risco a continuidade das atividades? Dever-se-á divulgar matéria objeto de segredo industrial? Como é que as sociedades que não estejam sujeitas ao dever de informar, por não serem abertas, aproveitariam tais informações?

A última alternativa decorre de exigência de investidores conscientes e, segundo se acredita, é menos onerosa do que a primeira, pois externalidades impostas são, no geral, mais caras. Sabendo disso é razoável crer que mudar comportamentos por lei é mais complexo e menos eficaz do que fazê-lo por via de convencimento. Exemplo disso é o denominado "balanço social" que as companhias estão sendo estimuladas a publicar, embora não previsto em lei. Esse documento serve para mostrar a preocupação da empresa com sua função social. Esse o ponto a que pretendo dedicar-me nestes apontamentos.

Se algumas pessoas têm interesse na companhia, em sua saúde econômico-financeira, na sua continuidade, outras têm interesse em seus produtos e/ou serviços. Podemos considerá-los, de modo amplo, *stakeholders* pois de alguma forma têm, ou podem vir a ter, pretensões contra a sociedade. Um grupo maior, porém, terá interesse na função social da sociedade, e aqui podemos enquadrar, além dos *stakeholders*, no mínimo, as pessoas que vivem na área geográfica em que as operações são executadas.

Interessam-se em que não haja emissão de poluentes, p. ex., em que sejam respeitadas as normas e posturas municipais e, principalmente, em que haja contribuições para o aperfeiçoamento e melhoria da qualidade de vida dos moradores da região.

Prevista na Lei 6.404/76, a idéia reaparece na CF quando trata da propriedade. E, de alguma forma, está subjacente no Capítulo da Ordem Econômica. Função social da empresa, entendo, não significa apenas produzir, gerar empregos, pagar as dívidas, distribuir os resultados aos acionistas ao final de cada exercício social. Função social da empresa é também produzir com eficiência produtos de qualidade. É respeitar o meio ambiente, evitando a emissão de poluentes, tratando os efluentes antes de lançá-los no solo, nas águas ou no ar.

É investir em cultura, promovendo espetáculos artísticos, patrocinando exposições de arte, investir no aperfeiçoamento dos seus empregados, no mínimo neles e, sempre que possível, fazer investimentos que beneficiem a comunidade em que atua.

Antes que seja criticada, esclareço que não pretendo transformar as anônimas ou outras sociedades em instituições beneficentes, não lucrativas. O que quero dizer é que as companhias, muitas delas, têm tal dimensão e poder econômico, que devem exercer papel social ao lado do desempenho econômico, até como medida de defesa dos clientes, empregados, enfim, para garantir sua permanência no mercado.

A atividade social complementa a econômica e deve integrar as diretrizes fixadas pelo Conselho de Administração. Verbas ou esforços devem ser previstos para que tais atividades tenham êxito.

Longe de ser manifestação puramente altruísta, essas medidas acabam por refletir na forma com que a companhia é vista pela comunidade. Notem que muitos dos anúncios feitos por companhias multinacionais, os produtos são indicados como não poluentes, feitos de materiais reciclados, ou que podem ser reciclados, que economizam energia elétrica, água, enfim, que, no processo produtivo, a natureza foi preservada ou recomposta. Outras sociedades investem em patrocínio de espetáculos de arte, balé, teatro, circo, concertos, outras formas de manifestação cultural, esportes, cursos, treinamento, enfim, atividades que não estão compreendidas no objeto social.

O interesse geral e o social caminham acoplados, demonstrando que há consciência dos efeitos danosos que a atividade econômica pode ocasionar ao meio ambiente ou, ainda, que investir em aperfeiçoar o ser humano produzirá frutos de enorme valor social. O que se supõe é que pessoas preocupadas com o bem-estar geral darão preferência, ao decidirem investir em valores mobiliários, a tais companhias.

Em face do exposto, pode-se concluir que:

a) compensa, largamente, qualquer investimento no manter programas presos ao que se denominou *responsabilidade social*;

b) os padrões de conveniência e oportunidade atuais, por representarem o estado de conhecimento existentes, podem, de forma adequada, atender aos temores com o futuro;

c) no plano legislativo, não se vê razões para alterar a legislação para que as companhias adotem políticas e programas voltados para a responsabilidade social.

Doutrina

CONDUTAS ANTICONCORRENCIAIS NO SETOR BANCÁRIO

CALIXTO SALOMÃO FILHO

I – Introdução. II – Direito da concorrência e teoria da regulação. III – Regulação concorrencial do sistema financeiro. IV – Condutas anticoncorrenciais.

I – Introdução

O problema fundamental no estudo das condutas anticoncorrenciais no setor bancário está na correta definição da amplitude da disciplina. Em se tratando de setor regulado, sujeito ao poder de polícia governamental, torna-se imperativo verificar quando e como as regras de direito concorrencial podem ser aplicadas.

Para essa verificação, é preciso de início determinar o grau de compatibilidade entre o sistema regulatório e o concorrencial. É preciso verificar se o que se procurou foi criar um sistema regulatório tendente a instituir a concorrência onde ela não exista, suprir as falhas de mercado impeditivas do funcionamento da concorrência, ou então, apurar se o sistema regulatório cumpre algum outro objetivo público ou social não redutível à política de concorrência. Se esse for o caso, então é preciso determinar se a regulamentação exclui totalmente a aplicação do direito concorrencial ou se é possível fazer conviver os dois sistemas (regulatório e concorrencial).

Essa tentativa, de tudo se compatibilizar com o sistema concorrencial, justifica-se tanto na teoria jurídica como na prática econômica.

Na primeira, por cumprir à risca o preceito do art. 170 da Constituição Federal que, contendo vários princípios a informar a ordem econômica, inclusive o da livre concorrência, sem dúvida clama por uma compatibilização entre eles. É, aliás, hoje já clássico na teoria constitucional a idéia da coabitação e não da exclusão entre princípios.

Na prática econômica, a justificativa está na idéia, hoje plena de significado, que uma das formas mais efetivas de intervenção governamental no campo econômico reside exatamente na aplicação ativa do direito concorrencial ou do direito regulatório concorrencial.

Ao significado e amplitude desse tema será dedicado o próximo tópico.

II – Direito da concorrência e teoria da regulação

A teoria da regulação tradicional sempre viveu de extremos. Central para a discussão ideológica entre esquerda e direita, é herdeira de seu dilema de fundo entre Estado e esfera privada.

No debate, estão de um lado uma série de teorias que podem ser classificadas como *teorias do interesse público*,[1] que procuram justificar a existência da regulação em razão do interesse público envolvido – benefícios aos consumidores e incremento do bem-estar social –, que leva a substituir o mercado como forma de ordenamento do sistema econômico. São, portanto, em sua concepção ideal, essencialmente boas.

De outro existem as *teorias econômicas da regulação*.[2] De índole exacerbadamente liberal, procuram justificar a regulação com base na oferta e demanda por regulação. Demanda que viria dos grupos afetados pela regulação e oferta que viria em um primeiro momento dos legisladores e, mais avante, dos próprios reguladores. Sustentada em ideais tão fracos, a regulação, conforme vista por essa teoria, acaba por transformar-se em produto da captura das agências governamentais por interesses privados. Tornam-se, portanto, essencialmente más.

Essas visões maniqueístas da realidade jurídica são responsáveis, em boa medida, pela pouca eficiência da regulação, mesmo naqueles setores em que ela é evidentemente necessária. Parece que a experiência hoje já resiliente de fracassos regulatórios sugere via alternativa para a justificação da regulação.

A alternativa mais coerente parece ser a justificativa concorrencial da regulação. Para entender o porquê dessa afirmação é necessário de início afastar um mito. Justificativa concorrencial da regulação nada tem a ver com a visão liberal ou de mercado da regulação exposta acima. Ao contrário do que por muito tempo se imaginou – e ainda equivocadamente se imagina – uma aplicação coerente dos princípios concorrenciais requer profunda descrença no mercado como instrumento autônomo de tutela do sistema econômico.

A concorrência, e não o mercado, é a palavra-chave de organização do sistema econômico. Essa concepção encontra de resto respaldo expresso na Constituição Federal. Não fazendo o art. 170 qualquer distinção, a concorrência é a princípio aplicável a toda a ordem econômica, esteja ela sob regulamentação ou não. Para que os princípios concorrenciais não se apliquem é necessário uma exceção expressa constitucional ou legal, desde que autorizada pela Constituição.

Impor a existência de concorrência através da regulação e do direito antitruste é profundamente diferente que deixar vigorar as regras do mercado. A conseqüência desta última é, sem dúvida, a médio e longo prazos, o desaparecimento da concorrência. E a formação de estruturas monopolísticas.

Nessa visão, os princípios concorrenciais não são informadores apenas do direito antitruste por assim dizer clássico, aquele consubstanciado na lei de concorrência e contendo as disciplinas tradicionais das estruturas e das condutas. Podem e muitas vezes devem estar à base de regulamentações governamentais.[3]

Evidentemente essa regulamentação não é aplicável àquelas áreas em que há

1. Para uma melhor descrição destas teorias, ver artigo "The origins of utility regulation and the 'Theories of Regulation' debate", de George L. Priest, in *The Journal of Law & Economics*, v. XXXVI, 1993, p. 289.

2. Cf. George J. Stigler, "The theory of economic regulation", *Bell Journal of Economics & Management Sciences* 2/3, 1971, e também Richard A. Posner, "Theories of economic regulation", *Bell Journal of Economics & Management Sciences* 5/335, 1974.

3. O sentido aqui atribuído ao termo regulamentação é oriundo da noção de poder de polícia. Trata-se da limitação direta de uma liberdade empresarial individual, normalmente através de uma proibição de contratar, mas que também pode se consubstanciar na imposição de um dever (v. a respeito dos traços característicos do poder de polícia C. A. Bandeira de Mello, *Curso de Direito Administrativo*, 9ª ed., São Paulo, Malheiros Editores, 1997, p. 508).

uma decisão política e constitucional clara no sentido de exercício da atividade no regime de serviço público com substituição do sistema concorrencial. Quando isso não ocorrer, no entanto, a regulamentação concorrencial é de rigor.

No sistema jurídico brasileiro, a prevalência dos princípios concorrenciais em atividades regulamentadas deve se fazer sentir em dois grupos básicos de situações.

Em um primeiro, bastante recente, *a regulamentação é necessária para criar a concorrência onde ela não existe*. Isso ocorre freqüentemente naqueles setores uma vez monopolizados pelo Estado e que são privatizados. Geralmente com as características típicas de monopólio natural, eles são infensos a uma intervenção antitruste tradicional. É necessária uma verdadeira regulamentação concorrencial, ora proibindo per se comportamentos, ora impondo negociações. É o caso do setor de telecomunicações.

A recente lei de telecomunicações e sua regulamentação cria uma verdadeira regulamentação concorrencial do setor, impondo a concorrência. Seu ponto central não poderia ser mais interventivo. Trata-se da regulamentação da *interconexão*, centrada na obrigação imposta às empresas de telefonia fixa de contratar com as de telefonia móvel a interconexão à rede em condições eqüitativas e competitivas. Verdadeira obrigação de contratar, portanto, no interesse do sistema concorrencial.[4]

Um segundo grupo de situações é aquele em que *a regulamentação é necessária para garantir a eficácia e segurança do funcionamento do sistema*. Nele se inclui a regulação do sistema bancário. Esses são geralmente os casos mais delicados, pois há no mais das vezes certo conflito, ao menos psicológico, entre o objetivo de tornar o sistema seguro e o de defender (ou criar) a concorrência. Tal oposição é, como se verá mais adiante, meramente aparente. Isto porque estabelecimento da concorrência e segurança do sistema são conceitos complementares e não excludentes, como se verá a seguir.

4. Neste sentido, dispõe a Lei Geral de Telecomunicações nos seguintes artigos: "Art. 146. As redes serão organizadas como vias integradas de livre circulação, nos termos seguintes: I – é obrigatória a interconexão entre as redes, na forma da regulamentação; II – deverá ser assegurada a operação integrada das redes, em âmbito nacional e internacional; III – o direito de propriedade sobre as redes é condicionado pelo dever de cumprimento de sua função social. Parágrafo único. Interconexão é a ligação entre redes de telecomunicações funcionalmente compatíveis, de modo que os usuários de serviços de uma das redes possam comunicar-se com usuários de serviços de outra ou acessar serviços nela disponíveis. Art. 147. É obrigatória a interconexão às redes de telecomunicações a que se refere o art. 145 desta Lei, solicitada por prestadora de serviço no regime privado, nos termos da regulamentação. (...) Art. 150. A implantação, o funcionamento e a interconexão das redes obedecerão à regulamentação editada pela Agência, assegurando a compatibilidade das redes das diferentes prestadoras, visando à sua harmonização em âmbito nacional e internacional. Art. 151. A Agência disporá sobre os planos de numeração dos serviços, assegurando sua administração de forma não discriminatória e em estímulo à competição, garantindo o atendimento aos compromissos internacionais. Parágrafo único. A Agência disporá sobre as circunstâncias e as condições em que a prestadora de serviço de telecomunicações cujo usuário transferir-se para outra prestadora será obrigada a, sem ônus, interceptar as ligações dirigidas ao antigo código de acesso do usuário e informar o seu novo código. Art. 152. O provimento da interconexão será realizado em termos não discriminatórios, sob condições técnicas adequadas, garantindo preços isonômicos e justos, atendendo ao estritamente necessário à prestação do serviço. Art. 153. As condições para a interconexão de redes serão objeto de livre negociação entre os interessados, mediante acordo, observado o disposto nesta Lei e nos termos da regulamentação. § 1º. O acordo será formalizado por contrato, cuja eficácia dependerá de homologação pela Agência, arquivando-se uma de suas vias na Biblioteca para consulta por qualquer interessado. § 2º. Não havendo acordo entre os interessados, a Agência, por provocação de um deles, arbitrará as condições para a interconexão. (...) Art. 155. Para desenvolver a competição, as empresas prestadoras de serviços de telecomunicações de interesse coletivo deverão, nos casos e condições fixados pela Agência, disponibilizar suas redes a outras prestadoras de serviços de telecomunicações de interesse coletivo".

III – Regulação concorrencial do sistema financeiro

a) Princípios gerais: higidez do sistema financeiro e sistema concorrencial

A fiscalização das instituições financeiras do ponto de vista concorrencial é dever não apenas do CADE, mas também do Banco Central do Brasil–BACEN. A Lei 4.595, de 31.12.64, prevê, em seu art. 10, inc. X, letras *c* e *g*, que toda fusão, incorporação, transformação e alienação de controle das empresas deve ser autorizada pelo BACEN. O BACEN tem, portanto, com relação às instituições financeiras, a mesma competência fiscalizatória atribuída pelo art. 54 ao CADE com relação à generalidade das empresas.[5] Por outro lado, tratando-se a lei bancária de regulamento específico, não pode ser derrogada pelas disposições mais genéricas da lei concorrencial.

O mesmo pode ser dito com relação ao controle das condutas. O art. 11, inc. VII, da mesma Lei 4.595/64 prevê que ao BACEN compete "exercer permanente vigilância nos mercados financeiros e de capitais sobre empresas que, direta ou indiretamente, interfiram nesses mercados e em relação às modalidades ou processos operacionais que utilizem". É possível, portanto, também ao BACEN o exercício do controle comportamental.

Mais do que isso. Os fins da atuação do BACEN são absolutamente consentâneos com a aplicação do direito concorrencial. A própria Lei 4.595/64 expressamente estabelece em seu art. 18, § 2º que "o Banco Central do Brasil, no exercício da fiscalização que lhe compete, regulará as condições de concorrência entre as instituições financeiras, coibindo-lhes os abusos nos termos desta Lei".

Três outras razões fortíssimas induzem esta conclusão.

Em primeiro lugar, exercendo o BACEN poder de polícia administrativo, deve obedecer, pelas razões antes analisadas, os princípios concorrenciais em sua atuação.

A segunda razão é ainda mais forte. A proteção da poupança popular, objetivo chave da atuação das autoridades de tutela do Sistema Financeiro Nacional–SFN,[6] é perfeitamente compatível com os objetivos concorrenciais. Aliás, esses últimos objetivos lhe são instrumentais. A excessiva concentração de instituições financeiras, ao invés de diminuir aumenta os riscos para a poupança popular. Quanto maior for o tamanho de uma instituição financeira, tanto maiores e mais sérios serão os prejuízos causados por suas dificuldades e por sua quebra. Dessa forma, uma política coerente de proteção à poupança popular deve levar em consideração o dado concorrencial.

Mas não é só. Em se tratando de controle das condutas é evidente que o risco da falta de controle é sistêmico. As condutas anticoncorrenciais, em sua maioria, visam a exclusão do concorrente. A sua prática pode levar então até mesmo à quebra de instituições financeiras, temor dos temores das autoridades governamentais. Portanto, garantia de segurança do sistema e garantia da concorrência são conceitos inseparáveis.

b) Regulamentação do sistema financeiro: pró ou anticoncorrencial

Apesar dessa clara definição de princípios, que sugere por todas as razões uma

5. Tratam-se dos casos em que o particular interesse público existente na atividade (não suficiente, no entanto, para transformá-la em serviço público) leva à atribuição de poder de polícia a um determinado órgão da administração que não o encarregado simplesmente da proteção contra os ilícitos concorrenciais. Nesses casos é necessário estabelecer a relação entre o exercício do poder de polícia e as regras concorrenciais.

6. Neste sentido há o art. 3º, inc. VI, da Lei 4.695/64 que dispõe sobre os objetivos gerais da política do Conselho Monetário Nacional, aplicável ao BACEN por ser este o responsável por dar-lhe atuação.

clara definição concorrencial na definição e aplicação da disciplina regulamentar, essa não tem sido a tônica da atuação regulamentar e fiscalizatória do BACEN.

Pode-se dizer, sem medo de errar, que os dois grandes pilares da política do Banco Central com relação ao setor financeiro, quais sejam, os requisitos de capital mínimo e os depósitos compulsórios têm componentes anticoncorrenciais que não foram levados em conta pelo BACEN. Na primeira hipótese, porque ao ir muito além dos níveis exigidos pelos acordos de Basiléia para capital mínimo,[7] o BACEN criou imensas barreiras à entrada para novos concorrentes. No segundo caso, ao não diferenciar a porcentagem de depósitos compulsórios em relação ao tamanho da instituição atingida, claramente limitou as possibilidades de concorrência das instituições financeiras de menor porte. Como é sabido, a rentabilidade de uma instituição financeira é feita a partir do montante de capital que esta tem disponível para empréstimo. É a partir desse montante "livre" de recursos que a instituição produz sua lucratividade. Evidentemente as pequenas instituições são mais penalizadas por compulsórios indiferenciados.[8] A política do BACEN nesse ponto induz à formação de oligopólio.

Essas observação não implicam macular toda a política regulamentar do BACEN. Evidentemente essa política é e deve ser precipuamente orientada à manutenção da segurança e solidez do sistema. O que se defende é apenas que, naqueles pontos em que há potencial conflito entre objetivo de segurança e objetivo concorrencial, não seja desconsiderado o último objetivo, como se tem ultimamente feito. Até porque, como já se procurou demonstrar, a criação de um verdadeiro sistema concorrencial favorece e não prejudica a solidez do setor. Essa é a razão pela qual muitas das regras anticoncorrenciais do BACEN são extremamente ineficazes nos objetivos que procuram atingir, em especial no que diz respeito à solidez do sistema.

Exemplo bastante evidente de regulamentação ao mesmo tempo anticoncorrencial e não apta a atingir os objetivos visados é o da regulamentação do sistema de consórcios, que será tratada a seguir.

c) Regulamentação anticoncorrencial ilícita: o caso do sistema de consórcios

Antes de descrever especificamente o caso do sistema de consórcios é preciso fazer breve análise das fontes do poder normativo do BACEN para regulamentar tal setor.

Para a análise da competência regulamentar do BACEN é fundamental o estudo da competência regulamentar do Conselho Monetário Nacional-CMN. Isso porque o BACEN não exerce competência regulamentar originária. Segundo o art. 9º da Lei 4.595, de 31.12.64, ao BACEN incumbe "cumprir e fazer cumprir as disposições que

7. Cf. Resolução CMN 2.099, de 17.8.94, que implementou no Brasil as regras do Acordo da Basiléia, elevando substancialmente os limites ali previstos. Tanto isto é verdade que pelo Acordo da Basiléia, no cálculo dos limites operacionais de instituições financeiras, o percentual sugerido para capital mínimo é de 8% sobre o montante de ativos (conforme o "Amendment to the Capital Accord to incorporate market risks", de janeiro de 1996, em sua Parte A, subitem II, (b) 3, p. 8), enquanto o Conselho Monetário Nacional adotou percentual de 11%, como se comprova pelo MNI 2-1-2, "Normas Operacionais de Instituições Financeiras e Assemelhadas". Concluindo, o CMN tem se valido de limites mínimos em muito superiores aos praticados internacionalmente.

8. O BACEN, através de suas Circulares, estabelece percentuais fixos quanto ao recolhimento compulsório a ser realizado por instituições financeiras. Não faz o BACEN qualquer diferenciação quanto ao porte da instituição, mas sim quanto à natureza da atividade por ela desempenhada. Como exemplo, a Circular 2.867/99 do BACEN, determina que a alíquota de recolhimento compulsório aplicável sobre operações de depósito a prazo, recursos de aceites cambiais e cédulas de debêntures deve ser de 26,5%, para todas as instituições que realizarem tais operações, independentemente de seu porte.

lhe são atribuídas pela legislação em vigor e as normas expedidas pelo Conselho Monetário Nacional".

É com base em interpretação bastante ampla e permissiva desse dispositivo que o CMN, caso a caso, outorga (via de regra em suas Resoluções) ao BACEN competência para regulamentar determinadas matérias através de Circulares.

Conseqüência disso é que se aplicam ao BACEN os princípios orientadores do exercício do poder regulamentar pelo CMN previstos no art. 3º da Lei 4.595/64. Entre os vários objetivos de política macroeconômica ali previstos, o legislador incluiu um objetivo de política institucional: "zelar pela liquidez e solvência das instituições financeiras".

Essa meta é instrumental à persecução do objetivo maior da atuação do BACEN em matéria de regulamentação da atividade privada: *a proteção da economia popular.*

É, aliás, a proteção da economia popular expressamente mencionada na delegação de competência que nos interessa no presente trabalho: aquela para regulamentação e fiscalização da atividade dos consórcios. A Lei 5.768, de 20.12.71, sujeitou à autorização do Ministério da Fazenda o exercício da atividade de consórcio (art. 7º) e conferiu a esse órgão poder regulamentar sobre referida atividade (art. 8º). O objetivo expressamente mencionado no preâmbulo da referida lei é a proteção da economia popular. Evidentemente adstrito a tal objetivo se tornou o BACEN ao lhe serem transferidas tais competências, através do art. 33 da Lei 8.177, de 1º.3.91.

A pergunta que se deve fazer, então, é se tal objetivo seria incompatível com as finalidades do direito concorrencial. Isso porque uma vez inexistindo qualquer imunidade expressa prevista na esfera constitucional à aplicação do direito concorrencial, esse tão-só poderá ser desconsiderado se ficar claramente demonstrada a intenção do legislador de substituir o sistema concorrencial por sistema regulamentar, de exercício pelo particular de serviço público diretamente tutelado pelo poder público.

Claramente não é isso que se desume da lei. A atividade dos consórcios, como a atividade financeira em geral, não é caracterizada como serviço público e, portanto, não está sujeita a seu regime específico (concessão). Trata-se isso sim de atividade privada dependente de autorização. Autorização para exercício de atividade econômica e concessão de serviço público são institutos absolutamente distintos, como pacificamente reconhece a doutrina.[9]

O regime da autorização permite ao poder público o exercício do poder de polícia. Sua atuação deve ser direcionada de modo a exigir abstenções em nome do interesse público, mas nunca intervindo diretamente, regulando mercados e criando monopólios.

Assim e só assim pode ser entendida a referida regra do art. 8º da Lei 5.768, que dá ao Ministério da Fazenda (atualmente ao BACEN) poder para fixar limites de participantes em consórcios. Essa regra não permite estabelecer uma estrutura societária ideal (ligação ou não a montadoras de veículos) para as empresas de consórcios, propiciando àquelas que estejam liga-

9. Fábio Konder Comparato, em sua obra *Direito Público. Estudos e Pareceres*, São Paulo, Saraiva, 1996, pp. 240 e ss., afirma que a autorização "é ato administrativo discricionário e unilateral, onde o autorizado não desempenha propriamente um serviço público, mas uma atividade considerada de interesse coletivo". Distinto, portanto, da concessão, que é contrato (bilateral), e da permissão, por se tratar de outorga de determinado bem público ou a exploração de serviço público. Para Celso Antônio Bandeira de Mello, serviço público é "toda atividade de oferecimento de utilidade ou comodidade material fruível diretamente pelos administrados, prestado pelo Estado ou por quem lhe faça as vezes, sob um regime de direito público – portanto consagrador de prerrogativas de supremacia e de restrições especiais – instituído pelo Estado em favor dos interesses que houver definido como próprios no sistema normativo" (*Curso de Direito Administrativo*, 9ª ed., São Paulo, Malheiros Editores, 1997, p. 423).

das às montadoras de veículos, através de regulamentação, a conquista de mercado à custa de empresas menores, não ligadas a montadoras de veículos. E isso por inúmeras razões de ordem moral e jurídica, sendo essas últimas todas de ordem constitucional.

A primeira delas é o velho e tão desrespeitado princípio da isonomia que nesse caso, como se verá, não é considerado nem do seu ponto de vista formal. A razão mais convincente, até por ser lógica antes que jurídica, é a segunda.

Evidentemente, a proteção da economia popular só é compatível com o sistema concorrencial e nunca com os monopólios ou oligopólios. Isso por uma razão muito simples: quanto mais concentrado o poder, maior o risco que a quebra de uma determinada empresa representa para a economia popular. E repita-se aqui que o principal instrumento para a proteção da economia popular é, conforme previsto na Constituição Federal e na lei, a garantia da solvência do sistema. Não é à toa que a Constituição expressamente menciona que a regulamentação do sistema financeiro deverá necessariamente conter: "a criação de fundo ou seguro, com o objetivo de proteger a economia popular, garantindo créditos, aplicações e depósitos até determinado valor, vedada a participação de recursos da União" (CF, art. 192, inc. VI).

Ora, o público estará tanto mais protegido contra as quebras quanto maior for a diluição do sistema, pois tanto menor será então o impacto de uma eventual quebra. A proteção contra essa possibilidade, por outro lado, deve se fazer através do instrumento de garantia previsto em sede constitucional acima mencionado, que de resto está em vias de ser implementado para o sistema de consórcios.

À luz de todo o exposto deve ser examinada a regulamentação do BACEN relativa aos limites para formação de grupos e os limites de contemplações impostos ao sistema de consórcios. A análise deve ser necessariamente separada para os consórcios ligados a montadoras e os independentes, já que a legislação estabelece critérios absolutamente distintos quanto aos limites máximos aplicáveis a ambos.

A partir de 1º.3.91, passou o BACEN a exercer a competência regulamentar e fiscalizadora sobre o sistema de consórcios, em função do já citado art. 3º da Lei 8.177. Em 30.6.92, usando de seus poderes, o BACEN estabeleceu, através da Circular 2.195, regras limitadoras do número máximo de quotas para cada nível de patrimônio líquido. Ponto importante que deve ser destacado: para os consórcios independentes estabeleceu-se que a limitação seria aplicável ao total de quotas subscritas não contempladas mais o número de quotas contempladas mas cujos bens ainda não foram entregues. Esse critério permite o efetivo controle do crescimento da oferta.

Estabeleceram-se cinco diferentes níveis de consórcios em ordem crescente de valor de patrimônio líquido. Assim, no nível mais alto, com valor de patrimônio líquido superior a 40 vezes o capital mínimo exigido, é possível a existência de no máximo 20.000 quotas. No nível mais baixo, por outro lado, com nível de patrimônio líquido entre uma e quatro vezes o capital mínimo exigido, é possível no máximo a existência de mil quotas de consórcios (Circular 2.195/92 do BACEN, em seus arts. 1º e 2º, § 1º).

Essas regras foram ligeiramente alteradas pela Circular 2.684, de 8.5.96, que modificou alguns dos limites mencionados para as administradoras independentes, não ligadas a montadoras de veículos. Permaneceu o limite máximo de 20.000 quotas para as grandes administradoras (patrimônio líquido ajustado superior a 40 vezes o capital mínimo exigido). O limite mínimo foi ligeiramente alterado, passando o nível 1 a ser composto por administradoras com patrimônio líquido de uma a três vezes superior ao capital mínimo exigido.

O importante é que nestas Circulares o critério sempre foi baseado no *controle da comercialização de quotas*, único que permite fiscalização efetiva de seu cumprimento pelo BACEN. Essas medidas pretendiam sem dúvida dar mais segurança ao sistema, garantindo a liquidez do sistema e protegendo os recursos dos aplicadores em consórcios.

Absolutamente estranhos a esse objetivo, talvez não na intenção mas sem dúvida nos efeitos, foram os privilégios concedidos aos consórcios ligados às quatro grandes montadoras de veículos. Dois foram os privilégios básicos concedidos.

Estabeleceu o art. 2º, § 2º da mesma Circular 2.195/92 que "às administradoras classificadas no nível 5, controladas por fabricantes, admite-se, alternativamente ao limite de que trata o parágrafo anterior, concessão de quotas em número suficiente para a formação de grupos que propiciem contemplação mensal até teto a ser semestralmente fixado pelos fabricantes, que não excederá 5% (cinco por cento) do volume da produção média mensal da controladora destinada ao mercado interno verificada no semestre anterior".

Sucessivamente, através da Circular 2.467, de 17.8.94, o BACEN modificou ligeiramente o dispositivo supracitado passando a vinculação a ser de 5% da produção verificada no trimestre anterior, o que, em época de produção em alta representou nova e substancial ampliação do número de grupos que poderiam formar as administradoras ligadas a montadoras. Esse critério foi mantido inalterado pelo art. 3º da Circular 2.684/96.

Com a recente Circular 2.861, de 10.2.99, ampliou o BACEN os limites para as administradoras ligadas a montadoras. Segundo essa Circular, a contemplação mensal poderá atingir até o percentual de 30% sobre o volume médio produzido para o mercado interno pelo fabricante que a administradora se vincula. Essa alteração acaba por aumentar, em muito, a capacidade operativa das administradoras ligadas a montadoras, frente às duras limitações sofridas pelas administradoras independentes.

Duas são as diferenças básicas que se podem notar em relação ao regime a que estão sujeitos os consórcios independentes: em primeiro lugar, o fato de que é dado aos consórcios ligados a montadoras ultrapassar o limite máximo de 20.000 quotas, mesmo que tenham uma relação entre patrimônio líquido ajustado e o capital mínimo exigido igual ao dos consórcios independentes e, portanto, ofereçam do ponto de vista jurídico garantia absolutamente idêntica à oferecida pelas administradoras independentes para os aplicadores em consórcio. Isso porque sendo as administradoras de consórcio organizadas em sua maioria como sociedades por quotas, de responsabilidade limitada, é apenas o seu próprio patrimônio e não aquele das sociedades a ela ligadas que garante o cumprimento das obrigações perante os consorciados.

A segunda diferença é ainda mais importante que a primeira: enquanto para os consórcios independentes o critério de controle se baseia no número de grupos em andamento, para as montadoras o critério é o número de contemplações. Essa diferença tem uma conseqüência relevantíssima.

Enquanto para as administradoras independentes é possível o controle e fiscalização pelo BACEN, os consórcios ligados a montadoras ainda que formalmente sujeitos a fiscalização na prática estão dela imunes.

A razão para isso é muito simples: uma vez formados os grupos (livremente) é absolutamente impossível controlar as contemplações. Existindo grupos de diferentes prazos de duração, muitos deles podem convergir em um mesmo mês. Mais do que isso. Não é econômica ou legalmente possível à administradora recusar-se a contemplar ou suspender as contemplações. Sendo livre a formação dos grupos é absolutamente impossível controlar as contemplações. Assim, as administradoras ligadas a montadoras encontram-se hoje em um regime de virtual liberdade de formação de grupos e contemplação.

A conseqüência da diferença de regulamentação entre as administradoras de consórcio independentes e aquelas ligadas a montadoras é bastante substancial.

O crescimento do setor se fez portanto à custa quase que exclusivamente do crescimento das quatro grandes administradoras ligadas a montadoras. O que ocorreu, por força da regulamentação diferenciada introduzida para os dois tipos de administradoras (ligadas a montadoras e independentes), foi portanto uma transferência maciça de mercado das últimas para as primeiras. Não é de espantar, portanto, *que a participação das quatro grandes administradoras no setor tenha passado de 15,3% em junho de 1992 para 31,4% em abril de 1996, crescimento de 105% em menos de 4 anos.*

A regulamentação emanada do BACEN caracteriza uma conduta tendente à dominação do mercado e portanto uma violação cumulativa da Constituição Federal (art. 173, § 4º) e da Lei Antitruste (art. 20, inc. II da Lei 8.884/94). Foi ela, exclusivamente ela, que permitiu o ganho de substancial fatia do mercado pelas administradoras ligadas a montadoras.

IV – Condutas anticoncorrenciais

No tópico anterior foram analisadas basicamente as condutas anticoncorrenciais do próprio BACEN, em sua atuação no sentido de promover a concentração e a cartelização do mercado. Cumpre agora estudar as condutas bancárias propriamente ditas, i.e., aquelas condutas anticoncorrenciais das próprias instituições financeiras.

a) A influência do poder financeiro – Poder financeiro "versus" poder no mercado

Postulado importante do direito antitruste é que poder financeiro não deve ser confundido com poder no mercado. O poder financeiro em si não atribui poder no mercado, mas isso não significa que a má utilização do poder financeiro não deva ser punida pelo direito antitruste.

O maior perigo representado pelo excessivo poder financeiro está na sua utilização estratégica. Um dos campos mais férteis da teoria concorrencial moderna é exatamente o estudo dos comportamentos estratégicos. Completamente ultrapassada nessa área está a concepção neoclássica da auto-regulação pelas forças de mercado. É também indiscutível que elemento fundamental para o comportamento estratégico é o poderio financeiro do agente, que lhe permite enfrentar guerras de preços e suportar por períodos mais elásticos níveis de preços inferiores aos custos, que lhes permitam eliminar os concorrentes do mercado.

Não é, no entanto, possível saber de antemão se o poder financeiro será efetivamente utilizado para eliminar os concorrentes do mercado. Isso porque esse tipo de estratégia é, em regra, demorada e de resultados duvidosos. É, portanto, incerto que as empresas venham a perseguir tais objetivos.

Note-se, por outro lado, que mesmo a análise comportamental das reduções de preços é bastante complexa. Nem sempre é possível, à vista de comportamentos concretos, saber se há a intenção ou mesmo a possibilidade de eliminar os concorrentes. Como, então, presumir a possibilidade dessa eliminação em sede de uma análise meramente estrutural como é a realizada nas concentrações?[10]

É interessante notar que, mesmo expressivos nomes na doutrina, como é o caso de H. J. Mestmäcker, que defendem o

10. Como com razão já se salientou em doutrina, seria muito estranho o direito concorrencial que punisse preventivamente e *per se* uma estrutura apta a reduzir os preços, que é, em última análise, objetivo central do sistema concorrencial – v. R. Pitofsky, "Proposals for revisited United States merger enforcement in a global economy", in *Georgetown Law Journal* 81/195 (203), 1992.

sancionamento do poder meramente financeiro como meio de garantir a igualdade de oportunidade entre os empresários, ao chegar o momento de definir os casos considerados ilícitos, utilizam-se exclusivamente de casos que podem ser definidos como concentrações horizontais ou verticais, i.e., onde o poder no mercado está efetivamente presente.[11]

Se o poder financeiro não deve ser objeto de atenção da disciplina das estruturas, deve ser tratado com todo rigor pela disciplina das condutas. A preocupação com as condutas é particularmente grave em se tratando de instituições financeiras. Para elas o poder financeiro se transforma diretamente em poder de mercado diante dos poupadores ou das empresas que com tais instituições contratam.

A razão para isso é que, exatamente por força de seu poder financeiro, as instituições financeiras em geral e os bancos em particular são capazes de criar forte relações de dependência com os tomadores de empréstimo. A doutrina societária chega até mesmo a identificar nessa relação uma das formas de controle externo das companhias.[12]

A situação é semelhante à tradicional preocupação da doutrina antitruste com os adquirentes de equipamentos em relação a seus serviços de manutenção. Os consumidores ficam presos (*locked in*) aos produtos adquiridos e aos fornecedores de peças de manutenção criando-se um verdadeiro monopólio.[13]

No campo bancário, a vinculação do tomador de empréstimos vem da diferença de poder financeiro entre ele e o banco emprestador. Dependendo da renovação do empréstimo ou vinculados ao banco pelo tamanho dos empréstimos tomados, não podem os tomadores de empréstimo se opor à instituição financeira, que é capaz via de regra de vender-lhe uma série de produtos que não necessita (venda casada clássica).

De outro lado, a política concentrativa do BACEN tem levado à enorme disparidade de forças e poder financeiro entre as grandes e as pequenas e médias instituições bancárias. Isso acresce e muito o risco de condutas predatórias, pelas razões que serão analisadas a seguir.

b) Velocidade de eliminação e barreiras à entrada

A política concentracionista do BACEN cria dois importantes estímulos indiretos às condutas anticoncorrenciais ilícitas que não podem deixar de ser mencionados.

Em primeiro lugar, como já referido, a disparidade de poder criada torna mais fácil a eliminação do concorrente. Como se verá, fundamental para a decisão estratégica de embarcar em uma guerra de preços e a convicção de poder eliminar o concorrente sem excessiva perda financeira. Isso só existe quando há razoável perspectiva de poder eliminar o concorrente em um curto espaço de tempo. É então de extrema aju-

11. V. H. J. Mestmäcker in *GWB Kommentar*, München, Beck, 1992, sub. § 24, p. 1.109. Note-se que é o próprio autor a fazer a ressalva de que "einer der wesentlichen Gründe für die Fusionskontrolle darin bestcht, diejenigen machtbedingten Vorsprünge im Wettbewerb zu verhindern, die durch Verhaltensnormen nicht erfassbar sind" (p. 1.106). Pouco claros permanecem os motivos pelos quais o autor acredita que essa eventual vantagem concorrencial, ou, ao menos, a vantagem concorrencialmente punível, não seja passível de controle pela disciplina dos comportamentos.

12. Fábio Konder Comparato, em sua obra *O Poder de Controle na Sociedade Anônima*, Rio de Janeiro, Forense, 1983, pp. 68 e 69, ilustra algumas hipóteses em que o controle de uma sociedade acaba sendo exercido por ente estranho a qualquer dos órgãos sociais (controle externo), como próprio resultado de uma situação de endividamento da sociedade, pois, "em razão do seu direito de crédito, cuja execução forçada pode levar a companhia à falência, o credor passa, muita vez, a dominar a devedora, comandando a sua exploração empresarial".

13. Essa questão foi discutida no famoso caso Kodak, última decisão relevante da Corte Suprema americana em matéria de venda casada (*Kodak Co. v. Image Technical Services* 112 S. Ct. 2072-1992).

da que o poder financeiro do predador seja bastante superior ao da vítima.

Um segundo elemento muito relevante é a política do BACEN bastante restritiva com relação à entrada de novos concorrentes. A verdadeira barreira legal à entrada de novos concorrentes facilita e muito as condutas tendentes à eliminação do concorrente e as práticas de abuso do poder econômico.

As primeiras porque garantem que após uma guerra longa para eliminação, o predador não seja logrado pela entrada de novos concorrentes.

Na segunda hipótese – abuso do poder econômico – a existência de barreiras à entrada é fundamental para a própria existência do poder econômico e, portanto, para a caracterização do abuso em seu exercício.

c) Preços predatórios e comportamento estratégico

A teoria dos preços predatórios é em absoluto uma das mais debatidas no direito antitruste. Especialmente debatidos são os casos em que os preços predatórios podem ser entendidos com forma racional de eliminar o concorrente do mercado.

Discute-se já de há muito quais os critérios que podem informar a elaboração de presunções nessa matéria. O primeiro e mais importante deles é o do preço praticado. Hoje, não há mais dúvida de que esse deve ser inferior ao custo de produção. Dúvida há quanto ao custo que deva ser usado, podendo-se em uma interpretação mais conservadora e mais segura usar o custo total como critério básico.

A seguir há a tradicional polêmica entre neoclássicos[14] e defensores da teoria dos comportamentos estratégicos.[15] Enquanto para os primeiros há necessidade de incorrência de demonstração da possibilidade de recuperação, para os segundos, argumentando de uma maneira talvez economicamente menos rigorosa do ponto de vista formal, mas sem dúvida logicamente mais atrativa, a recuperação não é necessária. Basta que seja possível eliminar o concorrente. A recuperação é inexigível, pois tanto pode ser obtida diretamente através da cobrança de preços monopolísticos como indiretamente através da criação de reputação de feroz competidor, criando o receio da competição de preços futura por parte dos concorrentes.

Dentro dessa teoria geral muito resumidamente descrita, a concorrência no setor bancário insere-se com particular ênfase. Duas são as características específicas que fazem com que os preços predatórios sejam particularmente preocupantes no setor bancário.

A primeira é a já referida *política concentracionista do Banco Central do Brasil*, que leva à criação de grandes disparidades de poderio econômico e financeiro entre concorrentes. Isso torna a predação um risco muito mais real, exatamente porque aumenta em muito a velocidade de eliminação. Quão mais fraco for o concorrente, mais rápido se exaurirão seus recursos financeiros em uma guerra de preços. Isso torna a estratégia mais "barata" para um predador com boa capacidade financeira.

Outro problema relevante causado pela especificidade da operação bancária está na extrema dificuldade em desvendar ou até mesmo descobrir a estrutura de custos da instituição financeira. As cobranças são tão complexas e tão numerosas para os mais díspares serviços, que a predação pode ser facilmente mascarada através da mani-

14. P. Areeda, D. Turner, "Predatory pricing and related practices under section 2 of the Sherman Act", in *Harvard Law Review* 88/697, 1975, nesse aspecto adotando por inteiro os princípios neoclássicos.

15. O. Williamson, "Predatory pricing: a strategic and welfare analysis", in *Yale Journal* 87/284, 1977.

pulação da alocação de custos nessa ou naquela atividade específica.

d) Negociação compulsória

Sob a denominação de negociação compulsória abrigam-se alguns dos mais clássicos ilícitos do direito antitruste: venda casada, recusa de contratar, reciprocidade etc.

Todos causam preocupação do ponto de vista concorrencial. Para todos a razão é a mesma. Como já explicado, o poder financeiro das instituições financeiras cria uma relação de dependência por parte das empresas devedoras.

Essa dependência permite às instituições financeiras praticar toda a espécie de coerção sobre os clientes. Economicamente, poder-se-ia afirmar que há a criação de verdadeiro poder econômico sobre os clientes, que se vêem vinculados àquela instituição financeira (*locked in*).[16]

Práticas bastante comuns identificadas pela doutrina são a exigência de aquisição de outros produtos do grupo econômico a que pertence o Banco (*v.g.*, seguros da companhia seguradora ligada ao Banco).

Também não anormal é a cobrança de taxa de juros acima das de mercado para renovação de empréstimos. Sobretudo em presença de garantias satisfatórias que eliminam o risco acrescido que pode derivar da renovação de empréstimo a empresa em dificuldades, a exigência de taxa de juros não competitivas ou de vantagens colaterais mostra-se claramente ilícita (art. 20, inc. II c/c art. 23 da Lei 8.884/94).

e) Conclusão

Tudo o que foi dito acima parece demonstrar, sem sombra de dúvida, o entrelaçamento entre regulação e direito da concorrência no setor bancário.

De um lado, como visto, os efeitos de uma regulamentação anticoncorrencial são dificilmente dissipáveis pelos instrumentos concorrenciais tradicionais. Ao contrário, uma regulamentação anticoncorrencial pode tornar até mais eficazes e difíceis de controlar os ilícitos concorrenciais.

De outro lado, é negável que a garantia da solidez do sistema é o elemento fundamental da regulamentação. Ocorre que, como a experiência tem demonstrado, esse objetivo não pode ser bem atingido sem a criação de um real sistema concorrencial. A existência de concorrência é, portanto, fundamental, para garantir a eficácia da regulamentação.

O entrelaçamento e a complementariedade entre aplicação do direito concorrencial e regulamentação prudencial do sistema financeiro são portanto completos. Espera-se que essa constatação teórica sirva de estímulo à cooperação, prática e construtiva, entre CADE e BACEN.[17]

16. É exatamente na dependência e na coerção dela derivada que identifica a doutrina o fulcro da ilicitude da negociação compulsória. O conceito de dependência vem expresso e claramente definido no § 26, Abs 2, GWB (Lei Concorrencial alemã).

17. Essa cooperação é de resto imposta pela própria lei. Tendo ambas as autarquias competência para a regulação do setor (cf. arts. 10, inc. X, letras *c* e *g* e 11, inc. VII da Lei 4.595/64, e art. 7º da Lei 8.884/94), a atuação de ambos nesse setor jamais será eficaz sem uma repartição acordada de atribuições. Fórmula interessante e extremamente eficaz, adotada em outros países (EUA e Canadá), seria a obrigatoriedade de consideração pelo BACEN de parecer prévio elaborado pelo CADE para a aprovação de qualquer concentração entre instituições financeiras. No campo do controle das condutas anticoncorrenciais, o ideal seria um processo inverso. De maneira semelhante ao que ocorre no caso da ANATEL, o BACEN deveria instruir os processos sobre condutas anticoncorrenciais e enviá-los ao CADE para julgamento com seu parecer prévio (cf. art. 7º, §§ 1º e 2º da Lei 9.472/97; arts. 16, XX e 18, parágrafo único do Decreto 2.238/98 e Resolução 59/98 da ANATEL que aprova o regimento interno do Comitê de Defesa da Ordem Econômica).

Atualidades

NEGÓCIOS COM OPÇÕES – A OPÇÃO FLEXÍVEL

HAROLDO MALHEIROS DUCLERC VERÇOSA

I – Natureza jurídica, estrutura, espécies e efeitos dos negócios com opções. II – O importante papel da boa-fé nos negócios com derivativos. III – Conclusões.

I – Natureza jurídica, estrutura, espécies e efeitos dos negócios com opções

As operações de opção flexível incluem-se entre modernos negócios empresariais, pertencentes a uma nova categoria de ajustes, genericamente denominados *derivativos*, cuja configuração como instituto pertencente ao gênero contrato será oportunamente discutida. Neste pequeno trabalho pretende-se fazer algumas considerações sobre a sua natureza jurídica, conceito, estrutura, espécies e efeitos que sua conclusão acarreta para as partes.

Segundo Luiz Gastão Paes de Barros Leães, os derivativos podem ser classificados em quatro categorias básicas ("*Derivatives suitability*", *RDM* 102/56): "Essencialy derivatives can be classified in four different basic categories: forwards, futures, options and swaps".

Ainda segundo o mesmo autor, na continuação de seu pensamento, tais institutos também podem ser classificados segundo o critério de sua aplicação: "Another way to classify derivatives is related to their application. The uses of derivatives mostly fall in four differents categories: asset/liability management, creation of synthetic asset of liabilities, hedging and speculation".

De maneira geral, a função econômica dos negócios futuros – entre os quais incluem-se os de opção – consiste na sua condição de eficientes instrumentos de *hedge*, ou no gerenciamento de riscos. Nos termos do *CBOT – Commodity Trading*, Manual da Bolsa de Mercadorias de Chicago, p. 13, tem-se que "hedging, a major economic purpose of futures markets, is buying or selling futures contracts to offset the risks of changing prices in the cash markets. This risk-transfer mechanism has made futures contracts virtually indispensable in efforts to control costs and protect profit margins".

O Banco Central do Brasil, em material destinado ao *III Curso de Formação de Inspetores*, Brasília, 1995, p. 4, afirma "que os instrumentos derivativos permitem a transferência e a privatização dos riscos. Os agentes do Setor Privado podem comprar e vender riscos através da utilização de Instrumentos Derivativos. O Governo pode eliminar, dessa forma, a sua participação em determinados tipos de riscos. Os agentes econômicos (especuladores, arbitradores, *hedgers* ...) passam a assumir os riscos decorrentes de oscilações em preços".

Como desde já se verifica, o objeto fundamental desses novos tipos de acordos está na transferência de riscos entre as partes, no exercício de sua autonomia privada.

O Acordo da Basiléia, de 1988, tratado do qual o Brasil é signatário, cuida dos riscos das atividades profissionais nos mercados financeiro e de capitais. Quanto aos *derivativos*, ele prevê, entre outros pontos, a utilização de fatores de risco no cálculo dos chamados instrumentos ou transações *off-balance-sheet* (operações fora do balanço). Há toda uma sistemática de cálculos altamente sofisticada por meio da qual os fatores de risco, multiplicados pelos valores nacionais das operações derivativas, são parte dos elementos que constituirão a porção do capital necessário à instituição financeira, de maneira a não representar, segundo os critérios do Comitê da Basiléia, risco ao sistema financeiro.

Assim sendo, há critérios baseados em tratados internacionais para o estabelecimento do capital das instituições financeiras, quando elas operam com derivativos, do que se conclui que a assunção do risco, por elas, tem bases claramente objetivas.

Não sendo o caso de desenvolver aqui tais assuntos, lembre-se que o Acordo da Basiléia sugere dois tipos diversos de metodologia para chegar-se ao capital seguro necessário, ou seja, o *original exposure* e o *current exposure*.

A transferência do risco da oscilação do dólar é, p. ex., um dos objetivos dos acordos em tela, sabendo-se o quanto se deram bem aqueles que encontravam-se no lado certo quando da recente desvalorização do Real.

Analisando essas operações, Iran Siqueira Lima e Alexsandro Broedel Lopes (*Contabilidade e Controle de Operações com Derivativos*, São Paulo, Ed. Pioneira-FIPECAFI/SP, 1999), expõem, às pp. 18 e 19 as notas conceituais dos negócios com opções, abaixo desenvolvidas.

Existem dois tipos básicos de contratos de opções:

a) *calls*/compra – O detentor de uma opção de compra dessa espécie tem o direito de comprar um determinado ativo em uma certa data, por um determinado preço.

b) *puts*/venda – o detentor de uma opção de venda tem o direito de vender um dado ativo em uma certa data, por um preço determinado.

Como condição para assumir esses direitos de compra ou venda, o interessado deve pagar um determinado valor, chamado *prêmio*, em favor da outra parte envolvida no negócio, conhecida como o *lançador* da opção.

Observe-se que, nos negócios em causa, *o titular tem a prerrogativa (opção) de exercer o direito, seja de compra, seja de venda, para tanto obrigando o lançador.*

Isto quer dizer que o lançador fica subordinado à vontade do titular, na medida em que este venha a exercer o seu direito nos termos avençados.

O preço do contrato corresponde ao valor futuro pelo qual o bem será negociado, denominado *preço de exercício* (*strike price* ou *exercise price*).

A data em que a opção poderá ser exercida é chamada como *data de vencimento* (*expiration dute, exercise date* ou *maturity*).

Há dois sistemas em uso no mercado, o *europeu* e o *norte-americano*. A *opção européia somente pode ser exercida na data de vencimento*, enquanto a norte-americana dá o direito de exercício a qualquer tempo até o vencimento. Em ambos os casos, o lançador sempre permanece no pólo passivo da obrigação, subordinado ao direito do titular. Em alguns contratos de opções européias encontra-se a previsão expressa de cláusula de liquidação antecipada, segundo acordo escrito ao qual as partes venham a chegar sobre o preço da liquidação.

Trata-se de um negócio de risco, *profissionalmente assumido pelo lançador*, que é uma empresa especializada no ramo. O risco está na possibilidade da variação de diversos elementos que servem para estabelecer o preço de exercício, sujeitos a um certo grau de imponderabilidade (daí o risco), ao longo da duração do contrato, *risco esse que pode afetar qualquer uma das partes contratantes, conforme a direção tomada pelos seus fatores*, a saber:

- a variação do preço do ativo objeto do contrato;
- a variação da taxa de juros;
- o prazo de duração do contrato; e
- a volatilidade do preço do ativo objeto do contrato.

Preocupando-se com a repercussão dessas operações no mercado, o Banco Central do Brasil, no já mencionado *III Curso de Formação de Inspetores*, Brasília, 1995, levantou a literatura sobre as operações derivativas, de onde segregou e qualificou, de sua parte, os riscos a elas inerentes:

a) *Risco de crédito* – também conhecido como risco de contrapartida. É relativo à probabilidade de inadimplência de uma das partes, que, no vencimento de sua obrigação, poderá deixar de honrá-la perante o credor. Há institutos voltados para a minimização desses riscos, baseados em sistemas de garantias, como forma de sua administração.

b) *Risco de mercado* – Decorrente, de forma natural, das flutuações nos preços dos contratos. Essas flutuações, durante o período de vigência das operações podem acarretar distorções indesejáveis, afetando os resultados esperados. A reversão do contrato, nessas oportunidades, pode causar perdas consideráveis ao credor.

c) *Risco de resgate* – Apresenta-se pela existência de um lapso temporal entre as datas de conclusão e de execução do contrato. Também existem mecanismos de redução desse risco, quando se acerta a liquidação por diferença de preços.

d) *Risco de liquidez* – Definido pela falta de mercado para o objeto da prestação, como condição para a sua reversão.

e) *Risco legal/documental* – Dependem da garantia e da estabilidade da ordem jurídica, da falta de fórum adequado para o julgamento de litígios e da falta de clareza das cláusulas na elaboração dos contratos.

A assunção de obrigações a título de lançador em operações de opção corresponde a uma atividade profissional especializada, e é juridicamente válida a partir do momento em que não se trata de simples álea, pois o risco assumido apresenta condições objetivas de mensurabilidade, tarefa efetuada pelos setores técnicos próprios daquele.

No momento do exercício da opção, o preço pode estar:

a) *in the money*, ou seja, menor do que o preço à vista;

b) *at the money*, isto é, igual ao do preço à vista; ou

c) *out of the money*, ou seja, maior do que o preço à vista.

Essas possibilidades demonstram, de forma cabal, que o risco em contratos dessa espécie é recíproco, devendo cada parte exercer o seu direito e cumprir sua obrigação na forma acordada, sob pena de causar irreparáveis prejuízos à outra.

Daí se verifica que, dependendo da direção que o preço de exercício vier a tomar, em função de uma das variáveis acima citadas, uma das partes terá lucro e a outra prejuízo, ou o resultado é considerado neutro, sem perda nem ganho para nenhuma delas.

Outra classificação importante corresponde às *opções negociadas em bolsas especializadas*, como é o caso, no Brasil, da Bolsa Mercantil & de Futuros–BM&F, uma das maiores do mundo, e as que são objeto de colocação pelos lançadores no chamado *mercado de balcão. Estas são denominadas **opções flexíveis***, livremente negociadas entre as partes nos seus diversos elementos. Enquanto isso, as opções em curso nas Bolsas são inteiramente padronizadas, cabendo aos interessados aderir aos modelos preestabelecidos, sem possibilidade de efetuarem qualquer alteração nos *pacotes* oferecidos pelas Bolsas.

Os efeitos decorrentes dos contratos de compra ou venda de opções flexíveis correspondem, basicamente, de um lado, ao *direito do titular* em exercer sua prerrogativa na data de vencimento e, de outra parte, na *obrigação do lançador* de pagar o preço de exercício, caso a opção venha a ser efetivada.

Como tantos outros negócios novos, as opções flexíveis foram criadas como o resultado do direito constitucionalmente assegurado da *autonomia privada*, ou seja, o poder de autodeterminação conferido aos particulares na regulação dos seus interesses, que tem como limites o atendimento à lei, à ordem pública e aos bons costumes. Daí conclui Waldirio Bulgarelli (*Contratos Mercantis*, 7ª ed., São Paulo, Atlas, 1993, p. 65) que "se o contrato decorre da manifestação da vontade livremente expressa (autonomia da vontade) e se afirma tão-somente pelo consenso (*sollus consensus obligat*), *torna-se obrigatório, ficando as partes submetidas ao contratado* (*pacta sunt servanda*)".

O tema da natureza jurídica dos derivativos tem sido pouco discutido, ainda, no direito brasileiro. Ao lado de um importante estudo realizado por Oscar Barreto Filho ("As operações a termo de mercadorias sobre mercadorias (*hedging*)", *RDM* 29/11) e de poucos outros autores lembrados neste trabalho, ainda há um grande campo a ser desbravado nessa área, a qual, aos poucos, começa a despertar a atenção dos juristas, nem sempre munidos das bases econômicas necessárias ao perfeito descortinamento da realidade de tais negócios.

Em trabalho de pesquisa efetuado sob nossa orientação, Érica Cristina Rocha Gorga ("A importância dos contratos a futuro para a economia do mercado", *RDM* 112/157) teve a oportunidade de fazer um breve mas minucioso relato sobre o tema da natureza jurídica dos contratos futuros (pp. 181 a 205), onde demonstra que a discussão sobre o assunto tem passado pelas teorias do negócio típico – evidentemente inominado –; do negócio de justaposição de dois contratos de compra e venda a termo, nos quais a mesma parte assume posições contrárias; do seguro de preços; do negócio *sui generis* etc.

Remetendo o leitor para os estudos citados, caso haja o desejo de aprofundamento na matéria, entendemos que o exame da estrutura das opções indica sua afinidade com o contrato de compra e venda a termo, a cujas regras deve-se recorrer para a solução das controvérsias com eles relacionadas.

II – O importante papel da boa-fé nos negócios com derivativos

Tanto quanto ocorre com quaisquer contratos, apresenta-se a boa-fé como fundamental elemento jurídico-psicológico nos negócios com derivativos, tanto na sua celebração, quanto na execução de tais acordos.

Em um dos raríssimos estudos jurídicos já escritos no Brasil sobre os derivativos, Rachel Sztajn reporta-se a lições da doutrina estrangeira e nacional a respeito, tomada a boa-fé como regra de comportamento em que se tem por objetivo a tutela dos interesses dos declarantes e do destinatário da declaração. A boa-fé também é analisada em sentido objetivo, *como explicitação do princípio da lealdade contratual, dever dos contratantes em face um do outro* (*Futuros e "Swaps": Uma Visão Ju-*

rídica, São Paulo, Ed. Cultural Paulista, 1999, pp. 44 e ss.).

Darcy Bessone de Oliveira Andrade afirma que o princípio da boa-fé domina o comércio jurídico, como regra de recíproca lealdade, *destinada a dar-lhe segurança*. Além disso, diz o mesmo autor, que vindo os contratos a serem executados sob inspiração da idéia moral da boa-fé, os contratantes devem agir *dentro de um esquema de colaboração recíproca* (*Do Contrato*, Rio, Forense, 1960, pp. 232 e 116).

Nessa mesma linha de pensamento manifesta-se o douto Orlando Gomes (*Contratos*, 3ª ed., Rio, Forense, 1971), destacando que, *para traduzir o interesse social de segurança das relações jurídicas, as partes devem agir com lealdade e confiança recíprocas*. Embora, observe–se, os contratos de opção classifiquem-se como de prestações correspectivas ou opostas – não sendo o caso de pensar-se em um tipo de colaboração como aquele presente nas sociedades (onde existe a *affectio societatis*) – o sentido da boa-fé volta-se para a subordinação das partes a regras destinadas a impedir que uma parte dificulte ou impeça o direito da outra.

Karl Larenz (*Derecho de Obligaciones*, Ed. Madrid, 1958, pp. 20 e ss.), diz que, em princípio, *o devedor há de evitar tudo quanto possa frustrar o fim a que se destina a obrigação*. Dessa forma, não pode uma das partes, unilateralmente, frustrar a finalidade do acordo, recusando-se ao pagamento de obrigação decorrente de risco expressamente assumido, sendo-lhe vedado, p. ex., nas operações com opções

a) efetuar uma liquidação do contrato segundo os termos por ela própria impostos; ou

b) deixar de estabelecer negociações explícitas com a outra parte para, se for o caso, adotar forma de liquidação diversa da originalmente contratada;

c) aplicar um redutor sobre o preço de exercício de forma completamente aleatória, sem esclarecimento sobre as bases técnicas utilizadas.

III – Conclusões

Considerando-se que as operações de opção apresentam, justamente, o objetivo de administração de um determinado risco, não cabe a qualquer das partes, a não ser em casos absolutamente excepcionais, alegar a teoria da imprevisão para negar-se a cumprir a sua prestação. A regra *pacta sunt servanda* impõe-se nesses acordos de forma bastante rígida.

Não poderia um lançador, por exemplo, em uma opção flexível de venda de dólares, celebrada antes da recente desvalorização do real, romper o contrato, alegando dano superveniente excessivo, causador de prejuízo inesperado.

Tendo em conta o objetivo próprio de um negócio dessa natureza e, além disso, o fato de vir a ser o lançador uma instituição especializada em assunção de riscos, jamais se poderia aceitar pudesse ela fugir ao cumprimento da prestação livremente pactuada anteriormente com a outra parte. Dessa forma desapareceria a própria essência de tais negócios.

Ao vir a enfrentar questões nessas áreas, o Judiciário deverá estar atento para a especialidade do instituto, não fazendo recair sobre elas um direito rançoso de uma época ultrapassada, mas, isto sim, resolvendo-as de acordo com uma visão moderna, identificadora da existência de novos negócios, construídos para novas finalidades econômicas válidas, baseados em velhos e novos princípios, em funcionamento perfeitamente equilibrado entre si.

Atualidades

EFEITOS DO SILÊNCIO E DA RATIFICAÇÃO NO CONTRATO DE MANDATO CIVIL OU MERCANTIL

JORGE LOBO

I – Mandato e representação. II – A representação no negócio jurídico. III – Forma e prova do mandato. IV – Obrigações do mandante perante o mandatário e terceiros. V – Atos praticados pelo mandatário contrários às instruções do mandante. Efeitos do silêncio. VI – Atos praticados pelo mandatário com excesso de poderes: efeitos da ratificação.

I – Mandato e representação

1. No Direito romano, o contrato de mandato era celebrado exclusivamente no interesse do mandante, daí porque ensinou Pothier: "Ce contrat est de la classe des contrats de bienfaisance. Il se fait ordinairement par le seul intérêt du mandant" (*Traité du Mandat*, n. 2), noção que se tornou truísmo, repetido vezes sem conta por mestres consagrados, como, *v.g.*, por todos, Colin e Capitant: "D'après la conception tradicional, le mandat est, en effet, un contrat de bienfaisance; le mandataire agit pour rendre service au mandant, et non poussé par un mobile interéssé" (*Cours*, 2, p. 705).

2. Com efeito, volvendo às origens, verificamos que "a palavra *mandato* vem do latim *manum datum*, pois na Roma antiga o mandatário dava ao mandante um aperto de mão, formalismo usado em sinal de aceitação e promessa de fidelidade no cumprimento da incumbência, gesto clássico, que ainda se usa na conclusão de vários contratos verbais" (Cunha Gonçalves, *Princípios de Direito Civil Luso-Brasileiro*, v. II, Max Limonad, 1901, p. 792).

3. Por visar somente o interesse do mandante, doutrinou San Thiago Dantas: "A representação é a idéia suprema do mandato" (*Programa de Direito Civil*, v. II, Ed. Rio, 1978, p. 369), na esteira do pensamento de J. X. Carvalho de Mendonça: "A representação no nosso sistema é, portanto, elemento essencial do mandato" (*Tratado de Direito Comercial Brasileiro*, v. VI, Freitas Bastos, 1947, p. 213, § 814), opinião compartilhada, dentre inúmeros autores brasileiros, por Clóvis Beviláqua (*Código Civil Comentado*, v. V, Ed. Francisco Alves, 1947, p. 29, obs. 1); M. I. Carvalho de Mendonça (*Contratos no Direito Civil Brasileiro*, 3ª ed., t. I, Forense, pp. 193 e ss.); Fran Martins (*Contratos e Obrigações Comerciais*, 8ª ed., Forense, p. 293, n. 193); Sílvio Rodrigues (*Direito Civil Aplicado*, v. 3, Saraiva, 1986, p. 215, n. 38); João Franzem de Lima (*Curso de Direito Civil Brasileiro*, v. II, t. 3, Forense, p. 646, n. 526); Maria Helena Diniz (*Curso de Direito Civil Brasileiro*, 3º v., Saraiva, 1984, p. 261); Arnoldo Wald (*Curso de Direito Civil Brasileiro*, Ed. RT, 1983, p. 299, n. 162) e, entre os autores estrangeiros, além de Pothier, Colin e Capitant, dentre tantos, podemos, ainda, mencionar, em Portugal, Luiz da Cunha Gonçalves (*Princípios de Direito Civil Luso-Brasileiro*, ob. e v. cits., pp. 792 e ss.); na Itália, Roberto de Ruggiero (*Instituições de Direito Civil*, v. III, trad. bras., Saraiva, 1973, p. 331) e Tartufari, Pilon, Sraffa, Nattini, citados por Ruggiero (ob. e v. cits., p. 331, nota 1).

4. Por serem a confiança e a representação ínsitas à idéia do mandato, Ruggiero acentuou: "(...) a representação implica que uma pessoa (representante), emitindo uma declaração de vontade, dê vida a um negócio jurídico, que surge diretamente com referência a uma outra pessoa (representado), de modo que a primeira só no interesse deste age" (ob. e v. cits., p. 330), destacando, ainda, como, aliás, fazem todos os tratadistas, que: "a) o representante não manifesta sua própria vontade, mas se limita transmitir uma vontade alheia, e, b) o representante age em nome e no interesse do representado".

5. Por isso, Carvalho Santos, alicerçado em Aubry e Rau e Laurent, afirmou: "O traço característico do mandado, como se vê, e traduz-se em opinião geral, é a representação, isto é, poder o mandatário agir em nome do mandante e representá-lo, juridicamente, de tal forma que o mandatário obriga a terceiros para com o mandante e este para com terceiros, como se o mandante estivesse atuando como pessoa" (*Código Civil Brasileiro Interpretado*, 7ª ed., v. XVIII, Freitas Bastos, p. 108, n. 1).

6. Ruggiero, a seu turno, ao iniciar o estudo do mandato em suas primorosas *Instituições de Direito Civil*, explicou, com maestria: "Encarregar outrem de praticar um ou mais atos por nossa conta e no nosso nome, de modo que todos os efeitos dos atos praticados se liguem diretamente à nossa pessoa como se nós próprios os tivéssemos praticado, é o que tecnicamente se chama conferir ou dar mandato" (ob. e v. cits., p. 329), o que equivale dizer, com M. I. Carvalho de Mendonça: "(...) O mandatário é o órgão do mandante; é por aquele que este adquire, aliena, obriga-se e desobriga-se" (ob. e v. cits., p. 193).

7. Esse entendimento pacífico foi perfilhado pelo Código Civil brasileiro (tal qual o português – art. 1.318; o italiano – art. 1.737; o francês – art. 1.984; o espanhol – art. 1.709), ao definir, no art. 1.288, o mandato como "a operação pela qual alguém recebe de outrem poderes para, em seu nome, praticar atos, ou administrar interesse".

8. O Código Comercial, no art. 140, é, talvez, mais claro ainda, ao dispor: "Dá-se mandato mercantil quando um comerciante confia a outrem a gestão de um ou mais negócios mercantis obrando o mandatário e obrigando-se em nome do comitente", seguindo, como se vê, à risca, frise-se mais uma vez, o princípio, milenar e consagrado por mestres de ontem e de hoje, que "a representação é a idéia suprema do mandato".

II – A representação no negócio jurídico

9. J. X. Carvalho de Mendonça, ao cuidar da noção de representação e dos seus efeitos, esclarece: "na formação e conclusão do negócio jurídico, qualquer das partes interessadas pode ser representada por outrem, repercutindo-se no patrimônio daquele os efeitos da intervenção desta" (*Tratado de Direito Comercial*, ob. e v. cits., p. 198, n. 218).

10. É no campo do direito patrimonial, pontifica Savigny, "e especialmente na administração do patrimônio alheio, que a representação apresenta a máxima utilidade" (*Sistema del Diritto Romano*, v. 3º, trad.

Scialoja, § 113, cit. por C. Mendonça, loc. cit.), suprindo, completando, desdobrando a atividade humana.

11. Não há quem discrepe que são imensas as vantagens e inúmeros os benefícios, para o indivíduo e a vida mercantil, do instituto da representação, sobretudo nos dias atuais, em que se faz mister, num mundo extremamente competitivo, cujas atividades se desenvolvem com inaudita rapidez e notável simplicidade, ter uma ou mais pessoas que, agindo por conta e em nome de outrem, possam, a um só tempo, realizar, não importa a praça e o lugar, relações jurídicas das mais diversas espécies, desde simples e inexpressivas, sob o aspecto econômico, operações de compra e venda, a grosso ou a retalho, de bens móveis, até complexas e valiosíssimas operações em bolsas de valores. Naquelas situações – as de compras e vendas de mercadorias para revenda por preço de ocasião e abaixo do valor de mercado –, como nestas – as de investimentos maciços de dezenas de milhões de reais nos mercados a termo e de opções em bolsas de valores –, muitas vezes as pessoas agem através de seus representantes, a quem confiam os seus interesses e as suas economias, para que estas, revelando sua qualidade aos terceiros, com quem vão contratar, possam, em nome dos representados, celebrar negócios jurídicos, cujos efeitos, obrigatoriamente, vão repercutir no patrimônio do representado, como se eles próprios, pessoalmente, os houvessem concluído, no que os comercialistas costumam denominar de *contemplatio dominii*, assim definido por Pilon: "A *contemplatio dominii* é a intenção comum do representante e do terceiros de repercutirem os efeitos do contrato, que concluem, no patrimônio do representado" (*apud*, J. X. Carvalho de Mendonça, ob. e v. cits., p. 204, nota 1).

12. Destarte, quando alguém, no exercício pleno de sua capacidade jurídica, incumbe pessoa, de sua exclusiva e restrita confiança, para entabular negociações e celebrar contratos, assume, perante terceiros, com todo o peso da própria responsabilidade moral e patrimonial, a obrigação de ressarcir os danos, pois, *in casu*, ocorre o fenômeno conhecido na doutrina, pátria e alienígena, por *contemplatio dominii*, que faz repercutirem os efeitos dos negócios jurídicos, que representante e terceiros concluíram, no patrimônio do representado.

III – Forma e prova do mandato

13. O mandato é um contrato simplesmente consensual, que se aperfeiçoa e se torna válido e eficaz apenas pelo mútuo consenso das partes, não havendo, nem a lei civil, nem a lei comercial, estabelecido forma especial, podendo, por isso, provar-se por instrumento público ou particular, inclusive cartas missivas (Clóvis Beviláqua, in *Revista de Direito* 49/551), e ser conferido até mesmo por telegramas (J. X. Carvalho de Mendonça, ob. cit., VI, 2ª parte, p. 239, n. 836).

14. Embora haja quem confunda (como o Código Civil francês, art. 1.984, segundo Aubry e Rau, *Droit Civil*, 5ª ed., v. 6º, nota 2 ao § 410) a procuração com o mandato, hoje é pacífico que pode existir mandato sem procuração, "ou porque não seja esta necessária, visto o negócio não exceder a taxa legal, ou por ser o mandato conferido em correspondência epistolar, ou porque seja ele condição de contrato bilateral ou meio de cumprir obrigação contratada (art. 1.317, n. II do Código Civil), casos em que a sua existência e extensão determinam-se no próprio contrato. Outro caso é o do endosso-mandato das letras de cambio e títulos equipamentos (Lei 2.044, art. 8º, parágrafo único)" (J. X. Carvalho de Mendonça, ob. e v. cits., p. 239, nota 2).

15. Com efeito, o art. 1.290 do Código Civil dispõe: "O mandato pode ser expresso ou tácito, verbal ou escrito", aduzindo o art. 1.291: "Para os atos que exigem instrumentos público ou particular, não se admite mandato verbal", o que levou a doutrina brasileira a classificar o contrato de mandato quanto à forma em (1) expresso ou escrito; (2) tácito e (3) verbal.

16. O mandato escrito ou é formalizado por instrumento público ou por instrumento particular, sendo certo que o instrumento público só é exigido quando o mandato for dado por menores ou interditos ou quando o mandato tiver por escopo a realização de um ato jurídico que torne essencial a celebração de escritura passada em cartório.

17. O instrumento particular, desde que observados os requisitos do § 1º do art. 1.289 do Código Civil, é, também, meio hábil para qualquer pessoa capaz outorgar a outrem poderes para agir em seu nome e por sua conta e risco.

18. O mandato verbal, na lição de Serpa Lopes: "É o que se estabelece mediante uma ordem puramente verbal, independente de qualquer escrito. Contempla-o o art. 1.290 do Código Civil, como uma das formas pelas quais pode vir a ser estabelecido o contrato de mandato, ou seja ainda, uma das formas mediante as quais um mandatário poderá apresentar-se perante um terceiro em nome do representado. O mandato verbal é admissível para a prática de qualquer negócio jurídico, salvo os que exijam instrumento público ou particular (ob. e v. cits., p. 266, n. 550).

IV – Obrigações do mandante perante o mandatário e terceiros

19. Em decorrência da bilateralidade de contrato de mandato, o mandante tem obrigações com o mandatário, conforme dispõem os arts. 1.309 a 1.313 do CC.

20. Em relação a terceiros, em virtude do instituto da representação (cf. item I *supra*), o mandante responde pelos atos praticados, em seu nome, pelo mandatário, *ex vi* do art. 1.309 do CC e art. 149 do Código Comercial, conforme já se expôs longamente nos ns. 9 a 13 *supra*, ainda que o mandatário contrarie suas instruções (art. 1.313).

V – Atos praticados pelo mandatário contrários às instruções do mandante. Efeitos do silêncio

21. Como vimos, o mandante responde pelos atos praticados, em seu nome, pelo mandatário (art. 1.309 a 1.312 do CC). Essa a regra geral, que só será superada se o mandatário se houver com excesso de poderes (arts. 1.296, 1.305 e 1.306).

22. Situações há, entretanto, em que o mandatário, embora dentro dos limites do objeto do mandato, age em desacordo com as instruções do mandante.

23. Para disciplinar a hipótese, assaz corriqueira, aqui e alhures, hoje como ontem, o art. 1.313 do CC estabelece: "Art. 1.313. Ainda que o mandatário contrarie as instruções do mandante, se não excedeu os limites do mandato, ficará o mandante obrigado para com aqueles com quem o seu procurador contratou: mas terá contra este ação pelas perdas e danos resultantes da inobservância das instruções".

24. Em comentário ao art. 1.313, Carvalho Santos, após declarar que o dispositivo se explica facilmente, arremata: "Os terceiros só podem exigir e o mandatário só é obrigado a exibir o instrumento do mandato, nos termos do art. 1.305, ou seja, a procuração. Não há obrigação alguma com referência às instruções do mandante. Quer dizer: contratando dentro dos limites constantes da procuração, poderão os terceiros exigir do mandante sustente o negócio feito pelo mandatário, mesmo porque a eles não interessam, em absoluto, as instruções dadas pelo mandante para governo do mandatário" (ob. e v. cits., p. 209).

25. Portanto, e o texto do art. 1.313 é de meridiana clareza, ao terceiro não interessa, não importa quais as instruções do mandante ao mandatário, mas apenas se este agiu consoante os termos da procuração, mormente quando o mandante manteve obstinado silêncio sobre o exercício dos poderes pelo mandatário, que ele escolheu, a quem confiou seu patrimônio e a quem deveria vigiar.

26. O silêncio é, na voz abalizada de Vivante (ob. cit., v. 4, n. 1.538), palavra equipolente de inação e corresponde a uma ausência de palavras e atos.

27. Em certas circunstâncias, conforme prestigiosa corrente de pensamento (Demogue, Planiol e Ripert, Colin e Capitant, Baudry e Barde, Rossel, Endemann, Cunha Gonçalves e Amaral Gurgel), o silêncio vale tanto quanto a manifestação expressa de vontade, pois, já diziam os romanos, "qui tacet consentire videtur", no que se convencionou, nos dias atuais, chamar de *silêncio qualificado*, que induzem e autorizam a se concluir que a pessoa, cujos direitos e interesses estão em jogo, concorda, pela manifestação pelo silêncio, com o que se está passando, porquanto, como disse Jean Chabas: "Ce n'est pas le silence que implique l'intention et qui l'extériorise, ce sont des faits qui accompagnent le silence" (*De la Declaration de Volonté*, p. 67, *apud* Martinho Garcez Neto, *Obrigações e Contratos*, 1ª ed., Borsói, p. 98, n. 7).

28. Dessa forma, se quem deu instruções manteve-se silente, inativo, inerte durante e depois do momento em que o mandatário exercia os poderes que lhe foram outorgados, obrigado está em relação ao terceiro com que o mandatário contratou.

VI – Atos praticados pelo mandatário com excesso de poderes: efeitos da ratificação

29. Evidentemente que os atos praticados pelo mandatário com excesso de poderes não obrigam o mandante (art. 1.306).

30. Todavia, se o mandante os ratifica, seja expressamente, seja por atos inequívocos, considerar-se-ão válidos, retroagindo os seus efeitos à data desses atos, conforme o parágrafo único do art. 1.296 do CC, que diz: "Art. 1.296. Pode o mandante ratificar ou impugnar os atos praticados em seu nome sem poderes suficientes. Parágrafo único. A ratificação há de ser expressa, ou resultar de ato inequívoco, e retroagirá à data do ato".

31. Ex vi do parágrafo único do art. 1.296 do CC, não se exige uma forma *ad solemnitatem* da ratificação, a menos que a lei imponha o instrumento público para a validade do ato, pelo que os atos do mandatário poderão ser ratificados pelo mandante por qualquer meio de prova admitido em Direito, expressa ou tacitamente, resultando esta de ato inequívoco, na dicção do parágrafo único do art. 1.296 do CC.

32. Acentue-se, contudo, que a ratificação, para produzir seus naturais efeitos, para ter eficácia, exige conhecimento de causa do mandante, conforme lição clássica, por todos repetida, como *v.g*:

a) Baudry-La Cantinerie: "La ratification doit être faite en 'connaissance de cause', c'est-à-dire avec connaissance de la part du mandant, que l'acte passé excedait les pouvoirs du mandataire" (*Traité Theorique et Pratique de Droit Civil*, t. XXIV, Paris, 1907, p. 48, n. 784);

b) Paul Pont: "La ratification se doit être considérée comme efficace et utile qu'autant que le mandant a eu, en la faisant, une connaissance nette sinon de toutes les circonstances, notamment des circonstances secondaires et accidentelles, au moins des circonstances essentielles ou substancielles de l'affaire" (*Des Petits Contrats*, t. I, Paris, 1877, p. 611, n. 1.071);

c) Por igual, Colin-Capitant (*Cours Elémentaire de Droit Civil Français*, Paris, 1949, p. 881, n. 1378); Guillouard (*Traité des Contrats Aleatoires et du Mandat*, Paris, 1893, p. 527, n. 197).

Atualidades

OS JUROS NO DIREITO BRASILEIRO

João Luiz Coelho da Rocha

A – O trato legislativo dos juros. B – As espécies de juros, como meio remuneratório do capital. C – Os juros compensatórios, negociais, legais e jurisprudenciais. D – Os juros moratórios. E – Conclusão.

A – O trato legislativo dos juros

Não é privilégio do estudioso do Direito a percepção de quanto a idéia e o conceito de juros incomodaram a cultura ocidental de raízes cristãs. Os sociólogos, os economistas, os historiadores também encontram, no seu aprendizado, as explicações para esse fenômeno de rejeição.

De um modo simplificado, dada a extrema limitação destas notas, registre-se que a nossa herança cristã, sobretudo na latinidade, de matriz católica e contra-reformista, sempre nutriu uma certa repulsa moral pelos juros, vendo estes como a arma do credor monetário, aquele que, sob tal ótica crítica, vive às expensas do esforço produtivo alheio.

É significativo notar que o Decreto 22.626, de 1933 (decreto com força de lei, pois editado na constância do chamado "Governo Provisório" que sucedeu à Revolução de 1930), ato legislativo que veio fixar pela primeira vez regras mais estritas e específicas para o fluxo de juros no país, ficou, até hoje, largamente conhecido como a "Lei da Usura" (como observa aliás, Theotônio Negrão, no seu *Código Civil e Legislação Civil em vigor*, 17ª ed., Saraiva, p. 705).

A estreita e imediata referência à idéia de *usura* no trato da lei, já qualifica o estigma que a imputação de juros aos débitos representava junto à cultura sócio-jurídica do país.

Nos *consideranda* daquele Decreto 22.626 lê-se: "Considerando que todas as legislações modernas adotam normas severas para regular, impedir e reprimir os excessos praticados pela usura; Considerando que é de interesse superior da economia do país não tenha o capital remuneração exagerada, impedindo o desenvolvimento das classes produtoras".

Fica bem patente, pois, o quão severo, assentado nessa idéia desabonadora sobre os juros, era o tratamento legal, no Brasil, desse instituto remuneratório dos mútuos em geral.

Neste passo, a norma preambular (art. 1º) e básica do Decreto 22.626, proibia, e mais que isto, acenava formalmente com punição, "nos termos desta lei", para a estipulação de juros "em quaisquer contratos" em taxas superiores ao dobro da taxa legal, esta fixada em 6% ao ano pelo art. 1.062 do Código Civil.

A "punição", severa cominação do estatuto em tela, estava no que se denominou "delito de usura", tipo criminal fundado nos arts. 13 a 15, depois revogados pelo art. 4º da Lei 1.521/51 subsumindo-se tal enquadramento da estipulação abusiva de juros nos ali "criados crimes contra a economia popular".

A ordem jurídica brasileira, pois, vem cuidando com muito zelo, da graduação e da quantificação dos juros, de uma maneira tão estrita e intervencionista como aquela deferida a poucos valores do circuito econômico, tais como os aluguéis ou preços de remédios, e, nesse quadro recente de estabilização econômica, de modo bem mais radical do que o utilizado quanto a esses outros valores.

A nossa hipótese, fruto da observação do que se manifesta nos últimos anos na ordem jurídica brasileira, é a de que a extrema redução inflacionária a níveis civilizadíssimos e mínimos de flutuação de preços, tornou mais patente o contraste da incidência pesada da carga dos juros, até pelo contrapeso que a demanda permanente de recursos nas contas públicas – uma das âncoras do sistema antiinflacionário – representa, tornando o peso do juros ainda mais sensível.

Continua vigindo aquele Decreto 22.626, e depois dele apenas temos, *de rigueur*, novidades legislativas na matéria, na Lei 4.594/64 e no art. 192, § 3º, da CF/88.

A Lei 4.594, cuidando de regular o então institucionalizado "Sistema Financeiro Nacional", ao conferir poderes, ao ali criado Conselho Monetário Nacional, de limitar e regular juros cobrados pelas instituições financeiras, deflagrou o entendimento cristalizado na Súmula 596 do STF de que a esses credores bancários, licenciados e fiscalizados nos termos legais, não se aplicavam os limites quantitativos de juros do Decreto 22.626.

O § 3º do art. 192 da Carta atual, enfim, assim declara: "As taxas de juros reais, nelas incluídas comissões e quaisquer outras remunerações direta ou indiretamente referidas à concessão de crédito, não poderão ser superiores a doze por cento ao ano; a cobrança acima deste limite será conceituada como crime de usura, punido, em todas as suas modalidades, nos termos que a lei determinar".

B – As espécies de juros, como meio remuneratório do capital

Juros são, no conceito clássico de Washington de Barros Monteiro, "o rendimento do capital, os frutos civis produzidos pelo dinheiro" (*Curso de Direito Civil*, 17ª ed., São Paulo, Saraiva, v. 4, p. 337).

Maria Helena Diniz, no seu excelente *Curso de Direito Civil Brasileiro*, 2º v., p. 307, considera os juros como bens acessórios, nos termos do art. 60 da lei civil básica, invocando o conceito de Lacerda de Almeida (*Obrigações*, 2ª ed., pp. 175-6) que os delineia como "o preço do uso do capital alheio, em razão da privação deste pelo dono, voluntária ou involuntariamente".

Já vimos advogados de banqueiros, afirmando, em negociações, que o banco "não deve correr riscos". Essa idéia não é exata nem no plano econômico nem, rigorosamente, no jurídico, e talvez o erro derive da conhecida diferenciação teórica entre capital de risco (investimento acionário, subscrição de cotas, contas de participação etc.) e capital de empréstimo.

O capital de empréstimo – que o banqueiro ou qualquer mutuante, como um debenturista, p. ex., verte a alguém – não corre o "risco jurídico" do mutuário, no sentido de que o crédito do emprestador do dinheiro, crédito pelo reembolso e pelos acréscimos de juros e outros, *não depende* da apuração de lucros, ao contrário do que ocorre com o capital de risco.

Mas isso não significa que esse capital de empréstimo não corra o "risco econômico" que cerque o mutuário, e não corra igualmente um certo risco jurídico pois há pendente, de toda forma, a possibilidade da inadimplência e da insolvência.

A remuneração do capital de empréstimo, na sua estrutura teórica, ela deve considerar o maior ou menor risco econômico que o mutuante corre de não ter o retorno previsto de seu dinheiro, ou de não tê-lo como previsto, e tudo isso repercute na formulação, na quantificação dos juros.

O ultra perverso fenômeno inflacionário andou prejudicando, por tanto tempo, a questão da fluência dos juros e sua adequada identidade, a um ponto tal que era comum falar-se em "juros reais", diferenciando-os dos "juros nominais", uns libertos, e outros não, da carga corretiva da depreciação do valor monetário.

Nesta quadra, atual, com o fim da voracidade dos índices de inflação, vários e óbvios benefícios apareceram na circulação econômica e monetária do país, e como sói suceder nessas conjunturas, a ordem jurídica tende a refletir de algum modo o novo quadro.

Mais que nunca, então, cabe distinguir, aquilo que nos tempos de volatilidade monetária andou confundindo tantas mentes.

E para isso vamos nos reportar ainda à excelente civilista Maria Helena Diniz (ob. cit., p. 307) que esclarece as duas naturezas dos juros compreendidos no nosso sistema jurídico:

• os juros compensatórios, que "decorrem de uma utilização consentida do capital alheio, em regra preestabelecidos no título, onde os contraentes fixam os limites de seu proveito, enquanto durar o negócio jurídico, ficando, portanto, fora do âmbito da inexecução";

• os juros moratórios, que "constituem pena imposta ao devedor pelo atraso no cumprimento da obrigação, atuando como se fosse uma indenização pelo retardamento no adimplemento da obrigação".

C – Os juros compensatórios, negociais, legais ou jurisprudenciais

No acerto negocial de um mútuo, pois, sob qualquer face se apresente tal mútuo (abertura de crédito, empréstimo simples, financiamento etc.), e mesmo no acerto de qualquer ajuste que permita a incidência de juros, estes serão pré-qualificados ou balizados, seguindo-se então a sua fluência dentro do termo contratual previsto. Em hipótese menos freqüentes juros compensatórios decorrem de lei própria, ou mesmo de decisões jurisprudenciais, conforme Súmula 164 do STF.

Quanto a essa espécie de juros, desde o Decreto 22.626/33 estão eles adstritos ao quantitativo de 12% ao ano, ali expressado, ou 1% ao mês.

Em 1964, já em época de impregnação da síndrome inflacionária na economia do país, e da estruturação mais articulada de seu sistema financeiro, a Lei 4.595, como vimos, criou o Conselho Monetário Nacional, e seu agente, o Banco Central do Brasil, conferindo-lhe poderes para fixar taxas máximas de juros a serem praticadas pelas instituições financeiras.

Neste passo, o STF consolidou o assunto na Súmula 596, excepcionando as instituições financeiras da observância dos limites da "lei de usura" na estipulação de seus juros contratuais.

O mesmo Decreto 22.626/33 (art. 4º) proibiu a prática do anatocismo, a prescrição de "juros sobre juros", o que é eufemisticamente chamado de "capitalização de juros".

Razões óbvias marcam a condenação dessa prática anatocista, até porque tal significa uma distorção numérica da taxa aparente de juros, traduzindo por meios duvidosos um percentual maior do que o declarado – obviando o limite legal – e significando, ao fim, uma remuneração sobre algo além do capital emprestado, o que nem se compadece, *pour cause*, com o conceito de juros.

A Lei 4.595 não se refere ao anatocismo, e houve quem, estimulado talvez por uma certa pratica bancária à época neste sentido, maquiada sob termos difusos, postulasse que haveria ali uma derrogação da proibição legal.

A jurisprudência, contudo, tem fustigado consistentemente essa pretensão, mantendo o interdito do anatocismo:

"*Juros – Capitalização – Vedação*. A capitalização de juros – juros de juros – é vedada pelo nosso Direito, mesmo quando expressamente convencionada, não tendo sido revogada a regra do art. 4º do Decreto 22.626/33 pela Lei 4.595/64. O anatocismo, repudiado pela Súmula 121 do STF, não guarda relação com o Enunciado 596 da mesma Súmula. Desta forma, mesmo nas hipóteses contempladas em leis especiais, vedada é a capitalização mensal" (STJ, ac. da 4ª T., *DJ* 2.12.91, REsp 4.724-MS, rel. Min. Sálvio de Figueiredo, Banco do Brasil S/A *vs*. Engerco-Engenharia, Construção e Representação Ltda.).

NR: Voto vencido do Min. Barros Monteiro, com o seguinte entendimento: "Se a instituição financeira exerce a captação de recursos dentro do sistema em que a capitalização dos juros é mensal e, às vezes, até diária, não se lhe pode exigir que adote sistemática diversa quando concede empréstimo a terceiros, seus clientes, sob pena de franca desigualdade, até porque, como ressaltado neste voto, a lei de regência não obsta a capitalização mensal".

"*Juros – Capitalização mensal – Ilegalidades*. Embora fundada a execução em título extrajudicial formalmente perfeito, afigura-se ilegal e inexigível a cobrança de juros extorsivos. Ademais, ante a orientação do STF, vedando o anatocismo, inadmite-se cláusula contratual pactuada sobre a qual incida a capitalização mensal de juros" (TJAC, ac. unân. 138 da CCív., j. 28.6.93, ap. 407/92-Capital, rela. Desa. Eva Evangelista de Araújo Souza).

Extrai-se, ainda, do corpo do acórdão: "Andou bem o Ilustrado Julgador na aplicação dos juros compensatórios em 12% ao ano, bem como na condenação em 1% a.m., porque aqueles, os juros compensatórios, representam uma compensação pela utilização do capital. Daí por que chamados compensatórios, consoante previsto no art. 1.063 do CC. Quanto aos juros moratórios, estes representam uma pena ao devedor em mora. Cuida-se, portanto, de aplicação do art. 192, § 3º, da CF, que fixa a taxa de juros em 12% ao ano, admitindo-se que a expressão juros reais tenha abrangência determinada pelo próprio texto constitucional, qual seja: comissões e quaisquer outras remunerações direta e indiretamente referidas à concessão do crédito".

O voto vencido no primeiro *decisum* acima, ainda que reflita posição sempre minoritária no assunto, sinaliza a discussão cerrada que ainda tem cercado a questão.

Os tribunais se pautam por conceder a estipulação de juros sobre juros apenas nas hipóteses de financiamento rural (Decreto-lei 167/67) bem como industrial e comercial, cujas legislações se reportam àquela, eis que ali especificamente se prevê tal hipótese.

Podemos sugerir que tal abertura à capitalização de juros nessas particulares operações talvez se deva ao caráter já qualificado desses financiamentos, com níveis de recursos que as instituições devem compulsoriamente utilizar para tal objetivo.

Veja-se:

"*Juros – Capitalização – Admissibilidade – Hipótese*. A capitalização dos juros vem sendo admitida somente nos casos em que haja autorização por lei especial, como no crédito agrícola, cédulas de crédito comercial e industrial; constituindo anatocismo sua cobrança em hipótese outras, mesmo que convencionada, a taxa referencial não deve prevalecer em na falta de indexador, deve ser aplicado o INPC" (TJGO, ac. unân. da 2ª CCív., j. 26.8.97, ap. 42.676-0/188–Itumbiara, rel. Des. Febelon Teodoro Reis, *ADCOAS* 8157594).

"*Juros – Mútuo bancário – Capitalização – Limite*. As instituições financeiras não estão submetidas, em suas operações, ao limite da taxa de juros estabelecido no Decreto-lei 22.626/33. Lei 4.595/64. A capitalização dos juros somente é permitida nos casos previstos em lei, entre eles as cédulas e notas de créditos rurais, industriais, comerciais, mas não para o contrato de mútuo bancário. Precedentes inadmitem a capitalização dos juros no financiamento para capital de giro, no saldo em conta corrente, no contrato de abertura de crédito e no cheque ouro" (STJ, ac. unân. da 4ª T., *DJ* 26.8.96, p. 29.696, REsp 90.924-RS, rel. Min. Ruy Rosado de Aguiar).

"*Juros – Limitação do Decreto 22.626/33 – Capitalização mensal – Proibição.* A limitação dos juros na taxa de 12% ao ano estabelecida pela Lei de Usura – Decreto 22.626/33 – não se aplica às operações realizadas por instituições integrantes do sistema financeiro nacional, salvo exceções legais, inexistentes na espécie. Salvo expressa previsão, em lei específica – como no caso das cédulas de crédito rurais, industriais e comerciais –, é vedada às instituições financeiras a capitalização de juros" (STJ, ac. unân. da 4ª T., *DJ* 11.5.98, p. 115, REsp 129.541–RS, rel. Min. César Asfor Rocha).

A Carta Constitucional de 1988 trouxe um princípio no seu art. 192, § 3º, de limitação anual de 12% sobre os *juros reais, de qualquer natureza*, cobráveis. A expressão ainda escorada na idéia de "juros reais" se explica pela existência, àquela época, e aliás em índices altíssimos, do quadro inflacionário.

É bem conhecida a acesa discussão que se seguiu à promulgação desse disposto. Apareceram decisões determinando a imediata aplicação do limite constitucional sobre toda e qualquer operação, inclusive as bancárias:

"*Juros – CF/88 – Auto-aplicabilidade.* É auto-aplicável o § 3º do art. 192 da CF, que proíbe a cobrança de juros acima de 12% do valor atualizado do débito, pelo que exerce agiotagem quem a regra" (TAMG, ac. unân. da 3ª CCív., *DJ* 13.6.92, ap. 115.947-3–Capital, rel. Juiz Ximenes Carneiro).

De toda forma o STF, baseado em acórdãos tais como o abaixo, plascitou, a versão de que tal regra é programática, não sendo exigível senão depois de regulada em Lei Complementar:

"*Juros reais – 12% ao ano – Limite – Pressuposto.* O limite de 12% ao ano, previsto, para os juros reais, pelo § 3º do art. 192 da CF, depende da aprovação da Lei Complementar regulamentadora do Sistema Financeiro Nacional, a que se referem o *caput* e seus incisos do mesmo dispositivo" (STF, ac. unân. da 1ª T., *DJ* 19.4.96, p. 12.244, RE 198.783-9-RS, rel. Min. Sydney Sanches, *ADCOAS* 8151529).

A questão ainda apresenta turbulências. Talvez em função dessa nitidez monetária que o fim da inflação oferece, alguns tribunais voltam a acenar com a auto-aplicabilidade da barreira constitucional:

"*Juros remuneratórios – Limitação a 12% ao ano – Norma constitucional – Auto-aplicabilidade.* Entre mais de uma solução possível no ordenamento jurídico, escolhe-se aquela ditada por critério valorativo e político, no sentido de que os juros remuneratórios são limitados a 12% ao ano, tanto pelo entendimento da auto-aplicabilidade da norma constitucional, quanto pela incidência da legislação infraconstitucional" (TARS, ac. unân. do 3º GCív., j. 22.8.97, Embs. 196080501–Planalto, rel. Juiz Carlos Alberto Alves Marques, *ADCOAS* 8157524).

"*Contratos bancários – Limitação de juros – Lei da Usura – Incidência.* Com o advento da Constituição Federal de 1988, por força do art. 25 do ADCT, revogadas ficaram todas as instruções normativas e, de resto, o próprio poder normativo, em matéria de competência legislativa do Congresso Nacional. Por conseguinte, o poder normativo a respeito de juros restou revogado. A única lei federal limitativa de juros é a Lei da Usura que hoje regra os contratos de toda a sociedade, inclusive, os bancários" (TARS, ac. unân. da 4ª CCív., j. 11.4.96, ap. 196.004.204–Cacequi, rel. Juiz Márcio Oliveira Puggina, *ADCOAS* 8151967).

É verdade que a tendência dominante ainda é, em gênero, admitir que os credores mutuantes, sendo instituições financeiras, estão isentos do respeito ao limite de 12% ao ano nos juros negociados, prevalecendo a Súmula 596 do STF, ainda que no quadro constitucional nascido com a Carta de 1988.

Nesta orientação, o acórdão da 3ª Turma do STJ, publicado no *DJU* de 29.6.98:

"*Mútuo bancário – Contrato de abertura de crédito – Conta-corrente – Crédito ouro – Taxa de juros – Limitação.* I – No caso de mútuo bancário vinculado ao contrato de abertura de conta corrente, a taxa de juros remuneratório não está sujeita ao limite estabelecido pela Lei de Usura (Decreto 22.626/33). II – Recurso conhecido e provido" (rel. Min. Waldemar Freitas, RE 106.617-RS).

De toda forma, percebe-se uma certa pressão pela maior severidade no que toca à proibição dos juros capitalizados em outra vez tão usados pelas instituições financeiras, e ainda no que se refere à vias remuneratórias escamoteadas como as conhecidas "comissões de permanência".

Recente acórdão do TJRJ (ap. civil 1.171/98, 17ª CCivil, *Diário Oficial do Estado do Rio de Janeiro* de 5.11.98), assim declara:

"*Ação monitória parcialmente procedente – Desconto bancário – Operação financeira não sujeita à limitação de juros reais (art. 192, § 3º, CF).* Proibição de capitalização de juros compensatórios, admitida correção monetária, afastada a comissão de permanência. Observância da doutrina e jurisprudência predominante a Lei 4.595/64. Apelo improvido, por maioria, vencido o Des. Raul Celso Lins e Silva, considerando de eficácia plena a limitação constitucional de juros reais de 12% a.a., além de aplicável o CDC (Lei 8.078/90) (CPA). Vencido o Des. Raul Celso Lins e Silva" (ap. cível 1.171/98, reg. 26.8.98, Itaboraí, 17ª CCív., por maioria, Des. Severiano Ignácio Aragão, j. 3.6.98).

Como observamos o acórdão acima só não foi unânime porque o Des. Lins e Silva, além das reduções impostas aos valores pactuados ainda se alinha na corrente dos que já querem a limitação nacional de juros a 12% ao ano mesmo para os credores bancários.

Em 12.5.98 a *Gazeta Mercantil* noticiava decisão da 2ª Seção do STJ, em acirrado julgamento – quatro votos a três – determinando que, nos créditos rurais (Decreto-lei 167/67), como o Conselho Monetário Nacional não havia fixado limites máximos de juros (sob a regra permissiva da Lei 4.595) a aplicação da Lei de Usura ressurge soberana, limitados eles a 12% ao ano, portanto.

Enfim, ao se falar no Direito brasileiro em juros remuneratórios do capital tem-se de ter em conta que somente os credores que sejam instituições financeiras autorizadas a funcionar pelo Banco Central (agente do Conselho Monetário Nacional) podem estipular valores superiores a 12% ao ano e mesmo nestes casos, como vemos, se insinua uma ainda tênue mas perceptível mudança de rumo jurisprudencial a respeito.

E enfim, ainda os credores instituições financeiras, com a ressalva de expressos e tópicos casos de financiamentos dirigidos (rural, comercial, industrial), eles podem, por expressa previsão de lei, escapar da vedação dos juros capitalizáveis.

Voltamos a enfatizar que estas próprias instituições, financeiras, credores que desfrutam, por opção legislativa, de condições favorecidas por isso que os juros são os seus "preços", seu ganha pão, mesmo essas, vem sendo progressivamente afetadas, na voz sedimentada dos tribunais, pela proibição, pela não validade das "comissões de permanência", das "tarifas extras", que acabam por representar cobranças circunloquiais de mais juros ou em cargas além das formalmente ajustadas.

Entende-se aí que, mesmo dependendo, como reza a Carta, de estipulações próprias por Lei Complementar, o limite constitucional de 12% anuais de juros, as regras e parâmetros daquele edito da Lei Maior já são invocáveis desde logo no que ali se veda, como prática usurária, o disfarce de "comissões e quaisquer outras remunerações referidas à concessão de créditos" (art. 192, § 3º).

D – Os juros moratórios

Os juros moratórios, de sua parte, como conceituados acima, são estranhos à sintaxe interna do negócio jurídico, e só surgem em decorrência do descumprimento de obrigação ali pactuada, assim como surgem em conseqüência de ilícitas não contratuais.

A doutrina andou refletindo sobre a consideração presumida, compulsória, dos juros de mora no pedido, e mesmo na sentença que condene o devedor.

Veja-se Yussef Said Cahali (*Responsabilidade Civil do Estado*, São Paulo, Ed. RT, 1982, p. 122): "(...) os juros legais sempre estarão compreendidos no pedido, embora haja omissão dos autos, mas a sentença condenatória deverá referir-se expressamente a essa verba, suprindo a omissão; quando também seja omissa a sentença no que concerne os juros, só em nova demanda poderão ser reclamados".

Mas, o STF houve por solidificar de modo contundente e radical a questão: "incluem-se os juros moratórios na liquidação, embora omisso o pedido inicial ou a condenação. A data *a quo* da fluência dos juros moratórios também há de ser avaliada com precisão, pela importância óbvia que esse termo de início apresenta".

No caso de delitos que extravasem do campo civil tem-se como certo que, à vista do art. 1.544 do Código das Gentes, os juros são devidos desde a data do crime (ou contravenção). Veja-se tal propósito Carlos Roberto Gonçalves (*Responsabilidade Civil*, 5ª ed., São Paulo, Saraiva, 1994, p. 422).

Nesta hipótese, cuidando-se de responsabilização delitual há o advento dos juros compostos, que são juros capitalizáveis – vedados de modo quase pleno no campo civil – anote-se em tal ponto os estudos de Washington de Barros Monteiro (*Curso de Direito Civil*, São Paulo, Saraiva, p. 440).

Assentada nesses parâmetros, a jurisprudência se inclinou (Súmula 54 do STJ) para, compreendendo o ato ilícito na noção geral de delito, determinar que "os juros moratórios fluem a partir do evento danoso, em caso de responsabilidade extracontratual".

O atual Projeto do Código Civil, já emendado pelo Senado Federal (Leoni Lopes de Oliveira, *Projeto do Código Civil*, Lumem Juris, 1998, p. 62) consolida tal regra no art. 398: "nas obrigações provenientes de ato ilícito, considera-se o devedor em mora, desde que o praticou".

Nem sempre, contudo.

O campo da responsabilidade extracontratual é imenso e diversificado.

Se cuidamos de obrigações ilíquidas de pagamento, p. ex., o STF, parágrafo assentado no art. 1.536, § 2º do Código Civil, deferiu pela Súmula 163 que os "juros de mora de contam da citação" no pedido judicial relativo àquela *obrigatio* em aberto.

Em matéria de Direito Público, e aqui estaríamos também cuidando de débitos de origem não contratual, sejam valores originados na relação previdenciária, sejam os derivados da lei tributária *strictu sensu*, vemos que a Justiça, quando cuida de restituição de indébitos, ou outra qual situação jurídica onde o credor seja o contribuinte e o devedor o ente público, delibera que os juros de mora, só incidem, ou a contar da citação:

"*Revisional de benefícios – Juros de mora – Termo inicial – Citação válida – Art. 1.536 do CC, art. 219 do CPC* – Nas ações previdenciárias os juros de usura incidem a partir da citação válida" (STJ, 5ª T., un., RE 0154206/97, *DJU* 2.3.98).

Ou ainda, com assento no art. 167 do CTN, a contar do trânsito em julgado da sentença condenatória:

"*Tributário – Juros moratórios.* Os juros de mora na repetição de indébito, devidos a partir do trânsito em julgado da sentença" (Súmula 88 do STJ).

Extrapolaria das fronteiras reduzidas deste artigo maiores ponderações sobre esse tratamento desigual, injusto, e até mesmo anti-educativo, pois que se concede ao príncipe, como é compreensível (o credor público), todos os acréscimos, inclusive os moratórios, desde a primeira hora em que seu crédito se viu em aberto, mas não se lhe impõe o mesmo ônus, o mesmo peso de gravação quando – e isso freqüentemente ocorre – exige do cidadão o que é legalmente inexigível, ou não lhe paga o que deve pagar.

A posição do STF é assentada nessa interpretação, *data venia*, errônea, do que dispõe o art. 167 do CTN, pois que ali se fala, cuidando de indébitos tributários, na fluência de juros não capitalizáveis "a partir do trânsito em julgado da decisão no âmbito administrativo" (cf. Carlos Valdir do Nascimento, *Comentários ao Código Tributário Nacional*, Rio, Forense, 1997, em conj. com Hugo de Brito Machado e outros, p. 442), e não a contar da sentença judicial acaso necessária.

E também se contrapõe à Súmula 46 do antigo TFR que declarava correr correção monetária do indébito tributário ou do depósito de instância desde "a data do depósito ou do pagamento indevido".

Resta a importante, e freqüente, questão das demandas por culpa contratual.

Há os que, como Rui Stocco (*Responsabilidade Civil*, 3ª ed., Ed. RT, p. 604) defendem: "Mas a culpa contratual não está compreendida na expressão 'delito' do art. 962 do Código Civil, reservada que foi aos casos de culpa extracontratual ou aquiliana, de modo que na hipótese de responsabilidade contratual os juros são computados a partir da data de citação".

Não nos parece ter razão o autor. Ao menos nas estipulações obrigacionais de termo certo, que se vencem de *per si* (*dies interpellat pro homine*) tudo nos induz a crer que a falha contratual, desde a data do seu evento, deve acarretar a fluência da mora da mora e seus juros.

Washington de Barros Monteiro, no clássico *Curso de Direito Civil* (v. 2, *Direito das Obrigações*, p. 93) ensina: "De acordo com a lei civil, entretanto, cumpre distinguir-se se estipulou ou não no contrato, dia certo para o vencimento da obrigação. Se houve expressa estipulação e na data pré-fixada não se verificou o pagamento, caracterizada se acha a mora do devedor".

Acórdão recente do 2º TACivSP, datado de 27.7.98, referido no *Boletim ADCOAS* sob o n. 8170826, unânime, pela sua 1ª Câmara, assim decidiu: "os juros moratórios devem incidir em havendo expressa precisão na convenção de condomínio, a partir do vencimento de cada parcela".

Se a matriz obrigacional está ainda reforçada com a cambiarização do crédito, a jurisprudência tem sido categórica em deferir os juros desde a data descumprida de pagamento: "A correção monetária e os juros de mora são devidos a partir dos vencimentos das duplicatas emitidas em razão de contrato de prestação de serviço" (STJ, ac. unân. da 4ª T., *DJ* 8.6.98, p. 110, REsp 11.998–PR, rel. Min. Fontes de Alencar).

É verdade enfim que, na hipótese da mora (retardamento culposo da obrigação, onde "ainda há possibilidade de ser cumprida a prestação", cf. Agostinho Alvim em

Da Inexecução das Obrigações e suas Conseqüências, 4ª ed., São Paulo, 1972, pp. 51 e ss.), os efeitos de incidência de juros independem de prova ou mesmo simples alegação de prejuízo (art. 1.064 do CC, e Maria Helena Diniz *Código Civil Anotado*, 3ª ed., Saraiva, p. 751) pois que decorrem da própria mora (*RT* 283/628).

Mas, de certo, não há que pretender o acúmulo dos juros moratórios com multa de igual natureza, assim se devendo extrair do disposto no art. 106 do CC, por isso que a pena convencional ali referida, é obviamente a pré-fixação compensatória das perdas.

Onde houver multa moratória, inacumulável, vimos, com juros dessa natureza, não pode ela exceder a 10% da obrigação em aberto (Decreto 22.626/33).

Em matéria de relações contratuais de consumo, a multa não há de exceder a 2% do *quantum* devido (Lei 8.070/90, art. 52, § 1º).

E – Conclusão

O que se percebe, portanto, é a maior nitidez no trato severo, pela ordem jurídica, dos juros como remuneração de capital, agora que a voracidade numérica dos dados inflacionários feneceu.

Pode-se tentar sistematizar de algum modo a tendência atualmente invocável, no Direito brasileiro, quanto à estipulação e exigibilidade de juros de qualquer espécie:

• quanto aos juros remuneratórios só os credores instituições financeiras podem, legitimamente, nos termos das operações de mútuo para as quais são licenciados, estipulá-los em bases superiores a 12% ao ano. Aos demais tal prática é vedada. Mesmo nestes casos já há uma vertente jurisprudencial, ainda minoritária, em negar aos bancos direito a juros maiores do que 12% ao ano;

• a capitalização de juros nas hipóteses acima só é permitida àqueles credores bancários mesmo assim apenas em tópicos e expressas operações de financiamento referidas em leis especiais (crédito rural, industrial etc.);

• os juros remuneratórios de raiz diretamente assentada na lei ou na jurisprudência também se limitam ao teto de 12% ao ano;

• quanto aos juros moratórios, são eles de igual forma limitados a 12% ao ano, sejam quem forem seus credores, sem distinção alguma;

• variam as datas *a quo* de fluência dos juros de mora, sendo de serem contadas desde o evento danoso no caso de responsabilidade extracontratual (criminal ou mesmo civil). Contudo, ao se buscar créditos perante o Estado (ente político) ou benefícios perante o INSS só, respectivamente, a contar do trânsito em julgado da ação ou da citação, se computarão os juros de mora;

• formas sibilinas e maquiadas de cobrança de juros, como taxas e concessões de permanência são vistas como inexigíveis por representarem meios escusos de cobrança de frutos do capital emprestado;

• é inacumulável a cobrança dos juros de usura com a exigência de multa moratória acaso acertada em contrato.

POSIÇÃO DO PROMITENTE-COMPRADOR, NO NEGÓCIO JURÍDICO COMPLEXO REGIDO PELA LEI DE INCORPORAÇÃO IMOBILIÁRIA, NA HIPÓTESE DE FALÊNCIA DO INCORPORADOR

Luiz Antonio Guerra da Silva

Recentemente, os meios de comunicação voltaram a noticiar a impossibilidade material de cumprimento da proposta de pagamento formulada pela empresa Encol S/A – Engenharia, Comércio e Indústria, nos autos da Concordata Preventiva em curso na Comarca de Goiânia.[1]

A imprensa noticia que o prazo findará na primeira quinzena do mês de março/99, quando, então, se, efetivamente, não realizado o depósito da parcela da concordata, certamente será decretada a falência da maior empresa incorporadora/construtora do Brasil, o que revelará, decerto, o processo de quebra de maior complexidade e repercussão social na história do direito falimentar brasileiro.

O efeito decorrente da falência, independentemente da atividade do falido, é por demais nefasto, porquanto a quebra alcança e alcançará todos os agentes econômicos, atingindo, sem exceção, os componentes da engrenagem empresarial – empregados, fornecedores e clientes – (empresa ente vivo).[2]

O efeito negativo ganha dimensão neste momento de crise, cujos fatores: juros altos, ausência de capital, retorno da inflação e recessão econômica levam os segmentos de mercado a retraírem investimentos, fomentando, assim, o desemprego.

Verifica-se facilmente a apreensão do povo brasileiro e o *stress* que a nossa gente vem vivendo nos últimos tempos – fruto da incerteza do amanhã.

A concordata preventiva da Encol – que não é fato isolado na economia, principalmente a partir da mudança de comportamento do consumidor, com a implantação do plano real – e a potencialidade de convolação do favor legal em falência (iminência de ser decretada – é quase certo que ao tempo da publicação deste artigo já tenhamos sentença de quebra) vêm causando aflição nos milhares de promitentes-compradores de unidades imobiliárias autônomas, adquiridas daquela construtora, em regime de incorporação, à época da estabilidade econômica.

1. Autos da concordata preventiva em curso na Vara de Falências, Concordatas e Insolvência Civil da Comarca de Goiânia, Estado de Goiás, processo 862/97.

2. Conceito de empresa, no Projeto do Código Civil.

A concordata e potencial falência da Encol alcança/alcançará (aqui o verbo está sendo empregado de forma vulgar; não tem a dimensão dos efeitos do favor legal/decisão) diretamente cerca de 40 mil promitentes-compradores, inúmeros empregados e fornecedores, sem contar os dependentes econômicos das fontes de receitas e/ou atividades, além dos governos federais, estaduais e municipais.

Induvidoso que milhares de promitentes-compradores, neste momento, choram a agonia financeira da Encol, posto que o tumor maligno existente no corpo economicamente doente daquela incorporadora jogará por terra o "sonho da casa própria", mormente daqueles, aliás, em sua grande maioria, que dedicaram toda uma vida de trabalho à formação de poupança familiar, buscando o sonho da morada.

É necessário que se aponte o norte àqueles que se apresentam desorientados e sem rumo, na seara complexa do processo falimentar, de modo que possam buscar o porto seguro no investimento realizado, circunstancia que nos animou a escrever sobre o tema, analisando a relação jurídica e a posição dos promitentes-compradores no processo falimentar.

O operário do direito – cientista social que é – deve, obrigatoriamente, viver as agruras sociais do seu tempo e colaborar no sentido de apontar os caminhos à pacificação.

Relação jurídica decorrente de promessa de compra e venda de bens móveis e/ou imóveis é das mais comuns na vida do cidadão, do homem comum, que economizando e formando poupança procura o bem-estar – "o sonho da casa própria". Este ainda constitui-se na principal realização das classes pobre e média do nosso país.

Atos jurídicos de compra e venda ou promessa de compra e venda de imóveis são realizados diariamente à luz das regras ditadas pelo governo federal (quer através do sistema financeiro da habitação, quer por outras modalidades de financiamento) – que ora aquecem ora desaceleram o mercado imobiliário.

Promessa de compra e venda é contrato bilateral. A bilateralidade reside na reciprocidade de obrigações entre os participantes da relação jurídica. De um lado, o promitente-vendedor obriga-se a vender/entregar a coisa; de outro lado, o promitente-comprador obriga-se a pagar o preço.

A promessa revela-se como meio eficaz de cessão de direitos e transferência da propriedade; os direitos reais sobre coisas móveis opera-se pela tradição (art. 675 CC), enquanto de coisas imóveis pela transcrição do título no álbum imobiliário (art. 530, I e 676 CC).

O mercado da construção civil, mormente em decorrência da incorporação imobiliária, serve-se largamente do referido título translativo da propriedade – promessa de compra e venda. A atividade mercantil de incorporação imobiliária[3] indica que a alienação das frações ideais vinculadas às unidades autônomas opera-se através da efetiva venda ou mediante promessa (art. 29 da Lei 4.591/64), o que demonstra, à evidência, que os incorporadores e/ou construtores utilizam-se da promessa de compra e venda.

Colhem-se dos ensinamentos de Orlando Gomes[4] a natureza do negócio jurídico complexo denominado *incorporação*, que "na determinação da natureza jurídica do contrato de incorporação imobiliária cabem breves considerações a respeito de sua unidade. A incorporação abrange distintos atos jurídicos que podem ser objeto de contratos diversos: compra e venda ou promessa de compra e venda de coisa comum e de coisa privativa, construção de edifício ou de um conjunto de edificações, instituição de condomínio especial. Todos eles se reúnem num só instrumento para um só

3. Lei 4.591, de 15.12.64, Lei de Incorporações.

4. *Contratos*, Forense, 1978, pp. 550-551.

fim. (...) A verdade é, porém, que se trata de prestações típicas de três contratos unificadas por uma causa típica. Essas prestações não perdem a individualidade, mas se fundem numa unidade complexa que adquire tipicidade ao ser definida, nomeada e disciplinada na lei (...)".

Identificada a unicidade do negócio jurídico da incorporação, tem-se que a relação entre incorporador e adquirente é, na maioria das vezes, exclusivamente, de promessa, salvo a hipótese de compra e venda, razão por que afasta-se, nesta abordagem, a análise do confronto da natureza jurídica do pacto adjeto de mútuo encartado naquele instrumento, posto que a relação fundamental na incorporação não é o empréstimo de coisa fungível.

Celebrada a promessa, deve o promitente-comprador – a quem interessa efetivamente a segurança da transação – levá-la a registro no Cartório Imobiliário, porquanto com a transcrição do título o então direito obrigacional (cessão de direitos) transformar-se-á automaticamente em real – oponível a terceiros (transferência do domínio) (arts. 531, 533, 676 e 856, I, do CC; 167 da Lei 6.015, de 31.12.73 e arts. 5º e 22 do Decreto-lei 58, de 10.12.37).[5]

Quitado o preço viabiliza-se ao promitente-comprador o manejo da adjudicação compulsória ou mesmo da chamada execução específica, em ocorrendo recusa, por parte do incorporador ou promitente-vendedor, na outorga da escritura definitiva (arts. 15, 16 e 22 do Decreto-lei 58 e arts. 639, 640 e 641 do CPC), por tratar-se de obrigação juridicamente infungível.

Historicamente, após ultrapassado o momento lírico – em que se reconhecia na incorporação mera atividade civil, sem fins lucrativos – o que vigorou até o advento da Lei de Incorporações Imobiliárias (cf. arts. 28 e 29), cabe afirmar, hoje, sem receio de equívocos, que a atividade de incorporação é manifestamente mercantil, embora reconheça-se o seu fim social. Não se pode olvidar que a capitalização de recursos, por parte do construtor/incorporador, tem natureza de poupança popular, daí encerrar fim social.

A Lei de Incorporações Imobiliárias – responsável pela pujança do mercado da construção civil, de fim social por excelência –, reconhecendo ser a incorporação atividade mercantil, sujeita, expressamente, o incorporador ao processo falimentar,[6] como prescreve o Título II, Capítulo II, no art. 43, inc. III:[7]

"Quando o incorporador contratar a entrega da unidade a prazo e preços certos, determinados ou determináveis, mesmo quando pessoa física, ser-lhe-ão impostas as seguintes normas: (...) III – em caso de falência do incorporador, pessoa física ou jurídica, e não ser possível à maioria prosseguir na construção das edificações, os subscritores ou candidatos à aquisição de unidades serão credores privilegiados pelas quantias que houverem pago ao incorporador, respondendo subsidiariamente os bens pessoais deste".

Infere-se que tal preceito não fora lançado sem justificativa. O que motivou a inserção do inc. III, no art. 43, da Lei 4.591/64? *A resposta é única: proteção ao promitente-comprador que contrata o recebimento a termo, de unidade autônoma, em regime de incorporação imobiliária.*

O legislador ampliou a proteção, posto que *sobrevindo a falência do construtor/incorporador e em não sendo possível à maioria prosseguir nas edificações, os créditos desembolsados serão habilitados como privilegiados, na forma da lei falimentar*. Induvidoso, pois, que social é a proteção sob o regime da incorporação.

5. Lei 6.015/73 – Dispõe sobre os registros públicos e dá outras providências; Decreto-lei 58/37 – Dispõe sobre o loteamento e a venda de terrenos para pagamento em prestações.

6. Decreto-lei 7.661, de 21.6.45, Lei de Falências e Concordatas.

7. Cf. nota de rodapé n. 4.

A Lei de Quebra (Decreto-lei 7.661/45), que é posterior à edição do Decreto-lei 58/37 e seu decreto regulamentador 3.079/38 e anterior à Lei de Incorporações (Lei 4.591/64), no Título II – Dos Efeitos Jurídicos da Sentença Declaratória da Falência –, na Seção Quarta – Dos Efeitos Quanto Aos Contratos do Falido –, informa no art. 43 e respectivo parágrafo único que: "Os contratos bilaterais não se resolvem pela falência e podem ser executados pelo síndico, se achar de conveniência para a massa. Parágrafo único. O contraente pode interpelar o síndico, para que, dentro de 5 (cinco) dias, declare se cumpre ou não o contrato. A declaração negativa ou o silêncio do síndico, findo esse prazo, dá ao contraente o direito à indenização, cujo valor, apurado em processo ordinário, constituirá crédito quirografário".

Sendo, pois, a promessa de compra e venda contrato bilateral é certo que não se resolverá com a sentença de quebra, como se vê do comando previsto na lei falimentar e dos ensinamentos dos clássicos falencistas: Carvalho de Mendonça, Miranda Valverde, Waldemar Ferreira, Walter T. Álvares, José da Silva Pacheco, Sampaio de Lacerda e outros.

Significa dizer que competirá ao promitente-comprador, na hipótese de falência do promitente-vendedor, interpelar o síndico da falência (administrador da massa falida) para que cumpra ou não a obrigação contratada. Quedando-se silente, a promessa se resolve, restando ao credor, em querendo, habilitar o crédito, na forma indicada na lei de quebra.

Todavia, quanto ao promitente-comprador de imóvel regido pela Lei de Incorporação, o legislador falimentar emprestou-lhe tratamento diferenciado – porque seu crédito antes quirografário passou a privilegiado (cf. art. 43, III da Lei 4.591/64).

O tratamento especial dado ao promitente-comprador decorre da conjugação do art. 44, inc. VI, da Lei Falimentar, com o art. 43, inc. III, da Lei de Incorporação Imobiliária, quando o legislador assim reza: "Nas relações contratuais, abaixo mencionadas, prevalecerão as seguintes regras: (...) VI – na promessa de compra e venda de imóveis, aplicar-se-á a legislação respectiva".

A legislação aplicável é exatamente o inc. III, do art. 43, da Lei 4.591/64 e o Decreto-lei 58/37 e seu decreto regulamentador 3.079/38.

Excepcionou o legislador o tratamento ao promitente-comprador de imóvel regido pela Lei de Incorporação, pois remeteu-o à legislação respectiva, especialíssima em relação à especial – que é a falimentar.

Depreende-se, pois, que sobrevindo falência do construtor a relação jurídica entre promitente-comprador e promitente-vendedor (incorporador agora falido) terá como norte a lei respectiva, no caso a Lei de Incorporações (art. 43, inc. III, da Lei 4.591/64) e o Decreto-lei 58/37 (art. 12, § 2º, segunda parte) e seu Decreto regulamentador 3.079/38.

Com efeito, sobrevindo a quebra do incorporador, os promitentes-compradores terão a faculdade de: *a*) interpelar o síndico para que se manifeste sobre o cumprimento do contrato bilateral (promessa de compra e venda) ou pague indenização (perdas e danos); *b*) deliberar, em assembléia, por maioria, se prosseguem ou não com o empreendimento (continuidade ou retomada das edificações), sendo que: *b1*) se a decisão for pela continuidade do empreendimento, os promitentes poderão contratar terceiros para a finalização das edificações; ou *b2*) se a decisão for pela não continuidade, os promitentes poderão habilitar os respectivos créditos, nos autos da falência, na qualidade de credores com privilégio geral (valores efetivamente desembolsados).

A assembléia dos promitentes-compradores é soberana; dela extrai-se a vontade da maioria; se os promitentes deliberarem pela conclusão da obra, o falido, o síndico, os promitentes divergentes, os demais credores da falência e/ou da massa e o MP não poderão opor-se à continuidade do empreendimento. Os promitentes divergentes, vencidos pela maioria, em assembléia, em querendo, poderão habilitar seus respectivos créditos, buscando reaver na força da massa aquilo que desembolsaram.

Não se olvide que as leis de quebra e de incorporação, obrigatoriamente, devem ser interpretadas e aplicadas segundo o fim social da norma,[8] de modo que, na hipótese de quebra do incorporador, deverá o Juiz da Falência superintender o processo falimentar – como agente político que é – ao lado do Ministério Público, na qualidade de fiscal da lei – aplicando-se ao caso concreto o preceito de maior benefício ou menor onerosidade aos promitentes-compradores, na linha de orientação da LICC.

O entendimento aqui exposto não diverge da posição unânime acolhida pela Egrégia 2ª Turma do STF, quando do julgamento do apelo extremo 96.105-RJ, sob a relatoria do saudoso Ministro Décio Miranda.[9]

Conclui-se, portanto, que sobrevindo sentença de quebra do incorporador (caso iminente da Encol), competirá aos promitentes-compradores imediatamente organizarem-se em assembléia, preferencialmente através de suas associações (muitas já organizadas, inclusive com personalidade jurídica) para deliberarem sobre o destino que pretendem imprimir ao/no empreendimento decorrente da incorporação, comunicando-se a decisão urgentemente ao síndico, no processo falimentar, salvaguardando, assim, os seus direitos de promitentes-compradores.

A omissão, neste particular, vem sendo interpretada como impossibilidade material de continuidade das edificações, situação que implicará resolução do negócio jurídico, com a transformação dos promitentes em meros credores, com a arrecadação do terreno e respectivas edificações nele erigidas, garantindo-se, assim, apenas o direito à habilitação dos créditos, nos autos da falência, o que, sem dúvida, trará maior prejuízo aos então investidores/promitentes-compradores.

8. Decreto-lei 4.657, de 4.9.42, art. 5: "Na aplicação da lei, o juiz atenderá aos fins sociais a que ela se dirige e às exigências do bem comum".

9. RE 96.105–RJ, em 13.12.83.

Atualidades

CRISE CAMBIAL E REVISÃO JUDICIAL DOS CONTRATOS DE "LEASING" INDEXADOS EM MOEDA ESTRANGEIRA: BREVE CONTRIBUIÇÃO AO DEBATE

RENATO VENTURA RIBEIRO

I – Introdução. II – Aspectos econômicos, políticos e sociológicos do "Plano Real". III – A operação econômica dos contratos de "leasing" com reajuste vinculado à variação cambial. IV – Aspectos jurídicos. V – Considerações finais.

I – Introdução

A recente desvalorização da moeda brasileira surpreendeu grande parte da população e dos empresários brasileiros. Fracassado o mecanismo da âncora cambial, resta, mais uma vez, a adaptação à nova realidade econômica e o ajuste dos transtornos causados.

No campo das relações privadas, um dos principais problemas é a excessiva majoração do valor das prestações nos contratos de *leasing* com reajuste vinculado à variação cambial, dada a elevação do preço do dólar em mais de 60% somente no mês de janeiro de 1999. São milhares de contratos, principalmente tendo como objeto automóveis, cujos consumidores, em sua maioria assalariados, não esperavam e não estão preparados para arcar com o aumento das parcelas.

O objetivo do presente estudo é discutir a revisão judicial das cláusulas de correção atrelada à variação cambial nos contratos de arrendamento mercantil. Trata-se da revisão, porque este parece ser o meio mais adequado para solucionar o conflito, evitando a resolução do contrato, que além de trazer maiores prejuízos, não deve interessar a nenhuma das partes.

Como a análise jurídica demanda da verificação de alguns pressupostos, inicialmente será feita uma revista em alguns aspectos da questão, para que se possa examiná-la com maior conhecimento da realidade. Para tanto, apresenta-se inicialmente uma análise macroeconômica (para apuração da previsibilidade de uma crise cambial), seguida de um exame da operação econômica do contrato de *leasing* (com o objetivo de verificar seu fim econômico e os reflexos da mudança cambial). Passa-se após aos aspectos jurídicos, no plano da teoria geral do direito privado e do direito do consumidor. Com a visão global da problemática, formulamos algumas considerações finais, procurando auxiliar na discussão do tema.

II – Aspectos econômicos, políticos e sociológicos do "Plano Real"

II.I – A política de combate à inflação

1. A primeira fase: o sucesso no combate à inflação inercial

A política econômica elaborada a partir de 1993 previa a redução da inflação em duas etapas. No princípio com a eliminação da inflação inercial e, em seguida, com o equilíbrio nas contas públicas.[1]

A supressão da inflação inercial foi feita em dois estágios. Primeiramente, com a criação de um padrão de valor monetário, a Unidade Real de Valor-URV, que, por ser dotada de curso legal, serviu de indexador de preços.[2] A fixação de valores em URV permitiu uma tendência de estabilidade. No passo seguinte a URV adquire poder liberatório, transformando-se na nova moeda nacional, o "Real", emitido a partir de 1º de julho de 1994.[3]

Finda a inflação inercial, restou enfrentar a outra causa da inflação, o déficit nas contas públicas, que obriga o governo a emitir papel-moeda ou títulos da dívida, gerando aumento dos preços em decorrência de maior quantidade de moeda no mercado.[4] No caso brasileiro o déficit fiscal era e continua sendo de tal monta que não pode ser financiado pelo imposto inflacionário nem pelas poupanças voluntárias internas e externas. Trata-se de questão mais complexa e que até hoje é um dos grandes desafios aos nossos governantes.

2. A segunda fase: a busca do equilíbrio das contas públicas

A eliminação do déficit público é feita com aumento de receitas, redução de despesas ou a conjugação de ambos. O acréscimo de receitas faz-se em boa parte com a elevação da arrecadação, quer pela ampliação do número e do montante dos tributos, quer pelo crescimento econômico. No Brasil de 1994 e até hoje, além de uma elevada carga tributária (se comparada à contrapartida dos serviços prestados), temos a agravante do crescimento econômico não ser suficiente para possibilitar um aumento de receitas que equilibre o orçamento.[5] Assim, o controle da inflação foi baseado na redução das despesas, concentrando-se em duas frentes: a redução da dívida mobiliária, através de privatizações, e a diminuição dos gastos da administração pública.

As privatizações, no tocante ao orçamento público, trazem benefícios de, no

1. Sobre a concepção do plano, cf. Gustavo Franco, *O Plano Real e outros Ensaios*, Rio de Janeiro, Francisco Alves, 1995, pp. 27-78.

2. Cf. Lei 8.880, de 27.5.94, art. 1º.

3. Cf. Lei 8.880/94, arts. 2º e 3º, e Lei 9.069, de 29.6.95, art. 1º.

4. Uma corrente minoritária de economistas, liderada por Robert A. Mundell, defende o combate à inflação via aumento do déficit fiscal (entre suas obras, v. *Monetary Theory*, Goodyear, 1971). Em tese e a curto prazo pode dar resultado. Para financiar o déficit, as taxas de juros devem ser elevadas, provocando o ingresso de capitais estrangeiros, o que gera uma valorização cambial, com o barateamento das moedas estrangeiras. Isto estimula importações que, por sua vez, contribuem para a estabilidade dos preços. Foi o que ocorreu no Brasil do Plano Real, em razão do elevado déficit público. No entanto, a aplicação da teoria de Mundell pode causar sérios problemas a longo prazo, pois a sobrevalorização pode causar uma fuga de capitais, com exaustão de reservas, provocando a necessidade da revisão da taxa de câmbio, o que aumenta a inflação. Como as reservas cambiais brasileiras não se esgotaram antes da mudança da política cambial, não tivemos conseqüências piores. Uma experiência ímpar de enfrentamento da inflação mediante aumento do déficit público ocorreu no início da década de oitenta, implementada nos Estados Unidos pelo governo Reagan. Obteve-se a queda da inflação (de 13,8% em 1980 para 3,7% ao ano em 1982), mas a um enorme custo: além da recessão americana, o déficit público foi sustentado por empréstimos estrangeiros, principalmente através de títulos do tesouro, envolvendo diversos países. Isto provocou um descontrole cambial que, à época, gerou uma significativa queda do dólar e o *crash* de outubro de 1987, e ainda hoje é uma das preocupações da economia mundial.

5. Em 1999 as projeções indicam um decréscimo da atividade econômica, ao contrário dos anos anteriores, o que importará numa significativa perda de arrecadação.

mínimo, quatro ordens: suas receitas servem para abatimento de dívidas (com a conseqüente diminuição do pagamento de juros); a menor necessidade de financiamento provoca uma redução da taxa de juros (tornando tal encargo menos oneroso ainda); os investimentos feitos pela iniciativa privada não apenas substituem os governamentais como também, por serem maiores (já que o Estado tem capacidade limitada, em razão da crise fiscal) geram mais impostos, e, por fim, em muitos casos, deixa de haver a injeção de recursos públicos para cobertura de prejuízos de estatais.

Em 1994, o valor das participações acionárias da União Federal em estatais era mais do que suficiente para o pagamento de toda a dívida interna federal,[6] possibilitando não só o equilíbrio orçamentário como uma maior alocação de recursos nas áreas sociais. É evidente que dificilmente ocorreria a privatização da maior parte das estatais em curto espaço de tempo, quer por razões legais (como a necessidade de mudanças na Constituição e os procedimentos a serem observados), quer por dificuldades políticas, quer por motivos econômicos. Mas a privatização era de fundamental importância para o fim do déficit fiscal. Por isto, o atraso no processo de desestatização pode ser considerado, ao lado da demora nas reformas estruturais, como a primeira das falhas da política econômica do atual governo.

O equilíbrio das contas também dependia do corte de despesas e racionalização da máquina pública, sendo essenciais as reformas da Previdência, administrativa e tributária. Tanto boa parte do processo de privatização, quanto as reformas estruturais exigiam algumas mudanças na Constituição Federal, que começaram a ser feitas em 1995, no início do primeiro mandato do atual Presidente da República.

A primeira foi a denominada reforma da ordem econômica, da qual resultaram as Emendas à Constituição de ns. 5 a 9, todas promulgadas em 1995, após poucos meses de tramitação, para possibilitar a privatização de diversas estatais, bem como a exploração do setor privado (principalmente de capital externo) em algumas áreas da infra-estrutura.[7] A rapidez na tramitação nas Emendas à Constituição não encontrou seguimento nas privatizações. Algumas foram realizadas tardiamente e ainda restam empresas que já deveriam ter sido privatizadas há muito tempo, como as do setor energético.

As reformas administrativa e da Previdência tramitaram lentamente, tendo havido um apressamento somente ao final, em razão do receio da crise. Falta contar a edição de sua regulamentação. A reforma tributária,[8] após quase quatro anos, sequer

6. Isto significava a desnecessidade de privatização de todas as estatais, possibilitando ao Estado a manutenção do controle de algumas empresas estratégicas.

7. A Emenda à Constituição 5/95 quebra o monopólio estatal dos serviços de gás. A de n. 6/95, ao eliminar o conceito de empresa brasileira de capital nacional, tinha entre seus objetivos facilitar a privatização da Cia. Vale do Rio Doce, permitindo a aquisição de seu controle por estrangeiros. Mesmo assim, a privatização da mencionada sociedade é bastante questionável do ponto de vista constitucional, como apontado, entre tantas outras, por ação popular movida por seleto grupo de juristas e, posteriormente, por duas ações diretas de inconstitucionalidade propostas pelo Conselho Federal da OAB (cujas petições iniciais se encontram publicadas na *Revista da OAB* 64/226-229 e 230-248, 1997). A Emenda à Constituição de n. 7/95 estende a embarcações estrangeiras a possibilidade de exploração dos serviços de navegação de cabotagem. A de n. 8/95 rompe com o monopólio estatal dos serviços de telecomunicações, permitindo a privatização do Sistema Telebrás. Por fim, a de n. 9/95 restringe o monopólio estatal na área de petróleo. Embora tenha sido dado um maior enfoque da importância das privatizações na diminuição da dívida e do déficit público, um outro objetivo essencial a ser alcançado é a obtenção de recursos privados para investimento em infra-estrutura, já que o Estado, em razão da crise fiscal, não possui condições de assumir tal encargo, que é fundamental ao desenvolvimento nacional.

8. Proposta de Emenda à Constituição 175/95, em trâmite na Câmara dos Deputados.

foi aprovada na Comissão Especial da Câmara dos Deputados. Neste lapso de tempo, nossos governantes ocuparam-se de temas de menor importância para o desenvolvimento do país, como a reeleição, mantendo a velha e nefasta prática de colocar questões pessoais acima do interesse público.

A realização tardia das privatizações e das reformas acima mencionadas fez com que elas não mais surtissem o efeito esperado, em razão do elevado crescimento da dívida mobiliária federal. As receitas obtidas, que seriam destinadas ao abatimento do montante da dívida, hoje estão sendo direcionadas – e assim mesmo são insuficientes – para o pagamento dos juros.

Por isto, passados mais de cinco anos do início da elaboração da atual política econômica, a principal causa da inflação, o déficit fiscal, não só continua sem solução, como cresceu. Com as dificuldades adicionais de termos menos estatais a serem privatizadas, uma dívida pública ampliada, juros maiores e uma situação cambial ainda preocupante.

Esperava-se que as mudanças constitucionais e as privatizações demorassem algum tempo, talvez dois ou três anos. Mas não mais de um mandato presidencial, findo o qual com uma situação mais adversa.

A principal causa da inflação, como já dito, é o déficit público. Se não for controlado, o retorno da inflação será apenas uma questão de tempo. Enquanto não fossem implementadas as reformas necessárias, a idéia era o controle de preços através do mecanismo provisório da âncora cambial.

3. O mecanismo provisório da âncora cambial e seu prolongamento em razão do atraso nas reformas

A âncora cambial consiste no controle da inflação através da taxa de câmbio. A taxa de câmbio pode ser mantida inalterada, dando a idéia de estabilidade de preços. Ou então ser fixada de forma a valorizar a moeda local em face das demais, como ocorreu em nosso país. Moedas estrangeiras, como o dólar, ficam enfraquecidas e baratas. Com o real valorizado e o dólar barato, os produtos importados ficaram mais acessíveis, em razão do baixo custo da moeda estrangeira. Assim, caso algum produto brasileiro apresentasse preços elevados, recorrer-se-ia à compra de produtos similares importados. Desta forma e num primeiro momento, os preços ficaram estabilizados por conta de importações. Quando da criação do Real, as reservas brasileiras em dólar eram favoráveis, possibilitando a adoção de tal política.

Porém, a aplicação de tal mecanismo tem seu custo. Com o dólar barato, houve um estímulo às importações e às viagens ao exterior. Na outra ponta, os exportadores ficaram prejudicados e o turismo estrangeiro no Brasil encareceu. A balança comercial e a de serviços[9] ficaram deficitárias. Como a âncora cambial deveria ser provisória, os elevados déficits nas balanças comercial e de serviços seriam compensados com os investimentos estrangeiros no Brasil e os recursos oriundos das privatizações. Num primeiro momento, o instrumento da âncora cambial não só manteve a estabilidade dos preços, como os investimentos estrangeiros foram de tal ordem que as reservas brasileiras se mantiveram por muito tempo em níveis elevados até demais.[10]

O aparente sucesso da âncora cambial foi bastante prejudicial. Não foi dada a de-

9. A balança de serviços inclui, além das viagens internacionais, transportes, seguros, rendas (lucros, dividendos, juros), entre outros. Diante da singeleza do presente estudo é que se faz referência somente à entrada e saída de divisas do turismo.

10. Fala-se em demasiada quantidade de reservas, porque a sua manutenção acarretou a necessidade de emissão de títulos públicos no mercado interno (os recursos que ingressavam no país eram trocados por reais e, para evitar inflação decorrente da maior quantidade de moeda, efetuava-se a retirada de circulação do excedente através da venda de títulos da dívida). Os títulos do tesouro são remunerados a altas taxas, agravando o déficit fiscal e contribuindo para a expansão da dívida interna.

vida importância à questão do déficit público e as privatizações e as reformas tardaram. O elevado déficit ocasionou o crescimento da dívida pública. Além disto, os recursos estrangeiros que ingressavam no país obrigavam o governo federal a emitir títulos da dívida para captação de reais que seriam trocados pelos dólares. A manutenção do elevado nível de reservas em dólar consumia o pagamento de significativo montante de juros, o que alimentava ainda mais a dívida pública. A necessidade de maior financiamento do Estado (quer para cobrir o déficit público, quer para manter as reservas) provocou a elevação das taxas de juros que, num círculo vicioso, gerava mais déficit e aumentava a dívida pública. Sem contar o socorro a bancos e a renegociação de dívidas estaduais por parte do governo federal. Com isto, a dívida pública interna cresceu mais de quatro vezes somente nos quatro primeiros anos do Plano Real.

Para complicar, no plano externo, vários Estados começaram a apresentar problemas cambiais, como o México no final de 1994, países asiáticos em 1997 e, por fim, a Rússia em 1998. Isto gerou não só uma diminuição do fluxo de investimentos estrangeiros para o Brasil, como a saída de capital externo, provocando uma queda nas reservas brasileiras, de cerca de 50%, em pouco mais de um ano. O mais grave é que o montante das reservas chegou a não ser suficiente para cobrir o elevado déficit do balanço de pagamentos e pagar as obrigações externas a vencer no prazo de um ano, levando o governo a recorrer à ajuda do FMI.

A questão externa agravou ainda mais a interna. Para conter a fuga de divisas, houve a elevação das taxas de juros, ampliando ainda mais o déficit público e a dívida mobiliária. Mas isto não foi suficiente para evitar a saída de capitais nem o caminho em direção a uma crise cambial. A questão não era mais numérica e sim de falta de credibilidade.

A primeira falha apontada (atraso nas privatizações e nas reformas estruturais) levou ao segundo grande equívoco: o prolongamento do mecanismo da âncora cambial que, de remédio, passou a doença.

4. A armadilha da âncora cambial

O plano de estabilização econômica, como delineado,[11] tenderia ao pleno sucesso, uma vez devidamente executado. No plano teórico, é interessante notar que combinava as soluções das três principais correntes econômicas para combate à inflação: uma vasta indexação, nos moldes propostos por Milton Friedman;[12] o equilíbrio fiscal e controle de expansão de moeda defendidos pelos novos clássicos e a austeridade monetária e fiscal com controle de preços, salários e taxas de câmbio sugerida pelos neo-keynesianos.

A não eliminação do déficit fiscal no momento certo distorceu completamente os rumos do plano, levando ao prolongamento da adoção da âncora cambial. Porém, tal instrumento presta-se para conter o processo inflacionário apenas num primeiro momento. Como a principal causa da inflação é o déficit nas contas públicas, somente quando for eliminado será atingida a estabilidade dos preços.

Sem o controle do déficit público, o instrumento da âncora cambial é frágil e perigoso, eis que deve ser provisório e de curta aplicação. Por todos, vale lembrar a advertência de Mário Henrique Simonsen e Rubens Cysne, anterior à elaboração da atual política: "O problema é que a sobrevalorização cambial é um expediente transitório, sustentável apenas enquanto o país conseguir angariar capitais externos para financiar o déficit em conta-corrente do balanço de pagamentos".[13]

11. Cf. nota 1 *supra*.

12. Cf., entre outros, ***Indexing and Inflation***, Washington, D.C., American Enterprise Institute, 1974, pp. 2 e ss.

13. *Macroeconomia*, Rio de Janeiro, Ao Livro Técnico, 1989, p. 450.

Se a experiência e o estudo da história também tem por finalidade evitar a repetição de erros, ou a equipe econômica não assimilou tal lição, ou preferiu correr riscos. Não são poucos os exemplos de fracassos de políticas de combate à inflação fundadas na valorização da taxa de câmbio.[14] No Governo Dutra, com tal mecanismo a inflação foi controlada em 1947 e 1948, à custa do exaurimento das reservas cambiais, provocando a necessidade de uma desvalorização cambial que elevou a inflação. A valorização da moeda nacional no Governo Kubitschek provocou a perda das reservas cambiais, exigindo a desvalorização na administração seguinte, resultando em aumento da inflação. No Plano Cruzado a taxa de câmbio fixa também causou a diminuição das reservas, levando a duas minidesvalorizações cambiais no ano seguinte.

Para mencionar exemplos externos, tem-se duas experiências extremamente infelizes na Argentina. A primeira entre 1978 e 1980, quando a sobrevalorização da taxa de câmbio causou forte déficit na balança de pagamentos e saída de capitais, sendo responsável por boa parte da dívida externa e pelo sucateamento de parte do parque industrial.[15] O insucesso, entretanto, não impediu novamente o atraso da taxa de câmbio em fins de 1988 e início de 1989, com exaustão das reservas e crise cambial, produzindo uma explosão inflacionária, de 7,3% no mês em janeiro de 1989 para 102,5% em maio de 1989, com o mergulho na hiperinflação.[16]

Diante de um erro que parece crasso, resta perquirir as possíveis razões da manutenção da valorização da moeda nacional. O sucesso inicial do Plano Real e o contentamento da população com a estabilidade, traduzida na popularidade do governo, podem ter gerado uma obsessiva preocupação em manter a inflação em níveis ínfimos, a qualquer custo, inclusive com sobrevalorização da taxa de câmbio, aumento das dívidas interna e externa, taxa de juros elevada e perdas de reservas. A prioridade na manutenção da inflação baixa – bandeira principal do governo – relegou a segundo plano todas as demais variáveis econômicas que, numa relação causa-efeito, terminaram por colocar em xeque a própria política econômica. Trata-se do que denominamos de armadilha cambial.

Uma segunda explicação também provém de um excesso de otimismo. Enquanto o déficit público não fosse controlado, os investimentos estrangeiros e os recursos das privatizações seriam suficientes para equilibrar a balança de pagamentos e os empréstimos externos seriam renovados. Posteriormente, os investimentos estrangeiros em empresas redundariam em produtos a serem exportados e tal receita em dólares representaria uma entrada permanente de divisas. Mas isto é difícil de ser imaginado com uma sobrevalorização da taxa de câmbio, que desencoraja as exportações e incentiva as importações. Assim, as importações tenderiam a manter uma taxa de crescimento maior do que as exportações.

Uma terceira e mais provável hipótese pode estar origem no medo de uma ex-

14. Com mais detalhes, v. Simonsen e Cysne, ob. cit., pp. 450-451.

15. Por oportuno, recorda-se a opinião de Gustavo Franco a respeito do modelo adotado no país vizinho: "Daí até 1981 o desastrado experimento com o que se chamou de 'monetarismo global' resultaria ainda mais catastrófico do que o longo congelamento peronista. Implementou-se uma reforma financeira de conteúdo liberal, permitiu-se um atraso cambial de grandes proporções e patrocinou-se uma liberalização comercial que resultou, por um lado, em um duro golpe sobre a indústria, e por outro, num aumento da dívida externa de US$ 12,5 bilhões em 1978 para US$ 43,6 bilhões em 1982. De uma coisa podemos estar certos: os exageros ortodoxos na Argentina tumultuaram bem mais a economia do que quaisquer outras bobagens anteriores" (ob. cit., pp. 236-237).

16. Idem, pp. 235-254, em especial pp. 241-249.

plosão inflacionária com a liberação do câmbio, como ocorreu na Argentina em 1989. Neste caso, o risco é a exaustão das reservas cambiais, que também poderia ocasionar o retorno da inflação. Daí o dilema da cilada da âncora cambial: se uma desvalorização maior poderia causar inflação e uma corrida em busca de dólares, a manutenção da moeda nacional valorizada conduziria a perda das reservas cambiais, levando à necessidade de uma desvalorização, gerando inflação. Restava saber o que iria ocorrer primeiro.

Nem a crise mexicana dos últimos dias de 1994 e início de 1995 serviu de alerta, para que as reformas estruturais, que seriam propostas pelo Executivo ao Congresso Nacional, tivessem uma tramitação acelerada. Em 1997, enquanto a vasta preocupação nacional era a proposta da reeleição, a possibilidade de um colapso cambial já era visível. Naquele ano, como paraninfo de uma turma de formandos em Direito na Capital Federal, alertei sobre os perigos de uma crise cambial e o problema da dívida pública interna, mencionando a questão da moratória. Não faltou quem contestasse. Meses depois, explode a crise asiática e o Brasil começa a perder suas reservas cambiais. E a situação agrava-se com a crise russa em 1998.

A demora nas privatizações e nas reformas estruturais, com a extensão por tempo indefinido da sobrevalorização da moeda nacional, tornou a política econômica a cada dia mais frágil. Assim como a vingança da natureza, a reação da economia é perversa. O prolongamento da âncora cambial por um tempo excessivo transformou-se em cilada e o governo ficou refém da taxa de câmbio. Como já foi dito, a manutenção da âncora cambial ocasionaria a perda de reservas,[17] com a explosão da taxa de câmbio e seus reflexos na inflação. Mas, qualquer mudança maior demonstraria o insucesso da política adotada e provocaria uma corrida ao dólar e fuga de capitais, com aumento da inflação.

Não se podia negar o risco da âncora cambial, expresso nas palavras de Gustavo Franco: "A tentação de deixar o câmbio atrasar é muito forte, mas a situação externa nem sempre o permite".[18] Teria havido tentação ou subestimação da questão externa? Como foram vários os sinais externos, como os problemas do México nos últimos dias de 1994 e início de 1995, a crise em países asiáticos iniciada em 1997 e a russa em 1998, parece que os governantes acreditavam que o país estivesse imune a uma crise cambial, em razão de suas reservas. Outra hipótese é que a resistência inicial a uma desvalorização da moeda brasileira tornou difícil a mudança de rumo e a idéia era agüentar até o limite do possível, esperando uma reversão da situação cambial, cada vez mais distante. Enfim, o governo foi vítima da cilada cambial, por ele mesmo armada.[19]

17. É neste momento que pode ocorrer o chamado "ataque especulativo". Não se pretende isentar de responsabilidade os *traders*, nem se ignora o quanto é nefasto e perigoso o atual descontrole do sistema financeiro internacional, que põe em risco a economia mundial, e o quão é prejudicial o fortalecimento do mercado financeiro em detrimento do setor produtivo (o mercado financeiro deve servir à produção e não vice-versa). Entretanto, numa análise fria e sem paixões ideológicas, há que se ressaltar que o país "vítima" pode ser o principal responsável pelo ataque especulativo, ao oferecer as condições propícias a uma "aposta" contra sua moeda aos detentores do "capital de espera", que buscam somente oportunidades de lucro. Se o próprio país, pela política então adotada, caminha para a necessidade de uma desvalorização cambial, não se deve atribuir a gravidade das conseqüências única e exclusivamente ao capital especulativo, pois o movimento dos operadores de mercado tende apenas a acelerar um processo em fase adiantada.

18. Idem, p. 243.

19. A despeito da utilização de termos como "crise" e "armadilha", que podem indicar pessimismo, o quadro traçado não deve comportar pânico nem euforia, mas atenção. Os novos níveis da taxa cambial devem provocar uma reversão na balança comercial e no turismo. É provável um razoável superávit na balança comercial no presente ano e nos seguintes. Quanto mais elevado o preço do dólar, maior poderá

Com a ciência deste contexto, em explicação bastante simplista, dadas as lindes do presente trabalho, conclui-se que uma grande desvalorização do real era previsível: quer por uma crise cambial, motivada por um esgotamento das reservas, quer pela necessidade de alteração na política de câmbio para evitá-la.

II.II – A garantia "falha" da manutenção da política de câmbio

No atual processo de *impeachment* do Presidente americano, a acusação leu no Plenário do Senado a carta de um indignado menino de oito anos: "Se eu não posso confiar no Presidente dos Estados Unidos, em que irei confiar?".

No Brasil, a experiência tem mostrado que parte dos últimos Presidentes não fizeram por merecer a credibilidade do cargo que ocuparam. No período militar, além das violações a direitos fundamentais e à Carta Magna, duas lastimáveis lembranças: a do general que falava e iniciou a abertura política, mas governou com instrumentos nada democráticos e de seu sucessor, com manifesta preferência por eqüinos. No recente regime democrático, duas enormes decepções nacionais: a desilusão do Plano Cruzado em 1986 e o afastamento do primeiro Presidente eleito pelo voto direto após trinta anos, para não mencionar o bloqueio dos cruzados.

Mas, no caso do atual Presidente, apesar da imputação e cabimento da expressão "esqueçam o que eu escrevi",[20] dados objetivos demonstram a confiança da população em sua pessoa: a reeleição em primeiro turno, com mais de 50% dos votos válidos, embora equivalentes a aproximadamente 1/3 dos votos totais apenas. Não só a sua eleição, após período como Ministro da Fazenda, como a sua reeleição demonstraram a credibilidade desfrutada. Havia, portanto, motivos para a população confiar em sua palavra, até porque a inflação em níveis ínfimos por alguns anos, em meio a várias turbulências econômicas no mundo, passava a idéia de que a política econômica adotada estava no rumo certo, apesar do desemprego, mas que era atribuído ao desenvolvimento tecnológico.

No caso da mudança da política cambial, o "homem médio" não tinha porque não confiar na garantia das autoridades, pois, pela primeira vez em muitos anos tinha visto a estabilidade da inflação por um mandato presidencial inteiro. Sabe-se que nem sempre os governantes podem expressar os rumos da política econômica a ser adotada, sob pena de prejudicá-la. É o caso

tal superávit. A credibilidade externa aos poucos pode ser recuperada (ainda que não integralmente), mantendo parte do fluxo de empréstimos e investimentos. Com isto, afasta-se o risco de um colapso cambial. A situação externa tende a ser equacionada, sem maiores dificuldades. Os reflexos devem ser sentidos no plano interno, com a retração da economia e deslocamento de riquezas para o setor exportador. Com relação ao principal objetivo da política econômica, o controle da inflação, uma dicotomia curiosa. Os juros elevados e a recessão devem manter a inflação em níveis baixos, apesar do encarecimento do câmbio com seus reflexos nos preços. No entanto, uma elevação da inflação não deve ser vista muito negativamente, pois apesar do cruel efeito de ampliar ainda mais a concentração de renda, a desigualdade e a crise social, poderá causar uma diminuição real na taxa de juros e nos gastos governamentais (compensando a perda de receitas com a mitigação da atividade econômica), concorrendo para redução do déficit fiscal. Ou seja, uma inflação mais alta pode até servir para enfrentar a sua causa. Sob o enfoque econômico, o grande desafio é a custosa dívida pública interna e que se encontra em níveis insustentáveis e ameaçadores, em razão das elevadas taxas de juros. Deve-se combater o déficit fiscal, para que se recupere a credibilidade e haja a redução da taxa de juros. Todas as soluções apontadas demandam a adoção de medidas firmes. Três são os problemas a serem enfrentados e que estão interligados: o déficit público, a dívida interna e as altas taxas de juros.

20. Não se defende a rigidez de opinião, como a de Pilatos ("O que escrevi, escrevi", *Evangelho*, Jo 19,22). Tampouco se ignora que a revisão de um ou outro posicionamento anterior pode ser um ato de grandeza, fruto da humildade científica e de amadurecimento. Contudo, o que se questiona é uma guinada radical de idéias. A título exemplificativo, note-se a incompatibilidade entre as idéias do sociólogo e os orçamentos da União nos últimos anos, na parte dos recursos manejáveis.

da taxa de câmbio. Caso o governo sinalizasse alguma alteração, apontando para uma maior desvalorização da moeda, certamente haveria uma corrida para compra de moedas e produtos estrangeiros. Todavia, o "homem médio" não tem consciência de tal singularidade, como não tinha razões para duvidar das autoridades executoras de uma política econômica que, à vista da população, produzia resultado positivo, inclusive aprovado nas urnas.

II.III – A previsibilidade de uma crise cambial

A possibilidade de alteração na política cambial era patente, em razão da insustentabilidade do modelo adotado. Resta apurar se as partes no contrato de *leasing* tinham – ou deveriam ter – consciência dos riscos da estipulação do reajuste pela variação cambial.

Ao contrário do que se possa imaginar a princípio, a variação cambial não é um risco somente para o devedor, mas também para o credor, em razão da inadimplência e da captação de recursos de terceiros (como será visto no item III.I). Analisemos a situação de cada uma das partes em separado, levando em conta a sua condição e o grau de conhecimento esperado.

1. O perfil e a vulnerabilidade do "homem médio"

Numa sociedade complexa e heterogênea como a nossa, torna-se difícil traçar um perfil do "homem médio". Pouco adianta limitar o grupo aos devedores dos contratos de *leasing*, pois continua a existir um enorme leque, quer quanto ao nível de conhecimento (de pessoas de baixa escolaridade a pós-graduados), quer sob a condição econômica (de adquirentes de carros populares mais baratos a luxuosos carros populares), devendo-se frisar que nem sempre um maior poder aquisitivo corresponde ao grau de escolaridade mais avançado.

O cuidado exigido do devedor pode até ser baseado na figura típica do *bonus paterfamilias* do Direito romano. Mas e o seu grau de conhecimento? Uma pessoa podia ser cuidadosa em seus negócios, pesquisando preços e verificando condições, porém sem ter a noção da delicada situação cambial do país. Como é difícil estabelecer o nível médio de conhecimento, a solução é o nivelamento por baixo.[21] Até porque, no caso concreto, o contratante que tivesse consciência da situação nacional não se arriscaria a reajustes atrelados à variação cambial. Assim, deve-se partir do pressuposto de que todos os devedores desconheciam o quadro acima exposto (v. II.I). Mais ainda, demonstraram, na condição de eleitores, que havia razões para acreditar no sucesso que a política econômica aparentava, inclusive numa desvalorização mínima da moeda, como ocorrera nos anos anteriores (cf. II.II *supra*).

Para o homem comum, a previsibilidade de alteração no contexto macroeconômico deve estar condicionada à sua experiência anterior e à vivência do presente. Seria inescusável, a princípio, a alegação da volta da inflação ou de um bloqueio em cadernetas de poupança. Quanto a uma explosão do preço do dólar, somente as pessoas com conhecimento bem mais refinado podiam saber do risco à época da avença, o que não é o caso dos devedores. Nos contratos acordados posteriormente não poderá ser alegado o desconhecimento de tal perigo, dada a experiência da crise. A imprevisibilidade acompanha a idéia de probabilidade. E é provável o acontecimento futuro que, diante de circunstâncias conhecidas, ocorra conforme o juízo decorrente da experiência.[22]

21. Cf. Vera Helena de Mello Franco, *O Executivo e o Novo Código do Consumidor: as conseqüências para a empresa brasileira*, São Paulo, Maltese, 1991, p. 88.

22. Cf. Ruy Rosado Aguiar Jr., *Extinção dos Contratos por Incumprimento do Devedor*, Rio de Janeiro, Aide, 1991, p. 154.

Mesmo havendo inflação, a escusa de uma abrupta alta de preços é aceita para revisão de um contrato com reajuste pré-fixado, que reflita a variação média dos índices de preços anteriores, em níveis próximos (p. ex., 10% ao mês). Embora houvesse a previsão de inflação, a quebra da expectativa decorre de índices bem mais elevados do que os esperados, ou seja, da não manutenção dos percentuais até então verificados.[23]

Após alguns meses de taxa de inflação mínima no início do Plano Cruzado (cuja credibilidade superou a do Plano Real), muitas pessoas celebraram contratos sem previsão de correção monetária, acreditando que o perigo da depreciação da moeda estava definitivamente superado. Apesar das experiências inflacionárias anteriores, o momento era de estabilidade, sendo pequena a probabilidade de alta dos preços. Por isto, a jurisprudência, em especial a do STJ,[24] decidiu pela revisão de contratos feitos após o Plano Cruzado, num momento de estagnação inflacionária e elevada credibilidade da população.

É importante ressaltar que a vertiginosa alta da taxa de câmbio surpreendeu até mesmo os especialistas. Estimava-se que o ajuste da defasagem levaria o dólar ao equivalente a R$ 1,45 ou 1,50. No máximo R$ 1,60, jamais que ultrapassasse ou ficasse próximo de R$ 2,00. Desta forma, ainda que um devedor mais atento esperasse uma desvalorização cambial de cerca de 30% ou um pouco mais ao longo dos próximos dois anos, não escaparia de ter sua expectativa frustrada.

Em suma, os devedores não tinham consciência da situação econômica do país e do perigo de uma crise cambial. Pelo contrário, tinham motivos para acreditar na manutenção da política econômica, com pequena desvalorização da moeda nacional ao longo do ano, quer pela experiência pós-Plano Real, quer pela garantia das autoridades governamentais.

2. A capacidade de previsão das instituições financeiras

No caso das instituições financeiras, a diligência exigida não é a de um "homem médio", mas a de um profissional especializado em sua atividade, como o mode-

23. Neste sentido, invoca-se mais uma vez a lição do Min. Ruy Rosado Aguiar Jr. (ob. cit., p. 155): "Assim a desvalorização da moeda é um fato provável num regime de desvalorização da moeda, mas poderá haver imprevisibilidade de seu grau, a ser determinado pela própria evolução do processo de desvalorização. Se a uma situação de inflação contínua, mas controlada em certo nível, um dado futuro se acrescentar ao processo, este poderá determinar substancial modificação, gerando situação imprevisível. Se o homem de diligência normal não tiver condições de pensar o fato e seus elementos essenciais (a inflação e o grau da inflação; a crise política e a sua duração; a crise política e seus efeitos sobre o contrato etc.) o fato é imprevisível".

24. Entre os vários julgados, inclusive com referência a precedentes, cf. REsp 94.692-RJ, *DJU* 21.9.98, p. 167; REsp 135.151-RJ, *DJU* 10.11.97, p. 57.787; REsp 8.473-RJ, *DJU* 25.11.91, p. 17.079. Um aresto que merece destaque é do Tribunal de Justiça do Rio Grande do Sul, relatado pelo Des. Adroaldo Furtado Fabrício, assinalando com precisão: "(...) não significa, em absoluto, que os próprios índices sejam razoavelmente previsíveis. Se as condições reinantes em determinado momento permitiam supor a permanência constante de uma determinada taxa de desvalorização nos meses futuros, não é de excluir-se, *a priori* e de modo absoluto, a imprevisão quanto aos índices. Por outras palavras, previsível era, por certo, a conformidade da inflação; o imprevisível, nas circunstâncias de então, era a disparada da espiral em ritmo tão descontroladamente ascendente como veio a ocorrer. (...) Outra coisa é a desvalorização da moeda, previsível *in genere* mas imprevisível quanto ao montante, governada por leis ainda mais caprichosas e incognoscíveis do que as determinantes da alta ou baixa do preço real. Esse risco, o da inflação subitamente exacerbada e elevada a taxas inteiramente ensandecidas (a ponto, aliás, de determinarem a necessidade do já mencionado 'choque heterodoxo' como remédio heróico), esse não está contido necessariamente na previsão do homem mediano, nem integra aquela faixa natural de risco inseparável do negócio a termo" (*RT* 630/177-187, à p. 182).

No entanto, o assunto não é pacífico e há várias decisões divergentes (*v.g.*, *RT* 634/83 e 635/266).

lo do "ordenado e fiel homem de negócios" (*eines ordentlichen und gewissenhaften Geschäftsleiters*) do Direito alemão (Código Comercial de 1897, § 241; *Aktiengesetz* de 1937, § 84 e de 1965, § 93.1). A partir do modelo tedesco, tem sido acentuada, nas diversas legislações, a exigência do profissionalismo na condução da atividade empresarial. No Direito espanhol, o art. 127 da Lei das Sociedades Anônimas, de 1989, seguindo o modelo da lei anterior de 1951 (art. 79) fala em diligência de um ordenado empresário e representante leal. Em Portugal, o Código das Sociedades Comerciais de 1986, em seu art. 64º, prevê a diligência de um gestor razoável e ordenado. A lei argentina das sociedades estabelece o cuidado de um bom homem de negócios (*buen hombre de negocios*),[25] assim como a uruguaia.[26]

No Direito pátrio, uma manifestação da exigência de profissionalismo na atividade empresarial encontra-se na Lei das Sociedades por Ações, ao dispensar a exigência da condição de acionista aos diretores (Lei 6.404/76, art. 146). Quanto às instituições financeiras, a preocupação com a especialização revela-se no estabelecimento de condições especiais para exercício de cargos nas instituições financeiras privadas (Lei 4.595/64, arts. 10, X e 33), além de normas próprias de responsabilidade (cf., p. ex., Lei 4.595/64, arts. 43-44; Lei 6.024/74, arts. 36-40 e Lei 7.492/86).

Como a conduta exigida das instituições financeiras leva em conta o profissionalismo e a especialização de suas funções, há a obrigação do pleno conhecimento dos riscos do negócio, nos cenários macro e microeconômico. No caso da crise cambial, não podiam alegar o desconhecimento da fragilidade da política econômica adotada, com a conseqüente necessidade de uma alteração mais profunda na taxa cambial.

25. Cf. Ley 19.550, art. 59, mantido intacto pela Ley 22.903, de 9.9.83.

26. Cf. Ley 16.060, de 7.9.89, art. 83.

Tampouco ter motivos para acreditar piamente na garantia da manutenção da política cambial das autoridades brasileiras, pois concomitante com as afirmações de pequenas desvalorizações as elevadas taxas de juros denunciavam a fragilidade da opção governamental.

Não é por outra razão que grande parte dos beneficiados com a desvalorização cambial foram instituições financeiras, pelas suas posições compradas em moeda estrangeira, tanto no mercado à vista como nos mercados futuros.

III – A operação econômica dos contratos de "leasing" com reajuste vinculado à variação cambial

III.I – Instituições financeiras e captação de recursos do exterior. Condição de validade das cláusulas de correção cambial

Uma instituição financeira caracteriza-se pela atividade de intermediação, captando recursos daqueles que tem excedentes para emprestar aos que precisam de financiamento, podendo haver também a utilização de recursos próprios (Lei 4.595/64, art. 17).

No caso do *leasing* com cláusula de correção cambial, a norma legal assinala somente o caráter de intermediação. Diz o art. 6º da Lei 8.880/94: "É nula de pleno direito a contratação de reajuste vinculado à variação cambial,[27] exceto quando ex-

27. Anteriormente, no entanto, por força da ausência de proibição expressa, eram válidas cláusulas de correção cambial nas obrigações internas, embora a jurisprudência não fosse pacífica (v., por ex., *RT* 614/49 e 601/190). Era vedada a utilização de moeda estrangeira como meio de pagamento e não como moeda de conta. A propósito, entre outros, cf. Mauro Brandão Lopes, *Cambial em Moeda Estrangeira*, São Paulo, Ed. RT, 1978; Arnoldo Wald, "Da licitude da inclusão da cláusula de correção cambial nas operações de arrendamento mercantil", *RT* 591/17-41, 1985; Luiz Gastão Paes de Barros Leães, "A va-

pressamente autorizado por lei federal e *nos contratos de arrendamento mercantil celebrados entre pessoas residentes e domiciliadas no País, com base em captação de recursos provenientes do exterior*" (grifos nossos). Posteriormente, a Lei 9.069/95, isentou da correção monetária compulsória pelo IPC tais obrigações (art. 27, § 1º, I).

Com isto, o texto legal exclui a possibilidade de operações de *leasing* com cláusula de correção cambial praticadas com recursos próprios das instituições financeiras.

Cumpre ressaltar a diferença entre moeda de pagamento e moeda de conta. Diante do curso forçado da moeda nacional, as obrigações constituídas no Brasil devem ser liquidadas em reais, que é a moeda de pagamento. A moeda estrangeira serve apenas de medida de conta. Mesmo na hipótese de reajuste com base na variação da moeda estrangeira, a obrigação deve ser liquidada na moeda nacional.

No âmbito da discussão da validade dos contratos de arrendamento mercantil com reajuste cambial, um primeiro problema consiste em saber qual o vínculo entre o contrato de captação de recursos do exterior e aqueles firmados no Brasil.

A *fattispecie* mais próxima poderia ser a do contrato derivado,[28] pois os contratos de captação e repasse tem uma parte comum. Caso se entenda haver uma coligação contratual por derivação, duas grandes dificuldades. A primeira, a identidade de prazos entre os contratos, que, ao que tudo indica, não ocorre no caso dos contratos de *leasing* em comento. A segunda, a identidade de conteúdo. Tomando-se por conteúdo apenas a essência do contrato (*v.g.*, valor e condições de reajuste) pode-se enxergar uma derivação. Mas, no todo, a submissão a diferentes regras pode descaracterizar a relação entre o contrato principal e os derivados. Ainda que a captação de recursos ocorra segundo as leis brasileiras, a derivação pode ser descaracterizada pela aplicação de normas distintas. Assim, a captação de recursos oriunda de uma emissão de debêntures está sujeita às normas do Direito Societário e do mercado de capitais, ao passo que os contratos de *leasing* também se enquadram nas regras do direito do consumidor.

Como o contrato de captação não faz referência ao arrendatário final, parece difícil efetuar uma vinculação entre os dois contratos. Assim, deve-se entendê-los como autônomos, pois há dois negócios jurídicos distintos.[29]

Cuidando-se ou não de contratos autônomos, de acordo com o art. 6º da Lei 8.880/94, os contratos de *leasing* devem ter por base a captação de recursos do exterior. As instituições financeiras, para pretender exigir a variação cambial, devem demonstrar a origem externa da totalidade dos recursos dirigidos às operações de *leasing*. Ou seja, deve ser visto todo o conjunto de operações de captação e destino dos recursos.

Se isto for feito com a análise dos livros comerciais, onde estão registradas todas as entradas e saídas de caixa, encontra-se um grande obstáculo no dever de sigilo (Lei 4.595/64, art. 38 e § 1º). Em tese, se

lidade da cláusula de correção cambial nas obrigações pecuniárias internas", *RT* 693/100-111, 1993; Bulhões Pedreira, "Obrigação pecuniária. Correção monetária. Indexação cambial", *RDA* 193/353-372, 1993. Um apanhado das normas que vedaram a correção cambial foi feito por Marcos Juruena Villela Souto ("Contratos reajustados com base na variação cambial – Um fator de manutenção do equilíbrio dos negócios", *RDM* 83/63-69, 1991) e por Leães (ob. cit., pp. 102 e ss.).

28. Sobre contrato derivado, cf. Francesco Messineo, *Il Contratto in Genere*, Milano, Giuffrè, 1973, t. 1, pp. 733 e ss.

29. Neste sentido, Pontes de Miranda, *Tratado de Direito Privado*, LII, 3ª ed., Rio de Janeiro, Borsói, 1972, p. 203, ao comentar as operações de repasse previstas na Resolução Bacen 18/66. Ressalta ainda, à p. 204, que a palavra "repasse" não tem sentido jurídico, sendo uma terminologia de caixa.

numa causa judicial o devedor pretender demonstrar uma possível nulidade do contrato, com base no art. 6º da Lei 8.880/94, poderá ter acesso a todas as operações da sociedade de arrendamento mercantil. O caminho mais fácil parece ser o da análise do balanço da credora, além de uma apurada fiscalização pelos órgãos competentes, em especial do Banco Central. Mas não fica descartada a hipótese de prova pericial contábil.

III.II – O fim econômico do contrato

No caso em exame, cuida-se da modalidade de arrendamento mercantil conhecida por *leasing* financeiro, que é a operação realizada entre três partes, na qual a empresa de *leasing* compra o bem do fabricante para entregá-lo ao arrendatário. O contrato é realizado por tempo determinado.[30] Ao término do contrato, o arrendatário tem uma tríplice opção: renovar o arrendamento, terminá-lo ou a opção de compra do bem, pagando um valor residual, com a compensação das prestações já pagas e feita a depreciação.

A elevada taxa de juros interna, acrescida de impostos e encargos, encarecia o valor das operações de *leasing*. Como algumas instituições financeiras brasileiras tinham facilidade para captação de recursos externos a juros baixos, tomaram empréstimos em moeda estrangeira para utilização nas operações de arrendamento mercantil com variação cambial.

Analisando a operação econômica dos contratos de crédito em moeda estrangeira, pode-se dizer, a princípio que a razão está com as instituições financeiras. Afinal, desempenham um papel de intermediação e houve a captação de recursos em moeda estrangeira, para celebração de empréstimos com variação cambial. Com isto, não ficam sujeitas às oscilações cambiais.

No entanto, do ponto de vista jurídico, já decidiu o STF que não se deve confundir o índice de captação com aquele que reflita a variação do poder aquisitivo da moeda (ADIn 493). No mesmo sentido, o STJ admitiu a revisão de cláusula de reajuste em contrato de arrendamento mercantil com base nas taxas de captação de Certificados de Depósito Bancário.[31] Já a operação econômica merece uma análise bem mais atenta.

1. Negócio indireto de financiamento

A opção de compra do bem pelo arrendatário é característica essencial do contrato de *leasing* (Lei 6.099/74, art. 5º, *c*), sendo um direito potestativo ou formador (*Gestaltungsrecht*).[32] Em alguns contratos o valor residual é pago no momento inicial, em outros, é incorporado ao valor das parcelas. Nestes casos cumpre discutir se o arrendatário continua com a tríplice possibilidade ao final do contrato (renovação do contrato, opção de compra ou devolução do bem) ou se a escolha inicial é irretratável.

Alguns podem defender a tese de que o pagamento do valor residual no início do contrato ou diluído nas parcelas representa o exercício da opção pelo arrendatário. Com isto, o contrato de *leasing* transmuda-se em um simples contrato de financiamen-

30. Por ser contrato por tempo determinado, Fran Martins (*Contratos e Obrigações Comerciais*, 14ª ed., Rio de Janeiro, Forense, 1999, p. 454) entende que deve haver a obrigatoriedade do cumprimento por tal prazo. Assim, mesmo que o arrendatário queira rescindir o contrato, devolvendo o bem, o autor acredita que deve arcar com todas as prestações no período pactuado. Contudo, sua posição é rechaçada pela jurisprudência, que considera leonina a cobrança por todo o período sem a utilização do bem (por todos, v. *RSTJ* 50/216; REsp 93.231-RS, *DJU* 3.11.98, p. 140, com referência a vários precedentes; *RT* 732/261, 728/371, 700/203; *RDC* 19/280).

31. Cf. REsp 9.182-PR, *DJU* 8.9.92, p. 14.366, com referência a precedentes.

32. Sobre o direito potestativo, cf. bibliografia mencionada por Fábio Konder Comparato, *Direito Empresarial*, São Paulo, Saraiva, 1990, p. 224, notas 1 e 2.

to[33] para aquisição de veículos, com a vantagem da não incidência do imposto sobre operações financeiras.

No entanto, tal posição não parece ser a mais correta. A opção de compra, como direito potestativo, dá ao arrendatário a possibilidade de escolha por sua livre vontade e não deve ser considerada exercida na adesão ao contrato imposto pela arrendadora. No mais, a Lei 6.099/74, ao mencionar no citado artigo, a "opção de compra ou renovação de contrato, como faculdade do arrendatário" indica que o exercício da escolha pode ser feito até o prazo final do contrato, pois somente ao término há, efetivamente, a tríplice possibilidade. Mesmo que faça a escolha no momento inicial do contrato, acreditamos que o arrendatário possa revê-la até o final do prazo.[34]

A discussão acima contribui para reforçar a idéia do fim econômico de várias operações de *leasing* como um financiamento, de acordo com a vontade de ambas as partes, inclusive nos contratos nos quais o valor residual ainda não foi pago e nem diluído nas parcelas.

Resta estabelecer uma importante diferença. Segundo a vontade das partes e de fato pode haver até uma idéia de financiamento. Mas, de direito, o instrumento jurídico utilizado é o arrendamento mercantil,[35] um contrato complexo e diverso do contrato de financiamento.[36-37]

33. Isto não significa a equiparação do contrato de *leasing* ao mútuo, já que o último prevê a transferência da propriedade (CC, art. 1.257) e pode não ter prazo determinado (idem, art. 1.264), entre outras diferenças. Muito menos ao de alienação fiduciária, regido por normas próprias, e da venda com reserva de domínio, pois no *leasing* pode haver a desistência da opção de compra. A propósito da diferença do arrendamento mercantil de outras figuras contratuais, cf. um escrito mais recente do pioneiro no Brasil sobre a matéria, Fábio Konder Comparato ("O irredentismo da 'nova contabilidade' e as operações de *leasing*", *RDM* 68/50-62, às pp. 56 e ss., 1987).

34. Inclusive com a devolução do valor residual já pago, a teor, entre outros, do art. 51, II e § 1º da Lei 8.078/90, sob pena de um enriquecimento indevido do credor (cf. nota 30).

35. Cf. Mauro Brandão Lopes, "Natureza jurídica do *leasing*", *RDM* 14/35-39, 1974, à p. 38, onde salienta: "Ao invés, contudo, a realidade econômica do financiamento surgiu, neste caso, no mundo dos negócios, sob a capa de outro contrato, o de arrendamento, cujos efeitos são, ao mesmo tempo, que o financiamento, efetivamente desejados pelas partes". Adiante (p. 39) ressalta as vantagens para ambas as partes: "a) o financiamento é límpido, e nenhum risco [*sic*, à época não se cogitava de *leasing* com variação cambial; parece que o autor, ao falar de risco, tem em vista apenas o perigo da utilização de um contrato diverso, o de arrendamento, para o alcance da finalidade econômica de financiamento – observações nossas] apresenta para financiador e financiado, mesmo com o pagamento feito sob a forma de 'aluguel'; b) a coisa, que substitui a prestação do financiador, continuando na sua propriedade, constitui para ele garantia suficiente do pagamento da dívida pelo arrendatário, sem necessidade de contratos acessórios; e c) os efeitos normais do contrato de arrendamento são válidos e desejados, conciliando-se perfeitamente com o fim novo visado, o financiamento. O negócio indireto assim armado pode mesmo levar eventualmente a novo contrato típico, por meio de prudentes adaptações legislativas".

36. Enfatizando a opção de compra do bem como característica essencial do *leasing*, preleciona Comparato (ob. cit., p. 58): "Não se pode dizer que a operação constitua, sempre, um financiamento nem que ela se apresente, em todas as hipóteses, como visando à utilização temporária da coisa. A verdadeira causa, o escopo permanente do negócio, em todos os casos, é justamente essa alternativa deixada à escolha do arrendatário. É ela, como elemento *in obligatione* – e não apenas *in executione* – que diferencia substancialmente o *leasing* de todos os demais negócios típicos (...) Se, desde o início, o interesse dos empresários fosse apenas o de receber a coisa em arrendamento, ou unicamente o de obter um financiamento para a sua aquisição, não teria surgido o negócio de *leasing*. Os contratos clássicos de locação e de crédito ou financiamento (seja do próprio vendedor, seja de uma instituição financeira) bastariam completamente".

37. As observações em ambas as notas anteriores, ao invés de antagônicas, são complementares, no caso do presente estudo. Cuidando-se de *leasing* de veículo celebrado com pessoa física, a finalidade econômica é a de financiamento. A preocupação com a opção de compra diz mais respeito aos contratos celebrados por empresas, pois neste caso é maior a possibilidade de devolução do bem. Ainda sobre a questão, o arremate de Comparato (ob. cit., p. 58), frisando a diferença entre os institutos, anteriormente à Lei 7.132/83, que permite operações de *leasing* tendo pessoas físicas como arrendatárias:

Neste caso, caracteriza-se o negócio indireto,[38] no qual as partes recorrem a um contrato típico com o propósito não só da produção de seus efeitos normais, como o alcance de outro fim econômico visado. Além de ser válido, o negócio indireto contribui ao desenvolvimento e dinamismo do Direito Empresarial. Fica sujeito a duas ordens de normas jurídicas: as do contrato típico e as relativas à sua função, aos objetivos almejados pelas partes. Quanto ao fim econômico do contrato, deve ser tido como relevante quando buscado por ambas as partes.[39]

Como ambas as partes tinham por escopo a operação de financiamento, deve ser levada em conta o fim econômico na operação econômica do *leasing*. Sendo o devedor pessoa física e o objeto um veículo para uso pessoal, é notório que a transação tem por finalidade a aquisição do bem. Ainda mais quando o contrato de *leasing* geralmente é celebrado em uma concessionária de automóveis e a empresa de arrendamento mercantil não tem interesse em ficar com o bem. Mesmo no caso de pessoas jurídicas como arrendatárias, o objetivo pretendido pode ser a aquisição do automóvel.

"Não há dúvida de que, sob o aspecto financeiro, o *leasing* é mais atraente, para a empresa que deseja adquirir o bem, do que as operações bancárias normais. As operações a curto prazo não servem, obviamente, para financiar a aquisição de equipamento ou de imóveis, não só pela elevada taxa de encargos, como ainda pela necessidade de constante renovação. E nas operações bancárias a longo prazo, o banco não costuma financiar a integralidade do preço de aquisição do bem.

"Mas mesmo com essas inegáveis vantagens financeiras, o *leasing* na perspectiva da empresa arrendatária, não se confunde com uma simples operação de financiamento. A possibilidade de devolver o bem, findo o prazo contratual, substituindo-o por outro mais moderno ou tecnicamente mais aperfeiçoado, é uma quase-necessidade para as empresas que operam em setores de rápida evolução tecnológica e num mercado altamente competitivo. E essa possibilidade, como valor econômico, tem um preço adicional".

38. Sobre o tema, cf. Ascarelli, "O negócio indireto", in *Problemas das Sociedades Anônimas e Direito Comparado*, 2ª ed., São Paulo, Saraiva, 1969, pp. 91-163.

39. Idem, p. 117.

2. A posição do credor. O dever de *hedge*

Como a instituição financeira é mera intermediadora de recursos, o fundamento dos reajustes com variação cambial é a proteção da empresa arrendadora, através da identidade do indexador do seu ativo e passivo. Estabelece-se um *hedge*, pois os créditos serão corrigidos pelo mesmo índice dos débitos.

Numa situação normal, tal modelo teórico até poderia ser aceito e justificado. Porém, no caso brasileiro e pela especialidade de funções, as empresas sabiam – ou deveriam saber – dos riscos de uma crise cambial (v. II.III, 2 acima). Seu efeito, no mínimo, seria aumentar a inadimplência. Com isto, as empresas arrendadoras poderiam deixar de ter receitas vinculadas à moeda estrangeira, mas continuariam com as obrigações assumidas no exterior, com a agravante da taxa de câmbio mais elevada. Mesmo não havendo inadimplência, as arrendadoras deveriam contar também com a possibilidade de revisão judicial da cláusula de reajuste, o que não seria novidade.[40]

O incumprimento dos devedores, devido a uma desvalorização da moeda, pode acarretar a insolvência das empresas arrendadoras. Para evitar sua própria insolvência, as empresas arrendadoras deveriam ser mais diligentes em suas operações, a começar pela correta e adequada informação dos riscos aos arrendatários.

Mais do que isto, cientes de que as receitas com indexadores cambiais podiam ser afetadas, dificultando o cumprimento das obrigações externas, cabia-lhes procurar proteção através de outra forma de *hedging*.

40. Cf. nota 31.

Em situações normais, já há um razoável risco de inadimplemento dos devedores. No caso do objeto do contrato ser um bem nacional, a instituição financeira continua devedora em moeda estrangeira, mas o bem deverá ser alienado em moeda local. É claro que o valor da prestação no contrato de *leasing* traz (ou deveria trazer) embutida uma previsão para prejuízos com a inadimplência. Mas, se neste lapso de tempo ocorrer uma desvalorização cambial, a instituição financeira pode ficar desprotegida, pois a variação do câmbio será superior à do valor do bem.

Um exemplo dos riscos da arrendadora. A empresa faz uma captação em dólares do equivalente a um milhão de reais e contrata cem operações de *leasing* no valor de dez mil reais cada, sem o recebimento de um valor inicial e com prazo de pagamento de 24 meses. Logo em seguida, antes do pagamento da primeira parcela, ocorre uma crise cambial. A dívida da arrendadora sobe para um milhão e meio de reais. Os arrendatários devolvem ou tem os bens retomados que, em leilão, dificilmente serão vendidos por mais de 80% do preço de mercado, sendo o valor da cláusula penal insuficiente para a cobertura da defasagem entre o custo de aquisição e o produto da venda do veículo. A empresa recupera o valor inicial de um milhão de reais e deve pagar a operação no exterior com o acréscimo da variação cambial. A empresa quebra. Não se argumente que os arrendatários devam arcar com as parcelas durante todo o período pactuado, pois, como é de conhecimento geral, a jurisprudência já rechaçou tal entendimento.[41]

Se uma empresa não for diligente com fatos que podem causar sua insolvência, com o que será? Merece sobreviver no mercado?

Há que se considerar que o perigo de uma desvalorização da moeda nacional era previsível, devendo ser de conhecimento das instituições financeiras, em razão da especialização de suas atividades. Também era provável uma porcentagem de inadimplência dos arrendatários, caso fosse mantida a política anterior, que seria ampliada no caso de uma crise cambial. Aliás, as arrendadoras tem pleno conhecimento da situação econômica dos devedores, pois só contratam após uma minuciosa análise de sua possibilidade de pagamento. Para evitar tal prejuízo, que romperia com a operação econômica da instituição financeira (captação de recursos para contratos de arrendamento) e poderia levá-la à ruína, a prudência recomendava uma operação de *hedge* cambial.

O conceito de *hedge* cambial aqui referido é muito mais amplo do que uma operação no mercado de câmbio (a termo ou futuro) ou de *swap*.[42] Deve ser analisado levando em conta a particularidade de cada empresa e do grupo de sociedades do qual faz parte. Se uma instituição financeira do mesmo grupo da empresa arrendadora possui considerável soma de moeda estrangeira, cuja valorização seja suficiente para cobertura de eventuais prejuízos na sociedade que opera contratos de *leasing*, não há necessidade das operações de *hedge* acima referidas.

O mesmo pode ocorrer com uma empresa arrendadora pertencente a um grupo de sociedades do qual faça parte uma montadora de veículos, com parte de sua produção dirigida à exportação. O ajuste cambial produziu um acréscimo das receitas em moeda nacional, gerado pelas exportações e que compensa eventuais perdas na sociedade de arrendamento mercantil.

Em razão da previsibilidade de uma alteração na política cambial e dos riscos

41. Cf. nota 30.

42. Sobre mercados futuros, recomendável a obra de John Hull, *Introduction to Futures and Options Markets*, Prentice Hall, 1991, em especial capítulos 3, 4 e 6. No Brasil, a recente publicação de Rachel Sztajn, *Futuros e Swaps: uma Visão Jurídica*, São Paulo, Cultural Paulista, 1999.

de inadimplemento, impunha-se às empresas arrendatárias a obrigação de estarem protegidas contra uma desvalorização da moeda. Se a instituição financeira fez uma operação de *hedge* ou está protegida por qualquer outra forma, não há sentido em repassar o reajuste da variação cambial aos arrendatários, pois isto implicaria em enriquecimento indevido. A empresa arrendatária lucraria duplamente: ganharia vasto lucro na operação de *hedge* e repassaria integralmente o reajuste cambial aos arrendatários. Na hipótese de não ter feito a operação de *hedge*, assumiu o risco da variação cambial e, portanto, deve arcar com o prejuízo. A especialização das atividades da instituição financeira exigia a proteção contra a valorização da moeda estrangeira.

3. A posição do devedor

Quando da celebração do contrato, o escopo econômico do devedor era a aquisição do veículo, mediante condições de pagamento compatíveis com sua situação financeira. Tinha conhecimento de que as parcelas não eram fixas, mas sabia que a tendência era de um reajustamento pequeno (cf. II.III, 1, *supra*). Assim, mesmo com um pequeno aumento a cada mês, o valor da obrigação não extrapolaria sua capacidade de adimplemento.

Pode-se tentar argumentar que o reajuste cambial foi de livre escolha do arrendatário, pois o mesmo tinha duas opções: ou pagar um valor fixo, com prestações mensais mais elevadas, ou fazer uma operação com variação cambial, com prestação e juros menores, mas com o risco de uma elevação no preço da moeda estrangeira. Em contrapartida ao benefício inicial de juros e prestações menores, tem-se o perigo da oscilação cambial. Mas o raciocínio só seria válido se os devedores tivessem a capacidade de discernimento para avaliar ambas as hipóteses e tivessem a ciência do risco ao qual estavam sujeitos.

Outro fator deve ser levado em consideração. Dentre os péssimos hábitos do consumidor brasileiro nos contratos de crédito, tem-se a preocupação quase que exclusiva com o valor da prestação e o total a ser pago. Em sua grande maioria, os consumidores brasileiros não verificam o percentual das taxas de juros cobradas nem os índices de reajuste do contrato. Sua atenção concentra-se em saber se o valor da parcela é ou não compatível com suas possibilidades de pagamento e se o montante total não é elevado.

Isto não só é de pleno conhecimento das instituições financeiras, como muitas vezes utilizado para convencer o consumidor a celebrar o contrato a taxas de juros elevadas. Os anúncios de ofertas de produtos ilustram bem tal situação: o destaque maior é dado ao valor da prestação. Para o consumidor comum, a diferença entre contratos com juros pré-fixados e com reajustes vinculados à correção cambial era quase nenhuma, praticamente apenas o seu o valor das parcelas. Como as instituições financeiras, em sua grande maioria, sempre souberam explorar a fragilidade do consumidor, enfatizando apenas o valor da prestação, não podem alegar que o arrendatário com contrato atrelado à variação cambial tinha ciência do risco ao escolher a opção por juros menores.

Refuta-se também a idéia de que o contrato com reajuste cambial somente é benéfico para o devedor. As arrendadoras também tinham proveitos dos contratos com variação cambial. A menor taxa de juros diminui o custo da operação, atraindo mais interessados. Com isto, as arrendadoras atendiam um segmento maior do público, praticando mais operações e, portanto, tendo maior probabilidade de lucro.

O escopo do devedor ao celebrar o negócio jurídico era a aquisição a prazo de um bem, sob duas circunstâncias principais: pagamento de parcelas compatíveis com sua renda e valor total do bem não demasiadamente elevado. Caso soubesse que o valor da prestação mensal poderia sofrer forte alteração, não teria celebrado o contrato, mesmo tendo necessidade da aquisição de um veículo, optando pela compra de um automóvel mais barato ou até usado.

Outra ponderação dos arrendatários diz respeito ao valor total do bem. Como já foi dito, não é comum o devedor procurar informações sobre a taxa de juros. Mas ele observa qual o valor total a ser pago. Se um veículo custa dez mil à vista e quinze mil a prazo, o comprador não se inibe a fazer um financiamento, pois o maior custo (metade a mais) não importa em muita onerosidade (para os padrões brasileiros). No entanto, o mesmo consumidor recusar-se-ia a pagar o dobro ou mais do preço à vista, numa compra a prazo, com a inflação estável.

O dado acima é muito importante. Quando o arrendatário realizou o contrato de *leasing*, pretendia a aquisição do bem por um valor não muito superior ao seu custo à vista. Se, à época, fosse informado da possibilidade de que o valor total a ser pago pudesse, em decorrência da variação cambial, ficar bem distante do preço do bem (p. ex., mais do que o dobro), talvez não tivesse contratado.

A relevância do valor total pago pelo arrendatário é, inclusive, reconhecida e prevista legalmente. O art. 6º da Lei 6.099/74 prevê: "O Conselho Monetário Nacional poderá estabelecer índices máximos para a soma das contraprestações, acrescidas do preço para exercício da opção da compra nas operações de arrendamento mercantil". E, em seu § 2º acrescenta que os índices serão fixados considerando o custo do arrendamento em relação ao do financiamento da compra e venda.

A variação cambial inesperada, portanto, rompeu com a expectativa dos arrendatários de aquisição do bem por um preço total não tão elevado, mediante parcelas condizentes com sua renda.

III.III – A mudança cambial e os contratos de "leasing" de bem nacional e importado

1. Bem nacional

No caso do objeto do contrato de arrendamento mercantil ser um bem nacional, a arrendadora deve arcar com as diferenças oriundas da crise cambial.

Primeiro, em razão de seu dever de *hedge* acima assinalado, para evitar que os recursos de captação continuassem devidos em moeda estrangeira e o bem cotado na moeda desvalorizada.

Segundo, pela frustração do fim econômico do contrato buscado pelo devedor. Enquanto o valor do bem não sofreu variação com a desvalorização cambial, o valor da dívida eleva-se demasiadamente. O devedor somente contratou na expectativa de um montante de débito. Com a crise cambial, há uma alteração do seu custo, com um valor das parcelas não previsto. Se tivesse a ciência do quanto poderia custar, seria bastante provável que não contratasse. Já as empresas arrendadoras, além de pecar pela inadequada informação, foram beneficiadas pela conquista do cliente, quiçá até pela omissão da informação dos riscos.

2. Bem importado

No caso do objeto do contrato ser um bem importado, a princípio não seria cabível a exigência de *hedge*, pois o bem pode ser alienado com base na mesma moeda de pagamento pela qual a arrendadora se obrigou, principalmente no caso de bens novos.

Prosseguindo na argumentação até aqui exposta, no caso dos contratos que tem por objeto um produto importado, duas podem ser as soluções. Passemos ao exame de seus fundamentos.

Numa primeira hipótese, se a valorização do bem objeto do contrato acompanhar a variação cambial, deve permanecer o reajuste inicialmente acordado, sob pena de enriquecimento indevido do arrendatário em detrimento da arrendadora, já que o preço do bem aumentou em moeda nacional.[43] Apesar da inexistência da quebra da expectativa do devedor quanto ao valor total do bem em moeda estrangeira, há o aumento inesperado do valor das prestações, a serem pagas em moeda nacional. Diante da falta de informação adequada e com o encarecimento das prestações, os devedores podem encontrar dificuldades para o inadimplemento. Como a eliminação da cláusula de variação cambial representaria um enriquecimento indevido, pois houve valorização do bem, cabível neste caso uma revisão contratual, com o prolongamento do prazo avençado.

Outra hipótese é a do bem objeto do contrato não se valorizar com a mesma intensidade da moeda estrangeira. Neste caso, há frustração dupla do devedor: com o acréscimo não planejado nas parcelas e no valor total do carro (cf. n. 1 acima). Deve ser levada em conta a intenção do arrendatário de aquisição do bem, a um custo não muito superior a seu preço à vista. O rompimento da finalidade econômica do contrato e a ausência de informações adequadas ao devedor, por parte da arrendadora, justificam a revisão contratual, com a exclusão da cláusula de variação cambial.

A adoção de uma ou outra solução depende de uma apuração concreta. Se o bem, em decorrência da desvalorização da moeda nacional, sofrer acréscimo em seu preço, deve ser mantida a variação cambial, sob pena de enriquecimento indevido do arrendatário. Mas a falta de informação da arrendadora sobre os riscos de um reajuste cambial mais acentuado e o aumento não previsto pelo devedor impõem o prolongamento do prazo contratual, com a manutenção do valor das parcelas em reais.

No caso da não valorização do bem com o ajuste cambial, a maior disparidade entre o custo total para aquisição do veículo e o seu preço de mercado fundamenta a revisão da cláusula de reajuste cambial.

IV – Aspectos jurídicos

Apesar do controvertido caráter jurídico do *leasing*, cuida-se de uma operação de caráter financeiro, até por força de definição legal (cf. Lei 6.099, de 12.9.74, art. 7º; Resolução 2.309/96, do Banco Central do Brasil, art. 5º).[44] Como operação financeira, enquadra-se no âmbito do direito do consumidor, em face do disposto no art. 3º, § 3º, da Lei 8.078, de 11.9.90.

Embora a questão pareça cristalina, é de se esperar uma discussão não só em relação à qualificação jurídica do arrendamento mercantil, como sua disciplina no âmbito da Lei de Proteção ao Consumidor.[45] Tanto um quanto outro aspecto, não

43. Tal solução não encontra analogia com a questão das dívidas de valor e dívidas de dinheiro, já amplamente debatida pela doutrina e jurisprudência. Dívida de valor caracteriza-se pela atualização monetária (*RTJ* 127/789, apesar de opiniões diversas), ao contrário da dívida de dinheiro. Não se pretende, como solução ao problema apresentado, a eliminação do reajuste previsto no contrato de arrendamento mercantil. Discute-se apenas qual deverá ser o seu índice de atualização.

44. Sobre a caracterização do *leasing* como operação financeira, cf., entre muitos, Arnoldo Wald, ob. cit., pp. 17-25; Luiz Gastão Paes de Barros Leães, "O *leasing* é uma operação financeira?", *RDM* 35/11-24, 1979, e o voto do prof. e Juiz Newton de Lucca, in *RDM* 108/205-214, 1998, com citação de ampla bibliografia.

45. Com base na experiência de Newton de Lucca, não desprezemos as eventuais objeções à aplicação do direito do consumidor: "Diante da disposição expressa do § 2º do art. 3º do CDC; ciente da circunstância de que as origens do Direito do Consumidor, em todo o mundo, acham-se visceralmente ligadas aos abusos cometidos por instituições financeiras contra os seus clientes; ciente, ainda, de que os pareceres emitidos em sentido contrário, conquanto provenientes de respeitabilíssimos juristas, foram encomendados por famosa entidade de classe do Sistema Bancário, a Federação Brasileira das Associações de Bancos; ciente, também, de que os banqueiros são necessariamente considerados comerciantes, seja pelo disposto no art. 119 do Código Comercial, de 1850, seja pelo que está expresso no § 1º do art. 2º da Lei 6.404, de 15.12.76, seja, ainda, pela abundante doutrina a respeito de tal qualificação – e, portan-

apenas comportam um artigo como várias monografias. Ao invés de um exame mais detalhado do enquadramento das operações de arrendamento mercantil na competência da Lei de Proteção ao Consumidor, que soa como bastante claro em face das normas legais apontadas, podemos aproveitar o espaço para, sucintamente, enfocar o problema sob o pálio da teoria geral dos contratos. Isto porque, se o direito do consumidor não for aplicável à espécie, será pertinente o estudo da matéria à luz da teoria geral dos contratos. Em seguida, o problema será analisado conforme a ótica consumerista.

IV.I – À luz da teoria geral dos contratos

1. O princípio da boa-fé e os vícios de consentimento

1.1 A boa-fé – O exame da anulabilidade do contrato, em razão de vícios de consentimento, não deve vir dissociado do princípio contratual da boa-fé,[46] expresso nas legislações modernas (como, p. ex., Código Civil francês, art. 1.134; Código Civil alemão, §§ 157 e 242; Código Civil suíço, art. 2, 1; Código Civil italiano, arts. 1.175, 1.337, 1.338, 1.341, 1.375 e 1.457; Código Civil espanhol, art. 7º, I; Código Civil português, arts. 227, 239, I, 334 e 762, 2; *Uniform Commercial Code* – § 1-203; Projeto de Código Civil, art. 421).

No Direito romano, a *fides* impunha não só que as partes satisfizessem a prestação devida, como também evitassem tudo o que pudesse frustar ou impedir o seu cumprimento.[47] Dada a sua fundamental importância, os romanos chegavam a equipará-la à coisa sacra.[48]

No Direito moderno reconhece-se dois tipos de boa-fé: a subjetiva, relacionada ao estado psicológico do indivíduo e caracterizada pela boa-crença (*Glaube* na doutrina alemã) e a objetiva, que é o padrão de conduta esperado, o motivo para confiar, englobando não só a boa-crença como a lealdade negocial (*Treu und Glauben*). A última evidencia a boa-fé como princípio e não como um estado subjetivo, sendo o modelo normalmente aplicado no Direito Contratual hodierno.

A boa-fé no negócio jurídico caracteriza-se pela lealdade recíproca e pela colaboração na execução do contrato (Projeto de Código Civil, aprovado no Senado Federal,[49] art. 421), devendo estar sempre relacionada à finalidade econômica do con-

to, devem os mesmos ser tidos indisputavelmente como fornecedores, tanto pela definição do *caput* do art. 3º do CDC, como pela retro-aludida disposição do § 2º desse mesmo art. 3º expressa à atividade bancária – jamais tendo sido contestada por algum tratadista essa qualificação de comerciante ao banqueiro; ciente, enfim, de que algumas noções propedêuticas de Hermenêutica Jurídica recomendam evitar-se todo o tipo de interpretação que possa conduzir ao absurdo, julguei que não seriam necessárias longas digressões para o exame da matéria e sintetizei sobremaneira o relatório apresentado na ocasião, em virtude mesmo do pouco tempo de que dispus para fazê-lo" (cf. *Direito do Consumidor: Aspectos Práticos: Perguntas e Respostas*, São Paulo, Ed. RT, 1995, p. 155). Apesar do texto tratar de incidência nos contratos bancários, os argumentos são perfeitamente cabíveis no caso do arrendamento mercantil praticado pelas empresas de *leasing*. Além de quatro conhecidos pareceres (da lavra dos profs. Arnoldo Wald, Geraldo de Camargo Vidigal, Luiz Gastão Paes de Barros Leães e Manoel Gonçalves Ferreira Filho, publicados em 1990 no *Caderno IBCB* 22), que defendem a exclusão das atividades financeiras do âmbito do CDC, há que se registrar a posição de Athos Gusmão Carneiro ("O contrato de *leasing* financeiro e as ações revisionais", *RT* 743/11-25, à p. 17, 1997), defendendo a não incidência da Lei 8.078/90 aos contratos de *leasing* financeiro, que tem por objeto bens de capital e produção, adotada em julgados como o do 2º TACivSP (ap. 520.951, 4ª C., j. 15.6.98).

46. Sobre boa-fé, cf. Antônio Manuel da Rocha e Menezes Cordeiro, *Da Boa-Fé no Direito Civil*, Coimbra, Almedina, 1984, 2 vs.

47. Cf. Kaser, *Das Römische Privatrecht I: das altrömische, das vorklassische und klassische recht*, München, Beck, 1955 (trad. espanhola da 5ª ed. por José Santa Cruz Teijeiro, *Derecho Romano Privado*, 2ª ed., Madrid, Reus, 1982, p. 167).

48. Cf. Cícero, *Verrem.*, 2, 3, 3, 6: "Fidem sanctissimam in vita qui putat".

49. Cf. Emenda 332 ao PLC 118/84, *Diário da Câmara dos Deputados*, Suplemento ao n. 21, de 5.2.98, pp. 136 e ss.

trato.[50] O princípio tem forte aplicação em matéria de interpretação dos contratos.[51] Sobre tal reflexo, preleciona Orlando Gomes: "o literal da linguagem não deve prevalecer sobre a intenção manifestada na declaração de vontade, ou dela inferível".[52]

No caso em comento, as empresas arrendadoras, em razão de sua atividade financeira especializada, tinham – ou deveriam ter – pleno conhecimento do risco de uma crise cambial, com a elevação do preço das moedas estrangeiras, ao contrário dos arrendatários (salvo se instituições financeiras), que não podem ser responsabilizados pela ignorância da situação econômica.

Registre-se que tal disparidade de tratamento não viola a isonomia, pois a igualdade deve ser vista não no plano das liberdades formais, mas sim no campo das liberdades materiais. Sendo assim, consiste em tratar desigualmente os desiguais. Isto é reflexo da evolução da doutrina contratual. Inicialmente presa aos ditames liberais da força obrigatória dos contratos, sofre radical transformação com a intervenção estatal para proteção da parte mais débil. Frise-se ainda que os negócios celebrados caracterizam-se como contratos de adesão, devendo ser interpretados contra a parte que o redigiu, orientação já conhecida desde os romanos, com o instituto do favor *debitoris*.[53]

Neste contexto, a boa-fé contratual deve levar em conta a diversidade das partes, sendo importante para apuração ou não da existência de vício de consentimento. Até porque o consentimento de uma parte, se em situação de desigualdade, não basta para garantir a justiça do contrato.[54]

50. Cf. Ruy Rosado Aguiar Jr., "A boa-fé na relação de consumo", *RDC* 14/20-27, em especial pp. 21-23, 1994.

51. Um exemplo é a regra do art. 131.1 do Código Comercial brasileiro.

52. In *Contratos*, 12ª ed., Rio de Janeiro, Forense, 1987, p. 43.

53. Cf. D. 45, 1, 38, 18 e D. 50, 17, 172.

54. *Populorum Progressio* 59.

1.2 Vícios de consentimento – O contrato é um acordo de vontades. Para seu aperfeiçoamento deve haver a conjugação da vontade das partes. É antiga a discussão sobre qual vontade deve prevalecer: a intencional ou a declarada.[55] Mas foi Savigny quem sistematizou e formulou a teoria da vontade interna ou real (*Willenstheorie*), à qual se contrapôs a tese da vontade declarada (*Erklärungstheorie*).

A polêmica é justificada. De um lado, há que se respeitar a intenção das partes, pois se a obrigatoriedade das convenções decorre da autonomia da vontade, a pessoa só deve ser compelida a cumprir aquilo que desejou convencionar. Sendo a vontade viciada, o contrato é anulável (CC, arts. 86-113 e 147, II; CCom, art. 129, 4). A teoria da vontade real, levada ao extremo, peca pelo seu individualismo. Por outro lado, em nome da segurança jurídica e da proteção ao terceiro de boa-fé, deve haver o respeito ao declarado, assegurando a estabilidade das relações jurídicas, pois não se pode submeter um negócio jurídico ao subjetivismo da parte.

Tal debate continua atual. Procurando atenuar o subjetivismo da teoria da vontade, a teoria da responsabilidade torna obrigatória a declaração, mesmo havendo discrepância entre a vontade real e a manifestada, quando decorrente de culpa ou dolo do declarante. Trata-se de proteção ao terceiro de boa-fé, assegurando maior segurança às relações jurídicas. Já a teoria da confiança só reconhece a validade da declaração quando seu destinatário obrou de boa-fé. Se a parte contrária sabia ou tinha condições de saber da discrepância entre a vontade interna e a declarada, não merece proteção, por ter assumido o risco da anu-

55. Sobre a dicotomia *verba/voluntas*, v. Eduardo Marchi, "Interpretação dos negócios jurídicos. A *causa curiana* e o art. 85 do Código Civil brasileiro", *RT* 648/21-26, 1989. Entre nós, nos dias de hoje, cf. Antônio Junqueira de Azevedo, *Negócio Jurídico: Existência, Validade e Eficácia*, São Paulo, s/ed., 1974, pp. 87-134.

labilidade do negócio, além de não agir de boa-fé, valendo-se do engano do outro contratante.

A legislação brasileira, no tocante à interpretação dos contratos, dá prevalência à vontade real, ao acentuar a importância da intenção sobre o sentido literal da declaração (CCom, arts. 130 e 131, 1; CC, art. 85). Para evitar a discussão sobre a vontade real e a declarada, a Lei de Proteção ao Consumidor confere atenção à formação do contrato, zelando pelo esclarecimento do consumidor, para que possa efetivamente contratar o desejado (Lei 8.078/90, arts. 4º, IV; 6º, III; 30; 31; 36-38; 39; 40; 46-49; 52; 54, §§ 3º e 4º, entre outros).

Entende-se por erro, como defeito do ato jurídico, a ignorância da realidade. É claro que o arrendatário desconhecia o perigo de uma elevação súbita da taxa de câmbio, pois se tivesse ciência dos riscos dificilmente contrataria. Logo, incorreu em erro. Resta saber qual o tipo de erro e se é ou não escusável. Como o objeto da obrigação é a prestação e o erro incidiu sobre sua forma de reajuste, trata-se de erro substancial, quanto ao objeto principal da declaração, caracterizando o vício do negócio jurídico e possibilitando sua anulação (CC, arts. 86 e 87). Como visto acima, a lei brasileira privilegia a intenção das partes em detrimento da vontade declarada (CCom, art. 131, 1; CC, art. 85).

Sob outro ângulo, caso se defenda *contra legem* a prevalência da declaração, cabível verificar se a empresa arrendadora tinha condições de reconhecer o engano do arrendatário, pois a teoria da confiança exige que o destinatário da declaração tenha agido de boa-fé. *In casu*, as empresas financeiras não apenas deveriam ter conhecimento do problema cambial, como também sabiam da falta de conhecimento do assunto pelos arrendatários. Ressalte-se que é delas o ônus da prova (Lei 8.078/90, arts. 6º, VIII e 51, VI). Cuidando-se de erro que podia ser reconhecido pela outra parte, não se pode defender a prevalência da vontade declarada. Neste sentido, as regras dos arts. 1.428 e 1.431 do Código Civil italiano.

A omissão da arrendadora no alerta ao arrendatário indica, no mínimo, a ausência de boa-fé, que justifica a aceitação do erro da outra parte. Mas que isto, pode caracterizar uma omissão dolosa (CC, art. 94), vez que o arrendatário não celebraria o contrato ciente do risco embutido.

O silêncio de uma das partes sobre fato determinante na realização de negócio jurídico evidencia o dolo, acarretando sua anulação (*RT* 634/130). Como o risco de uma desvalorização cambial, com significativa majoração no valor, era motivo decisivo na celebração do contrato, a falta de esclarecimento e alerta dos devedores enseja a anulação do contrato. No caso das instituições financeiras com grandes posições em moeda estrangeira, o dolo resulta mais do que cristalino.

Também constitui omissão dolosa o silêncio intencional sobre o valor dos bens, não conhecido da outra parte (*RT* 161/276). No caso dos contratos de arrendamento mercantil, o objetivo dos devedores era a aquisição do bem. Ocorre que o valor total da compra, através do exercício da opção, tornou-se muito mais elevado, encarecendo o produto. A ausência de informação sobre a possibilidade do valor total a ser desembolsado pelo devedor (que seria, em tese, o valor de aquisição do bem acrescido dos encargos) caracteriza a omissão dolosa.

Sem contar casos mais delicados, como um no qual o valor do seguro recebido pela indenização de um furto de veículo foi insuficiente para o pagamento do saldo devedor. O contratante está sem o veículo, já desembolsou o pagamento de várias parcelas e continua devedor de significativa soma.

Embora não haja a tipificação do conceito de causa no Direito brasileiro, pode-se entender também pela caracterização do erro por falsa causa (CC, art. 90). Entendendo a causa do art. 90 do estatuto civil como motivo para realização do contrato, vê-se que o arrendatário somente celebrou a avença na certeza de que seu desembolso mensal seria compatível com seu orçamento. Como o valor das parcelas extrapolou sua previsão, cessou a sua razão determinante.

A quebra de perspectiva, garantida na celebração do contrato, elimina a razão determinante do negócio, podendo-se anulá-lo por erro (*RT* 231/189). No caso, a garantia da compatibilidade do valor da prestação com a perspectiva do arrendatário foi dada pelas autoridades governamentais. Mas isto não impede a caracterização da falsa causa, ainda mais quando a outra parte tinha conhecimento da insegurança de tal abono.

Em vista de traços comuns entre as *fattispecies* dos vícios de consentimento, pode-se enxergar três tipos defeitos previstos no Código Civil brasileiro: erro substancial sobre o objeto principal da declaração (art. 87), erro por falsa causa expressa como razão determinante (art. 90) e dolo por omissão (art. 94). Descarta-se a lesão, ainda não inserida na legislação pátria, mas constante do Projeto de Código Civil, pela inexistência da desproporção das prestações quando da celebração do negócio (art. 156).

Como a anulação do contrato, por vícios de consentimento, é uma medida mais radical e traz prejuízos a ambas as partes, deve-se tentar inicialmente a revisão judicial.[56]

2. A revisão contratual

2.1 Teoria da imprevisão – A teoria da imprevisão não tem previsão legal, sendo introduzida no Direito pátrio por obra da doutrina e da jurisprudência. No caso de fato superveniente imprevisto que onera a prestação de uma das partes, os tribunais brasileiros tem aplicado a teoria da imprevisão, socorrendo-se de normas que não chegam a expressar a tese (CCom, art. 131, 1; CC, arts. 85 e 1.058; LICC, arts. 4º e 5º).[57]

O Projeto de Código Civil, ao cuidar do objeto do pagamento, prevê, em seu art. 316, a revisão contratual quando, por motivos imprevisíveis, ocorrer a desproporção entre o valor da prestação devida e o do momento de sua execução: "Art. 316. Quando, por motivos imprevisíveis, sobrevier desproporção manifesta entre o valor da prestação devida e o do momento de sua execução, poderá o juiz corrigi-lo, a pedido da parte, de modo que assegure, quanto possível, o valor real da prestação."[58]

O teor da norma é inteiramente aplicável ao problema discutido. Houve uma desproporção entre a prestação devida e a do momento da execução, ocasionada por um motivo imprevisível para os arrendatários. Sendo assim, é possível a correção judicial, para assegurar o valor real aproximado da prestação inicial, pela alteração do índice de reajuste cambial por outro que reflita a variação da inflação.

Já no Capítulo "Da Extinção do Contrato", o Projeto de Código Civil traz uma

56. Cf. J. Othon Sidou, *A Revisão Judicial dos Contratos e Outras Figuras Jurídicas*, Rio de Janeiro, Forense, 1978, p. 133.

57. Cf. o apanhado de diversos arestos que discutem a aplicabilidade da teoria da imprevisão trazido por Rogério Ferraz Donnini, *A Revisão dos Contratos no Código Civil e no Código de Defesa do Consumidor*, São Paulo, Saraiva, 1999, pp. 81 e ss.

58. O texto aprovado na Câmara dos Deputados tinha o seguinte teor: "Quando, pela desvalorização da moeda, ocorrer desproporção manifesta entre o valor da prestação devida e o do momento da execução, o juiz determinará a correção monetária, mediante aplicação dos índices oficiais, por cálculo do contador".

Como pode ser observado, a Emenda do Senado Federal (Emenda 34) é bem mais abrangente, não se preocupando somente com a hipótese de desvalorização da moeda. O teor original diz respeito às dívidas de valor, já o novo introduz os conceitos da teoria da imprevisão.

seção específica sobre a resolução por onerosidade excessiva. Ei-la: "Seção IV – Da resolução por onerosidade excessiva. Art. 477. Nos contratos de execução continuada ou diferida, se a prestação de uma das partes se tornar excessivamente onerosa, com extrema vantagem para a outra, em virtude de acontecimentos extraordinários e imprevisíveis, poderá o devedor pedir a resolução do contrato. Parágrafo único. Os efeitos da sentença que decretar a resolução do contrato retroagirão à data da citação. Art. 478. A resolução poderá ser evitada, oferecendo-se o réu a modificar eqüitativamente as condições do contrato. Art. 479. Se no contrato as obrigações couberem à apenas uma das partes, poderá ela pleitear que a sua prestação seja reduzida, ou alterado o modo de executá-la, a fim de evitar a onerosidade excessiva".

Como tal trecho do Projeto foi mantido inalterado no Senado Federal, não mais pode ser modificado na Câmara dos Deputados. A única possibilidade de mudança será através de veto presidencial. Assim, podemos adotar o texto acima, para apuração dos parâmetros a serem observados na aplicação da teoria.[59]

Sabemos das diferenças entre resolução (meio de extinção do contrato) e teoria da imprevisão (continuidade do contrato, com revisão da onerosidade excessiva superveniente). Mas como o pedido de resolução por onerosidade excessiva pode ser utilizado para revisão contratual (na hipótese do art. 478), consideramos seus parâmetros como requisitos para aplicação da tese da imprevisão.

O art. 477, que traz a idéia de onerosidade excessiva, tem nítida influência da disposição do art. 1.467 do Código Civil italiano,[60] com a inclusão da noção de extrema vantagem da outra parte.

O conceito de onerosidade excessiva contrapõe-se ao risco normal do contrato ou excedente à álea. O risco normal nos contratos com variação cambial seria a desvalorização prevista com a continuidade da política até então adotada.

O parâmetro de onerosidade excessiva pode também ser extraído de outras leis. A revogada norma que tratava da locação comercial, o Decreto 24.150/34, em seu art. 31, previa a revisão contratual caso o locativo sofresse variações além de 20% (vinte por cento) das estimativas. O mesmo percentual também é utilizado pela lei que tipifica os crimes contra a economia popular, para definir usura real como a obtenção, através de abuso da premente necessidade, inexperiência ou leviandade da outra parte, de lucro patrimonial que exceda o quinto do valor corrente ou justo da prestação feita ou prometida (Lei 1.521, de 26.12.51, art. 4º).

A onerosidade da prestação do arrendatário torna uma vantagem manifestamente excessiva à instituição financeira à medida em que lhe competia montar uma operação de *hedge*, precavendo-se de eventuais inadimplementos. Assim, se a instituição financeira realizou a operação de proteção, teve um significativo ganho. Se não o fez e não tinha outra forma de proteção, foi por falta de diligência.

59. Em prejuízo da discussão doutrinária sobre os requisitos para aplicação da tese, nas obras de Arnoldo Medeiros da Fonseca (*Caso Fortuito e Teoria da Imprevisão*, 3ª ed., Rio de Janeiro, Forense, 1958, p. 244), J. M. Othon Sidou (*A Cláusula "Rebus Sic Stantibus" no Direito Brasileiro*, Rio de Janeiro, Freitas Bastos, 1962, p. 72; *A Revisão Judicial*..., cit., p. 31), Orlando Gomes (ob. cit., p. 41), entre outros.

60. "Art. 1.467. Nei contratti a esecuzione continuata o periodica ovvero a esecuzione differita, se la prestazione di una delle parti è divenuta eccessivamente onerosa per il verificarsi di avvenimenti straordinari e imprevedibili, la parte che deve tale prestazione può domandare la risoluzione del contratto, con gli effetti stabiliti dall'art. 1.458.

"La risoluzione non può essere domandata se la sopravvenuta onerosità rientra nell'alea normale del contratto.

"La parte contro la quale è domandata la risoluzione può evitarla offrendo di modificare equamente le condizioni del contratto."

A vantagem da instituição financeira pode decorrer não apenas do contrato, mas do conjunto de suas operações. Uma instituição financeira ou o grupo de sociedades do qual faz parte pode não ter tido um proveito em sua atividade de intermediação. No entanto, a desvalorização da moeda pode ter provocado um ganho em outra atividade. É o caso dos bancos que tinham posições em moeda estrangeira ou das empresas com receitas em dólar. Neste caso, como já foi frisado, há que se considerar não só a sociedade de arrendamento mercantil, mas todo o grupo societário do qual faz parte (cf. III.II, 2 *supra*).

Já a imprevisibilidade prevista no art. 477 diz respeito à parte prejudicada, no caso o devedor que, com seu precário conhecimento não podia prever o acontecimento extraordinário. Caso se pretenda discutir a extraordinariedade ou a imprevisibilidade de uma mudança cambial, convém lembrar que desde tempos idos até hodiernamente a desvalorização da moeda é motivo ensejador de revisão judicial com base na teoria da imprevisão (*RT* 638/233-240, 121/703, *Arq. Jud.* 39/178).

O interessante da disciplina adotada no Projeto é a possibilidade de poupar a resolução do contrato, pela modificação eqüitativa das condições (art. 478). Por modificação eqüitativa deve-se entender aquela que elimine a onerosidade excessiva da prestação da parte prejudicada, como a alteração do índice de reajuste ou o prolongamento do prazo. A última hipótese, apenas quando há a valorização do bem em decorrência do ajuste cambial (cf. III.III, 2 *supra*). Não como proposto pela maioria das arrendadoras, o prolongamento do contrato para a manutenção do valor das prestações, pois o devedor continuará a arcar não só com um valor excessivo, como não previsto e planejado, quebrando a sua expectativa inicial (v. III.II, 2 e III.III acima e IV.III, 1, *infra*).

2.2 A teoria da base objetiva do negócio – Várias teorias procuram fundamentar a revisão contratual: concepção subjetiva do caso fortuito, pressuposição, superveniência, desaparecimento da vontade contratual, falta parcial da causa do contrato, abuso de direito, eqüidade, boa-fé.[61] Mas uma merece atenção e pode ser aplicada ao caso concreto: a teoria da base objetiva do negócio.

A teoria da base objetiva do negócio foi aperfeiçoada por Karl Larenz, a partir das idéias de base do negócio concebidas por Paul Oertmann. Enquanto o último considerava a concepção subjetiva das partes sobre as circunstâncias na conclusão do negócio, que foi alvo de fortes críticas como as de Otto Lenel, Larenz leva em conta apenas a base objetiva do negócio. Segundo o jurista, pode ocorrer a revisão do contrato se for rompida a relação de equivalência entre prestação e contraprestação ou a finalidade objetiva do contrato não fosse atingida, mesmo quando possível o adimplemento pelo devedor.[62]

A disparidade entre o custo total de aquisição e o preço de mercado revela a quebra da relação de equivalência entre prestação e contraprestação, para a qual corroborou a falta de informações ao devedor por parte da empresa arrendadora. E mesmo que fosse possível o cumprimento das obrigações assumidas pelo arrendatário, cabível a revisão, pela ruptura da finalidade econômica do contrato (v. III.II, 2 e III.III).[63]

61. Uma análise das diversas teorias é encontrada em Arnoldo Medeiros da Fonseca, ob. cit., pp. 208-245 e Paulo Carneiro Maia, *Da Cláusula "Rebus sic Stantibus"*, São Paulo, s/ed., 1959, pp. 147-210.

62. Cf. Larenz (sem título original, trad. espanhola de Jaime Santos Briz, *Derecho de Obligaciones I*, Madrid, Editorial Revista de Derecho Privado, 1958, pp. 314-319, à p. 318).

63. O então juiz Nelson Hungria, em decisão pioneira, determina a revisão judicial do contrato, em razão da alteração das bases negociais, por erro derivado de causa superveniente, em lição que continua atual:

Não se pode confundir a teoria da base do negócio com a da imprevisão, pois a primeira é bem mais ampla, por exigir apenas a quebra da finalidade objetiva, sem que haja excessiva onerosidade ou vantagem da outra parte.

Nos contratos em comento, a revisão contratual pode ser fundamentada tanto pela teoria da imprevisão como pela tese da base objetiva do negócio.

"Desde o momento que um fato inesperado e fora da previsão comum destrói por completo a equação entre a prestação e a contraprestação ajustada, deixa de substituir o que Oertmann chama a base do contrato (*Geschaeftsgrundlage*), isto é, o pensamento das partes, manifestado no momento de celebrar-se o contrato, acerca da existência das circunstâncias determinadas.

"É comezinha a regra de hermenêutica, que remonta a Papiniano, a de que, nas declarações de vontade, se atenderá mais à sua intenção que ao sentido literal da linguagem. (...)

"Ora, um fato imprevisto e imprevisível, que sobrevem, modificando radicalmente o complexo de circunstâncias, que foi o necessário pressuposto de fato do acordo das vontades, não pode considerar-se incluído no vínculo contratual, por isso que *voluntas non fertur ad incognitum*.

"A *lex privata*, a *juris necessitas*, decorrente da letra do contrato, tem de ceder ao princípio da boa-fé, ao soberano senso da eqüidade, que vem informando o direito, desde que esse, desprendido do rigorismo formal das XII Tábuas, entrou de evoluir para a sua concepção espiritualística.

"É certo que quem assume uma obrigação a ser cumprida em tempo futuro sujeita-se à alta dos valores, que podem variar em seu proveito ou prejuízo; mas, no caso de uma profunda e inopinada mutação, subversiva do equilíbrio econômico das partes, a razão jurídica não pode ater-se ao rigor literal do contrato, e o juiz deve pronunciar a rescisão deste. A aplicação da cláusula *rebus sic stantibus* tem sido mesmo admitida como um corolário da teoria do erro contratual.

"Considera-se como já viciada ao tempo em que o vínculo se contrai a representação mental que só um evento posterior vem a demonstrar ser falsa. Se o evento, não previsto e imprevisível, modificativo da situação de fato na qual ocorreu a convergência das vontades no contrato, é de molde a quebrar inteiramente a equivalência entre as prestações recíprocas, não padece dúvida que se a parte prejudicada tivesse o dom da preciência, não se teria obrigado, ou ter-se-ia obrigado sob condições diversas" (*Revista de Direito* 100/178, v. tb. Arnoldo Medeiros da Fonseca, ob. cit., p. 310, nota 17).

IV.II – No âmbito da lei de proteção ao consumidor

Já foi expressa a preferência pela aplicação da Lei de Proteção ao Consumidor que, inclusive, elimina grande parte das objeções que podem ser apresentadas no tratamento da matéria segundo o prisma da teoria geral dos contratos. De qualquer forma, a última fornece valiosos subsídios para a compreensão do assunto de acordo com o Direito do Consumidor.

Destacamos como princípios da Lei de Proteção ao Consumidor a preocupação com a vulnerabilidade do consumidor; boa-fé e equilíbrio nas relações; educação e informação dos consumidores; incentivo à criação pelos fornecedores de meios eficientes de controle de qualidade e segurança de produtos e serviços, assim como de mecanismos alternativos de solução de conflitos de consumo; coibição e repressão eficiente de todos os abusos praticados no mercado, que possam causar prejuízos aos consumidores (art. 4º, I, III, IV, V e VI). Sob o enfoque de tais princípios – resumidos no amparo da parte geralmente mais frágil, o consumidor – é que devem ser analisadas as normas do CDC.

1. A proteção pré-contratual: o dever de informação

A Lei 8.078/90 preocupa-se com a proteção do consumidor desde a fase pré-contratual. No caso em exame, a tutela pré-contratual faz-se, principalmente, através de deveres anexos ou secundários de conduta (*Nebenpflichten*), dos quais se destaca o dever de informação (*Informationspflicht*).

A relevância da informação adequada pode ser aferida pela sua presença em vários pontos da Lei 8.078/90: como princípio (art. 4º, IV), direito básico (art. 6º, III), na responsabilidade por fato de produto ou serviço (arts. 12, *caput* e § 1º e art. 14, *caput* e § 1º), na tutela pré-contratual sobre a oferta (arts. 30-31) e publicidade (art. 36), nas tratativas (arts. 46 e 52), na coibição de práticas abusivas (art. 39, IV e V), nos contratos de adesão (art. 54, §§ 3º e 4º) e até no título das infrações penais (art. 66).

No cumprimento do dever de informação, o fornecedor deve levar em consideração a vulnerabilidade do consumidor, especialmente a vergonhosa baixa escolaridade do povo, o desconhecimento dos aspectos contratuais e econômicos (mesmo para pessoas de maior escolaridade) e alertar sobre as condições do contrato que podiam dar margem a dificuldades em sua execução, como a cláusula de reajuste cambial.

A adequada informação ao consumidor traz benefícios de diversas ordens e para ambas as partes: permite ao consumidor contratar com a ciência dos termos e riscos da avença, efetuando uma escolha livre de vício de consentimento; possibilita a maior facilidade no cumprimento da obrigação e reduz o risco de inadimplência, entre outros.

Qual o grau necessário de informação aos consumidores? A Lei 8.078/90 fornece alguns parâmetros, a começar pelo reconhecimento da vulnerabilidade do consumidor no mercado de consumo (art. 4º, I), em contraposição à atividade especializada do fornecedor. Como já dito, deve-se nivelar por baixo e levar em conta os hábitos do consumidor (cf. II.III, 1).

Um caso noticiado ilustra bem a problemática do dever de informação. Nos Estados Unidos, uma senhora de idade acostumou-se a secar seu cachorro aproveitando o calor de seu forno a gás. Tendo adquirido um forno eletrônico, utilizou-o para secar o pêlo do finado animal. Levado o problema ao Judiciário, a sentença julgou insuficientes as informações sobre o uso adequado do forno eletrônico, que deveriam advertir sobre a possibilidade de estorricar o que fosse colocado em seu interior. Considerando os danos morais causados à senhora pela perda do único amigo, consta que a indenização foi fabulosa.[64]

Portanto, o fornecedor deve ter a máxima atenção no dever de esclarecimento, procurando, inclusive, verificar o grau de conhecimento e a situação concreta do consumidor.

E qual o grau de conhecimento exigido dos fornecedores? Para responder, há que se considerar que o fundamento do dever é o fato do fornecedor dispor de conhecimento que a outra parte não possui e que a ausência de informação prejudica a capacidade de escolha racional, ou seja, a própria liberdade contratual.[65] O caso dos contratos com reajuste pela variação cambial demonstra bem a mitigação da possibilidade de opção decorrente da falta de informação.

No caso dos fornecedores, a sua condição de profissional que tem o dever de informar constitui a presunção de conhecimento.[66] E se o fornecedor não tiver tal conhecimento? Nem por isto deve exonerar-se da obrigação de informar. Pelo contrário, por sua condição de especialidade, tem o dever de informar-se para informar.[67]

Como o consumidor tem direito à adequada informação, para que possa contratar racionalmente, o fornecedor responde quer por não informar como por não saber informar.

Nos contratos de crédito, o dever de informação não só é importante para elaboração da vontade real do consumidor, como pela observância do princípio da confiança, isto é, a proteção da expectativa do devedor.[68]

64. Cf. Vera Helena de Mello Franco (ob. cit., p. 66), que conta a história com base em narrativas, mas com a advertência de ainda não ter localizado a decisão judicial.

65. Cf. Rubén S. Stiglitz, "La obligación precontractual y contractual de información. El deber de consejo", *RDC* 22/9-25, à p. 18, 1997.

66. Idem, p. 23.

67. Idem, p. 17.

68. Cf. Cláudia Lima Marques, "Os contratos de crédito na legislação brasileira de proteção do con-

O dever de informação na fase contratual não pode ser presumido com a assinatura do devedor tomando ciência ou concordando com cláusulas ou de riscos nos contratos de adesão, pois muitas vezes a parte débil, por inexperiência, ignorância da lei, preguiça, hábito, conformismo, necessidade ou falta de tempo ou não saberá ou não quererá discuti-las.[69]

Conclui-se pela não escusabilidade pela ausência de informação ao consumidor sobre o risco de maior desembolso (*RDC* 4/255). E se tiver havido a indução do consumidor a erro, quer por afirmações falsas ou enganosas, quer pela omissão de informações, em relação à estimativa de custo, pode-se caracterizar o delito tipificado no art. 66 da Lei 8.078/90 (*RDC* 16/192).

2. A revisão contratual no CDC

A revisão contratual prevista na Lei de Proteção ao Consumidor exige apenas a existência de fato superveniente que traga excessiva onerosidade para o consumidor.

O texto legal prevê como direito básico do consumidor a modificação das cláusulas contratuais que estabeleçam prestações desproporcionais *ou sua revisão em razão de fatos supervenientes que as tornem excessivamente onerosas*" (art. 6º, V, grifos nossos).

Tão forte é o escopo da norma no amparo ao consumidor que ultrapassa em muito os limites da teoria da imprevisão, dispensando os requisitos da previsibilidade e excepcionalidade do evento, pois ainda que o fato superveniente seja provável é cabível a revisão. Está fundada na teoria da base objetiva do negócio (IV.I, 2.2 *supra*) e, em observância ao princípio da confiança, prevê a manutenção da expectativa do consumidor, via intervenção judicial que se sobrepõe à vontade inicial das partes, desde que haja apenas fato superveniente que acarrete excessiva onerosidade.[70]

A crise cambial, com a abrupta desvalorização da moeda é fato superveniente. Conforme já visto (IV.I, 2.1), a onerosidade excessiva caracteriza-se pela variação de mais de 20% do valor esperado da prestação. No caso da Lei de Proteção ao Consumidor, na apuração da onerosidade excessiva deve ser considerada a natureza e conteúdo do contrato, o interesse das partes e outras circunstâncias peculiares ao caso (art. 51, § 1º, III).

É de ser descartada a afronta ao mandamento constitucional que garante o ato jurídico perfeito (CF, art. 5º, XXXVI), posto que invocável apenas quando uma lei ou uma decisão, sem fundamento legal, altera a situação já consolidada. Nos contratos em análise, houve uma mudança econômica e não legal. Também não se encontra violado o princípio no plano legal, expresso no art. 6º da LICC, pois a possibilidade de revisão, além de reconhecer o ato jurídico como perfeito, contribui para o cumprimento da avença. Neste sentido, o aresto a seguir, emanado do STJ é bem ilustrativo: "*Promessa de compra e venda. Resolução. Fatos supervenientes. Inflação. Restituição.* A modificação superveniente da base do negócio, com aplicação de índices diversos para a atualização da renda do devedor e para a elevação do preço contratado, inviabilizando a continuidade do pagamento, pode justificar a revisão ou a re-

sumidor", *RDC* 18/54-76, em especial pp. 60 e ss., 1996.

69. A respeito, vide as críticas de Enzo Roppo às regras do art. 1.431 do Código Civil italiano (*Il Contratto*, Bologna, Mulino, 1977, trad. portuguesa de Ana Coimbra e M. Januário C. Gomes, *O Contrato*, Coimbra, Almedina, 1988, pp. 329-330).

70. A propósito da disciplina do art. 6º, V, do CDC, entre outros, cf. Cláudia Lima Marques, *Contratos no Código de Defesa do Consumidor: o Novo Regime das Relações Contratuais*, 2ª ed., São Paulo, Ed. RT, 1995, pp. 298-301, e Luís Renato Ferreira da Silva, *Revisão dos Contratos: do Código Civil ao Código do Consumidor*, Rio de Janeiro, Forense, 1999, pp. 142 e ss.

solução judicial do contrato, sem ofensa ao art. 6º da LICC" (REsp 73370-AM, rel. Min. Ruy Rosado de Aguiar Jr., *DJU* 12.1.96, p. 2.433).

A onerosidade excessiva, por si só, impõe a revisão da cláusula de reajuste cambial. Mas a ela se acrescentam a quebra da base objetiva do negócio e os vícios de consentimento, motivados pela falta de informação ao consumidor.

IV.III – As soluções propostas

1. A atuação do Poder Executivo

A Secretaria de Direito Econômico do Ministério da Justiça efetuou gestões junto às sociedades de arrendamento mercantil, em busca de uma solução negociada a ser aplicada a todos os contratos. Mas as empresas concordam apenas com o prolongamento do prazo contratual, para manutenção do valor aproximado das parcelas em moeda nacional.

Se de um lado as empresas procuram demonstrar boa-fé no auxílio na execução do contrato, por outro pecam por sua falta, ao pretender que o consumidor acabe pagando um valor total muito além do que o esperado. Além do mais, grande parte do problema foi causado pelas próprias empresas, não só pela falta de informação adequada aos consumidores, como pela sua não diligência em fazer operações de *hedge*.

Ademais, a possibilidade de revisão judicial (CDC, art. 6º, V) inviabiliza a proposta das arrendadoras.

2. Algumas decisões iniciais[71]

Em ação civil pública ajuizada pelo Movimento das Donas de Casa e Consumidores de Minas Gerais em face de diversas instituições, o juiz da 20ª Vara Cível de Minas Gerais, Paulo Roberto Pereira da Silva, acatou pedido de tutela antecipada, determinando a substituição da indexação cambial pela correção pelo Índice Nacional de Preços ao Consumidor-INPC, no prazo de dez dias, sob pena de multa diária de R$ 500,00, justificando a revisão pela "maciça propaganda do governo" negando a desvalorização do Real, induzindo os consumidores a erro.

A decisão está fundamentada no vício de consentimento dos devedores. Para reforçá-la deve ser invocada a onerosidade excessiva que autoriza a revisão contratual (CDC, art. 6º, V) e a falta de informação adequada sobre os riscos dos consumidores. A decisão dá a entender que os consumidores tinham ciência dos perigos de uma desvalorização cambial, mas confiaram nas autoridades governamentais. Mas, diante da vulnerabilidade do consumidor (CDC, art. 4º, I), não se pode concluir que os devedores tinham conhecimento dos riscos, nem que estavam atentos à política econômica. A multa diária aplicada é prevista no art. 84, § 4º do CDC.

Outra liminar foi concedida pela juíza da 25ª Vara Cível do Rio de Janeiro, que exigiu, para indexação cambial, que a instituição financeira prove que o valor captado no exterior ainda não tenha sido quitado. Na hipótese negativa, determina a correção pela variação do INPC. Pelo que foi noticiado, a magistrada atentou-se apenas à regra do art. 6º da Lei 8.880/94. Sendo ou não correta tal informação, a decisão final não deve desconsiderar as diversas normas do CDC aqui mencionadas, nem os vícios de consentimento e a possibilidade de revisão judicial do contrato.

Na Comarca de São Paulo, há registro de outras decisões, com a substituição da variação cambial pelo INPC, fundadas no citado art. 6º, V. Caracterizada a onerosidade excessiva, inteiramente pertinentes as decisões.

71. Tomamos conhecimento das decisões e de seus fundamentos através de meios de comunicação. Portanto, alguns dados podem ser inexatos.

Em todas as hipóteses, há que se afastar o consumidor dos riscos da inadimplência e permitir que, após os pagamentos, seja possível ao arrendatário a aquisição da propriedade do veículo, evitando quaisquer dificuldades que possam ser postas pelas empresas.

V – Considerações finais

Dada a atualidade do assunto, o presente estudo foi redigido em um curto espaço de tempo e teve por objetivo uma análise panorâmica do assunto, procurando considerar algumas facetas do problema, ficando prejudicada uma análise doutrinária mais aprofundada. Isto, entretanto, não invalida suas conclusões e os subsídios que procuramos oferecer à discussão do tema.

Do exposto, podemos extrair como principais conclusões:

1. A crise cambial era previsível.

2. No entanto, não se pode exigir tal condição de previsibilidade do "homem médio" pela sua confiança na política econômica e nem dos devedores em *leasing* com reajuste pela variação cambial, pois se soubessem dos riscos de uma desvalorização da moeda não teriam celebrado o contrato.

3. Já as instituições financeiras, pela especialidade de suas funções e pela diligência profissional exigida, não só tinham condições como deveriam saber dos riscos da situação econômica do país (em especial da âncora cambial). Mais ainda, competia-lhes a feitura de operações de *hedge*, para manter o escopo econômico de sua operação de intermediação de recursos.

4. Se as empresas arrendadoras estavam protegidas contra uma desvalorização da moeda nacional, o repasse da variação cambial aos arrendatários de bem nacional constitui um enriquecimento indevido. Se não estavam, devem ser responsabilizadas por sua negligência.

5. No caso do objeto do contrato ser um bem importado, duas as alternativas, a serem apuradas *in concreto*. Se o bem valorizou-se com a mudança na taxa de câmbio, cabível o reajuste pela variação cambial, sob pena de enriquecimento indevido do arrendatário. Caso contrário, deve ser revisto o índice de correção.

6. Houve quebra da expectativa dos arrendatários, por falta de informação adequada por parte das empresas, não só quanto ao valor das parcelas, como em relação ao custo total. Por isto, é cabível a resolução do contrato por vício de consentimento.

7. Como a resolução do contrato parece não interessar e pode trazer mais prejuízos a ambas as partes, deve-se buscar a revisão da cláusula de correção cambial.

8. Como o CDC é aplicável aos contratos de arrendamento mercantil, a solução mais apropriada, caso não haja acordo entre as partes, é a revisão judicial com base no art. 6º, V da Lei 8.078/90, dada a onerosidade excessiva.

9. No caso de contrato que tem por objeto bem nacional ou importado cuja valorização não acompanhou a variação cambial, a revisão mais adequada é a substituição do reajuste por um índice de apuração da inflação.

10. Se o objeto for um bem importado cujo valor acompanhou a valorização cambial, a revisão judicial deve consistir no prolongamento do prazo contratual, com a manutenção aproximada do valor das parcelas em moeda nacional, para evitar enriquecimento indevido do arrendatário.

São Paulo, fevereiro de 1999

Atualidades

BUSCA E APREENSÃO NA ALIENAÇÃO FIDUCIÁRIA

Luiz Rodrigues Wambier

Introdução. 1. Alienação fiduciária em garantia. História recente. 2. Alienação fiduciária em garantia. Natureza jurídica. 3. Características gerais e sujeitos da alienação fiduciária em garantia. 4. A ação de busca e apreensão de que trata o Decreto-lei 911. 5. As principais discussões que se estabeleceram em torno do Decreto-lei 911: 5.1 Da condição de depositário e a possibilidade de decretação de sua prisão civil; 5.2 Do Pacto de São José da Costa Rica; 5.3 Dos requisitos para a concessão de liminar na ação de busca e apreensão em alienação fiduciária em garantia; 5.4 Da inexistência de liberdade para o juiz deixar de conceder a liminar, se presentes os seus requisitos; 5.5 O direito à tutela jurisdicional efetiva e eficaz. 6. Reflexões finais. Bibliografia.

Introdução

O aumento do consumo de bens duráveis, conseqüência inexorável do progresso industrial, e o crescimento do chamado mercado de capitais foram fatores determinantes para que ao sistema normativo brasileiro fossem agregadas regras disciplinadoras de diversas questões, dentre as quais merece destaque o crédito ao consumidor.

É evidente que tais questões relativas ao crédito não são novas. Desde há muito está presente no âmbito do comércio de bens intensa preocupação em torno da necessidade de se criarem instrumentos jurídicos capazes de permitir a ampla circulação dos bens, acompanhados de mecanismos de proteção ao crédito, ao credor e ao devedor.

De fato, há necessidade de garantias que permitam ao crédito, como instrumento de realização de negócios a necessária "credibilidade" e, se possível, a praticidade de seus mecanismos. Nesse contexto, há ainda que se pensar na integridade do sistema jurídico, que deve acolher novos instrumentos em harmonia com seus princípios e regras, de forma que o advento de novos mecanismos não cause fissuras na ordem constitucional ou provoque desarranjos no sistema normativo infraconstitucional.

Em benefício do credor, engendram-se garantias que permitam a ele o recebimento de seus haveres diante do devedor, de molde a que, mantido o seu capital, possa continuar exercendo suas atividades comerciais ou financeiras.

E, em favor do devedor, têm-se criado sistemas que permitam, a um só tempo, o acesso cada vez maior à fruição dos bens que se encontram no comércio e o mínimo possível de sacrifícios e constrangimentos diante das situações advindas da contratação (e principalmente do inadimplemento) do crédito.

Não é fácil a tarefa consistente em conciliar tantos interesses, principalmente diante do crescente desprestígio das garantias eminentemente pessoais, fruto da massificação do consumo e do alargamento do crédito. O sistema, por razões que veremos a seguir, tem preferido estabelecer garantias que recaiam sobre os próprios bens, de modo a que estes possibilitem ao credor, na hipótese do inadimplemento do credor, o imediato recebimento de seu crédito.

Se, por um lado, há o reclamo das classes empresariais, que pedem melhores regras de disciplina do tráfego comercial e financeiro, há, por outro lado, necessidade de se preservarem direitos e garantias dos usuários do crédito.[1]

Mas, não é só. Para que se possa ter uma idéia aproximadamente correta do complexo mecanismo de funcionamento do sistema de crédito para financiamento do consumo, é preciso lembrar que os recursos destinados ao fornecimento de crédito ao consumidor são oriundos, fundamentalmente, da captação que a instituição financeira realiza perante terceiros, chamados investidores.

Trata-se de uma longa cadeia de interesses econômicos que, *grosso modo*, assim funciona: a instituição financeira capta recursos de investidores no mercado financeiro, contratando remuneração de acordo com critérios de mercado; esses recursos, captados no mercado, são aplicados em operações de crédito; o favorecido com o crédito adquire bens de consumo; com o "retorno" desses recursos à instituição financeira, esta paga aos investidores.

1. Na opinião de José Carlos Moreira Alves (*Da Alienação Fiduciária...*, p. 2), "(...) para facilitar a obtenção do crédito, é indispensável garantir, da maneira mais eficiente possível, o credor, sem, em contrapartida, onerar o devedor a ponto de que fique, por causa da garantia, impedido de pagar o que deve, ou de se utilizar, de imediato, do que adquiriu a crédito".

O inadimplemento das obrigações assumidas pelo devedor (que do crédito se serviu para a aquisição de bens de produção), portanto, poderá acarretar a ruptura do sistema de captação de recursos, pois, se a instituição financeira não contar com recursos para honrar seus próprios compromissos diante dos investidores, dificilmente terá meios para fazê-lo e, nessa hipótese, provavelmente não conseguirá ampliar a captação.

A conseqüência direta da diminuição da captação de recursos será o encolhimento da oferta de crédito, com evidente prejuízo para o consumidor dos bens de produção que necessite de crédito para adquiri-los.

Trata-se de um ciclo econômico de importância capital para a sobrevivência do comércio dos bens de produção, ao menos da forma como essa atividade é preponderantemente realizada em nossos dias.[2]

Nesse contexto é que surgiram regras disciplinando a alienação fiduciária em garantia, de que trataremos neste trabalho.

1. Alienação fiduciária em garantia. História recente

Há sérias controvérsias na doutrina quanto à origem dessa modalidade de contrato de garantia.

Para alguns, trata-se de tipo contratual que tem origem no Direito romano, no chamado negócio fiduciário.

2. Paulo Restiffe Neto (*Garantia Fiduciária*, p. 57) explica a ocorrência desse ciclo econômico, da seguinte maneira: "Sem a disponibilidade de meios eficazes de pronta satisfação do crédito, os financiamentos estimulados em crescente difusão tornar-se-iam uma temeridade, afetando a própria liquidez das obrigações assumidas pelas financeiras em relação aos títulos de sua obrigação colocados no mercado. E a insegurança fatalmente prejudicaria a captação de recursos de financiamento, com retração na atividade de abertura de crédito para aquisição de utilidades e bens de produção. Rompido o ciclo econômico já apontado, o prejuízo se generaliza".

Segundo outros, sua estrutura encontra paralelo no negócio fiduciário germânico, substancialmente diferente do primeiro modelo. Outros, ainda, sustentam tratar-se de modelo inspirado no *trust receipt*, do Direito anglo-saxão, ao passo que, para abalizada doutrina, a verdadeira fonte inspiradora da alienação fiduciária em garantia foi outro instituto anglo-saxão: a hipoteca mobiliária (*chattel mortgage*).[3]

Em nosso sistema positivo essa modalidade de contrato de garantia foi instituída pela Lei 4.728 – art. 66 – de 14.6.65 (Lei do Mercado de Capitais).

Posteriormente, em 1969, o Decreto-lei 911, de 1º de outubro, deu nova redação a esse artigo, remanescendo como regra disciplinadora da matéria, tanto no campo do Direito material quanto no do Direito processual.

Em final de 1997, a Lei 9.514, de 20 de novembro, veio a estender a bens imóveis o objeto da alienação fiduciária. Trata-se de nova hipótese em que se pode lançar mão desse mecanismo. Sob o ponto de vista processual, todavia, não se serve a lei da figura da busca e apreensão, autorizado que está o manejo da ação de reintegração.

2. Alienação fiduciária em garantia. Natureza jurídica

Trata-se de negócio jurídico dispositivo, bilateral, em que se visa a constituir direito real de garantia e que tem por objeto a transferência da propriedade de coisa móvel, com a finalidade de garantir o cumprimento de obrigação assumida pelo devedor fiduciário diante da instituição financeira que lhe concedeu o financiamento para a compra de determinado bem de produção.

Esse encaixe dogmático da alienação fiduciária, dentre os tipos de negócios jurídicos previstos em nosso sistema positivo, pode ser feito a partir do próprio texto da lei. De fato, o art. 66 da Lei 4.728, com a redação dada pelo Decreto-lei 911/69 dispõe expressamente que: "A alienação fiduciária em garantia transfere ao credor o domínio resolúvel e a posse indireta da coisa móvel alienada, independentemente da tradição efetiva do bem, tornando-se o alienante ou devedor em possuidor direto e depositário com todas as responsabilidades e encargos que lhe incumbem de acordo com a lei civil e penal".

3. Características gerais e sujeitos da alienação fiduciária em garantia

Em linhas gerais pode-se afirmar que o contrato de alienação fiduciária em garantia caracteriza-se, em primeiro plano pela resolubilidade e, conseqüentemente, pela transitoriedade.

É contrato resolúvel e transitório porque a transferência da propriedade, pelo devedor, em favor do financiador da compra de determinado bem de produção, se dá até o momento em que a dívida assumida com a obtenção do financiamento esteja paga. O financiador torna-se proprietário da coisa dada em garantia até o momento em que se opere a reversão da propriedade da coisa ao devedor, em razão do pagamento (isto é, da quitação do contrato de financiamento da compra e venda) e, conseqüentemente, da extinção da garantia.

Propriedade resolúvel é aquela que existe até que se implemente certa condição (no caso, o pagamento), depois do que passa a caber a outrem, como se sempre a este, e não àquele, tivesse cabido. Adimplida a obrigação, opera-se a condição e a propriedade é recobrada pelo devedor *ex tunc*.[4]

3. Ver, por todos, José Carlos Moreira Alves, *Da Alienação Fiduciária...*, cit., pp. 18 a 32.

4. O retorno da propriedade ilimitada do bem dado em garantia se dá *ex tunc*, isto é, como se nunca tivesse ocorrido qualquer restrição à plenitude do direito de propriedade sobre a coisa por parte do devedor fiduciário.

São sujeitos do contrato de alienação fiduciária o ente financiador, que pode ser instituição financeira ou empresa administradora de consórcios (credor fiduciário) e aquele a quem se concede o financiamento direto, ou seja, o devedor fiduciante. Interessante observar-se que o vendedor, ou seja, aquele que firma o contrato de compra e venda de bem de produção, não figura neste contrato de garantia, que é celebrado apenas entre o ente financiador e o devedor, que do financiamento se serve para a aquisição de determinado bem.

4. A ação de busca e apreensão de que trata o Decreto-lei 911

A busca e apreensão é um procedimento que, como o próprio nome diz, desemboca em dois atos, subseqüentes um ao outro, interdependentes: procurar e apreender.

O Código de Processo Civil trata, no livro relativo ao processo cautelar, de ação que, apesar de estar nesse livro localizada, tem finalidades múltiplas, na dependência do tipo de uso que ela se faça e do contexto em que seja utilizada, pelo que pode-se dizer, nem sempre é processo cautelar. Trata da busca e apreensão, cujo objetivo é o de assegurar a exeqüibilidade do provimento jurisdicional principal, ou, preservar os efeitos de outra medida cautelar. Como medida de caráter cautelar, a busca e apreensão exige *fumus boni iuris* e *periculum in mora* e, para sua concessão, basta a cognição sumária, não exauriente, característica esta típica das ações cautelares.

Não se está, todavia, na alienação fiduciária, diante de busca e apreensão de natureza cautelar, embora se tenha o legislador utilizado da mesma expressão para referir-se a ações de finalidades absolutamente distintas.[5] De similar têm as duas apenas os atos de *buscar* e *apreender*.[6]

Segundo dispõe o art. 3º do Decreto-lei 911, diante do inadimplemento da obrigação pelo devedor, pode o credor requerer a busca e apreensão do bem alienado fiduciariamente.

5. Tratando da busca e apreensão cautelar, Vicente Greco Filho (*Direito Processual Civil Brasileiro*, p. 179), afirma que "(...) a expressão 'busca e apreensão' é equívoca na linguagem jurídica. É utilizada para o procedimento cautelar agora tratado, para a ação definitiva acima apontada, para a medida executiva que concretiza a execução para a entrega de coisa móvel, para o ato que executa a exibição de documento ou coisa e é a denominação da ação de retomada da coisa dada em alienação fiduciária, em favor da instituição financeira ou do credor".

6. Apesar de se tratar de ação autônoma e nitidamente satisfativa, sem qualquer traço de cautelaridade, a ação de busca e apreensão na alienação fiduciária tem recebido tratamento cautelar, ao nosso ver de forma absolutamente equivocada e marginal à lei. Trata-se de posição minoritaríssima e sem qualquer sustentação na jurisprudência dominante. No Paraná, durante o XXXVI Seminário Regional da Magistratura, realizado em 21 e 22.11.92, em Paranavaí, foi aprovada a seguinte proposição: "Com o advento da Constituição Federal de 1988, tornou-se inconstitucional o *caráter compulsório da liminar* de busca e apreensão prevista no art. 3º do Decreto-lei 911/69. Logo, para a concessão da liminar há necessidade de se alegar e provar também o requisito genérico do *periculum in mora*". Endossando esse entendimento há o acórdão 3.878, do TAPR, proferido no agravo de instrumento 77.750-4, de que foi relator o Juiz Valter Ressel. *Data venia* desse entendimento, é certo que vigora entre nós o princípio da legalidade, que vincula também o Poder Judiciário. Não pode o juiz decidir à margem da lei, criando pressupostos onde a lei não o fez e distorcendo a natureza dos procedimentos. Se se tratasse de busca e apreensão cautelar, aí sim poder-se-ia admitir a exigência do *periculum in mora*, que ao lado do *fumus boni iuris*, comporia a base necessária para a concessão da liminar. O Decreto-lei 911/69, todavia, instituiu ação de conhecimento, de rito especial, dotada de liminar, para a qual se exige apenas e tão-somente a efetiva comprovação da contratação e da mora. Exigência superior a esta é, repita-se, marginal à lei.

Corretíssima a decisão do mesmo Tribunal de Alçada do Paraná, na ap. cível 98.784-0 (ac. 7.620, 1ª CCív., rel. Juiz Ronald Schulman) em que se decidiu que: "A ação de busca e apreensão de bens alienados fiduciariamente, embora de rito especial, *não está sujeita aos requisitos elencados no art. 798 do Código de Processo Civil*, estando albergada por legislação específica (Decreto-lei 911/69) que, *preenchidos os seus pressupostos, autorizam a medida liminar de busca e apreensão*" (os destaques são nossos). Neste mesmo sentido, *RTFR* 149/77.

Essa busca e apreensão evidentemente não tem natureza cautelar. Trata-se de ação autônoma, de caráter satisfativo, no sentido de que não se destina a preservar a eficácia de outro processo, mas se destina a gerar a satisfação do credor no próprio processo em que é proferida e executada. Também não é medida cujos pressupostos sejam *fumus* e *periculum*, pois a inicial deverá estar acompanhada de prova exauriente quanto à existência do contrato e seu efetivo inadimplemento.[7]

5. *As principais discussões que se estabeleceram em torno do Decreto-lei 911*

Diversos são os assuntos que têm suscitado discussões, em razão da aplicação do Decreto-lei 911.

Dentre todas escolhemos aqueles que, ao nosso ver, têm maior potencial de problematização. Buscaremos enfrentá-los à luz daquilo que a doutrina tem sustentado a respeito e, principalmente, diante dos entendimentos que vêm sendo adotados pela jurisprudência.

Nesse sentido, veremos como se tem posicionado a doutrina e a jurisprudência diante de problemas como o da decretação da prisão civil do devedor relapso, aquele que diz respeito à regra que equipara o devedor fiduciante ao depositário e, finalmente, o que se relaciona à concessão da liminar de busca e apreensão.

5.1 Da condição de depositário e da possibilidade de decretação de sua prisão civil

O núcleo deste problema está justamente na determinação dos limites do *conceito de depositário*, à luz da regra constitucional do art. 5º, inc. LXVII. Segundo se tem sustentado, somente o depósito, assim como previsto no art. 1.287 do CC, está albergado pela regra Constitucional. Nessa mesma linha de entendimento, o devedor fiduciante não "seria" depositário e, portanto, a conseqüência dessa categorização, no Decreto-lei 911/69, estaria desfigurada, não proporcionando condições a que haja a decretação de sua prisão civil. Como veremos, todavia, trata-se de largo equívoco, que vem sendo paulatinamente desfeito pela jurisprudência, especialmente do STF.

Segundo o dispositivo constitucional, previsto no ambiente das garantias e direitos fundamentais, "não haverá prisão civil por dívida, salvo a do responsável pelo inadimplemento voluntário e inescusável de obrigação alimentícia e a do depositário infiel".

A regra inscrita no art. 66 da Lei 4.728/65, com a redação dada pelo Decreto-lei 911, prevê que a "alienação fiduciária em garantia transfere ao credor o domínio resolúvel e a posse indireta da coisa móvel alienada, (...) tornando-se o alienante ou devedor em possuidor indireto e depositário com todas as responsabilidades e encargos que lhe incumbem de acordo com a lei civil e penal".

O que tem sido sustentado, por respeitável parcela da doutrina e por forte corrente da jurisprudência, é, resumidamente, que lei infraconstitucional não tem o condão de qualificar como depósito hipóteses "que não correspondem perfeitamente àquele núcleo conceitual",[8] previsto na Constituição, derivado exclusivamente do conceito de depósito inscrito no CC.

Não teria, assim, fundamento constitucional, segundo essa linha doutrinária, a equiparação que reputaria como sendo de-

7. No sentir de Nelson Néry Júnior e Rosa Maria Andrade Néry (*Código de Processo Civil Comentado*, p. 1.273), "Trata-se de ação autônoma, de conhecimento, cujo pedido de busca e apreensão é o provimento definitivo de mérito, de cunho satisfativo".

8. Eduardo Talamini, "Prisão civil e penal e *execução indireta*", p. 143.

pósito hipóteses distintas da "definição originária de depósito".[9]

O primeiro problema está justamente em se saber se o legislador ordinário estaria "preso" a alguma definição originária de depósito, que consta da própria lei ordinária e não de lei de hierarquia superior, como se tem defendido por essa corrente de estudiosos.

Para os defensores dessa *rigidez* interpretativa do texto que permite a prisão civil do depositário, que preferem confiná-la a hipóteses bastante restritas, há, sim, vínculo do legislador ordinário a um conceito de depósito que teria inspirado o legislador constituinte.

Esse conceito de origem seria restrito – segundo essa corrente doutrinária (com seus evidentes reflexos na jurisprudência) –, àquilo que no âmbito restrito do CC está previsto para esse instituto.[10] Isto em razão de ter sido esse antigo conjunto de regras quem primeiro previu os contornos desse instituto.[11] Assim, segundo essa corrente, configura depósito tão-somente aquela situação consistente na entrega de coisa móvel para alguém, com a incumbência de guardá-la e mantê-la até o momento em que se lhe seja solicitada a devolução.[12] Negando-se a devolver o bem que recebeu para guardar e manter, o depositário incorre em infidelidade ao dever assumido, sujeitando-se às conseqüências disso decorrentes.

Essa orientação, que tem sido freqüentemente sustentada na doutrina e adotada pela jurisprudência, parte da premissa segundo a qual no contrato de alienação fiduciária em garantia não se pode falar em "não devolução" ou em "não restituição" da coisa pelo devedor fiduciante, pela simples razão de que não se pode cogitar de restituição ou de devolução daquilo que nunca se recebeu do credor.[13]

No âmbito da jurisprudência, tem exercido bastante influência, notadamente na orientação adotada pelo STJ, acórdão desse mesmo Tribunal, de que foi relator o então Ministro Athos Gusmão Carneiro,[14] no corpo do qual se podem encontrar três teses.[15] Após considerar que a prisão civil "é limitada aos casos em que está em perigo um valor constitucionalmente conceituado como superior ao próprio valor 'liberdade' – ou seja, o direito à vida, nos casos de obrigação alimentícia, e o respeito à confiança e à boa-fé empenhada na guarda de coisa alheia, nos casos de depositário infiel", lê-se no corpo desse acórdão, o seguinte: "Impende, todavia, neste segundo caso, que se cuide de depósito regular propriamente dito, aquele previsto no Código Civil (art. 1.287), sob pena de, em ampliando a compreensão do contrato de depósito e ao mesmo tempo equiparando 'depósitos' atípicos, estaremos a placitar, pura e simplesmente, a prisão por dívidas, em surpreendente retrocesso aos tempos mais primevos do Direito romano, ao *nexum*, à *manus injectio*".

9. Talamini, ob. e loc. cits.

10. Na realidade, a doutrina vai mais além, pois somente considera como depósito aquele contrato "puro", assim considerado antes mesmo de sua inclusão nos textos normativos. Na opinião de Eduardo Talamini o depósito é figura prévia ao direito, não se podendo categorizar como depósito "tudo aquilo que a lei diz que é" (cit., p. 144).

11. "Art. 1.287. Seja voluntário ou necessário o depósito, o depositário que o não restituir, quando exigido, será compelido a fazê-lo mediante prisão não excedente a um ano, e a ressarcir os prejuízos."

12. Ainda no sentir de Eduardo Talamini (ob. cit., p. 144), devem os intérpretes estar presos à noção "tradicional" de depósito. Trata-se, segundo sustenta, "de imposição de ordem lógica".

13. Nesse sentido, acórdão relatado pelo então Des. José Carlos Barbosa Moreira, na ap. cível 3.568/87, do TJRJ (referido no REsp 7.943-RS, na *RSTJ* 23/387).

14. REsp 2.320-RS, 4ª T., j. 2.9.91, *DJ* de 2.9.91, p. 11.814.

15. A primeira, no sentido de que se deve dar interpretação absolutamente restritiva ao texto constitucional que permite a decretação da prisão civil. A segunda, orienta a que somente o depósito previsto no art. 1.287 do CC é que encontra abrigo na norma constitucional. A última, derivada da anterior, proíbe o legislador de ampliar o número de casos de depósito, ainda que por equiparação.

Na doutrina, também Clóvis do Couto e Silva[16] afirma que o depósito, para que se configure como tal, e, portanto, enseje a possibilidade da decretação da prisão civil, diante do inadimplemento da obrigação de restituição da coisa, deve ter a guarda como finalidade principal. Em suas palavras, "se a finalidade for de garantia, não se tratará de depósito".[17]

Há, no entanto, pesadíssimos argumentos em sentido exatamente oposto a esse, isto é, no sentido de que é caracterizável, sim, como depósito, sujeito, portanto, às regras da CF, que permitem a decretação da prisão civil, aquele previsto na lei da alienação fiduciária em garantia.

O que se tem sustentado, em abono dessa tese, que, ao que nos parece, é a mais correta, é que o conceito de depósito expresso no texto constitucional (art. 5º, LXVII) contém mais do que a figura contratual do depósito prevista no CC, pois trata-se de *expressão de caráter genérico*, absolutamente apta a albergar tanto o depósito "tradicional" do CC, quanto novas modalidades de depósito. A regra constitucional, segundo pensamos, não pode estar "engessada" pela norma infraconstitucional limitativa de seu alcance, mas deve, sempre que necessário for, em harmonia com os demais preceitos constitucionais, inspirar o surgimento de novas normas, capazes de responder eficazmente às novas exigências da sociedade.[18]

Celso Ribeiro Bastos[19] entende que o uso da expressão "depositário infiel" se dá de maneira ampla na CF/88, "dando assim margem à lei ordinária para que possa cominar a pena de prisão a modalidades diferentes de depósito".

Essa opinião foi sustentada, no passado, em relação às Constituições de 1946 e de 1967 (com a Emenda 1, de 1969), por Pontes de Miranda.[20]

Segundo esse autor, o texto constitucional se servia da expressão "depositário infiel" em sentido genérico, não ofendendo a regra constitucional a norma infraconstitucional que comine prisão civil ao depositário que se recusa a devolver "o que recebeu, ou aquilo que lhe foi, por sucessão, às suas mãos; como também não a infringe a regra jurídica, que crie ou mantenha, para aqueles casos em que o possuidor ou tenedor da coisa alheia, responde como o depositário".[21]

Na opinião de Manoel Gonçalves Ferreira Filho,[22] não há como supor que o legislador constituinte teria "adotado" o conceito de depositário infiel do CC, que seria, portanto, o único "tipo histórico" de depósito abrangido pela permissão cominação de prisão civil. Na opinião desse autor, desde a edição da Lei 4.728, em 14.7.65, "já existia um tipo de depósito ligado à alienação fiduciária em garantia".[23]

Além disso, em sua opinião, não há nenhum sinal no sentido de que o constituinte, nessas três ocasiões, tenha tido como fonte de inspiração exclusivamente o depósito do CC, para normatizar a questão da prisão civil. "Ao contrário", sustenta, "tudo milita em favor da idéia de que, conhecendo ser o alienante fiduciário um depositário, não tergiversou em manter o sistema

16. *Comentários ao Código de Processo Civil*, p. 58.

17. Clóvis do Couto e Silva, ob. e loc. cits.

18. Nesse sentido, é necessário remarcar que é atualíssima e obviamente apoiada por todos a exigência no sentido de que às decisões judiciais (vale dizer à lei, ao sistema jurídico como um todo) se dê maior efetividade, expressão a que se tem agregado também a idéia de eficácia. Não se quer decisões judiciais que caiam no vazio da ineficácia; quer-se, isto sim, que mais e mais mecanismos de rápido alcance de soluções no mundo empírico sejam adotados pelo sistema. Ou não?

19. *Comentários à Constituição do Brasil*, p. 310.

20. *Comentário...*, t. V, p. 30.

21. Pontes de Miranda, ob. e loc. cits.

22. "Sobre a constitucionalidade da prisão do depositário infiel em ação de alienação fiduciária em garantia", in *Revista de Processo* 79/222-228, especificamente p. 226.

23. Manoel Gonçalves Ferreira Filho, ob. e loc. cits.

geral sobre o depósito, no ponto crucial da prisão mesmo alcançando ela esse caso".[24]

Não bastassem essas considerações, esse autor faz ainda outras, lembrando que na alienação fiduciária em garantia "se encontram os traços essenciais do depósito".[25] Segundo sustenta, o art. 1.265, *caput*, do CC, ao definir o depósito voluntário, deixa claro que por este tipo de contrato: a) ocorre a entrega de coisa móvel, por seu dono, a outrem, que se torna seu depositário; b) a entrega se faz sob condição de que seja devolvida coisa, ao fim de determinado prazo ou mediante o implemento de condição; e, c) o depositário não está impedido de usar a coisa. No contrato de alienação fiduciária em garantia, sustenta esse autor: a) o dono ou credor entrega a coisa a outrem, que assim se torna seu depositário; b) o faz sob a condição de que a devolva, caso se torne inadimplente; e, c) pode o depositário usar a coisa.[26]

O STF tem decidido, desde o célebre *habeas corpus* de que foi relator designado o Min. José Carlos Moreira Alves,[27] pelo cabimento e pela constitucionalidade da prisão civil de depositário infiel em alienação fiduciária. Trata-se de tema que, hoje, está pacificado na Corte Suprema.[28]

No acórdão referido, prolatado no *habeas corpus* antes noticiado, o voto vencedor, do Min. Maurício Corrêa traz importantes esclarecimentos sobre a matéria.

Segundo se sustentou nesse voto, o "art. 4º da Lei 4.728/65, alterado pelo Decreto-lei 911/69, define o devedor alienante fiduciário como depositário, porque o domínio e a posse direta, continuam a pertencer ao credor, em face da natureza do contrato".[29]

Analisando, com rara acuidade, a necessidade de respeito ao texto da lei e sua conformidade com a dinâmica da economia, assim se posiciona esse voto: "A dinâmica produzida pelas necessidades econômicas, por conveniência de ambas as partes – de quem vende e de quem compra – erigiu essa concepção técnico-jurídica moderna e atual, da venda mediante alienação fiduciária, de maior plasticidade e rapidez, capaz de facilitar, aperfeiçoar, perfectibilizar e viabilizar a eficácia e a evolução dos negócios. Tal sistemática tem possibilitado a satisfação recíproca de todas as partes envolvidas em transações desse tipo, e não me acena saudável, não só do ponto de vista dessa reciprocidade de interesses, que tem caminhado tão bem, mas em nome da ordem jurídica, que não fica vulnerada, que por obra e graça de quem comprou, mas não paga e desaparece com a coisa, ou de quem a realiza dolosamente para obter vantagem ilícita, se abra a porta para a desmontagem de toda uma estrutura há décadas pacificamente incorporada às atividades da sociedade brasileira, e que a ela tem se afigurado como instrumento desembaraçado e útil para a consecução de seus interesses".

No mesmo sentido, ou seja, admitindo que a alienação fiduciária se consolida no depósito, dentre outros, o acórdão proferido no *habeas corpus* 74.822-GO, de que também foi relator o Min. Moreira Al-

24. Idem, ibidem.

25. Ob. cit., p. 227.

26. Ob. e loc. cits.

27. HC 72.131, j. 23.11.95, *DJ* de 4.12.95, p. 42.035.

28. Recentíssimo acórdão, publicado no *DJ* de 25.9.98 (RE 209.958-9-SP), de que foi relator o Min. Sepúlveda Pertence, dá contas dessa posição dominante, no sentido da constitucionalidade da prisão civil do devedor fiduciário, *inclusive* diante das disposições do Pacto de São José da Costa Rica. Depois de expor sua opinião, favorável à *inconstitucionalidade*, o Min. Pertence afirma: "Novamente, entretanto, fiquei vencido, agora, na honrosa companhia apenas dos eminentes Ministros Marco Aurélio e Carlos Velloso, uma vez que o em. Ministro Nelson Jobim não adotou a posição de seu ilustre antecessor, o Ministro Francisco Rezek e se alinhou *à maioria, que agora soma oito votos*" (o destaque não está no original).

29. O Min. Maurício Corrêa refere-se a esse seu voto, proferido no HC 72.131-RJ, no voto proferido no HC 73.044 (*RTJ* 164/213).

ves.[30] No mesmo sentido há farta jurisprudência do STF[31] e de outros Tribunais.

Ainda no STF, há acórdão de que foi relator o Min. Maurício Corrêa, proferido no *habeas corpus* 73.044-SP, referido antes, apenas de passagem. Segundo consta da ementa, o que proíbe a Constituição é a prisão civil por dívida, não havendo restrição quanto à do depositário que se nega a entregar bem sobre o qual tenha a posse imediata, "seja o depósito voluntário ou legal". E, prossegue: "Os arts. 1º (art. 66 da Lei 4.728/65) e 4º do Decreto-lei 911/69, definem o devedor alienante fiduciário como depositário, porque o domínio e a posse direta do bem continuam em poder do proprietário fiduciário ou credor, em face da natureza do contrato".

Na Corte Suprema, portanto, como já afirmamos linhas atrás, a matéria está pacificada, eis que o Plenário do STF, com oito votos a favor, tem decidido, reiteradamente, pela constitucionalidade da prisão civil do depositário infiel em contrato de alienação fiduciária.

Recentíssimo acórdão, prolatado no RE 206.482 (e até esta data ainda não publicado), de que foi relator o Min. Maurício Corrêa, *reafirma* esse posicionamento do STF.

No 1º Tribunal de Alçada Civil de São Paulo,[32] decidiu-se que inexiste ilegalidade na decretação da prisão civil do depositário infiel em contrato de alienação fiduciária. Segundo consta da ementa desse acórdão, "enquanto a Constituição contemplar a prisão do depositário infiel e a legislação definir o alienante fiduciário como enquadrado nessa condição, nenhuma ilegalidade haverá".[33]

No 2º Tribunal de Alçada Civil de São Paulo decidiu-se que é cabível a prisão civil do depositário infiel em matéria de alienação fiduciária.[34]

No STJ há decisões, principalmente posteriores à posição do STF, tomada no *habeas corpus* 72.131-RJ, em que se considera constitucional a prisão civil do depositário infiel na alienação fiduciária.

Veja-se, nesse sentido, acórdão anterior a essa decisão do STF, de que foi relator o Min. Assis Toledo, em que se decidiu pela legitimidade da decretação da prisão civil do devedor que descumpre mandado judicial para entregar a coisa, em razão da recepção do art. 66 da Lei 4.728/65, com a redação dada pelo Decreto-lei 911/69, pela regra constitucional do art. 5º, LXVII.[35]

Depois da noticiada decisão do STF, veja-se acórdão do STJ de que foi relator o Min. Sálvio de Figueiredo Teixeira: "Na linha do entendimento do STF, intérprete maior do texto constitucional, e sem embargo da força dos argumentos em contrário, a prisão do depositário infiel na alienação fiduciária não vulnera a legislação federal infraconstitucional".[36]

30. HC 74.822, *RTJ* 163/312.

31. Entre outros, há o acórdão proferido no HC 75.512-7, j. 9.9.97, rel. Min. Maurício Corrêa, *RT* 748/152. V. tb., as seguintes decisões do STF: RE 0212.288, *DJ* 26.9.97, p. 47.507; HC 0075.418, *DJ* 31.10.97, p. 55.542; HC 0075.346, *DJ* 7.11.97, p. 57.235. De 1998: RE 0200.385, *DJ* 6.2.98, p. 38; RECR 0217.167, *DJ* 13.2.98, p. 22; HC 0076.197, *DJ* 13.2.98, p. 5; RE 0179.991, *DJ* 6.3.98, p. 18; RE 0207.532, *DJ* 6.3.98, p. 22; RE 0218.356, *DJ* 13.3.98, p. 22; RE 0209.733, *DJ* 20.3.98, p. 20; HC 0075.903, *DJ* 27.3.98, p. 4; RE 0205.290, *DJ* 3.3.98, p. 16; RE 0207.322, *DJ* 3.4.98, p. 17; RE 0216.968, *DJ* 3.4.98, p. 19; RE 0219.986, *DJ* 3.4.98, p. 21; RE 0215.724, *DJ* 17.4.98, p. 20; RE 0217.014, *DJ* 7.8.98, p. 44; HC 0076.782, *DJ* 7.8.98, p. 22; HC 0076.783, *DJ* 7.8.98, p. 22; HC 0076.784, *DJ* 7.8.98, p. 22; HC 0076.923, *DJ* 7.8.98, p. 22; HC 0076.251, *DJ* 28.8.98, p. 2; RECR 0224.382, *DJ* 4.9.98, p. 20; RECR 0228.304, *DJ* 4.9.98, p. 23; e RECR 0228.503, *DJ* 4.9.98, p. 23.

32. *RT* 716/189.

33. 1º TACivSP, ap. 504.330-9, 9ª CCív., j. 16.8.94, rel. Juiz Hélio Lobo Júnior, *RT* 716/189.

34. HC 477.400-0/0, 12ª C., j. 20.3.97, rel. Juiz Luís de Carvalho, *RT* 743/312.

35. RHC 2.740-RS, rel. Min. Assis Toledo, *DJ* 28.6.93, p. 12.899.

36. RMS 3.623-SP, rel. Min. Sálvio de Figueiredo Teixeira, *DJ* 29.10.96, p. 41.560. No mesmo sentido, HC 3.074-50-MG, rel. Mil. Anselmo Santiago, *RSTJ* 74/51.

Acórdão de que foi relator o Min. José Arnaldo da Fonseca[37] decidiu inexistir constrangimento ilegal na decretação de prisão por infidelidade no depósito. Segundo consta da ementa, o alienante "é o possuidor direto e depositário com todas as responsabilidades e encargos legais". E prossegue: "Daí a prisão civil, não pelo inadimplemento relativo ao mútuo, mas pela infidelidade resultante do não cumprimento das obrigações resultantes do depósito".

Recentíssimo acórdão, de que foi relator o Min. Nílson Naves, apontou precedentes do próprio STJ[38] e decidiu no sentido de que é legítima a prisão civil do devedor que não faz a entrega do bem alienado fiduciariamente, tanto no plano da lei ordinária, quanto no plano da norma constitucional.[39]

Ainda do STJ, acórdão de 1993, de que foi relator o Min. José Dantas, contém clara alusão à questão do depositário, especialmente quanto ao que se tem sustentado, como vimos antes, no sentido de que somente o depósito previsto no art. 1.287 teria sido recepcionado pela vigente ordem constitucional.[40] Segundo se decidiu, e consta do voto do relator, "(...) a precisão conceitual do chamado depósito regular, com a força de sua codificação (CC, art. 1.287), não basta como óbice a que a lei ordinária iguale a tal depósito, para efeitos institucionais, os chamados depósitos atípicos. E os igualando, não parece que se possa subtraí-los ao preceito constitucional regulador da prisão civil. Por maior que seja a garantia da liberdade pessoal infensa à prisão por dívida, certamente que o preceito constitucional da infidelidade do depositário lhe faz exceção nos limites da conceituação legal do depósito, para mais ou para menos do chamado depósito regular, a cujos contornos necessariamente aderem os assemelhados por força de lei".[41]

No Tribunal de Alçada do Paraná, no julgamento dos embargos infringentes 97.553-1/01, o 2º Grupo de Câmara Cíveis decidiu pela legalidade da prisão civil do depositário fiduciário.

Do mesmo modo tem decidido sua 6ª Câmara Cível, como se vê do acórdão de que foi relator o Juiz Mendes Silva:[42] "Não obstante controvertida a questão e respeitáveis as opiniões divergentes, o Colendo STF – guardião maior da Constituição, por delegação dela própria (art. 102) –, em reiterados pronunciamentos tem proclamado que o Decreto-lei 911/69, ao permitir a conversão da busca e apreensão em ação de depósito, com as conseqüências inerentes à condição de infiel depositário, não afronta a Carta Magna (HC 706.258/130). Na esteira desse entendimento, também o egrégio STJ, em acórdão da lavra do Min. Sálvio de Figueiredo Teixeira, assentou que é admissível pelo nosso direito a conversão do pedido de busca e apreensão, nos mesmos autos, em ação de depósito, bem como que a prisão do depositário infiel na alienação fiduciária não vulnera a le-

37. RHC 6.251-SP, *RSTJ* 99/315.

38. RMS 3.623 e REsp 98.007.

39. REsp 148.257-SP, *RSTJ* 106/280.

40. RHC 2.619-8-MG, *RSTJ* 48/456.

41. No STJ, encontram-se inúmeras decisões, principalmente de sua 5ª Turma, *favoráveis* à decretação da prisão civil em alienação fiduciária. Assim: HC 5.540-DF, rel. Min. Félix Fischer, j. 24.3.97, *DJ* 5.5.97, p. 170.563; RHC 4.565-SP, rel. Min. Assis Toledo, j. 13.9.95, *DJ* 30.10.95, p. 36.776; RHC 5.074-SP, rel. Min. Cid Flaquer Scartezzini, j. 29.11.95, *DJ* 18.3.96, p. 7.586; RHC 6.251-SP, rel. Min. José Arnaldo da Fonseca, j. 1.4.97, *DJ* 26.5.97, p. 22.552, dentre outras. A 6ª Turma do STJ, a seu turno, tem decidido reiteradamente em sentido contrário. Em razão da divergência a 3ª Seção (5ª e 6ª Turmas) adotou posição contrária à admissibilidade da prisão civil. A *Corte Especial* do STJ, todavia, decidiu pela legalidade da prisão civil do depositário infiel de bem alienado fiduciariamente (RMS 3.623-SP, *DJ* 29.10.96). Recentissimamente (REsp 148.257-SP, *DJ* 9.3.98, Seção I, n. 45, 102) decidiu-se que: "Infra e constitucionalmente, é legítima a prisão civil do devedor, que não faz a entrega do bem alienado fiduciariamente. Precedentes do STJ, RMS 3.623 e REsp 98.007".

42. Ap. cível 111.090-3, acórdão 7.253.

gislação federal infraconstitucional (Res. 56.106, *DJU* 24.2.97, p. 3.337)".

Assim também, isto é, admitindo a existência de depósito no contrato de alienação fiduciária e entendendo ser cabível e adequada ao texto constitucional a decretação da prisão civil do devedor/depositário relapso, têm decidido as Egrégias 1ª, 2ª, 6ª e 7ª Câmaras Cíveis do Tribunal de Alçada do Estado do Paraná.[43]

Em resumo, dessa análise pode-se concluir que o depósito de que trata o Decreto-lei 911/69 é perfeitamente subsumível à regra constitucional que permite a prisão civil do depositário infiel, primeiro porque de depósito efetivamente se trata, na exata medida em que o domínio e a posse direta continuam a caber ao credor, em razão da natureza do contrato firmado entre este (financiador) e o devedor (tomador do financiamento).

Este último tem o dever de guarda e de conservação do bem que recebeu do credor, assim como a obrigação de devolvê-lo ao proprietário fiduciário, sempre que ocorra o inadimplemento da obrigação garantida fiduciariamente.

É correto afirmar, também, que o conceito de depósito, a que se refere o texto constitucional, permissivo da decretação de prisão civil do depositário infiel abrange todo aquele que, previsto em regra jurídica, mesmo anterior ao texto constitucional vigente, por ele tenha sido (como efetivamente o foi) recepcionado, ainda que do depósito previsto no CC não se trate. As demais regras ordinárias que tratem de outras modalidades de depósito, também estão abrangidas pela norma constitucional.

5.2 Do Pacto de São José da Costa Rica

Outro argumento de que se têm servido aqueles que entendem ser inconstitucional a decretação da prisão civil do inadimplente de contrato de alienação fiduciária em garantia, está ancorado no início da vigência, entre nós, do Pacto de São José da Costa Rica sobre Direitos Humanos.

Segundo essa Convenção internacional (art. 7º, § 7º) a prisão civil apenas pode ocorrer no caso do devedor de pensão alimentícia relapso. Essa Convenção foi ratificada pelo Congresso Nacional, sem reservas expressas, pelo Decreto Legislativo 27, de 26.5.92 e promulgada pelo Presidente da República por meio do Decreto 678, de 6.11.92.

Com isso, segundo sustentam aqueles que propugnam pela inconstitucionalidade da prisão civil, essa norma teria ingressado em nossa ordem jurídica com *status* de regra constitucional, vedando qualquer estipulação contrária, pois se trataria de regra que contém "reforço ao rol constitucional de direitos e garantias fundamentais".[44]

Na opinião de Eduardo Talamini[45] essa regra teria efetivamente ingressado em nosso sistema em razão da maior efetividade que imprime aos direitos de que trata. Esse é, segundo esse autor, "o ponto nuclear da questão".[46] Em seu sentir, a positivação de regras consistentes em garantias fundamentais "não pode, jamais, funcionar como freio ou obstáculo ao reconhecimento de outros direitos e garantias, ou à ampliação daqueles já existentes".

Não é essa, todavia, a opinião dominante no STF.

Segundo se tem decidido, reiteradamente, no STF, "os compromissos assumi-

43. Da 1ª Câmara: ap. cível 121.031-7, rel. Juiz Ronald Schulman. Da 2ª Câmara: AI 113.693-2, rel. Juiz Cristo Pereira. Da 3ª Câmara: ap. cível 37.420-9, rel. Juiz Telmo Cherem. Da 6ª Câmara: HC 113.444-9, rel. Juiz Antonio Martelozzo, acórdão 7.205; ap. cível 82.634-8, rela. Juíza Denise Arruda; acórdãos 3.993, 4.020 e 4.114, todos relatados pelo Juiz Duarte Medeiros. Da 7ª Câmara: HC 115.529-5, rel. Juiz Prestes Mattar; ap. cível 77.804-7, rel. Juiz Waldemir Luiz da Rocha; ap. cível 83.109-4, rel. Juiz Miguel Pessoa (Seção de Jurisprudência do TAPR).

44. Eduardo Talamini, cit., p. 151.
45. No já referido trabalho, p. 151.
46. Ob. e loc. cits.

dos pelo Brasil em tratado internacional de que seja parte não minimizam o conceito de soberania do Estado na elaboração de sua Constituição".[47] Na jurisprudência que tem prevalecido no STF, o art. 7º, § 7º, do Pacto de São José da Costa Rica, "deve ser interpretado com as limitações impostas pelo art. 5º, LXVII da Carta Federal".

A discussão, ao que parece, cinge-se ao seguinte ponto: teria essa regra internacional o *status* de norma constitucional? Estaria, portanto, no "mesmo plano" das garantias fundamentais reconhecidas pela CF? Ou tratar-se-ia de regra *infraconstitucional* e, portanto, com sua aplicação limitada pelas normas constitucionais?

Em relação às chamadas liberdades públicas (direitos e garantias – individuais e coletivos), há aquelas textualmente previstas na Constituição, há as decorrentes do regime político e dos princípios constitucionais, e há, finalmente, aquelas que tenham sido inscritas em tratados internacionais firmados pelo Brasil. Em que limites?

O Pacto de São José da Costa Rica o que fez, na verdade, foi explicitar regras a respeito dos direitos humanos (isto é, das liberdades públicas) que não têm, todavia, o condão de alterar a Constituição, devendo ser tidas como admitidas em nosso sistema aquelas regras que com ele não sejam incompatíveis, pois, como se afirmou no STF, o tratado internacional não pode prejudicar a soberania nacional com que se definem a estrutura do Estado e suas regras gerais, inclusive quanto às liberdades públicas. Esses, a nosso ver, são os limites da influência das regras internacionais sobre o Direito Positivo brasileiro.

Além disso, o que se tem entendido é que se trata de regra com *status* de norma infraconstitucional. No dizer do Min. Moreira Alves, "o Pacto de São José da Costa Rica, além de não poder contrapor-se à permissão do art. 5º, LXVII, da mesma Constituição, não derrogou, por ser norma infraconstitucional geral, as normas infraconstitucionais especiais sobre prisão civil do depositário infiel".[48]

Segundo sustenta o próprio Min. Moreira Alves,[49] em trabalho de doutrina publicado na revista *Julgados do TAPR*, os tratados de que o Brasil é signatário não estão no mesmo nível hierárquico das normas constitucionais, porque a CF prevê que "as questões relativas à negativa de vigência ou à contrariedade a leis e a tratados são submetidas a julgamento final por parte de um Tribunal inferior ao Supremo Tribunal Federal, que diz a última palavra sobre as questões constitucionais".[50]

Não bastassem tais argumentos, há ainda outro, que nos parece seja também bastante expressivo.

É que o § 2º do art. 7º desse Pacto dispõe serem lícitas as prisões havidas na forma das cartas políticas dos países signatários do Pacto e de suas leis, que tenham sido promulgadas na conformidade de suas Constituições.

De fato, segundo prevê esse dispositivo (art. 7º, § 2º da Convenção Americana sobre Direitos Humanos), "ninguém pode ser privado de sua liberdade física, salvo pelas causas e nas condições previamente fixadas pelas Constituições políticas dos Estados-partes ou pelas leis de acordo com elas promulgadas".

Dessa forma, não há incompatibilidade entre a regra constitucional que permite a prisão civil do depositário infiel e o tra-

47. Do acórdão acima referido, recentíssimo, proferido no RE 206.482-3-SP, de que foi relator o Min. Maurício Corrêa, j. em 14.8.97.

48. RE 200.385-9-RS, j. 2.12.97, *DJ* 6.2.98, p. 38. Do mesmo modo, com a observação quanto à discordância do relator, Min. Sepúlveda Pertence, o acórdão no RE 209.958-9, já referido (nota 28), publicado no *DJ* 25.9.98.

49. "O Judiciário no Mercosul: questões institucionais do Tratado de Assunção", in *Julgados do TAPR* 6/11.

50. José Carlos Moreira Alves, ob. e loc. cits.

tado internacional, assim como também não há qualquer incompatibilidade entre a norma do art. 3º do Decreto-lei 911/69 e a regra internacional sob comentário.

O tratado, nessa cláusula, remeteu a questão da definição legal a respeito das hipóteses de supressão da liberdade pessoal para o plano do Direito Positivo interno, admitindo, expressamente, que o sistema jurídico de cada um dos Estados signatários, contenha previsão a respeito dos casos em que a prisão será legítima.

Isso significa que a questão "retorna", por assim dizer, para o plano da definição do depósito, a que já se fez referência antes.

5.3 Dos requisitos para a concessão de liminar na ação de busca e apreensão em alienação fiduciária em garantia

Nos precisos termos do que dispõe o art. 3º do Decreto-lei 911/69, o credor poderá requerer a busca e apreensão do bem alienado fiduciariamente, "desde que comprovada a mora ou o inadimplemento do devedor".

Com a petição inicial da ação de busca e apreensão, deve o credor, então, em primeiro lugar, fazer prova da existência do contrato, e de sua condição de credor, isto é, juntar o contrato (prova documental) que demonstre ser ele efetivamente o credor da operação realizada com o devedor. Deve também provar, o que é igualmente importante e necessário, que o devedor está em mora.

A esse respeito há, inclusive, Súmula do STJ, de n. 72, no seguinte sentido: "A comprovação da mora é imprescindível à busca e apreensão do bem alienado fiduciariamente".

O que pode variar, segundo diferentes entendimentos, que eventualmente sejam admitidos nos Tribunais, segundo determinantes históricas das mais diferentes origens, é a forma de comprovação da mora. De todo modo, desta ou daquela forma, exigindo-se este ou aquele mecanismo caracterizador da mora, é esta, enfim, que deve ser provada para que se possa cumprir requisito essencial da concessão da liminar de busca e apreensão do bem alienado fiduciariamente.

A jurisprudência tem decidido no sentido de que a prova da mora se faça mediante o concurso de oficial público. Assim, é preciso que o credor promova o protesto do título de dívida vinculado ao contrato ou, de outra forma, notifique o devedor, através do oficial de registro de títulos e documentos.

Tem também admitido a jurisprudência que se faça a notificação através de carta com aviso de recebimento, desde que a remessa e postagem tenha sido feita pelo oficial de títulos e documentos. Quer-se evitar, com essa cautela, que o devedor seja desapossado do bem, sem que tenha tido perfeita ciência da intenção do credor de caracterizar a mora para fins de propor a ação de busca e apreensão. Na hipótese de ter ocorrido algum incidente, em razão do qual o credor não tenha tido ciência do pagamento efetuado pelo devedor (extravio, p. ex.), terá este último oportunidade de responder à notificação, fazendo prova do pagamento.

5.4 Da inexistência de liberdade para o juiz deixar de conceder a liminar, se presentes os seus requisitos

Outros dos interessantes problemas que se têm posto em matéria de alienação fiduciária, diz respeito aos limites da análise que deve o juiz fazer, quando do recebimento da petição inicial da ação de busca e apreensão em alienação fiduciária.

Segundo se sustenta em restritíssimo âmbito, o Decreto-lei 911/69 teria criado figura execrável, que cercearia a liberdade do juiz (princípio da convicção racional do juiz) e, em razão disso, ofenderia o princípio do devido processo legal. Teria o juiz, segundo essa corrente, liberdade para deferir ou não a liminar, sendo inconstitucional a regra que determina ao magistrado a concessão da liminar, se presentes os requisitos previstos que a lei prevê para tanto suficientes.[51]

Esse entendimento, *data venia*, é absolutamente equivocado e fere o sistema, na medida em que sustenta poder o juiz "criar" requisitos que a lei não prevê, trazendo instabilidade e insegurança para as relações jurídicas travadas sob o manto do Decreto-lei 911/69. Essa postura sim é que conflita gravemente com o princípio da legalidade, ao qual o juiz também está vinculado.

Não é este o espaço adequado para analisar em profundidade a questão relativa à vinculação do juiz à lei, e à necessidade de afastar, o quanto possível, da mentalidade dos operadores do Direito, a concepção segundo a qual o juiz (em sentido amplo, o Poder Judiciário) tudo pode, porque ao julgar estaria no exercício de poder discricionário.

No nosso Direito há um trabalho, de autoria de Teresa Arruda Alvim Wambier,[52] que certamente é um dos que melhor explicam essa intrincada questão relacionada à inexistência de discricionariedade[53] na atividade judicial. Segundo se sustenta, com extrema propriedade, nesse trabalho, a questão da discricionariedade assume maior relevância quando se esteja diante dos chamados conceitos vagos, isto é, conceitos cuja indeterminação (decorrente de opção legislativa) confere certa margem de liberdade para o que juiz, por caminhos diversos, chegue ao único resultado possível desejado pelo sistema jurídico para aquela determinada situação controvertida.

No caso dos requisitos para a concessão da liminar de busca e apreensão na alienação fiduciária *não* há qualquer conceito indeterminado e, portanto, a dúvida não surge. Diz a lei que, a busca e apreensão "será concedida liminarmente, bastando que prove a mora ou o inadimplemento". Não há, nessa regra, nenhum sinal, por menor que pudesse ser, de indeterminação conceitual. Trata-se de conceitos determinados, delineados no sistema de forma absolutamente clara e indiscutível. Nesse campo, portanto, é reduzidíssimo, senão inexistente, o campo para discussão a respeito de qualquer atividade discricionária do magistrado.

Diante dos conceitos indeterminados, parte da doutrina costuma fazer alguma confusão, segundo anota a autora do referido trabalho, entre discricionariedade (que se poderia definir, *grosso modo*, como a possibilidade de optar entre duas ou mais alternativas igualmente corretas e compatíveis com o sistema) e interpretação dos conceitos vagos.

Nos casos de liminares de cunho ou natureza cautelar, Betina Rizzato Lara,[54] com extremado acerto, sustenta que "se o juiz chegar à conclusão, após realizar a mencionada interpretação, de que existe, no caso concreto, *periculum in mora* e *fumus boni iuris*, não poderá escolher entre conceder ou não a medida liminar. Está obrigado a concedê-la".[55]

51. A esse respeito, como exemplo, ver a sentença do Juízo de Direito da 8ª Vara Cível da Comarca de Curitiba, de 29.7.98, nos autos 847/98, em que se determinou a citação do devedor para contestar a ação em três dias, "indicando a exata localização do bem, e se discordar do débito exigido, diga os motivos e junte cálculo discriminado do que acha devido, depositando a respectiva quantia".

52. "Da liberdade do juiz na concessão de liminares e a tutela antecipatória", pp. 483 a 555.

53. Discricionariedade no sentido de que usualmente se serve a doutrina e mesmo a jurisprudência. Segundo esse enfoque, o juiz teria ao seu dispor várias alternativas ou diversas hipóteses, todas legítimas e legais, dentre as quais poderia escolher a "melhor". Isso, todavia, não é verdadeiro. O que tem o juiz, isso sim, é a liberdade de interpretação de determinados conceitos que, por opção legislativa, são indeterminados.

54. *Liminares no Processo Civil*, p. 112.

55. Em outro espaço já sustentamos opinião no mesmo sentido, louvando-nos, também naquela oca-

O mesmo se pode dizer – com muito menor campo para discussões, afinal não se está diante de conceitos vagos – no caso da liminar de busca e apreensão (satisfativa) prevista na norma que regula a alienação fiduciária em garantia. *Presentes os requisitos definidos em lei*, não pode o juiz deixar de conceder a liminar, não sendo sua tarefa, também, sob pena de ofensa ao princípio da divisão de poderes, "legislar", criando requisitos de que a lei não cogitou.

5.5 *O direito à tutela jurisdicional efetiva e eficaz*

O direito à tutela jurisdicional do Estado, em nossos dias, tem sido entendido à luz da questão da efetividade da justiça. A sociedade não mais se conforma – nem se satisfaz – com a prestação meramente formal da justiça, desvinculada da rápida e eficaz produção de efeitos no mundo real. Não é bastante a sentença de mérito transitada em julgado. É preciso que do processo possam ser extraídas respostas eficazes.[56]

Por eficácia da atividade jurisdicional, deve-se entender, segundo Teresa Arruda Alvim Wambier,[57] "a possibilidade de a decisão produzir transformações no mundo empírico, no plano real e concreto dos fatos, com o objetivo de gerar a satisfação do credor".

Inovações geradas no plano legislativo e já incorporadas ao sistema processual, como a possibilidade de se anteciparem efeitos da tutela pretendida pela parte, ações de natureza mandamental e outras medidas que vêm sendo gestadas pela doutrina e testadas pela jurisprudência, têm esse exato desiderato: conferir ao serviço jurisdicional mais e mais efetividade (e eficácia), de modo que a sociedade possa nele confiar para a real solução de seus litígios.

Ainda segundo a bem fundamentada opinião de Teresa Arruda Alvim Wambier,[58] nos últimos trinta anos tem sido possível constatar uma inexorável tendência, que é justamente "a de criar meios para que o processo possa gerar resultados mais rapidamente".

Em relação à ação de busca e apreensão de que se pode servir o credor, diante do devedor inadimplente, nos contratos de alienação fiduciária em garantia, essa *eficácia* tem sido simplesmente desconsiderada, por respeitáveis setores da doutrina e da jurisprudência.

Já nos referimos às decisões judiciais que lançam sobre a norma que a instituiu (Decreto-lei 911/69) dúvidas quanto à sua legitimidade, por ter sido ela editada durante o recente período de regime de exceção, em que as liberdades públicas foram flagrante e notoriamente desrespeitadas.[59]

são, no que diz Betina Rizzato Lara. Assim: "Entendendo que há *fumus boni iuris* e *periculum in mora*, o juiz deve conceder a medida cautelar liminarmente" ("Liminares: alguns aspectos polêmicos", in *Repertório de Jurisprudência...*, p. 157).

56. Luiz Guilherme Marinoni (*Tutela Inibitória*, pp. 64-65) sustenta que sem que se possa contar com regras de direito processual capazes "de garantir uma tutela jurisdicional efetiva e adequada não há um ordenamento que possa ser qualificado como jurídico". Em seu sentir, se o Estado proíbe a autotutela privada e assume o monopólio da atividade jurisdicional, assume também "o dever de tutelar de forma efetiva todas as situações conflitivas concretas: o Estado, portanto, não pode deixar de dar resposta adequada aos direitos por ele mesmo proclamados" (...) "É por isso que os processualistas modernos abandonaram a idéia de que o direito de acesso à justiça, ou o direito de ação, significa apenas direito à sentença de mérito. Este modo de ver o processo, se um dia foi importante para a concepção de um direito de ação independente do direito material, não se coaduna com as novas preocupações que pairam sobre as cabeças dos processualistas ligados ao tema da "efetividade do processo", que traz em si a superação da ilusão de que o processo poderia ser estudado de maneira neutra e distante da realidade social e do direito material".

57. *Da Liberdade do Juiz*, cit., pp. 533-534.

58. Ob. e loc. cits.

59. Nelson Néry Júnior e Rosa Maria Andrade Néry (*Código*, cit., p. 1.274) mencionam parecer da lavra do primeiro, enquanto membro do Ministério Público do Estado de São Paulo, em que esse autor sustentou a inconstitucionalidade da prisão civil do

Trata-se, segundo pensamos, de um olhar retrospectivo, que colhe no passado críticas à forma como se editou e à época em que foi editada a referida regra jurídica, deixando de considerar, todavia, o quanto dela se possa extrair no panorama contemporâneo das relações econômicas e das perspectivas do processo civil.

Nossa proposta é no sentido de que lancemos sobre essa norma, no contexto atual, tanto da economia quanto do processo, no ambiente do Estado de Direito em que vivemos, um *olhar prospectivo*, vinculado à necessidade – a respeito de que todos concordam – de se dar pleno cumprimento à lei e às ordens judiciais, ou seja, de se conferir efetividade ao sistema jurídico como um todo e ao processo em particular.

Se se trata de regra que possibilita ao credor imediato acesso ao resultado pretendido, valerá a pena sacrificar essa norma exclusiva ou predominantemente em razão de ter sido editada em período não democrático? Esse sacrifício da norma (e de seus efeitos) parece-nos figurar dentre aquelas medidas que se podem enquadrar como estando "na contramão da História".

A agilidade do comércio de bens de consumo e de bens financeiros requer regras igualmente ágeis, capazes de dar respostas ao credor para que, como vimos no início deste trabalho, tenha ele condições de multiplicar sempre mais a oferta de crédito, verdadeiro motor da economia nestes tempos.

A regra que permite ao credor a retomada do bem alienado fiduciariamente se inclui, portanto, e, sem dúvida, dentre as normas jurídicas que oferecem rápida prestação da tutela jurisdicional. Está perfeitamente adequada, portanto, nestes dias, ao preceito constitucional que garante a inafastabilidade da tutela jurisdicional, já que proporcionam a plena aplicação deste princípio.

6. Reflexões finais

O Direito, enquanto conjunto de regras disciplinadoras da conduta social, deve estar atento à variada gama de situações que carecem de regulamentação e, vistas a partir da perspectiva do processualista, necessitam de efetiva tutela.

É importante também, que o fenômeno jurídico seja considerado com vistas à sua necessária integração com a vida da sociedade e de seus destinatários. Nesse contexto, assume importância cada vez mais acentuada a necessidade de integração da atividade jurídica (em sentido amplíssimo) com os movimentos econômicos que ocorrem na sociedade.

Em nosso pensar, a idéia de efetividade do direito e da justiça, p. ex., não pode estar desvinculada do contexto sócio-econômico para o qual as regras jurídicas são "produzidas".

Numa sociedade de massas, em que o consumo é efetivamente desejado por todos, a atividade legislativa e a interpretação das leis, inclusive pelos Tribunais, deve levar em conta, mais do que o histórico em que se envolvem essas ou aquelas regras jurídicas, a capacidade que as normas tenham de influir decisivamente no alcance de uma série de objetivos da própria sociedade (de ordem econômica, de natureza política ou de caráter social), dentre os

depositário infiel na alienação fiduciária. Em suas palavras: "A Lei da Alienação Fiduciária é legislação de exceção, provinda de tecnocratas e por isso contém dispositivos constitucionalmente ilegítimos. O mais importante deles é a prisão por dívida, vedada pela CF de 1969 e pela de 1988. Transforma o devedor fiduciante em 'depositário', rompendo com todo o sistema privatístico do contrato de depósito, que pressupõe a gratuidade, entre outras circunstâncias. Não existe, na verdade o depósito, mas era preciso fazer alguma coisa 'efetiva', 'rápida' e principalmente 'indefensável' contra o devedor inadimplente". Ainda em sua opinião, de que discordamos, pelas razões expostas no corpo deste trabalho, as disposições do Decreto-lei 911/69 são "draconianas e inconstitucionais".

quais destacamos a idéia de efetividade de direitos e da justiça.

Quando se pensa em direitos que possam efetivamente "valer", não se deve adotar postura maniqueísta, que promova a segregação de alguns setores da sociedade em favor de outros, sob qualquer pretexto. Assim, p. ex., se de um lado é importante a defesa do consumidor (e ninguém disso duvida), é também necessário proporcionar condições para que a atividade econômica não seja "engessada", o que aconteceria se se tratasse apenas da defesa, p. ex., daqueles que tomam recursos no mercado financeiro (devedores, em sentido amplo), sem que paralelamente se criassem condições de proteção ao crédito e ao próprio credor.

A atividade econômica (inclusive a de natureza financeira) não pode ser analisada sob a ótica, repita-se, maniqueísta, que vê no sistema financeiro e em suas instituições, verdadeiros "vilões", que não mereceriam qualquer tipo de proteção do sistema.

O Direito e o processo devem servir a todos indistintamente, e, nessa direção, muita coisa se tem feito nos últimos anos.

Luiz Guilherme Marinoni[60] adverte que o "processo deve servir plenamente àqueles que, dentro do círculo social, podem envolver-se em conflitos – sejam empresários ou trabalhadores, ricos ou pobres".

Nesse amplíssimo contexto é que se inserem, em nosso sentir, as regras que disciplinam a alienação fiduciária em garantia, inclusive quanto aos problemas processuais decorrentes do inadimplemento.

Bibliografia

BASTOS, Celso Ribeiro, *Comentários à Constituição do Brasil*, v. II, São Paulo, Saraiva, 1989.

COUTO E SILVA, Clóvis, *Comentários ao Código de Processo Civil*, IX-I, São Paulo, Ed. RT, 1977.

FERREIRA FILHO, Manoel Gonçalves, "Sobre a constitucionalidade da prisão do depositário infiel em ação de alienação fiduciária em garantia", *Revista de Processo*, São Paulo, Ed. RT, v. 79, 1995.

GRECO FILHO, Vicente, *Direito Processual Civil Brasileiro*, v. 3, 12ª ed., São Paulo, Saraiva, 1997.

LARA, Betina Rizzato, *Liminares no Processo Civil*, São Paulo, Ed. RT, 1993.

MARINONI, Luiz Guilherme, *Tutela Inibitória*, São Paulo, Ed. RT, 1998.

MOREIRA ALVES, José Carlos, *Da Alienação Fiduciária em Garantia*, 2ª ed., Rio de Janeiro, Forense, 1979.

________. "O Judiciário no Mercosul: questões institucionais do Tratado de Assunção", *Julgados do Tribunal de Alçada do Paraná*, v. 6, Curitiba, Ed. Juruá, mai.-ago./96.

NÉRY JÚNIOR, Nelson e ANDRADE NÉRY, Rosa Maria, *Código de Processo Civil Comentado*, 3ª ed., São Paulo, Ed. RT, 1997.

PONTES DE MIRANDA, Francisco Cavalcanti, *Comentários à Constituição de 1967, com a Emenda n. 1, de 1969*, t. V, 2ª ed., São Paulo, Ed. RT, 1971.

RESTIFFE NETO, Paulo, *Garantia Fiduciária*, 2ª ed., São Paulo, Ed. RT, 1976.

TALAMINI, Eduardo, "Prisão civil e penal e 'execução indireta'", *Processo de Execução e Assuntos Afins*, coord. Teresa Arruda Alvim Wambier, São Paulo, Ed. RT, 1998.

WAMBIER, Teresa Arruda Alvim, "Da liberdade do juiz na concessão de liminares e a tutela antecipatória", *Aspectos Polêmicos da Antecipação de Tutela*, coord. Teresa Arruda Alvim Wambier, São Paulo, Ed. RT, 1997.

WAMBIER, Luiz Rodrigues, "Liminares: alguns aspectos polêmicos", *Repertório de Jurisprudência e Doutrina sobre Liminares*, coord. Teresa Arruda Alvim Wambier, São Paulo, Ed. RT, 1995.

60. *Tutela Inibitória*, p. 13.

Atualidades

REFLEXÃO SOBRE A ATIVIDADE INVENTIVA

MAURICIO LOPES DE OLIVEIRA

I – A atividade inventiva. II – O estado da técnica. III – O técnico no assunto. IV – "La non-évidence". V – Conclusão.

"La grande histoire véritable est celle des inventions." (Raymond Queneau)

"L'homme a inventé la science, la morale, la peinture, la sculpture, la Bourse, l'État, le socialisme, le théâtre, la musique, le calembour et le golf." (Jean d'Ormesson, *La Douane de Mer*)

A complexidade da estrutura das células de cera de uma colméia demonstra que uma abelha é mais hábil que um engenheiro, incapaz de construir obra tão perfeita. Mas o que distingue o pior dos engenheiros da mais capaz das abelhas é que o homem imagina a obra antes de construí-la.

Enquanto a abelha jamais deixou de construir colméias, o homem imaginou e criou o Farol de Alexandria, a Torre Eiffel, o automóvel, *Guernica*.[1]

Como não poderia deixar de ser, ocorreu a irrupção da *création de l'esprit* no mundo jurídico.

A *Parte Veneziana*, de 19 de março de 1479, reconheceu, pela primeira vez, um direito aos inventores.

Na França, mesmo antes dos Decretos de 31 de dezembro de 1790 e 7 de janeiro de 1791, a propriedade sobre uma invenção era proclamada como "la plus inattaquable, la plus sacrée, la plus légitime".[2]

Mas foi uma concepção imposta pelo liberalismo do século XIX que legitimou um direito sobre uma criação imaterial.

Como um ser livre, o homem deve poder viver de seu trabalho. Logo, um inventor tem o direito de explorar economicamente sua criação; e o invento torna-se *naturalmente* um bem.

Contudo, é insuficiente justificar um direito de propriedade industrial considerando-se apenas seu fundamento filosófico.

A justificativa do monopólio concedido ao titular de um direito industrial também observa uma lógica puramente econômica.

A patente é um monopólio concedido em contrapartida ao esforço despendido em pesquisas, quase sempre longas e cus-

1. Obra-prima pintada por Pablo Picasso, em 1937, 351x782 cm, Museo Nacional Centro de Arte Reina Sofia, Madri.

2. "Boufflers à l'Assemblée Nationale, séance du 30 décembre 1790", conforme transcrito no livro *Les Créations Immatérielles et le Droit*, sob a direção de Michel Vivant, Ellipses, 1997, p. 70.

tosas, recompensando o investimento, incentivando novas pesquisas.

A patente recompensa um investimento produtivo. "Le brevet est conçu comme instrument de promotion du progrès technique, dans la perspective de nouvelles recherches dont on espère de nouveaux résultats et constitue un instrument de développement social".[3]

A concessão de patentes de invenção é, sem dúvida, a forma de proteção mais complexa dos direitos relativos à propriedade industrial.

A complexidade reside, sobretudo, no fato de que, para ser patenteável, é necessário que a invenção seja dotada de atividade inventiva.

Uma invenção é dotada de atividade inventiva sempre que, para um técnico no assunto, não decorra de maneira evidente do estado da técnica.[4]

I – A atividade inventiva

Como destaca Gómez Segade, "la invención sólo merece protección cuando implica un salto cualitativo en la elaboración de la regla técnica. El inventor para merecer le protección de la patente tiene que haber desplegado una mínima actividad intelectual de creación".[5]

Uma mínima atividade intelectual de criação, capaz de gerar uma invenção que enriquecerá o estado da técnica, e que não é óbvia para um técnico no assunto, caracteriza a atividade inventiva.

Segundo Michel Vivant este conceito de atividade inventiva sugere uma busca específica da criação. Mas uma invenção pode ser obra do acaso e ser perfeitamente patenteável, lembra Vivant; que finalmente define atividade inventiva como "une condition éminemment trompeuse".[6]

Roubier definiu atividade inventiva como "celle qui dépasse la technique industrielle courante, soit dans son principe par l'idée intuitive qui est à sa base, soit dans ses moyens de réalisation par les difficultés que l'inventeur a dû vaincre, soit dans ses résultats économiques par l'avantage inattendu que l'invention a apporté à l'industrie".[7]

A doutrina francesa[8] identifica dois métodos de apreciação da atividade inventiva. O primeiro, subjetivo, consiste em considerar o caminho do inventor; o outro, objetivo, considera essencialmente a invenção.

Algumas decisões de tribunais franceses se referem ao caminho intelectual do inventor. A *Cour de Rennes* estimou que resolvendo um problema que consistia em obter *une lumière réfléchie constante et sans bleuissement sur une surface discontinue*... o inventor fez intelectualmente obra inventiva.[9]

Contudo, alguns autores acreditam que a apreciação deva ser a mais objetiva possível.[10]

De fato, algumas decisões afirmaram que a determinação da atividade inventiva implica uma comparação objetiva da invenção com o estado da técnica, desconsiderando um suposto esforço ou mérito inventivo.[11]

Na verdade "la jurisprudence emprunte, selon les cas, l'une ou l'autre approche

3. *Les Créatrions Immatérielles*, ob. cit., p. 11.

4. Conforme disposto no art. 13, da Lei 9.279/96.

5. *Apud* Salvador D. Bergel, "Requesitos y excepciones a la patentabilidad", in *Derecho de Patentes*, Buenos Aires, Ediciones Ciudad Argentina, 1996, p. 20.

6. *Le Droit des Brevets*, Dalloz, 1997, p. 29.

7. *Le Droit de la Propriété Industrielle*, t. II, Éditions du Recueil Sirey, 1954, p. 67.

8. V., p. ex., Albert Chavanne e Jean-Jacques Burst, *Droit de Propriété Industrielle*, 4ª ed., Dalloz, 1993, p. 56.

9. Rennes, 18.2.75, *PIBD*, 1975.III.115.

10. V., p. ex., M. Delair, *Quelques Remarques sur l'Activité Inventive en Droit Français des Brevets d'Invention*, JCP, 1977.I.2852.

11. Paris, 11.3.81, *Ann. Prop. Ind.*, 1984.116.

comme en témoignent les indices sur lesquels elle se fonde pour reconnaître la non évidence".[12]

Para apreciar corretamente a atividade inventiva é preciso colocar-se diante do problema proposto considerando conjuntamente a solução encontrada.

II – O estado da técnica

O estado da técnica é constituído de "tout ce qui a été rendu accessible au public avant le dépôt de la demande de brevet ou celle de priorité, tout ce qui a été publié avant le dépôt de la demande ou de la priorité quelle qu'en soit la forme, en un lieu et en temps quelconques et par une personne quelconque".[13]

É o § 1º do art. 11 da Lei 9.279/96, que reza ser constituído o estado da técnica por "tudo aquilo acessível ao público antes da data de depósito do pedido de patente, por descrição escrita ou oral, por uso ou qualquer outro meio, no Brasil ou no exterior (...)".

O estado da técnica deve ser considerado como um todo, não podendo o mesmo ser delimitado pelo domínio do objeto inventado.

Entretanto, duas decisões de Câmaras de Recursos Técnicos[14] do Ofício Europeu de Patentes dispuseram sobre uma suposta ordem a ser considerada; devendo primeiro ser observado o estado da técnica do domínio da invenção, depois o de domínios vizinhos e, somente após, caso necessário for, o estado geral da técnica.[15]

Paul Mathély critica ferozmente esta doutrina, defendendo a tese de que o estado da técnica deve ser considerado num todo.[16]

Frédéric Poullaud-Dulian[17] relata que as decisões do Ofício Europeu de Patentes vêm, de forma sistemática, referindo-se ao estado da técnica *mais próximo – plus proche*.[18]

A Decisão T. 164/83 enuncia que "le progrès technique démontré par rapport à des produits commercialisés et qui est invoqué comme preuve de l'activité inventive ne saurait se substituer à la démonstration de l'activité inventive par rapport à l'état le plus proche de la technique".[19]

A Diretiva C.I.V.9.5 também insiste sobre a necessidade de reconhecimento desta noção na apreciação da atividade inventiva. Esta diretiva define o estado da técnica *mais próximo* como "la combinaison de caractéristiques déductible d'un seul document qui constitue la meilleure base pour examiner la question de l'évidence".

Esta fórmula, já praticamente sacramentada nas diretrizes do Ofício Europeu de Patentes, não deve, entretanto, prosperar na jurisprudência pátria, assim como não é conhecida pela jurisprudência francesa.

O estado da técnica não pode ser reduzido ao estado da técnica *mais próximo.*

Por outro lado, quando a utilização desta noção visar apenas melhor determinar o problema técnico que a invenção se propõe a resolver, determinando o domínio do técnico no assunto, a mesma pode ser aceitável. Trata-se, porém, de uma utilização restrita.

A prática demonstra que uma utilização generalizada e sem critérios pode ser desastrosa.

12. Albert Chavanne e Jean-Jacques Brust, ob. cit., p. 57.

13. Albert Chavanne e Jean-Jacques Burst, ob. cit., p. 52.

14. Chambres de Recours Technique-CRT.

15. CRT 3.2.1, 22.11.85, T. 176/84, *JO OEB* 1986, p. 50, e 10.10.85, T. 195/84, *JO OEB* 1986, p. 121.

16. *Le Nouveau Droit Français des Brevets d'Invention*, JNA, 1991, p. 91.

17. *La Brevetabilité des Inventions*, Litec, 1997, p. 113.

18. V., p. ex., CRT 3.3.1, 5.6.81, T. 2/80, *JO OEB* 1981, p. 431.

19. CRT 3.3.2, 17.7.86, T. 164/83, *JO OEB* 1987, p. 149.

Há um risco de que ocorra uma apreciação analítica da atividade inventiva comparando a invenção com anterioridades isoladas, como é feito na apreciação da novidade.

Os Profs. Albert Chavanne e Jean-Jacques Burst criticaram a hipótese, afirmando que "ne paraît pas satisfaisante la démarche qui apprécie l'activité inventive au regard de la seule anteriorité la plus proche".[20]

Chavanne e Burst concluem: "l'état de la technique est composite".[21]

III – O técnico no assunto

O técnico no assunto é uma figura fictícia. Ninguém jamais o encontrará na rua. É, entretanto, figura essencial; único apto a constatar que uma invenção não decorreu de maneira óbvia do estado da técnica.

Não é de se espantar que muitas e distintas sejam as definições desta figura fictícia.

Segundo as diretrizes do Ofício Europeu de Patentes "il conviendrait de présumer que l'homme du métier est un praticien normalement qualifié au courant de ce qui formait les connaissances générales dans la technique à la date en question. Il devrait également être présumé (...) avoir eu à as disposition les moyens et la capacité dont on dispose normalement pour procéder à des travaux et expériences courants".[22]

Albert Chavanne e Jean-Jacques Burst reportam-se à jurisprudência francesa,[23] definindo o técnico no assunto como um homem normalmente competente no domínio em causa.[24]

O técnico no assunto não é um inventor, mas sim um profissional competente na sua área de atuação. O que distingue um inventor do técnico no assunto é o fato de que só o primeiro é dotado de atividade inventiva.

O técnico no assunto não é necessariamente um sábio, muito menos um incompetente. É um *homme de l'art* normalmente competente no assunto em questão; nem mais, nem menos. Deste homem "on ne doit attendre que des opérations d'exécution courantes, celles qui relèvent de ses connaissances générales et de la pratique courante, mais pas une activité inventive".[25]

Os tribunais britânicos se referem ao técnico no assunto como "a skilled technician who is well acquainted with workshop techniques".[26]

Mas se o técnico no assunto é um homem dotado de conhecimento técnico em certo assunto, resta ainda saber qual é o assunto.

Sem dúvida pode-se afirmar que este homem deve ter conhecimento técnico no domínio industrial da invenção. Mas esta fórmula é abstrata e, na prática, a delimitação é muito mais complexa do que se imagina.

Caso a invenção identifique um brinquedo informatizado, a atividade inventiva deverá ser apreciada por um técnico em brinquedos ou por especialista em informática?

A verdade é que "tout n'est pas toujours rapportable à un champ technique rigoureusement défini".[27]

Sendo assim, "est ainsi posé en règle", escreve Michel Vivant, "que l'homme du métier doit avoir une ouverture sur les domaines voisins".[28]

20. Ob. cit., p. 53.
21. Ob. cit., p. 53.
22. Diretiva C.I.V.9.6.
23. Paris, 28.11.77, *Ann.* 1978.60.
24. Ob. cit., p. 53.
25. Frédéric Poullaud-Dulian, ob. cit., p. 117.
26. Conforme relata o Prof. W. R. Con1ish, *Intellectual Property*, 3ª ed., Swwet & Maxwell, 1996, p. 167. V. tb., *Lord Reid, Technograph v. Mills & Rockley* (1972), RPC 346 a 355.
27. Michel Vivant, ob. cit., p. 31.
28. Ob. cit., p.31.

Algumas decisões da Câmara de Recursos Técnicos do Ofício Europeu de Patentes confirmam este entendimento, fazendo do técnico um "spécialiste aux compétences s'etendant au delà du domaine de sa technique".[29] Este entendimento reforça a rigidez do critério de atividade inventiva; afinal, quanto maior o conhecimento do técnico, maior a possibilidade de ele julgar a invenção evidente.

Entretanto, na Decisão T. 32/81, que tratava de um caso onde era questionado o domínio técnico do *homem du métier*, uma Câmara de Recursos julgou que, quando a competência do técnico deve ser ampliada para outro domínio que não o seu, o especialista capaz de identificar a atividade inventiva passa a ser o técnico deste outro domínio.[30]

A Decisão T. 321/92 confirmou esta tese, afirmando que, quando o problema em questão sugere que o técnico procure a solução em outro domínio, o especialista competente é o homem deste outro domínio.[31]

Recentemente uma decisão tratou da questão da pluralidade de técnicos, resolvendo se um especialista em um assunto pode ser assistido por outro que domine assunto diverso.[32]

Em primeiro lugar, por se tratar de figura fictícia, o técnico no assunto não pode ser plural. A lei identifica uma figura singular.

Acresce que "en appeler à plusiers hommes de l'art, spécialistes de métier différents, ce n'est plus recourir à la référence à l'homme du métier, mais combiner les compétences de plusiers hommes de métiers différents, ce qui élève le seuil de la non-évidence".[33] E *la non-évidence* não deve ser exigida em função da pluralidade de técnicos de domínios distintos.

De um modo geral a doutrina não é favorável à pluralidade de técnicos de domínios diversos, o que é muito justo.

Finalmente, conclui-se que o homem em questão é o especialista no domínio da técnica que resolve o invento.

IV – "La non-évidance"

A condição negativa de que a invenção não decorra de maneira evidente do estado de técnica *n'a rien d'évident*.

A invenção decorre de maneira evidente do estado da técnica quando um técnico no assunto, utilizando seus conhecimentos, é capaz de realizá-la através de operações corriqueiras.[34]

Segundo a Diretiva C.I.V.9.3, do Ofício Europeu de Patentes, o termo *evidente* refere-se ao que não ultrapassa o progresso normal da técnica, restringindo-se ao que flui logicamente do estado da técnica; ou seja, não supõe uma habilidade do técnico maior do que a esperada.

A Decisão T. 513/90 precisou a noção de *evidente*: "La notion d'évident peut se définir comme la possibilité d'accéder indirectement à la totalité des caractéristiques d'un objet, soit par reconnaissance mentale des implications des divulgations faites dans l'état de la technique, soit (...) grâce à la mise en oeuvre d'une pratique courante dans l'état de la technique et notamment à l'utilisation de ce qui est disponible à cette fin".[35]

Pois bem, uma vez ciente do que é evidente, cabe ao técnico constatar que a invenção não é evidente – trata-se da *non-évidence*.

29. V. Frédéric Pollaud-Dulian, ob. cit., p. 118.

30. CRT 3.2.1, 5.3.82, T. 32/81, *JO OEB* 1982, p. 225.

31. CRT 3.5.2, 13.1.93, T. 321/92, *JO OEB* 1994, ed. especial, p. 36.

32. V. Frédéric Pollaud-Dulian, ob. cit., p. 119.

33. V. Frédéric Pollaud-Dulian, ob. cit., p. 119.

34. Entendimento da CA Paris, 19.12.95, *PIBD* 1996, n. 607, III, p. 147.

35. CRT 3.2.2, 19.12.91, T. 513/90, *JO OEB* 1994/3, p. 154.

A constatação da *non-évidance* deve se apoiar sobre alguns indícios.

Segundo Frédéric Pollaud-Dulian isto se deve ao fato de que "la question ne peut être tranchée, en realité, qu'en émettant un jugement de valeur, qui comporte fatalement une part de subjectivité, et donc d'arbitraire".[36]

É por isso, conclui Poullaud-Dulian, que a jurisprudência recorre a indícios de *non-évidence*.[37]

A superação de um conceito já estabelecido é um dos critérios firmados pela jurisprudência francesa.

Assim, quando um inventor descobre que um produto considerado como um herbicida total tem propriedades de um herbicida seletivo, é preciso admitir um triunfo sobre um *préjugé* e, conseqüentemente, atividade inventiva, pois está claro que a descoberta não decorreu de forma óbvia do estado da técnica.

É preciso, entretanto, que o conceito estabelecido seja de ordem técnica.

Uma dificuldade vencida também pode ser um indício de atividade inventiva. Por outro lado, se para a realização do invento é preciso apenas operações simples, não haverá atividade inventiva.[38]

A utilização de técnicas radicalmente diferentes[39] ou a ruptura com as técnicas tradicionais[40] são também consideradas dois indícios de atividade inventiva.

Do mesmo modo que um resultado surpreendente[41] é também um indício de atividade inventiva.

Mas estes indícios devem apenas reforçar a apreciação, supondo atividade inventiva, que deve ser constatada pela comparação objetiva da invenção o com estado da técnica.

Os indícios não podem substituir o trabalho de análise objetiva do técnico no assunto.

A jurisprudência da Câmara de Recursos do Ofício Europeu de Patentes confirma este entendimento. Foi decidido que "l'examen des indices ne peut suffire pour l'appréciation de l'activité inventive. S'il existe de tels indices, l'existence d'une activité inventive peut se dégager d'une vue d'ensemble de l'état de la technique, compte dûment tenu de tous les faits déterminants, sans qu'on puisse en conclure pour autant avec certitude que cette activité inventive en découle normalement".[42]

V – Conclusão

Complexa, trompeuse, *mas fascinante. Que o* homo technicus *possa sempre ser inventivo.*

E que uma invenção seja, finalmente, dotada de atividade inventiva sempre que, para um técnico no assunto, não decorra de maneira evidente do estado da técnica.

36. Ob. cit., p. 126.
37. Ob. cit., p. 126.
38. Neste sentido decisão do TGI Paris, 3.10.85, *PIBD* 1986.III.43.
39. Neste sentido decisão do TGI Paris, 6.7.78, *PIBD* 1978.III.325.
40. Neste sentido decisão do TGI Paris, 21.3.74, *PIBD* 1974.III.178.
41. Neste sentido decisão do TGI Paris, 15.11.85, *D. Somm. Comm.* 127, obs. J. M. Mousseron e J. Schmidt.
42. CRT 3.3.1, 13.10.82, T. 24/81, *JO OEB* 1983, p. 133.

O DIREITO DE CONTINUAR SÓCIO DE S/A FACE AS REORGANIZACÕES SOCIETÁRIAS*

CHRISTIAN MAX FINARDI SQUASSONI

Dos direitos essenciais dos acionistas. O exemplo da incorporação. Da indivisibilidade das ações perante a empresa. Conclusões.

O ritmo que o mercado mundial atual imprime às empresas, de um modo geral, vem exigindo do empresário uma visão cada vez mais instrumental da questão das reorganizações societárias, uma realidade cada vez mais presente em um contexto em que, quer pela busca de sinergias empresariais e conquista de novos mercados, quer por motivos tais como benefícios fiscais, as fusões, incorporações e cisões de empresas ganham contornos de demanda vital.

Ironicamente, a proposição acima assemelha-se com o intróito de obra de Philomeno J. da Costa, reportando-se, guardadas as devidas proporções, a época mais distante cronológica que contextualmente,[1] uma vez que ressalta a necessidade de associações para a busca de sinergias, as quais, à época, eram buscadas pelas associações de pessoas para a formação de empresas, sendo que hoje, com o crescimento geométrico dos mercados potencializa-se a demanda por associações, agora, entre empresas.

Neste contexto, insere-se um problema peculiar às sociedades anônimas (principalmente as de capital aberto) quando de sua tentativa de seguir o ritmo imposto pelo mercado dentro da difícil decisão acerca de operações radicais como as reorganizações societárias. Tais empresas carregam, por vezes, por conta da negociação em bolsa de suas ações, posições detidas por acionistas minoritários altamente dispersas, com muitos acionistas detendo quantidades proporcionalmente ínfimas em relação ao patrimônio da companhia. Ocorre que, obviamente, a despeito do tamanho de sua participação no capital da companhia, tais acionistas são titulares de direitos essenciais relacionados à sua condição de sócios.

De fato, tem-se que "nas sociedades por ações, a noção de 'posição de sócio', como objeto de direitos, é mais clara, em razão da estruturação *a priori* dos direitos de participação em unidades padronizadas e da incorporação em valores mobiliários,

* Trabalho apresentado ao Curso de Pós-Graduação da FADUSP, 2º semestre de 1998, na Disciplina Interesses Públicos e Privados na Extinção das Sociedades Mercantis em Direito Comparado II, ministrada pelo Prof. Mauro Rodrigues Penteado.

1. "A evolução econômica alcançou um estágio em que os negócios não podiam ser conduzidos somente por um mercador. Revelou-se indispensável o fator união de pessoas" (Philomeno Joaquim da Costa, *Anotações às Companhias*, 1ª ed., São Paulo, Ed. RT, 1980).

ou títulos de crédito, do complexo de direitos e obrigações, que constitui a ação. Como valor mobiliário, a ação é objeto de direito de propriedade e de direitos reais de garantia. O acionista, ao adquirir a propriedade da ação (no sentido de objeto de direito) torna- se titular dos direitos de participação que integram a ação (no sentido da posição de sócio)".[2]

O problema encontra-se exposto. O que temos é o embate entre o "direito de continuar sócio" e o princípio majoritário como guia das resoluções societárias em situações onde existe a forçosa relação de exclusão entre os dois elementos.

Valverde, em seu brilhante estudo sobre as sociedades por ações, já expunha a diferença, no direito alemão, entre os *Sonderrechte* (direitos próprios) e os *Individualrechte* (direitos individuais).[3]

Pode uma empresa realizar um grupamento de ações quando um acionista possui menos que a quantidade de ações que formariam uma ação grupada? O acionista de uma empresa que será incorporada pode impugnar a incorporação por não ter o direito, dada a relação de substituição estabelecida no protocolo de incorporação, a uma ação da incorporadora?

Procuraremos discutir, de modo direto e menos profundo do que o tema merece, mas suficiente para que modestamente se inicie uma discussão acerca do tema exposto, as relações entre as forças aqui expostas, traçando uma linha de raciocínio que passará pela consideração dos direitos essenciais dos acionistas e pela indivisibilidade da ação perante a companhia emissora.

Dos direitos essenciais dos acionistas

"Legis quo volet ducit, quod non volet tacit."

Mister, aqui, a diferenciação entre a proteção à minoria (a qual refere-se à expressão quantitativa de poder) e os direitos essenciais do acionista (direito de que é titular todo e qualquer acionista, advindo da própria condição de acionista em relação à empresa emissora).

De fato, destacamos a lição: "Na França, estudando a questão à luz dos direitos da minoria, D. Schmidt começa por investigar o próprio fundamento dos direitos individuais dos acionistas. Assim é que afirma que todo o acionista deve dispor de um poder individual no governo da sociedade, essencialmente o de assistir e votar nas deliberações sociais, sendo, contudo, tal poder limitado ao interesse do grupo. O acionista renuncia a uma parte de seu poder soberano, em troca da esperança de um enriquecimento. À perda, porém, do poder individual de gestão, corresponde um poder de participação na gestão, em conjunto, dos bens sociais. Para que o equilíbrio seja respeitado, é necessário que a maioria não abuse de seu poder nem prive o acionista de sua dupla contrapartida".[4]

2. Alfredo Lamy Filho e José Luiz Bulhões Pedreira, *A Lei das S/A*, 2º v., Parte III, Renovar, p. 65O.

3."O estudo dessa matéria foi amplamente feito, com a habitual profundeza, na Alemanha. Até hoje, entretanto, não chegaram os seus juristas a um conceito unitário desses direitos. A própria terminologia é confusa. Partem todos, desde a entrada em vigor do Código Civil, do disposto no seu § 35, onde se diz que os direitos próprios (*sonderrechte*) do membro de uma pessoa jurídica não podem, sem o seu consentimento, ser atingidos (prejudicados pela resolução da assembléia) (...) Considerados os *sonderrechte* como direitos reservados, pela lei ou pelos estatutos, a certos acionistas, a uma classe ou grupo deles, havia necessidade, lógica e jurídica, de se colocar em outra categoria aqueles direitos, que, assegurados à generalidade dos acionistas, não podem, em regra, ser suprimidos ou modificados pela vontade da maioria, nem mesmo, alguns deles, renunciados pelo acionista. É a categoria dos chamados "direitos individuais; uns absolutamente intangíveis, outros, subordinados ao princípio da igualdade de tratamento" (Trajano de Miranda Valverde, *Sociedades por Ações*, v. 1, Rio de Janeiro, Forense, 1941, pp. 374-375).

4. Waldirio Bulgarelli, *Regime Jurídico da Proteção às Minorias nas S/A*, 1ª ed., Rio de Janeiro, Renovar, 1998, p. 51.

Parece-nos que a maioria da doutrina pátria opta pela divisão entre os direitos administrativos (ou políticos) e os patrimoniais. São patrimoniais, como exemplo, o direito à participação nos lucros, à livre transferência das ações e ao recesso, dentre outros, enquanto são políticos os direitos à fiscalização dos negócios sociais e de participação nas assembléias gerais da empresa.

A par da diferenciação acima, tem-se que, para certos direitos inerentes à condição de acionista, a Lei 6.404/76, em seu art. 109, o qual repete, em linhas gerais, o art. 78 do Decreto-lei 2.627/40, estabelecendo direitos essenciais do acionista.

A enumeração contida no art. 109 da Lei 6.404/76 refere-se a direitos inerentes à condição de acionista, independentemente da quantidade ou da classe das ações detidas, enquadrando tais direitos, o artigo, em categoria suficientemente forte a ponto de nem a Assembléia Geral poder suprimi-los. Assim ocorre com (I) o direito de participar dos lucros sociais, na forma de dividendos pagos aos detentores das ações à época do anúncio do pagamento, respeitadas as diferentes classes de ações com relação à porcentagem atribuída a cada classe, (II) o direito de participar do acervo da companhia, em caso de liquidação, não podendo o processo de liquidação resultar na distribuição diferenciada do acervo em prejuízo de qualquer acionista, (III) o direito de fiscalizar a gestão dos negócios, o que inclui o direito ao exame dos livros sociais, do balanço, das contas de lucros e perdas e, principalmente, o direito à informação plena e não segregada da situação da empresa, bem como de quaisquer fatos de relevância no valor de sua participação na empresa, (IV) o direito à preferência na subscrição em novas emissões, como meio de o acionista defender-se da diluição de sua participação na empresa, (V) o direito de recesso, com restituição de seu investimento na empresa, na forma e nos casos estabelecidos.

Oportuna a citação do comentário de Nelson Eizirik: "Nos últimos anos, porém, alguns estudos vêm chamando a atenção para a seguinte realidade: ainda que possa haver algum interesse público na regulação de certos aspectos da atuação da companhia aberta, a matéria – direito societário – continua a integrar o direito privado. As normas cogentes em matéria societária constituem não a regra, mas a exceção; o postulado vigente é o de que as normas de direito societário são dispositivas, exceto quando demonstrado o interesse público na sua aplicação obrigatória às companhias. Em princípio, seriam cogentes apenas as normas que: estabelecem o regime de repartição dos lucros; dispõem sobre a alocação dos poderes entre os órgãos da sociedade; tratam dos procedimentos para publicação de avisos, prazos de convocação de assembléias, divulgação de informações e processo de eleição dos administradores; fixam os deveres e a responsabilidade dos administradores; disciplinam casos de transformação essencial da estrutura societária, como fusões, *take overs* etc.".[5]

Remetendo-se à doutrina germânica de *Individualrechte*, Ascarelli é claro ao aduzir que:

"Quando o objeto da deliberação contraste um direito do acionista que nem pode ser derrogado no estatuto originário (sendo, por isso, irrenunciável), a deliberação é nula, pois que, de outra forma, chegar-se-ia, indiretamente, à renunciabilidade do direito.

"Quando, ao contrário, a deliberação viola, num caso concreto, um direito do acionista ou quando seu objeto contrasta com um direito do acionista que a maioria não pode derrogar, mas ao qual o acionista pode renunciar, a deliberação é impugnável."[6]

5. *Reforma das S/A e do Mercado de Capitais*, Renovar, p. 27.

6. Tullio Ascarelli, *Problemas das Sociedades Anônimas e Direito Comparado*, 1ª ed., São Paulo, Saraiva, 1969.

Não há de se confundir o "direito de continuar sócio" com o inderrogável direito do sócio de participar dos lucros sociais, sendo aquele anterior e diverso deste. Como destaca Valverde, "em nenhuma sociedade de fim lucrativo pode o sócio ser privado do direito de participar dos lucros sociais. Direito individual, portanto, intangível".[7] A idéia, como se vê, não é discordar do direito ao dividendo, mas dissociá-lo do "direito de continuar sócio".

Com relação ao aqui exposto, cabe o recurso à jurisprudência do Supremo Tribunal Federal, em recurso em mandado de segurança,[8] onde, a par da não adequação perfeita do caso então sob análise ao aqui defendido, pode-se obter substanciais insumos se analisado o voto do Sr. Ministro Francisco Rezek em conjunto com o respectivo aditamento. De fato, tanto o voto quanto o aditamento mencionam o postulado "direito de continuar sócio", sendo que este, por exclusão, completa, para nosso aproveitamento, a noção defendida naquele pelo julgador.

Em suma, pleiteava o acionista minoritário de empresa, cuja liquidação fora determinada pelo Estado, a anulação de tal liquidação postulando por seu "direito de continuar sócio".

Dentre outros pontos destacados, o voto aduz que "como o 'direito de continuar sócio' não se encontra entre aqueles outorgados ao acionista pela Lei 6.404 de 1976, faltou, mesmo, ao recorrente, *legitimidade para impetrar o mandado de segurança* e, pois, estava dotado de razão o v. acórdão recorrido" (grifo do autor). Na retificação de seu voto, o douto Sr. Ministro acaba por aproximar sua teoria mais do assunto aqui exposto do que do então sob análise, explicando:

"(...) quero, neste ponto, valorizar o núcleo do acórdão recorrido: a tese de que aqueles direitos concedidos pela lei ao acionista individualmente considerado – ao acionista minoritário, sobretudo – são direitos exercitáveis *contra a sociedade*. É aquilo em nome de quê ele tem ação contra a sociedade se por ela, de algum modo, em virtude de uma decisão majoritária qualquer, se sente lesado.

"O que se pretende aqui é exercer contra o governo, contra a autoridade pública e seu ato de intervenção, essa ação em nome de um direito não da sociedade, mas do acionista minoritário, daquele que detém ações da companhia cuja liquidação extrajudicial foi decretada" (grifo do autor).

Se o voto, a princípio, distancia-se do nosso tema, conquanto refere-se a demanda levantada contra a liquidação de uma empresa, não da exclusão de um sócio, vemos claramente no aditamento ao voto o entendimento do julgador no sentido de o direito postulado poder ser aplicado em relação à autoridade pública, mantendo, no entanto, a posição negativa em relação ao "direito de continuar sócio" face à empresa.

O exemplo da incorporação

Em uma operação de incorporação, resumidamente, ocorre a comparação – para fins de obtenção da relação de substituição das ações – do patrimônio líquido da incorporadora em relação ao da incorporada, com a distribuição de ações da incorporadora, após o respectivo aumento de capital, aos acionistas da incorporada, na proporção de suas participações no capital desta.

Ocorre que, como exposto no início deste texto, certas companhias têm um número bastante elevado de acionistas minoritários detendo, cada um, uma participação muito pequena no capital social. A questão agrava-se quando a relação entre

7. Trajano de Miranda Valverde, *Sociedades por Ações*, v. I, 1ª ed., Rio de Janeiro, Forense, 1941.

8. Recurso em mandado de segurança 21.960/DF, Brasília, 2ª Turma.

os patrimônios das empresas mostra um patrimônio da incorporada bastante inferior ao da incorporadora. Neste caso, assim como no caso de reduções de capital e no resgate de ações, dada a proporcionalidade imposta pela legislação em tais operações , pode ocorrer que certos acionistas resultem na condição de detentores de menos de uma ação, pois "the share exchange differs from the stock sale because, once approved, all of the shares of the acquired corporation must be turned over to the acquiring corporation, regardless of the desires of individual shareholders".[9]

Não se pode, então, impedir uma operação de incorporação por conta do pleito de um direito que, se levado ao grau de "princípio" ou "direito essencial", inviabilizaria qualquer operação onde ocorresse a cessação da condição de acionista de qualquer dos acionistas da incorporada em relação à incorporadora. Assim, é forçoso admitir que, tendo o valor de sua participação na incorporada (calculado com base no laudo referente ao protocolo de incorporação) restituído, o acionista da incorporada que não tiver participação suficiente para receber uma ação da incorporadora não chegará a ser acionista desta, não sofrendo, sequer, dano patrimonial, ou seja, não lhe assiste qualquer direito de insurreição contra a deliberação da incorporação.

Da indivisibilidade das ações perante a empresa

Cada ação é a menor porção de capital que pode ser representada perante a companhia. A Lei 6.404/76 estabelece de modo claro que a ação, perante a empresa emissora, é indivisível, o que não poderia ser diferente, uma vez que o voto assemblear, p. ex., também é indivisível, tal como a distribuição dos dividendos. No caso de ação detida por mais de uma pessoa, estabelece o parágrafo único a representação, para fins de direitos e obrigações, do condomínio por um representante constituído para tal fim.

A solução do condomínio, com um representante perante a empresa, não é adequada, muitas vezes, uma vez que não se pode forçar o acionista a procurar outros detentores de frações até formar uma ação inteira, tampouco impor tal união.

Comentando o art. 28 da Lei 6.404/76, Modesto Carvalhosa ressalta que "A indivisibilidade decorre do princípio da igualdade das ações dentro da mesma série, que é, inclusive, fundamental para o exercício do direito de voto. Se fosse permitido o fracionamento de ações, poderia o grupo controlador da companhia perpetuar o seu domínio sobre ela, fracionando as ações e dispersando-as entre inúmeros acionistas sem capacidade de aglutinação. E, quanto às suas próprias ações, os controladores as manteriam íntegras, para com elas votarem".[10]

E, comentando a experiência norte-americana, onde o fracionamento é permitido, ressalta os inconvenientes de tal prática, expondo que "por essa razão, tem-se procurado naquele país pagar em dinheiro as sobras, em vez de entregar *scripts* aos acionistas".

Conclusões

De todo o exposto, cabe, aqui, tecer as seguintes conclusões:

A Lei 6.404/76 não estabelece, entre os direitos essenciais do acionista, o "direito de continuar sócio", sendo que, desta forma, acreditamos que tal direito pode ver-se enfraquecido diante da premência na tomada de certos rumos em companhias que demandam reestruturações onde pode

9. Business Organizations – Corporations (*West Bar Review*).

10. *Comentários à Lei das Sociedades Anônimas*, 1º v., Saraiva, p. 203.

não haver condições fáticas para que se mantenha a mesma estrutura societária. O elenco de direitos encontrado no art. 109 daquele diploma legal parece-nos taxativo, ou seja, não obstante o fato de continuar sócio ser um direito que assiste ao acionista, ele não resiste ao interesse da maioria social diante de uma incorporação, de um resgate ou de uma redução de capital. Acreditamos que negar isto seria dizer que uma empresa não pode realizar uma incorporação em outra, com o fim de resguardar o investimento de seus acionistas, face à necessidade de crescimento no mercado, caso o detentor de um lote de ações da incorporada insuficiente para o recebimento de uma ação da incorporadora alegue ter sido prejudicado em seu direito de continuar sócio.

Não sendo um direito essencial ou um "princípio", por ser disponível, o direito de continuar sócio não pode ser suscitado para fins de se anular a decisão de uma assembléia-geral que delibera por uma restruturação societária, por exemplo, onde fique determinado que o acionista que resulte detentor de menos de uma ação tenha o valor de sua participação restituído, com a empresa recomprando as frações para cancelamento. Tal procedimento descaracteriza qualquer prejuízo patrimonial ao acionista, único fator que poderia ser suscitado em sede de ação judicial intentada contra a deliberação assemblear.

Atualidades

FORMAÇÃO DO CONTRATO DE COMPRA E VENDA INTERNACIONAL DE MERCADORIAS

PATRÍCIA BEZERRA DE M. GALINDO DA FONSECA

I – Apresentação. II – Preceitos gerais. III – Formação do contrato: III.1 Oferta; III.2 Aceitação; III.3 Contraproposta. IV – Controvérsia. V – Conclusão.

I – Apresentação

A nossa participação, na qualidade de juíza arbitral, no "Fifth Annual Willem C. Vis International Commercial Arbitration Moot",[1] ocorrido em abril último na cidade de Viena, deu ensejo às considerações abaixo relacionadas. Neste encontro universitário internacional são discutidas, fundamentalmente, as normas substantivas componentes da Convenção de Viena, de 1980, sobre Contrato de Compra e Venda Internacional de Mercadorias. Discute-se, também, a Lei Modelo da Arbitragem Comercial Internacional e as Regras de Arbitragem, ambas elaboradas pela UNCITRAL,[2] a Convenção de Nova Iorque de 1958[3] e os Princípios dos Contratos Comerciais Internacionais do UNIDROIT.[4]

O objetivo maior do "moot" é a divulgação das normas que compõem a Convenção de Viena de 1980 sobre contrato de compra e venda internacional de mercadorias.[5] Na presente data, mais de cinqüenta

1. "Fifth Annual Willem C. Vis International Commercial Arbitration Moot", ocorrido no período do dia 1º ao dia 6.4.98.

2. UNCITRAL é a sigla, em língua inglesa, da Comissão das Nações Unidas para o Direito Mercantil Internacional. A UNCITRAL foi criada pela Resolução 2.205 (XXI) da Assembléia-Geral da ONU, de 17.12.96, com o objetivo de promover a progressiva harmonização e uniformização do direito do comércio internacional, conforme disposto no art. 8º da Resolução AG (XXI) de 17.12.66.

3. Convenção para Reconhecimento e Execução de Sentenças Arbitrais Estrangeiras, ratificada em abril de 1998 por 116 (cento e dezesseis) Estados.

4. O Instituto Internacional para a Unificação do Direito Privado (UNIDROIT), também conhecido como Instituto de Roma, foi criado pela então Liga das Nações, no ano de 1926. Fruto de um trabalho do UNIDROIT iniciado na década de setenta, os "Princípios dos Contratos Comerciais Internacionais" constituem-se, hoje, na opinião de conceituados doutrinadores estrangeiros, ao lado da Convenção de Viena, de 1980, em autêntica expressão da nova *Lex Mercatoria*.

5. Sobre o assunto, ver na Internet a página brasileira sobre a matéria, resultado de uma parceria estabelecida entre o Instituto de Direito Comercial Privado Internacional da Faculdade de Direito da Pace University e da Faculdade de Direito da Universidade Federal Fluminense, cujo endereço eletrônico é http://www.cisg.law.pace.edu/galindo-da-fonseca/brasil-uff. A *homepage* nacional integra o chamado convênio internacional eletrônico universitário, ao lado da página espanhola, oriunda da Universidade de Carlos III de Madrid (http://www.uc3m.es/cisg), da página francesa proveniente da Universidade de la Sarre (http://www.jura.uni-sb.de/FB/LS/Witz/cisg.htm), da página alemã da Universidade de Freiburg (http://www.jura.uni-freiburg.de/ipr1/cisg), da página finlandesa da Universidade de Turku (http://www.

Estados,[6] inseriram tais normas nos seus respectivos ordenamentos jurídicos internos. Cada um destes Estados dispõe dois diferentes conjuntos de normas jurídicas regulamentando o contrato de compra e venda internacional: a lei interna, nacional, assim como a Convenção da ONU, segundo a seleção das matérias prescritas no art. 4º.[7] A uniformidade na aplicação das normas dispostas na Lei Uniforme é o grande desafio dos tribunais. O estudo comparativo das disparidades entre os diferentes sistemas jurídicos uniformiza a aplicação das normas da Convenção.

A hipotética situação jurídica, apresentada no encontro de Viena, tratava de um contrato de compra e venda celebrado entre *Deep Well Drilling, Inc.*, vendedor, localizado no Estado de Equatoriana, e *Speculative Drilling, Co.*, localizado no Estado de Mediterrâneo, controvérsia julgada por tribunal arbitral situado em um terceiro país, Danúbia. Dentre as diversas questões que foram discutidas, a questão de direito substantivo essencial dizia respeito à formação do contrato de compra e venda internacional de mercadorias.

O presente estudo não pretende esgotar o tema da formação do contrato, segundo disciplinado pela Convenção. Os aspectos de tal tema, *infra* comentados, referem-se, exclusivamente, aqueles que foram objeto de debate no "moot" ocorrido em abril último, na Áustria. Foi, na ocasião, discutida grande controvérsia jurídica relativa ao critério utilizado pela Lei Uniforme de Viena referente ao momento da perfeição do contrato. Antes de ingressarmos na discussão doutrinária proposta, uma breve análise dos dispositivos sobre o assunto faz-se necessária.

II – Preceitos gerais

As disposições estabelecidas na primeira parte da Lei Uniforme de Viena constituem-se em ferramentas indispensáveis ao estudo de qualquer das matérias de direito material disciplinadas em seus capítulos posteriores. O art. 4º bem como o art. 6º e os preceitos que se seguem até o art. 13 representam importantes normas jurídicas relativas ao tema "formação do contrato", instituto jurídico eminentemente de direito substantivo.

O art. 7º,[8] tratando da interpretação dos dispositivos componentes da Lei Uniforme de Viena, em particular no que diz respeito às suas eventuais lacunas, preceitua que a utilização da lei interna nacional é um recurso a ser só empregado posteriormente à utilização dos princípios gerais previstos na própria Convenção. No § 1º daquele dispositivo são elencados a internacionalidade, o objetivo da uniformidade,

utu.fi/oik/tdk/cisg.htm), da página japonesa da Universidade de Kyoshi (http:www//law.kyushu-u.ac.jp/~sono/cisg/index.htm) e da página norte-americana da Pace University (http://www.cisg.law.pace.edu/).

6. Alemanha, Argentina, Austrália, Áustria, Bielarrússia, Bélgica, Bósnia-Herzegovina, Bulgária, Burundi, Canadá, Chile, China, Croácia, Cuba, Dinamarca, Equador, Egito, Eslováquia, Eslovênia, Espanha, Estados Unidos da América, Estônia, Finlândia, França, Geórgia, Grécia, Guiné, Holanda, Hungria, Iugoslávia, Iraque, Itália, Látvia, Lesoto, Lituânia, Luxemburgo, México, Moldova, Mongólia, Noruega, Nova Zelândia, Polônia, República Tcheca, Romênia, Rússia, Singapura, Síria, Suécia, Suíça, Ucrânia, Uganda, Uzbequistão e Zâmbia.

7. "Art. 4º. Esta Convenção regula apenas a formação do contrato de compra e venda e os direitos e obrigações do vendedor e comprador emergentes desse contrato. Salvo disposição expressa em contrário da presente Convenção, esta não diz respeito, em especial, a: a) validade do contrato ou de qualquer das suas cláusulas, bem como à validade dos usos; b) os efeitos que o contrato possa ter sobre a propriedade das mercadorias vendidas."

8. "Art. 7º. 1. Na interpretação desta Convenção ter-se-ão em conta seu caráter internacional e a necessidade de promover a uniformidade de sua aplicação, bem como de assegurar o respeito à boa-fé no comércio internacional. 2. As questões referentes às matérias reguladas por esta Convenção que não forem expressamente resolvidas por ela, serão dirimidas segundo os princípios gerais que a inspiram ou, na falta destes, de acordo com a lei aplicável segundo as regras de direito internacional privado."

assim como a boa-fé.[9] Objeto de controvérsias quando dos trabalhos preparatórios da UNCITRAL, o § 2º do dispositivo constitui-se em uma solução de compromisso, nos termos seguintes:

"At the Vienna Conference, a number of delegates again urged that gaps in the CISG be filled by general principles reflecting the international spirit of the CISG. Their proposal, however, received strong criticism for failing to settle certain questions definitively. As an alternative, other delegates proposed that domestic law determined by rules of private international law should be utilised to fill gaps in the CISG. Rather than choose one proposal over the other, the delegates reached a compromise embodied in article 7(2) by combining the general principles of the CISG and rules of private international law. *The structure and language of article 7(2), however, directs that courts first turn to the general principles of the CISG, indicating the delegates' preference that courts use the general principles to fill gaps in the CISG whenever possible*"[10] (grifos nossos).

O art. 4º exclui do âmbito da aplicação da Convenção questões relativas à validade do contrato,[11] não definindo porém o que se entende por "validade". Dos mais proeminentes estudiosos do assunto, o prof. Jonh Honnold,[12] da Universidade norte-americana de Pittsburgh, e o prof. Peter Scheletriem,[13] da Universidade alemã de Freiburg, afirmam que determinadas questões, como os vícios da vontade e a capacidade das partes, compõem a essência deste conceito. Questões relativas à validade confundem-se, com freqüência, com aquelas referentes à conclusão do pacto contratual, devido à estreita relação que ambas as matérias apresentam. A melhor maneira de lidar com eventuais divergências suscitáveis à luz do conceito da validade é entendê-la sob o prisma da uniformidade proposto pela própria Convenção no art. 7º, isto é, desassociando-a das definições nacionais. Todos os aspectos relativos à formação do contrato tratados pela Lei Uniforme são por ela regulamentados, independentemente de determinada matéria ser caracterizada como matéria de validade contratual pelo direito interno.

De grande importância prática, o art. 8º[14] é freqüentemente utilizado em tribunais superiores em questões atinentes a ter ou não sido o contrato devidamente concluído.[15] Em havendo controvérsia em fun-

9. Ver Judith Martins Costa, "Os princípios informadores do contrato de compra e venda internacional na Convenção de Viena de 1980", in *Revista de Informação Legislativa*, pp. 155 e ss. O trabalho é também encontrado na Internet, em http://www.cisg.law.pace.edu/galindo-da-fonseca/brasil-uff.

10. Trecho extraído do artigo "The United Convention on Contracts for the International Sale of Goods and the Battle of the Forms", de autoria de Christine Moccia, publicado em *Fordham International Law Journal*, v. 13/649, p. 663.

11. Art. 4º, v. nota 7, *supra.*

12. Jonh Honnold, *Uniform Law for International Sales under the 1980 United Nations Convention*, Kluwer, 1982.

13. Peter Schlechtriem, *Uniform Sales Law: The U.N. Convention on Contracts for the International Sale of Goods*, 1986.

14. "Art. 8º. 1. Para os fins desta Convenção, as declarações e a conduta de um contraente devem ser interpretadas segundo a intenção deste, sempre que o outro contraente tenha tido conhecimento ou não pudesse ignorar tal intenção. 2. Não sendo aplicável o parágrafo anterior, as declarações e a conduta de um contraente devem ser interpretadas segundo o sentido que teria sido dado por pessoa razoável, com qualificação igual e na mesma situação do outro contraente. 3. Para determinar a intenção de um contraente, ou o sentido que teria sido dado por pessoa razoável, devem-se levar em consideração todas as circunstâncias pertinentes ao caso, particularmente as negociações, quaisquer práticas que os contraentes hajam estabelecido entre si, os usos e a conduta subseqüente dos contraentes."

15. A jurisprudência norte-americana mais recente, em que foi aplicada a Convenção de Viena de 1980, diz respeito ao "caso" julgado pelo Tribunal Federal *U.S. Circuit Court of Appeals (11 Circuit)*, em 29 de junho último. O art. 8º da Lei Uniforme constituiu-se no preceito fundamental, disciplinador da controvérsia relativa à não aplicação do princípio pelo qual um documento escrito não pode ser altera-

ção dos atos cometidos pelas partes, o art. 8º[16] estabelece regras interpretativas atinentes à conduta dos sujeitos contratuais. O caráter subjetivo do comportamento (previsto no § 1º) é priorizado quando a outra parte estava, ou deveria estar, ciente da intenção do sujeito ativo. A conduta objetiva da parte (regra disposta no § 2º) será avaliada, apenas, quando não aplicável a norma referente à conduta subjetiva. Em ambas as situações, todas as circunstâncias relevantes devem ser consideradas na interpretação das declarações ou de outros comportamentos adotados, elencando o preceito alguns destes atos, como "as negociações que possam ter havido entre as partes, as práticas que se tenham estabelecido entre elas, os usos e todo e qualquer comportamento ulterior das partes". O prof. norte-americano Jonh Murray afirma que o § 2º conduz a uma interpretação em conformidade com o entendimento que uma pessoa razoável, semelhante ao outro sujeito contratual, teria tido nas mesmas circunstâncias.[17] Recomenda o autor citado que os juízes, ao aplicarem as normas da Convenção, atentem para o crédito que o dispositivo em foco inspira.

O dispositivo seguinte, art. 9º,[18] ao prescrever a vinculação das partes pelos usos que consentiram[19] e pelas práticas estabelecidas,[20] distingue tal vinculação daquela pertinente ao costume internacional "largamente conhecido e regularmente observado", que as partes conheciam ou deveriam conhecer. O uso convencional e as práticas negociais terão força vinculante apenas no que diz respeito àquilo acordado entre as partes, ou às habituais condutas estabelecidas entre elas. A aplicação tácita do costume mercantil internacional, ao contrário, dispensa um comportamento concreto por parte dos sujeitos contratuais. A eficácia do costume internacional é a regra, independentemente da atuação volitiva das partes.

O art. 6º,[21] que preceitua o princípio da liberdade contratual, e o dispositivo 11,[22] que estabelece a liberdade da forma, constituem-se, igualmente em notáveis ordenamentos jurídicos a serem observados na questão da formação do contrato de compra e venda internacional de mercadorias. O prof. Peter Winship, da Southern Methodist University of Law, esclarece a *ratio legis* do preceituado no art. 6º:

"In other words, although the buyer may not unilaterally exclude the convention

do por uma declaração verbal – princípio conhecido no sistema jurídico do *common law* como *parole evidence rule*. As partes em litígio eram a empresa norte-americana *Marble Ceramic Center*, compradora, e a empresa italiana *Ceramica Nuova SpA*, vendedora.

16. No Direito Comparado, tal dispositivo corresponde aos §§ 133 e 157 do *BGB* alemão, aos arts. 1.156 ao 1.164 do *Code Civil Français*, aos arts. 1.362 ao 1.371 do *Codice Civile* italiano, entre outros. O CC brasileiro, em sua regra geral prescrita no art. 85, reza que "nas declarações de vontade se atenderá mais à sua intenção que ao sentido literal da linguagem".

17. J. Murray Jr., *An Essay on the Formation of Contracts and Related Matters Under the United Nations Convention on Contracts for the International Sale of Goods*, 8 J. L. & COM. 11, 1988.

18. "Art. 9º. 1. As partes estão vinculadas pelos usos em que consentiram e pelas práticas que entre elas se estabeleceram. 2. Salvo convenção em contrário das partes, entende-se que estas consideraram tacitamente aplicáveis ao contrato, ou à sua formação, todo e qualquer uso de que tinham ou devessem ter conhecimento e que, no comércio internacional, seja largamente conhecido e regularmente observado pelas partes nos contratos do mesmo tipo, no ramo comercial considerado."

19. Quaisquer espécies de acordos firmados entre as partes, desde que relativos a uma matéria específica, isto é, devem ser acordos determinados.

20. O conceito de "práticas comerciais estabelecidas entre as partes", do art. 9º da Lei Uniforme de Viena, caracteriza-se, fundamentalmente, pela habitualidade das condutas adotadas. Coincide com a definição estabelecida no *Uniform Commercial Code* norte-americano, na Seção 1-205.

21. "Art. 6º. As partes podem excluir a aplicação da presente Convenção ou, sem prejuízo do disposto no artigo 12, derrogar qualquer das suas disposições ou modificar-lhe os efeitos."

22. "Art. 11. O contrato de compra e venda não tem de ser concluído por escrito nem de constar de documento escrito e não está sujeito a nenhum outro requisito de forma. O contrato pode ser provado por qualquer meio, incluindo a prova testemunhal."

after the sales contract is concluded he may agree with the seller at any time to exclude the convention or to accept terms varying the effect of the convention. If the contract has not yet been concluded the buyer may also exercise control by conditioning acceptance of his offer upon exclusion of all or part of the convention. In effect, article 6 embodies a vigorous affirmation of the principle of party autonomy. As the Swiss government noted in its pre-conference comments on the 1978 UNCITRAL draft, 'traders, who are generally wary of being subjected to unfamiliar rules, should instead feel reassured' by non-mandatory or 'enabling statute' nature of the convention".[23]

III – Formação do contrato

A Convenção das Nações Unidas sobre Contrato de Compra e Venda Internacional de Mercadorias disciplina o contrato de compra e venda através da análise dos dois momentos fundamentais constitutivos da relação contratual: a oferta e a aceitação da proposta contratual.[24] Uma eventual discordância entre os termos de um e outro ato jurídico contratual será verificada tendo em vista os critérios estabelecidos no art. 19.[25] O momento em que a oferta contratual torna-se efetiva, a sua excepcional irrevocabilidade, assim como a aceitação tardia são, entre outros, os temas disciplinados pela Parte II da Convenção de Viena de 1980.[26] Temas objetos de freqüentes aplicações práticas nas relações de troca internacionais, a relevância da determinação do momento em que foi o contrato de compra e venda internacional concluído verifica-se, sobretudo por ser esta espécie de contrato celebrado entre sujeitos localizados em diferentes Estados, eventualmente oriundos de diversas culturas jurídicas. Não obstante, o contrato faz, em qualquer hipótese, lei entre as partes, regra básica relativa aos contratos, assim como a liberdade de contratar que precede à vinculação das partes ao pactuado.

Composta por onze dispositivos (arts. 14 ao 24), a segunda parte da Lei Uniforme trata exclusivamente da formação do contrato.[27] A matéria regulamentada nos

23. *International Sales The United Nations Convention on contracts for the International Sale of Goods,* Parker School of Foreign and Comparative Law Columbia University, Ed. Nina M. Galston and Hans Smith, 1984, Chapter 1, & 1.02, pp. 1-33 e ss.

24. O tradicional enfoque adotado pela Convenção de Viena de 1980 ao tratar deste assunto é o mesmo daquele utilizado pela Convenção de Haia de 1964 sobre a Formação dos Contratos de Compra e Venda Internacional de Mercadorias.

25. "Art. 19. 1. A resposta que pretenda constituir aceitação da oferta mas contenha aditamentos, limitações ou outras modificações, representa recusa da oferta e constitui contra-proposta. 2. Se, todavia, a resposta que pretenda constituir aceitação da oferta contiver elemento complementares ou diferentes que não alterem substancialmente as condições da oferta, constituirá aceitação, salvo se o proponente, sem demora injustificada, objetar verbalmente às diferenças ou advertir a respeito delas. Não o fazendo, as condições do contrato são as constantes da proposta com as modificações contidas na aceitação. 3. São consideradas alterações substanciais das condições da oferta as adições ou diferenças relativas, em particular, a preço, pagamento, qualidade e quantidade das mercadorias, lugar e momento da entrega, extensão da responsabilidade de um contraente perante o outro, e solução de controvérsias."

26. Ver Eduardo Grebler, "O contrato de venda internacional de mercadorias", in *Revista Forense* 319/310-317, 1992. O trabalho é também encontrado na Internet em http://www.cisg.law.pace.edu/galindo-da-fonseca/brasil-uff.

27. A Convenção, em seu art. 92, permite que os Estados contratantes que desejarem, afastem a incidência de toda a sua Parte II (Formação do Contrato) ou a sua Parte III (Compra e Venda de Mercadorias). Os países escandinavos, quais sejam, Finlândia, Noruega, Dinamarca e Suécia, procederam a reserva atinente à segunda parte da Lei Uniforme, excluindo, assim, a aplicação das normas relativas à formação do contrato. Segue a transcrição do disposto no art. 92: "1. Qualquer Estado contratante pode declarar, no momento da assinatura, ratificação, aceitação, aprovação ou adesão, que não adota a Parte II ou a Parte III da presente Convenção. 2. Qualquer Estado contratante que tenha feito a declaração prevista no parágrafo anterior com relação à Parte II ou à Parte III da presente Convenção, não se considera Estado contratante para os efeitos do § 1º do art. 1º da presente Convenção, no que concerne às matérias que sejam regidas pela Parte a que se referir a declaração".

quatro primeiros dispositivos é a oferta. Em seguida disciplina-se a manifestação de vontade do ofertado – a aceitação – nos arts. 18 ao 23. Ao fim da Parte II, aborda-se a questão do momento em que o contrato é concluído. A formação do contrato é disposta de forma mais pragmática, sendo maior a identificação com o sistema jurídico do *common law system*, visto que o enfoque adotado pela Lei Uniforme na regulamentação da matéria releva temas como práticas e usos comerciais na solução das controvérsias relativas à formação do contrato. O consenso positivado na Parte II reflete o compromisso assumido pelos representantes dos sessenta e dois Estados que participaram da Conferência Diplomática, ocorrida em março e abril de 1980, quando da aprovação do texto final da Convenção, depois de mais de duas décadas ininterruptas de debates, propostas e entendimentos.[28]

III – 1. Oferta

Uma proposta converte-se em oferta mediante a satisfação dos requisitos essenciais dispostos no art. 14: a suficiência da precisão dos seus termos[29] e a intenção do ofertante em se vincular em caso de aceitação pelo ofertado, bem como a determinação do destinatário da oferta.

"Art. 14. 1. Para constituir oferta, a proposta de contrato feita a pessoa ou pessoas determinadas deve ser *suficientemente precisa* e indicar a *intenção do proponente de obrigar-se*, em caso de aceitação. A proposta é considerada suficientemente precisa quando designa as mercadorias e, expressa ou implicitamente, fixa a quantidade e o preço, ou prevê meio para determiná-los. 2. A proposta dirigida a pessoas indeterminadas é considerada apenas como convite para apresentação de ofertas, salvo se o autor da proposta houver indicado claramente o contrário" (grifos nossos).

O dispositivo do art. 14 é identificado com o disposto na lei interna norte-americana.[30] A melhor doutrina,[31] entretanto, di-

28. A chamada história legislativa da Convenção pode ser dividida em três etapas distintas. A primeira fase refere-se ao elaborado pelo Grupo de Trabalho da UNCITRAL, que data de 1970 a 1977. De 1977 a 1979, a Comissão Geral promoveu a revisão do texto proposto pelo Grupo de Trabalho. A terceira e última fase caracteriza-se pelos debates finais ocorridos na Conferência Diplomática. O prof. Jonh Honnold, que atuou como Secretário da UNCITRAL, compilou os trabalhos preparatórios que antecederam a elaboração do texto final em *Documentary History of the Uniform Law for International Sales. The studies, deliberations and decisions that led to the 1980 United Nations Convention with introductions and explanations*, Kluwer Law and Taxation Publishers, Philadelphia, 1989.

29. As versões francesa (*...suffisamment précise...*) e a espanhola (*...suficientemente precisa...*) utilizam a mesma expressão, enquanto a versão em língua inglesa (*...sufficiently definite...*) tende mais à noção de exatidão.

30. O *Uniform Commercial Code*, dos Estados Unidos, refletindo o sistema jurídico do *common law* reputa a vontade das partes como elemento fundamental dos contratos, seu princípio gerador, definindo na Seção 1-201(3) o *agreement* como "the bargain of the parties in fact as found in their language or by implication from other circumstances including course of dealing or usage of trade or course of performance as provided in this Act". Dispõe, a seguir, que "(a) course of dealing between parties and any usage or trade in the vocation or trade in which they are engaged or of which they are or should be aware give particular meaning to and supplement or qualify terms of an agreement", Seção 1-205(3).

31. O prof. Jonh Honnold, de formação jurídica originária do *common law system*, sustenta ser o elemento subjetivo a base do contrato de compra e venda estatuído na Convenção. Ver Jonh Honnold, *Uniform Law for International Sales Under the United Nations Convention*, 2ª ed., Deventer, 1991, p. 184. Estudiosos romanistas, de formação juspositivista, priorizam os elementos objetivos, tais como o prof. Philippe Khan. Ver "La Convention de Vienne du 11 avril 1980 sur les contrats de vente internationale de marchandises", em *Revue International du Droit Compare*, 1981, v. 2, pp. 952-986. A profa. Maria del Pilar Perales Viscasillas, da Universidade Carlos III, de Madrid, entende serem ambos os elementos citados no art. 14, tanto aquele de aspecto subjetivo quanto o de aspecto objetivo, de igual importância, não havendo preponderância entre um e outro. Ver *La Formación del Contrato en Compraventa Internacional de Mercaderías*, Tirant lo Blanch, Valencia, 1996, pp. 269 e ss.

verge no que diz respeito a uma eventual preponderância de um ou outro elemento, seja o primeiro, de caráter objetivo, seja o de caráter volitivo ou subjetivo.

A verificação do elemento subjetivo[32] é feita com base no disposto nos arts. 8º e 9º, especialmente na hipótese de, durante a fase inicial de negociações, o ofertado entender que foi o contrato concluído. A intenção do ofertante de vincular-se, em caso de aceitação, deve ser examinada tendo em vista todas as circunstâncias discutidas quando da análise dos dispositivos *supra* citados. Na proposta endereçada abstratamente a várias pessoas, anônimas e indeterminadas, não pode ser identificada a intenção do ofertante em se obrigar. A não especificação do ofertado, a quem a proposta se dirige, reflete mero convite para que a outra parte se manifeste, como ocorre com os catálogos e os prospectos dirigidos ao público em geral. Excepcionalmente, porém, um catálogo enviado para específica(s) pessoa(s) converte-se em oferta.

A oferta que, a princípio, parece não satisfazer os requisitos estabelecidos no art. 14, pode, eventualmente, ser viabilizada através da utilização dos usos e costumes, bem como pelas práticas estabelecidas entre as partes, conforme preceituado no art. 9º. No ano de 1992, o Tribunal Metropolitano de Budapeste proferiu decisão neste sentido, apesar da falta de clareza da comunicação oral emitida pelo vendedor alemão, em virtude do "(...) uso de que tinham ou devessem ter conhecimento e que, no comércio internacional, seja largamente conhecido e regularmente observado pelas partes nos contratos do mesmo tipo, no ramo comercial considerado".[33] As negociações comerciais anteriores ocorridas entre as partes provocaram, no litígio húngaro, a determinação implícita da quantidade, qualidade e preço das mercadorias. Aquele mesmo vendedor, em outras ocasiões, havia se conduzido da mesma forma, tendo o então comprador pago normalmente o preço e, posteriormente, recebido as mercadorias.[34]

Satisfeitas as condições prescritas no art. 14, a proposta converte-se em oferta.

III – 2. Aceitação

"Art. 18. 1. Constitui aceitação a declaração ou outra conduta do destinatário manifestando seu consentimento à oferta. O silêncio ou a falta de ação, por si só, não vale aceitação. 2. A aceitação da oferta torna-se eficaz no momento em que chega ao proponente a manifestação de consentimento. Não produz efeito a aceitação se a manifestação não chegar ao proponente dentro do prazo por ele estipulado ou, na falta desta estipulação, dentro de prazo razoável, tendo em vista as circunstâncias da transação, em especial a velocidade dos meios de comunicação utilizados pelo proponente. A aceitação da oferta verbal deve ser imediata, salvo se outra coisa resultar das circunstâncias. 3. Se, todavia, em decorrência da oferta, de práticas estabelecidas pelos contraentes entre si ou dos usos, o destinatário da oferta puder manifestar seu consentimento através da prática de ato relativo, por exemplo, à remessa das mercadoria ou ao pagamento do preço, sem comunicação ao proponente, a aceitação produz efeito no momento em que tal ato seja praticado, desde que o seja nos prazos previstos no parágrafo anterior."

32. A manifestação do consentimento deve, como ato jurídico, estar livre dos vícios de vontade. Tal verificação é feita à luz do direito interno dos Estados contratantes onde estão situadas as partes contratuais, visto que a Convenção não disciplina os aspectos relativos à validade, conforme preceituado no art. 4º.

33. Art. 9º, § 2º.

34. *Metropolitan Court of Budapest*, de 24.3.92, "caso" cujos dados foram encontrados na página do Instituto de Direito Comercial Privado Internacional da *Pace University School of Law*, no endereço eletrônico http://www.cisg.law.pace.edu/cisg/wais/db/cases2/920324h1.html.

O art. 18, § 1º, define a aceitação da oferta: *toda declaração que indique assentimento a uma oferta*. Para que a resposta do ofertado seja considerada aceitação, é preciso que seja indicada aquiescência aos termos da oferta.[35] O consentimento caracterizador da aceitação pode ser manifestado através de uma declaração ou por qualquer espécie de conduta, desde que, nos termos do § 2º do art. 18, "chegue" ao proponente. A Lei Uniforme não exige a inserção de determinadas palavras ou expressões específicas, que, em geral, tipificam o assentimento. A verificação se um formulário comercial padrão de confirmação caracteriza, ou não, aceitação será feita em vista do disposto no § 2º do art. 8º. O art. 18(1) consagra o princípio da liberdade de forma disposto no art. 11,[36] já que, fundamentalmente, preceitua que a aceitação pode realizar-se de qualquer maneira. Normalmente, porém, ocorre sob a forma de uma declaração escrita ou oral do ofertado, dirigida ao ofertante, em que seja comunicada a sua intenção de aceitar a proposta. Não é necessário o emprego, pelo aceitante, do mesmo meio utilizado pelo ofertante.[37] O princípio da liberdade de forma da aceitação é afastado se expressamente for determinada uma forma especial por parte do ofertante, aplicando-se o disposto no art. 13,[38] caso seja exigida a via escrita. O preceito 24[39] da Lei Uniforme estabelece, igualmente, a liberdade de forma dos atos jurídicos constitutivos do contrato de compra e venda, bem como de qualquer manifestação de vontade.

O silêncio ou a inação não são considerados aceitação, como expressamente determina o art. 18, § 1º, *in fine*. *A contrario sensu*, em conjunto com outras circunstâncias, podem perfeitamente indicar assentimento à oferta e, portanto, aceitação.[40] As circunstâncias podem tanto ser aquelas estabelecidas no art. 9º, § 2º,[41] como aquelas preceituadas no art. 8º, § 3º.[42] O prof. Claude Witz, da Université de la Sarre, comentando duas diferentes decisões alemãs[43] onde o art. 18 foi aplicado, alerta para a tênue linha divisória que, por vezes, pode

35. A simples confirmação de recebimento ou agradecimento pelo envio da oferta são, portanto, irrelevantes. Ver Allan Farnsworth, em Bianca/Bonell, *Commentary on the International Sales Law The Vienna Sales Convention*, Giuffrè, Milão, 1987, pp. 165 e ss.

36. Ver nota 20, *supra*.

37. Uma oferta oral pode ser aceita de forma escrita, ou vice-versa, sendo lícito à parte a escolha do meio de comunicação que melhor lhe aprouver.

38. "Art. 13. Para os fins desta Convenção, o termo *escrito* abrange o telegrama e o telex."

39. "Art. 24. Para os fins desta Parte da Convenção, considera-se que a oferta, a manifestação de aceitação ou qualquer outra manifestação de intenção *chega* ao destinatário quando efetuada verbalmente, quando seja entregue pessoalmente por qualquer outro meio, no seu estabelecimento, endereço postal, ou, na falta destes, na sua residência habitual."

40. Ver decisão da Corte Federal norte-americana no litígio entre *Filanto, SpA v. Chilewitch International Corporation*, encontrada na *homepage* do Instituto de Direito Comercial Privado Internacional da *Pace University School of Law*, no endereço eletrônico http://www.cisg.law.pace.edu/cisg/text/casecit.html#us. Em determinado momento, tal decisão estabelece: "(...) in view of the extensive previous transactions between the parties the offeree (= the seller) ought to have objected to the arbitration clause in the offer (and thus to the offer itself); *his silence and certain other indications showed the seller's intention to be bound by the terms of the offer* (...)" (grifos nossos).

41. "Art. 9º. 2. Salvo acordo em contrário, presume-se que os contraentes consideraram tacitamente aplicáveis ao contrato, ou à sua formação, todo e qualquer uso de que tinham ou devessem ter conhecimento e que seja geralmente reconhecido e regularmente observado, no comércio internacional, por contraentes em contratos de mesmo tipo, no ramo comercial em causa."

42. "(...) todas as circunstâncias pertinentes ao caso, particularmente as negociações, quaisquer práticas que os contraentes hajam estabelecido entre si, os usos e a conduta subseqüente dos contraentes."

43. A primeira diz respeito ao litígio apreciado pelo Tribunal Distrital de Krefeld, *Landgericht*, em 24.11.92, encontrado na Internet em http://www.cisg.law.pace.edu/cisg/wais/db/cases2/921124g1.html. A segunda decisão alemã refere-se a caso julgado pelo Tribunal Regional Superior de Cologne, *Oberlandesgericht*, encontrado na Internet em http://www.cisg.law.pace.edu/cisg/wais/db/cases2/911127g1.html.

ocorrer, entre o silêncio ou a inação e o consentimento, tendo em vista a não prescrição da forma da aceitação:

"La frontière entre le silence ou l'inaction qui, à eux seuls, ne peuvent valoir acceptacion (art. 18, al. 1, phrase 1) d'une part, et le comportement du destinataire indiquant qu'il acquiesce à une offre (art. 18, al. 1, phrase 1) d'autre part, n'est pas toujours facile à établir. Le Tribunal Régional de Krefeld a été confronté à cette difficulté. Un acheteur allemand passe commande de marchandises auprés d'un fabrican italien, l'enterprise *B* representée par l'enterprise *Z*. Celle-ci lui adresse une contre-offre, ainsi qualifiée par les juges, car il est précisé dans la réponse que la vente doit être effectuée par elle-même et non par l'enterprise *B*. Les juges de Krefeld décident que 'le client allemand a accepté de manière concluante cette contre-offre, en ce qu'il n'a pas contredit la confirmation de commande et accepté d'être livré par l'enterprise *Z*'. Ce dernier élément était ainsi déterminant.

"A la différence des juges de Krefeld, qui ont ainsi passé sous silence l'article 18, alinéa 1, ceux du Tribunal Régional Supérieur de Cologne ont expressément mis en ouevre cette disposition à propos d'une résolution conventionelle: 'sans doute le silence ne vaut-il pas consentment' (art. 18, al. 1, CISG). Un silence peut toutefois, en liaison avec d'autres circonstances, avoir la portée d'une déclaration et valoir acceptacion d'une offre de résolution."[44]

O último parágrafo do dispositivo disciplina a aceitação que ocorre sem que tenha havido comunicação expressa ao ofertante. A vinculação do ofertante a esta espécie de aceitação subsiste já que, nos termos do preceito, "(...) sem comunicação ao proponente, a aceitação produz efeito no momento em que tal ato seja praticado (...)". O recurso ao disposto no art. 8º (3), assim como ao determinado no art. 9º, faz-se, mais uma vez, necessário de forma a esclarecer quais as práticas ou usos que caracterizam a intenção do aceitante em efetivamente consentir com os termos da oferta. O assentimento através da prática de determinado ato é exceção ao princípio geral regedor da aceitação estabelecido no § 1º. Sendo o ato praticado dentro do prazo acordado, o contrato perfecciona-se desde então. Portanto, a oferta torna-se irrevogável a partir da prática do ato, já que nos termos do art. 16 (1), a revocabilidade da oferta tem como pressuposto não estar o contrato concluído.[45]

III – 3. Contraproposta

"Art. 19. 1 A resposta que pretenda constituir aceitação da oferta mas contenha aditamentos, limitações ou outras modificações, representa recusa da oferta e constitui contra-proposta. 2. Se, todavia, a resposta que pretenda constituir aceitação da oferta contiver elementos complementares ou diferentes que não alterem substancialmente as condições da oferta, constituirá aceitação, salvo se o proponente, sem demora injustificada, objetar verbalmente as diferenças ou advertir a respeito delas. Não o fazendo, as condições do contrato são as constantes da proposta com as modificações contidas na aceitação. 3. São consideradas alterações substanciais das condições da oferta as adições ou diferenças relativas, em particular, a preço, pagamento, qualidade e quantidade das mercadorias, lugar e momento da entrega, extensão da responsabilidade de um contraente perante o outro, e solução de controvérsias."

A resposta do ofertado que não corresponder aos termos da oferta constitui-se

44. *Les Premierès Applications Jurisprudentielles du Droit Uniforme de la Vente Internationale (Convention des Nation Unies du 11 avril 1980)*, LGJD, 1995, pp. 57-58.

45. Ver H. Bernstein e J. Lookofsky, *Understanding CISG in Europe*, Kluwer Law International, 1997, pp. 41 e ss.

em uma rejeição, caracterizando uma contraproposta.[46] O segundo parágrafo do dispositivo flexibiliza a regra geral disposta no parágrafo anterior, disciplinando aquela resposta que não altere substancialmente as condições da oferta. A demarcação entre uma e outra espécie de resposta é, por vezes, tarefa difícil, sendo, porém, de suma importância, visto que a alteração material caracterizará uma nova oferta, e, conseqüentemente, um novo contrato. Nesta hipótese, é preciso que a contraproposta satisfaça os requisitos do § 1º do art. 14, isto é, suficiência da precisão dos seus termos e intenção do ofertante de obrigar-se. A alteração não material, por outro lado, constitui-se em aceitação à oferta inicial, estando a partir de então o contrato original concluído. O § 3º do art. 19 elenca os elementos cujas modificações provocam, via de regra, alteração material à oferta. O dispositivo deve ser analisado tendo em vista os usos consentidos e as práticas estabelecidas, assim como as negociações prévias e as manifestações de intenção emanadas pelas partes.[47] Eventualmente, o disposto no art. 4º será argüido, já que alguns dos elementos relacionados no § 3º do art. 19 podem caracterizar-se como matéria de validade.[48]

A doutrina não é pacífica ao tratar a questão proposta no art. 19, sendo a questão conhecida, no universo jurídico anglo-saxão como *battle of forms*.

IV – Controvérsia

A formação do contrato é objeto de enfoques inteiramente antagônicos por parte das duas grandes famílias jurídicas. É exemplo clássico de conflito jurídico-doutrinário entre o sistema jurídico civilista e o sistema do *common law*.[49]

Uma das tarefas mais árduas enfrentadas pelos redatores da Convenção, quando dos trabalhos preparatórios por parte da UNCITRAL, foi determinar o momento em que o contrato de compra e venda internacional de mercadorias se perfecciona. O consenso foi encontrado na fórmula prevista no art. 23, que resume todo o disposto na Parte II da Convenção, ao determinar: "O contrato considera-se celebrado no momento em que a aceitação da oferta se tornar eficaz, de acordo com as disposições desta Convenção".

A aceitação da oferta, no mais das vezes, ocorre nos termos do disposto na primeira parte do dispositivo 18, § 2º,[50] isto é, torna-se eficaz no *momento em que chega ao proponente*. Conforme o preceituado no art. 24, "para os fins desta Parte da Convenção, considera-se que a oferta, a manifestação de aceitação ou qualquer outra manifestação de intenção 'chega' ao destinatário quando efetuada verbalmente, quando seja entregue pessoalmente por qualquer outro meio, no seu estabelecimento, endereço postal, ou, na falta destes, na sua residência habitual".

É este, pois, o momento a partir do qual a manifestação do consentimento tem eficácia, e, conseqüentemente, a partir de

46. Os países componentes do *common law system* conhecem esta norma como *mirror image rule*. Ver Jonh E. Murray Jr., *Murray on Contracts*, § 47, 3ª ed., 1990.

47. Art. 9º, § 1º, e art. 8º.

48. Ver decisão argentina da *Cámara Nacional de Apelaciones en lo Comercial,* n. 45.626, de 14.10.93, relativa ao litígio entre vendedor italiano e comprador argentino encontrada na página do Instituto de Direito Internacional Comercial da Pace University School of Law em http://www.cisg.law.pace.edu/cisg/text/casecit.html#argentina.

49. Neste sentido, ver Alejandro M. Garro, "Reconciliation of legal traditions in the U.N. Convention on Contracts for the International Sale of Goods", *International Lawyer* 23/443-483, 1989.

50. "Art. 18. 2. A aceitação da oferta torna-se eficaz no momento em que chega ao proponente a manifestação de consentimento. Não produz efeito a aceitação se a manifestação não chegar ao proponente dentro do prazo por ele estipulado ou, na falta desta estipulação, dentro de prazo razoável, tendo em vista as circunstâncias da transação, em especial a velocidade dos meios de comunicação utilizados pelo proponente. A aceitação da oferta verbal deve ser imediata, salvo se outra coisa resultar das circunstâncias."

quando reputa-se estar o contrato concluído.[51] A expressão "entregue pessoalmente por qualquer outro meio" pode significar o recebimento através de um terceiro, isto é, um representante munido de autorização expressa da parte representada.

A Convenção de Viena de 1980 adotou, a princípio, a teoria da aceitação ou teoria da recepção, diretriz doutrinária eminentemente civilista. Acrescente-se, ainda, que o seu art. 15 torna expresso tal entendimento ao preceituar que "a oferta torna-se eficaz quando chega ao destinatário". O efetivo recebimento da resposta pelo aceitado é requisito de validade da aceitação e, por conseguinte, da validade do contrato segundo a teoria da aceitação. Nesta corrente doutrinária, dois elementos distintos e sucessivos são identificados. O ato volitivo emanado por parte do aceitante, elemento de aspecto subjetivo, precede e viabiliza a ocorrência do segundo elemento, de caráter objetivo, isto é, a própria recepção, por parte de aceitado, da resposta enviada. A razoabilidade desta teoria materializa-se no momento último, quando perfeciona-se o contrato através da verificação objetiva do recebimento da manifestação de vontade. O risco pelo envio da aceitação, segundo a corrente romanista, é assumido pelo ofertado/aceitante por ter este a opção da escolha do meio de comunicar a sua aceitação. Por essa razão, atribui-se a esta parte a responsabilidade pelo desvio ou atraso da aceitação. Qualquer contingência que afete a sua declaração de vontade deverá ser suportada pelo aceitante.

Segundo a teoria da expedição, adotada pela *common law system*, ao contrário, o contrato é concluído desde quando o ofertado/aceitante envia a sua resposta ao ofertante/aceitado.[52] A conduta positiva por parte do aceitante, o momento em que este desvincula-se da sua declaração de vontade, é priorizada. A sua maior conseqüência é recair sobre o ofertante/aceitado o risco pelo atraso ou perda da comunicação, já que a outra parte enviou a sua resposta através de um meio, de alguma forma, autorizado pelo primeiro. A aplicação desta norma pressupõe que certos requisitos, atinentes ao envio da aceitação, sejam satisfeitos. É necessária a atuação diligente do ofertado, de forma que a sua resposta tenha sido apropriadamente dirigida ao ofertante. A subscrição do endereço correto e o devido pagamento dos selos postais são pressupostos que a jurisprudência considera indispensáveis. O meio de comunicação empregado pelo aceitante para enviar a sua manifestação de assentimento deve ser um meio expressa ou tacitamente aceito pelo ofertante. Isto é, em não havendo autorização expressa para a utilização de determinado meio de comunicação, entende-se por autorização tácita o emprego, pelo aceitante, da mesma forma de comunicação empregada pelo ofertante quando do envio da proposta.

Considera a doutrina ser a *mailbox rule* uma regra de conveniência comercial para as partes,[53] já que a instituição correio foi utilizada por ambas, seja para a oferta,

51. Sobre o tema da resolução contratual segundo disciplinado pela Lei Uniforme de Viena, ver Vera Maria Jacob de Fradera, "O conceito de inadimplemento fundamental do contrato no art. 25 da lei internacional sobre vendas da Convenção de Viena de 1980", in *Revista da Faculdade de Direito da Universidade Federal do Rio Grande do Sul* 11, Porto Alegre, 1985. O trabalho é também encontrado na Internet em http://www.cisg.law.pace.edu/galindo-dafonseca/brasil-uff.

52. É a chamada *mailbox rule*, onde a eficácia do contrato é condicionado tão-só ao envio da resposta escrita. Ver Date-Bah, "The United Nation Convention on Contracts for the International Sale of Goods, 1980 overview and selective commmentary", 11 *Rev. Gh.* L. 50, 59, 1979; P. Carlini, "La formazione del contratto tra persone lontane: un aspetto della revisione della comparazione tra *common law* e *civil law* nel quadro di un diritto comune", *RTDPC*, 1984, pp. 114-164.

53. W. R. Anson, *Law of Contract*, Oxford, Clarendon Press, 1984, 26ª ed., p. 41; T. Chitty, *On Contracts*, v. I, *General Principles*, Londres, Sweet & Maxwell, 1989, pp. 54 e ss.

seja para a aceitação.[54] Vários são os argumentos utilizados pelos representantes do *common law system*. Sendo uma regra de conveniência, entendimento pacífico entre os representantes desta família jurídica, a atribuição da responsabilidade pelos riscos (demora ou perda) da comunicação ao aceitado não é impositiva, se o resultado a que a *mailbox rule* conduz é absurdo ou inconveniente.[55] A jurisprudência formulou esta teoria visando proteger o ofertado do amplo poder revocatório que dispõe o ofertante. Remonta à Inglaterra do início do século XIX, em virtude da célebre decisão do litígio entre *Adam v. Lindsell*.[56] O ofertante, inadvertidamente, enviou proposta de venda a endereço errado, provocando, portanto, atraso na resposta por parte do aceitado. Após o envio da aceitação e antes da sua recepção pelo aceitado, este vendeu as mercadorias a uma terceira parte. Alegando descumprimento contratual, o ofertado obteve sentença favorável.

A Lei Uniforme de Viena adota, porém, em seu art. 18, § 3º, a teoria da expedição. Quando executa o aceitante um ato relativo à execução do contrato, seja em virtude dos termos da oferta ou das práticas que as partes estabeleceram entre elas,[57] o entendimento civilista é afastado. A execução do ato deve realizar-se dentro do prazo fixado para a manifestação da aceitação, ou, na hipótese de não haver prazo fixado, dentro de um prazo razoável. Nestas condições, considera-se o contrato concluído a partir da execução do ato já que, desde então, a aceitação produziu os seus efeitos.

O critério adotado é, desta forma, o que fundamenta a teoria da expedição, pois, como o pagamento do preço, a expedição das mercadorias é conduta que compromete o patrimônio do aceitante, *a ratio legis* do preceito é a proteção do aceitante.

A revocabilidade da oferta assume contornos importantes na presente discussão. O art. 16 preceitua que pode a oferta ser revogada até que seja concluído o contrato, nos termos seguintes: "Art. 16. 1 A oferta pode ser revogada até que seja concluído o contrato, se a revogação chegar ao destinatário antes deste expedir a aceitação. 2. A oferta não pode, porém, ser revogada: a) se fixar prazo para aceitação, ou por outro modo indicar que seja irrevogável; b) se era razoável que o destinatário a considerasse irrevogável, e houver agido em conseqüência da oferta".

A Convenção da ONU de 1980 adota o princípio da revocabilidade da oferta, entendimento característico do *common law system*, conforme preceitua o § 1º do dispositivo *supra*. A liberdade do ofertante de revogar uma oferta já enviada, mas ainda não aceita, é a postura tradicional deste sistema jurídico, conduta adotada, por exemplo, pela Inglaterra. No sistema jurídico civilista, o princípio é ser a oferta irrevogável, a menos que as partes estabeleçam a sua revocabilidade. Via de regra, porque nos Estados de tradição jurídica romano-germânica é concedido ao ofertado prazo para sua manifestação, a irrevocabilidade pode também ser estabelecida por um tempo determinado, exceto, novamente, se de outra forma tenha estabelecido o ofertante.[58]

54. Neste sentido, P. H. Winfield, "Some aspects of offer and acceptance", *The Law Quarterly Review*, 1939, n. 55, pp. 508 e ss.

55. T. Chitty, ob. cit., pp. 56 e ss.; J. E. Murray, *On Contracts*, Charlottes (Virgínia), The Michie Company, 1990, 3ª ed., n. 47, pp. 148 e ss.

56. *Adams v. Lindsell*, 1 Barn & Ald. 681 (K.B. 1818).

57. A. Garro e A. Zuppi, *Compraventa Internacional de Mercaderías. Convención de Viena de 1980*, Ediciones la Rocca, Buenos Aires, 1990, pp. 108 e ss.

58. O nosso CC determina a obrigatoriedade da oferta durante um tempo, nos termos do art. 1.080: "A proposta de contrato obriga o proponente, se o contrário não resultar dos termos dela, da natureza do negócio, ou das circunstâncias do caso". No mesmo sentido, art. 145 do *BGB* alemão, art. 1.806 do Código Civil mexicano do Distrito Federal, art. 1.137 do Código Civil venezuelano, e art. 5º do Código das Obrigações da Suíça. A questão é tratada, pela lei interna francesa, de forma mais casuística, embora a

A Lei Uniforme afasta-se da corrente civilista, adotando, para efeito de revogação, a principal conseqüência da teoria da expedição: a revogação só é válida se chegar ao ofertado *antes dele expedir a sua aceitação*. Se o ofertado receber a notícia da revogação após ter enviado a aceitação, presume-se a validade da sua manifestação de consentimento, por ter a revogação chegado tarde demais. A revocabilidade disposta na Convenção tem como termo o envio da aceitação pelo ofertado. Tal momento (a expedição do assentimento) não se confunde com o momento da conclusão do contrato, nos termos do art. 23 c/c art. 18 (2).[59] A rigor, tivesse a Convenção adotado por inteiro a teoria da recepção, a primeira parte do preceito (*a oferta pode ser revogada até que seja concluído o contrato*) provocaria um efeito diferente, visto que o contrato, ao perfeccionar-se quando do recebimento da aceitação pelo ofertante poderia ser revogado até então. Logo, a interpretação segundo a qual o ofertante pode, nos termos do dispositivo supra, revogar a oferta enquanto não estiver o contrato concluído, deve ser feita com reservas. O momento que a aceitação é enviada ao ofertante não perfecciona o contrato, mas extingue o direito do ofertante revogar a sua oferta.

Como ocorre no ordenamento jurídico norte-americano,[60] a revocabilidade da oferta preceituada pela Convenção de Viena também é passível de exceções, preceituadas nas alíneas *a* e *b* do § 2º do art. 16. A primeira exceção diz respeito à irrevocabilidade expressa, reconhecida, unanimemente, pelos países componentes do sistema jurídico romano-germânico.[61] A última exceção refere-se à hipótese de, por ser razoável que o destinatário considere a oferta irrevogável, teria ele agido em conseqüência da sua boa-fé.

O art. 15, § 2º,[62] disciplina o instituto da retratação da oferta. A retratação somente pode ocorrer antes da oferta ser dotada de força vinculante, isto é, anteriormente à produção dos seus efeitos. A oferta é irretratável se a aceitação ocorre nos termos dispostos no art. 18, § 3º. A retratação é, nesta hipótese, afastada, já que a aceitação ocorre quando da execução do ato, considerando-se, a partir de então, o contrato concluído. Caso a Lei Uniforme tivesse adotado a teoria da expedição,[63] seria a oferta de todo irretratável, pois, segundo este entendimento, a partir do seu envio, tem a oferta força vinculante.[64] É preciso, porém, que, tanto a oferta quanto a aceitação "cheguem" ao seus respectivos destinatários[65] para produzirem efeitos jurídicos. Portanto, poderão ambas ser retratadas se a retratação chegar ao seu destino

jurisprudência incline-se a adotar a irrevogabilidade da oferta por prazo determinado.

59. "Art. 23. O contrato considera-se celebrado no momento em que a aceitação da oferta se tornar eficaz, de acordo com as disposições desta Convenção."

"Art. 18. 2. A aceitação da oferta torna-se eficaz no momento em que chega ao proponente a manifestação de consentimento."

60. A legislação interna norte-americana sobre o assunto, o *Uniform Commercial Code*, estabelece algumas exceções à regra geral da revogabilidade, como aquela estatuída na Seção 2-205: "An offer by a merchant to buy or sell goods in a signed writing which by its terms gives assurance that it will be held open is not revocable, for lack of consideration, during the time stated or if no time is stated for a reasonable time, but in no event may such period of irrevocability exceed three months; but any such term of assurance on a form supplied by the offeree must be separately signed by the offeror".

61. É, todavia, objeto de controvérsia doutrinária já que os países componentes do *common law system* interpretam o dispositivo de maneira distinta.

62. "Art. 15. 2. A oferta, ainda que irrevogável, pode ser retirada desde que a retratação chegue ao destinatário antes ou simultaneamente à oferta."

63. Ver item IV, *supra*.

64. Ver G. Ferrándiz, "Perfección, sustantividad y eficacia de la declaración de voluntad recepticia", *Revista Jurídica de Catalunha*, 1986, pp. 105-126.

65. "Art. 15. 1. A oferta torna-se eficaz quando chega ao destinatário."

"Art. 18. 2. A aceitação da oferta torna-se eficaz no momento em que chega ao proponente a manifestação de consentimento."

antes, ou até simultaneamente,[66] seja da oferta, seja da aceitação.[67] Trata-se de uma das conseqüências da adoção, pela Convenção, da teoria da recepção, visto que nem a oferta, tampouco a aceitação, são dotadas de força vinculante quando são expedidas.

V – Conclusão

As práticas e os usos comerciais assumem, especialmente na matéria pertinente à formação do contrato, um importante papel no processo de ponderação jurídico-positiva entre o sistema do *common law* e o sistema civilista. O movimento de unificação internacional das regras jurídicas disciplinadoras do contrato de compra e venda tem como fundamento o que a doutrina intitula ética comercial, conforme precisa lição dos profs. argentinos Alejandro Garro e Alberto Zuppi:

"A fin de poder apreciar en toda su magnitud los alcances del principio general que otorga fuerza vinculante a la oferta desde el momento de su recepción, es necessario adquirir una visión de conjunto de la problemática que presenta la formación del contrato, incluyendo en este análisis las normas que se refieren a la retractación y revocación de la oferta. Recién entonces uno puede adquirir una idea cabal de cuándo se perfecciona el contrato en la Convención. Se podrá apreciar entonces que la Convención opta por un sistema complejo de retractatión, revocación, caducidad e irrevocabilidad, etapas que surten efecto ya sea al momento de su expedición o recepción, según consideraciones de ética comercial interpretadas a la luz de los usos y prácticas del comercio internacional. Estas reglas complejas y particularizadas dejan de lado las teorías clásicas en torno al dogma del consentimiento en la formación de los contratos, que exigen la coincidencia psicológica de los voluntades simultáneas de igual o correspondiente contenido para la creación de la relación contractual."[68]

Fundamentalmente, no processo de formação do contrato, há um determinado e inevitável momento que uma das partes não tem ciência de estar o contrato concluído, independentemente da corrente doutrinária agasalhada. As teorias adotadas pelo sistemas jurídicos romano-germânico e pelo anglo-saxão propõem formas alternativas de proteger a parte desconhecedora da perfeição do contrato, a parte que, naquele momento encontra-se mais fraca. A divergência dos enfoques assume grandes proporções em razão mais da evolução histórica do pensamento jurídico, da forma de se pensar o Direito, do que propriamente dos resultados práticos que a adoção deste ou daquele entendimento acarretará.

A posição adotada pela Convenção das Nações Unidas no que se refere à conclusão do contrato[69] fundamenta-se em um

66. "Art. 15. 2. A oferta, ainda que irrevogável, pode ser retirada desde que a retratação chegue ao destinatário antes ou simultaneamente à oferta."

"Art. 22. A aceitação pode ser retirada, caso a retratação chegue ao proponente antes ou no momento em que a aceitação tornar-se-ia eficaz."

67. O ordenamento jurídico brasileiro adota o mesmo entendimento, prescrevendo o CC brasileiro, em seu art. 1.085: "Considera-se inexistente a aceitação, se antes dela ou com ela chegar ao proponente a retratação do aceitante". No mesmo sentido o *BGB* alemão, art. 130; o Código de Comércio do México, art. 1.807; o Código Civil do Peru, arts. 1.373 e 1.374 e o Código Civil do Uruguai, art. 1.265, entre outros.

68. A. Garro e A., *Compraventa Internacional de Mercaderías*, cit., pp. 108 e ss.

69. O presente estudo restringe-se à análise do texto da Convenção pertinente à formação do contrato, tendo em vista, tão-só, a divergência entre os dois sistemas jurídicos dominantes. Advertimos ao leitor que a Comissão das Nações Unidas para o Direito Mercantil Internacional (UNCITRAL), quando dos trabalhos que precederam a unificação do Direito Mercantil Internacional, deparou-se, igualmente, com outras dificuldades. As questões relativas à diversidade dos sistemas econômicos, à desigualdade social dos países e à disparidade dos interesses em função da posição ocupada no contrato de compra e venda, isto é, comprador e vendedor foram, também, anali-

ponto de equilíbrio entre as teorias *supra* analisadas. Equilíbrio construído sob os pilares propostos no próprio texto da Lei Uniforme, de maneira que, na medida do possível, a utilização da norma nacional não seja necessária. As relações mercantis internacionais apresentam, pela sua própria natureza, o estigma da possível insegurança. A estabilidade das relações de troca, objetivo a ser alcançado com a uniformidade proposta pelo texto vienense, não afasta a indispensável agilidade caracterizadora do comércio internacional.[70] A internacionalidade, apontada no art. 7º[71] como princípio interpretativo primeiro a ser observado, traduz a acuidade com a permanente evolução das regras que compõem o Direito uniforme.

sadas. É a Lei Uniforme de Viena o resultado do entendimento baseado em compromissos e, sobretudo, em princípios formadores de um sistema jurídico uniforme que caracteriza-se como flexível e autônomo.

70. Para um estudo acerca da posição do Brasil relativamente à Convenção da ONU sobre os Contratos de Compra e Venda Internacional de Mercadorias, ver Patrícia Bezerra de M. Galindo da Fonseca, "O Brasil perante uma nova perspectiva de Direito Mercantil Internacional", in *Revista Forense* 341/193-211, Rio de Janeiro, abr. 98. O trabalho é também encontrado na Internet em http://www.cisg.law.pace.edu/galindo-da-fonseca/brasil-uff.

71. "Art. 7º. 1. Na interpretação desta Convenção ter-se-ão em conta seu caráter internacional e a necessidade de promover a uniformidade de sua aplicação, bem como de assegurar o respeito à boa-fé no comércio internacional."

Jurisprudência Comentada

SOCIEDADE POR QUOTAS*

Comentários de
PAULO SALVADOR FRONTINI
ao acórdão na apelação cível 14.402-4-SP

Apelação cível 14.402-4-SP

Apte.: Janina Maria Krzyzanowska de Costello

Apdo.: Marcos Juan Wleklinski

Responsabilidade limitada – Reintegração de posse – Ajuizamento por sócio – Ingresso no recinto da empresa e fiscalização da atividade de sócio-gerente – Legalidade da pretensão – Arts. 290 e 293 do Código Comercial e Decreto Federal 3.708, de 1919 – Temor do autor, ademais, justificado e embasado em dados objetivos – Ação procedente – Recurso provido.

ACÓRDÃO

Ementa oficial: Reintegração de posse – Sociedade por cotas – Pretensão de acesso à sede da empresa e fiscalização dos atos do réu-apelado – Admissibilidade – É garantido ao sócio o direito de fiscalizar os atos dos gestores, cumprindo a estes últimos prestar contas de seus atos – Inteligência dos arts. 290, 293, e Decreto 3.708, de 1919 – Recurso provido.

Acordam, em 3ª Câmara de Direito Privado do Tribunal de Justiça do Estado de São Paulo, por votação unânime, dar provimento ao recurso, de conformidade com o relatório e voto de relator, que ficam fazendo parte do acórdão.

O julgamento teve a participação dos srs. Desembargadores Toledo César e Mattos Faria.

São Paulo, 10 de fevereiro de 1998.

Flávio Pinheiro, Presidente e Relator.

VOTO

A autora-apelante, por herança de seu pai, tornou-se sócia de 50% das cotas do capital social da empresa Elobra Obras Elétricas Ltda., estando a gerência da sociedade sendo exercida pelo réu-apelado.

Assim, ao contrário do que pareceu ao ilustre Magistrado, tem a autora-apelante o direito de ingressar no recinto da empresa para nela exercer atos de posse sobre bens comuns.

Afinal, os sócios, que mutuamente se obrigam a combinar seus esforços ou recursos para lograr fins comuns, devem se respeitar mútua e reciprocamente.

Se assim não agirem, dificilmente os sócios poderão alcançar o objeto social.

Veja-se que o *art. 290 do Código Comercial*, reza que "em nenhuma associação mercantil se pode recusar aos sócios o exame de todos os livros, documentos, escrituração e correspondência e do estado da caixa da companhia ou sociedade, sempre que o requerer".

* "Jurisprudência do Tribunal de Justiça", *Lex* 204/147.

Mesmo porque "os sócios administradores ou gerentes são obrigados a dar contas justificadas da sua administração aos outros sócios" (*art. 293, Código Comercial*).

Outrossim, óbvio que o Decreto 3.708, de 10.1.19, dá ao sócio o direito de circular livremente na sociedade, inclusive para fiscalizar a atividade do sócio-gerente que, se abusar, responderá civil e criminalmente (cf. art. 11).

Em suma, não pretende a autora-apelante administrar a sociedade. Quer, apenas, que se lhe garanta o direito de entrar e sair livremente da empresa, da qual é dona da metade.

Justifica-se, por outro lado, seu interesse e sua preocupação quanto à gerência e administração da sociedade comum, tendo em vista a notória divergência sobre os negócios que existem entre as partes, razão das várias demandas que tramitam na Justiça.

Além deste processo, mais tramitam em segunda instância (*medida cautelar 51.783, apelação 281.999 e apelação 41.150*), que se referem à prestação de contas e liquidação e dissolução de sociedade entre as partes.

Esse quadro de disputa de bens e de interesses justifica o receio da autora-apelante, afastada dos negócios da empresa, de perdê-los ou de vê-los extraviados.

Enfim, o temor da autora-apelante é justificado e embasado em dados objetivos.

O conjunto probatório demonstra que a autora da possessória tem justo motivo para promover a ação.

Anote-se, a propósito, o fato de tratar-se de uma sociedade por cotas, sendo objeto da posse bens corpóreos, onde quer que possa ser objeto de propriedade o bem, pode haver posse.

Assim, se pode haver posse, pode haver tutela jurídica possessória (cf. *RT* 659/67).

Como se lhe negar, então, o elementar direito de simplesmente ingressar na sociedade da qual é sócia na proporção de 50%?

Por todo o exposto, dou provimento à apelação, reformada a respeitável sentença de Primeiro Grau que à espécie não deu a melhor solução.

Comentários de
Paulo Salvador Frontini

1. Alguns dados básicos, referentes à situação de fato existente, constam do acórdão, e vão ajudar na análise de graves questões que, com singeleza e originalidade, a douta Câmara julgadora soube enfrentar e resolver.

1.1 Assim, vê-se que a apelante era sócia de uma sociedade por quotas de responsabilidade limitada, sendo titular de uma participação de 50% no capital social. Ou seja, poderia, com esses números, ter um sócio em igualdade de condições, titular de outra participação de 50%. É, aliás, o que o julgado sugere. Mas, nenhum sócio com participação maior.

Vê-se do texto, outrossim, que essa participação societária foi havida por herança, certo que a sociedade já existia e operava antigamente, pelas mãos do progenitor da apelante. Esse registro é importante para afastar considerações que poderiam ser desenvolvidas, em outra direção, se se chegasse à convicção de que a empresa tinha existência meramente formal, algo como uma *sociedade de fachada*.

Mais uma observação: a apelante é simplesmente sócia, sem poderes de gerência. Sócio-gerente, no caso, é o apelado, investido de poderes de administrar a sociedade.

Ora, com base nesse quadro fático, percebe-se, sempre ante a leitura do texto, que o sócio-gerente proibiu a outra sócia, não gerente, de ter acesso às dependências da empresa. Vedando-lhe o ingresso no recinto onde desenvolve a gestão societária, logrou, o apelado, vedar à apelante a possibilidade de fiscalizar os negócios sociais.

2. Queremos, nestas notas, examinar por partes as principais questões societárias que afloram do v. acórdão.

Dizem elas respeito: a) ao direito do sócio *não gerente* de ter acesso às dependências da sociedade; b) à posse dos bens sociais, integrantes do ativo da sociedade; c) às fórmulas juridicamente aceitáveis para superar o impasse nas deliberações sociais, em conseqüência de absoluta igualdade de participação no capital social de sócios que se posicionam antagonicamente.

3. Em primeiro lugar, coloca-se o problema do direito do sócio não gerente de acessar livremente as dependências da sociedade. Trata-se do tema referente a existirem, ou não, limites à presença física do sócio, que não está investido em poderes de gerência, nas dependências da empresa. Ou seja, da intromissão do sócio não gerente no quotidiano da sociedade.

O nobre julgado afirmou, literalmente: "tem a autora-apelante o direito de ingressar no recinto da empresa para nela exercer atos de posse sobre bens comuns".

Essa asserção, em seu primeiro termo, é válida *em termos*. Ou seja, quando se refere ao *direito de ingressar no recinto da empresa* é plausível reconhecer que, *ante as peculiaridades do caso concreto*, expostas no corpo do aresto, o julgado adotou solução correta. E as razões de nosso convencimento estão expostas no próprio acórdão, sobre ela cabendo as considerações abaixo, neste comentário, sob n. 3.2.

3.1 Discordamos, porém, do segundo termo (*para nela exercer atos de posse sobre bens comuns*). Vale a lembrança de que os bens da sociedade pertencem a esta. A sociedade é uma pessoa jurídica, com nome, personalidade, patrimônio, bens, direitos e obrigações próprios. A posse sobre os bens da sociedade, evidentemente, é exercida pela própria pessoa jurídica.

3.2 Assim, o que a apelante poderia postular, em termos societários, era o direito de ingresso no recinto da empresa para o fim de poder fiscalizar os negócios sociais; para exercer, pelo exame de documentos e livros, o direito de formalizar objeções e de fazer indagações a respeito do desempenho empresarial da sociedade. Tudo devidamente requerido (art. 290 do CCom), e para o fim último de cobrar resultados, exigir e conferir prestação de contas etc. Esses são direitos do sócio *não gerente*, a que se acresce, como o de maior relevância, ao ensejo da apreciação das contas anuais, *o direito de votar a respeito de sua aprovação ou rejeição.*

O momento certo para isso é a reunião anual, que necessariamente há de ser feita, para apresentação das contas e apreciação do balanço. De fato, o art. 10, n. 4, do CCom, dispondo sobre as obrigações a que sujeitos todos os comerciantes, enuncia a de *formar anualmente um balanço geral de seu ativo e passivo, o qual deverá compreender todos os bens de raiz, móveis e semoventes, mercadorias, dinheiros, papéis de crédito e outra qualquer espécie de valores, e bem assim todas as dívidas e obrigações passivas; e será datado e assinado pelo comerciante a quem pertencer*.

O *comerciante* a quem o balanço *pertence* (*v.g., pertine*) é a sociedade, e quem assina por esta é o sócio-gerente. Mas, não sendo majoritário (no caso, como se lê, cada sócio tem metade do capital da sociedade), mister se faz sejam as contas previamente aprovadas. Assim, o sócio *não gerente* tem o direito de exigir essa reunião de sócios, a ela comparecer e votar como entender cabível. E se não votar pela sua aprovação, restarão não aprovadas, pelo que o balanço não poderá ser elaborado.

Esse é o caminho da lei, a ser cumprido pelo sócio *não gerente*.

3.2.1 Por que geralmente assim não se faz? Porque certamente esse procedimento, além de gerar dificuldades internas, vai trazer implicações na área operacional da empresa. Sem balanço aprovado, como fazer com as obrigações tributárias, especialmente perante o Imposto de Renda? Como fazer na hora de cadastrar a empresa perante fornecedores que vão conceder crédito? Sócios e seus advogados e contadores sabem que, nesse hora, o conflito interno poderá transbordar para níveis incontroláveis...

3.2.2 De qualquer forma, resta a pergunta: pode o sócio *não gerente* exigir o direito de ingressar na empresa, pedir acesso a arquivos e documentos, fazer perguntas, a qualquer hora, a qualquer funcionário da sociedade?

O r. acórdão invoca e transcreve o preceito legal pertinente, nesta passagem: "Veja-se que o *art. 290 do Código Comercial*, reza que 'em nenhuma associação mercantil se pode recusar aos sócios o exame de todos os livros, documentos, escrituração e correspondência e do estado da caixa da companhia ou sociedade, sempre que o requerer'".

Ora, a cláusula final do dispositivo indica o *modus procedendi* a que o sócio está sujeito: *sempre que o requerer*.

Haverá de pedi-lo, caso a caso. Talvez nem seja o caso de falar em requerimento, mas em requisição, pois a legislação é categórica em assegurar essa prerrogativa ao simples sócio.

3.2.3 O sólido fundamento jurídico para a solicitação do sócio conduz à resposta da pergunta referente a seu acesso ao recinto da empresa. No caso concreto, tratando-se de sócia titular de metade do capital social – circunstância relevante, e que sem dúvida foi corretamente valorada no julgado – pode-se concluir que a decisão se fundamentou em razões de irrespondível lógica. De fato, se o sócio *não gerente* pretender examinar livros de contabilidade, e respectiva documentação, isso somente será viável, em termos práticos, se a sociedade lhe oferecer condições para tanto, ou seja, local adequado, no recinto da empresa, de onde livros contábeis e documentos não devem ser retirados (CCom, art. 10, n. 3).

Vale dizer, *para esse fim*, e *nos limites dele*, o sócio *não gerente* tem direito a acessar o interior da sociedade.

Considerado, assim, em sua instrumentalidade, conclui-se que o r. aresto, versando sobre matéria *insólita*, deu solução adequada à espécie. De fato, é pacífico no Direito que, sempre que a lei confere a uma pessoa o direito de alcançar um fim, ficam-lhe automaticamente deferidos os meios instrumentais necessários. Ora, se a lei assegura ao sócio, mediante requerimento, o direito de examinar livros e documentos, escrituração, correspondência e estado de caixa, deduz-se que os meios indispensáveis à colimação desse propósito estão compreendidos no âmbito daquele (Carlos Maximiliano, *Hermenêutica e Aplicação do Direito*, 7ª ed., Max Limonad, n. 297, p. 304).

Sob esse ângulo, o v. acórdão proporciona rumo correto em torno ao problema, nas sociedades de pessoas, do acesso do sócio *não gerente* ao recinto onde funciona a empresa.

3.2.4 Esse direito de ingressar nas dependências da empresa não é entretanto irrestrito. Deve, com efeito, ser ressaltado que o sócio *não gerente*, embora tenha o direito de acesso ao interior do recinto onde a sociedade opera, não tem direito *irrestrito* de livre circulação nas dependências da sociedade. O direito de acesso existe, sim, em função e nos limites do exercício de seus direitos de sócio.

A razão de ser dessa limitação decorre do resguardo que se há de conferir ao sócio-gerente para comandar o empreendimento, pelo qual é responsável. A presença pessoal *sem limites* de um sócio simples, com o risco de intrometer-se em assuntos gerenciais, é inconveniente em termos de convívio interno: a sociedade comercial poderá tornar-se ingovernável.

Além disso, falta respaldo jurídico que dê base a essa pretensão. Como vimos, o acesso às dependências da empresa deve ser assegurado apenas para exercício de direitos de sócio comum, despojado de poderes de administração. Mas não enseja amparo para interferências outras, que extrapolam o campo do *status* de sócio.

Eis aí, em acanhada síntese, os direitos dos sócios, sócios comuns, sócios que são apenas sócios, nas sociedades de pessoas em geral, e na limitada de modo especial.

4. Analisemos agora a segunda questão posta: o exercício de posse dos bens sociais, integrantes do ativo da sociedade, por parte do sócio *não gerente*.

Venia concessa do digno aresto, não cabe a simples sócio, não investido em poderes de gestão, exercer atos de posse sobre bens da pessoa jurídica, a pretexto de que são bens comuns.

Compete ao sócio-gerente, administrador dos negócios sociais, como órgão societário, exercer, nessa qualidade, as atribuições que exteriorizam o fato da posse. Quem tem a posse dos bens da sociedade é esta. E, para esse fim, age através de seu órgão competente, o sócio- gerente.

Ora, se os bens são da sociedade, que, por seus órgãos competentes, os guarda, e os opera, na busca dos fins sociais, é claro que nenhum dos sócios é deles possuidor. A relação jurídica dos sócios com a sociedade se faz pela via da titularidade de quotas do capital social. Os sócios são, isto sim, proprietários das cotas sociais.

No entanto, o acórdão comentado deu provimento ao apelo, falando em posse de bens comuns. Parece claro, entretanto, que, tratando-se originariamente de uma ação possessória (reintegração de posse), se a douta Câmara se prendesse rigorosamente a esse aspecto de tecnicismo processual, estaria obrigando a parte apelante, titular de metade do capital social, a recomeçar *ab initio* sua postulação. Daí a adoção de fundamento que, embora passível de reparos, obstou a incidência do odioso *summum jus summa injuria*.

5. Mas, o v. acórdão leva a outras reflexões. Referem-se elas à hipótese de empate nas deliberações sociais.

Coloca-se a questão do convívio, dentro da sociedade, dos dois únicos sócios que a integram, com idêntica participação no capital, e que estão incompatibilizados entre si.

5.1 É preciso ficar desde logo dito que qualquer tentativa de alterar o contrato social fica excluída, em face da rigorosa igualdade de participação societária. Logo, diante desse quadro de divisão do capital, a sociedade fica submetida a uma situação de impasse em tudo que envolva a tomada de deliberações. Qualquer proposta dependente da aprovação dos sócios, fica afastada, porque, sobrevindo empate na deliberação (50% x 50%), obviamente a proposta não está aprovada. Isso vale não apenas para questões mais corriqueiras, como também para outras mais relevantes, como a aprovação de balanço, ou mesmo para propostas mais complexas, como a alteração do contrato social.

Que fazer ante um cenário marcado por esse impasse ?

Nas sociedades anônimas, a respectiva lei imprime uma solução fundada no bom-senso. "No caso de empate" – diz o art. 129 § 2º – "se o estatuto não estabelecer procedimento de arbitragem e não contiver norma diversa, a assembléia será convocada, com intervalo mínimo de dois meses, para votar a deliberação; se permanecer o empate e os acionistas não concordarem em cometer a decisão a um terceiro, caberá ao Poder Judiciário decidir, no interesse da companhia".

Ou seja, exemplificando: suponha-se que no plenário de uma assembléia geral houve um empate. O estatuto social é omisso. Convoca-se, então, uma nova assembléia-geral, com prazo de dois meses, para nova votação. Deverá constar da ordem do dia a proposta de, remanescendo o empate, ser a questão decidida por terceiro. Mas, se nem quanto a este ponto foi vencido o empate, *caberá ao Poder Judiciário decidir, **no interesse da companhia.***

5.1.1 Essa solução pode e deve ser adotada nas sociedades limitadas, mediante aplicação do art. 18 do Decreto 3.708, de 1.919. Anote-se, a propósito, que o art. 331 do Código Comercial , que consagra o critério de deliberação *por maioria de participação no capital* – princípio majoritário – é omisso quanto ao que fazer em caso de empate. Há, sem dúvida, expressa remissão ao art. 486 dessa codificação, que entendemos restringir-se justamente ao modo como se calculam os votos nas deliberações (*por maioria de capital* e *não por cabeça*). O critério de deliberar, em caso de empate, por meio de *sorteio*, previsto no art. 486, parece-nos restrito às parcerias ou sociedades de navios. Mesmo porque, omisso o contrato social a respeito, deve-se aplicar a lei das companhias, à vista do disposto no art. 18 do Decreto 3.708, de 1919. Veja-se que o art. 2º deste diploma manda aplicar a legislação das sociedades de pessoas em tema de *título constitutivo*, reportando-se aos arts. 300 a 302 do CCom. Em outras questões, *no que não for regulado no estatuto social, e na parte aplicável, serão observadas as disposições da lei das sociedades anônimas*, determina o mesmo diploma, no sempre invocado art. 18. Assim, como matéria de deliberação social não se refere a *título constitutivo* – constituição da sociedade – e sim à *gestão* da sociedade, pensamos aplicar-se, no silêncio do *estatuto social*, a lei das companhias. E esta manda, como vimos, invocar o Poder Judiciário. Aliás, aceitar que deliberações societárias sejam decididas pela *sorte* sugere inconstitucionalidade da fórmula. É perceptível a afronta ao fundamento da *livre iniciativa* na ordem econômica (CF, art. 170, II), pelo qual a empresa se submete às deliberações de quem nela está investido de comando. E quem está investido de comando tem o dever de providenciar uma deliberação, assumindo a correspondente responsabilidade. De fato, o *poder hierárquico*, inerente a quem administra uma sociedade comercial, tem como contrapartida o *dever de agir*. Se uma decisão é adotada *por sorteio*, simplesmente ninguém poderá ser responsabilizado pelas conseqüências que dela resultarem. Ademais, o sorteio estará subtraindo à parte interessado o direito de invocar a intervenção do Poder Judiciário, sempre acessível a quem sofre lesão a direito (CF, art. 5º, XXXV). Assim, o critério do *sorteio* mostra-se inadmissível pelo ângulo jurídico e *insatisfatório* sob o ponto de vista de conveniência empresarial. Nesse tópico, cabe citar a palavra conceituada de Egberto Lacerda Teixeira, no teor de que "a sorte não resolve satisfatoriamente a dificuldade" (*Das Sociedades por Quotas de Responsabilidade Limitada*, Max Limonad, 1956, p. 157).

5.1.2 O que há de original na fórmula estampada no art. 129, § 2º da Lei das Sociedades Anônimas é haver o legislador conferido ao Judiciário competência para decidir não sobre a legalidade, ou ilegalidade, de determinado ato ou procedimento. O Judiciário, no caso do artigo em foco deve apreciar o *mérito* da proposta de deliberação, *decidindo sobre sua conveniência e oportunidade*.

É evidente o desafio que, num caso como esse, fica colocado nas mãos do Judiciário. Afinal, trata-se de proferir decisão sobre a vida da empresa, envolvendo, certamente, investimentos, riscos, e outras delicadas questões cuja apreciação demanda conhecimento do mercado. Vale o grifo feito na transcrição do dispositivo: a decisão do Magistrado deve ser proferida no *interesse da companhia*.

À delicadeza do assunto, cabe acrescer uma séria indagação: ao estabelecer para o Juiz o dever de decidir o mérito empresarial de determinada proposta, não teria o dispositivo em tela incidido em inconstitucionalidade? Pois se, no plano do Direito Público, em relação ao *mérito de ato administrativo*, o Judiciário apenas pode apreciar sua legalidade ou ilegalidade, tendo em vista o princípio de separação de poderes (CF, art. 2º), é de se indagar se, em relação à vida privada de uma pessoa jurídica particular, permite a Constituição que o Magistrado adote decisões em matéria exclusiva de conveniência e oportunidade. Pode o juiz imiscuir-se em assunto *interna corporis* da pessoa jurídica de Direito Privado?

O princípio da separação de Poderes, ínsito na temática das relações entre esses órgãos políticos exponenciais do Estado, impõe limites à apreciação do mérito de ato de competência do Executivo ou do Legislativo, pelo Judiciário, em razão da extrema delicadeza dos vínculos que, no Estado de Direito, determinam abster-se qualquer dos Poderes de invadir a competência constitucional de outro.

Mas, esse quadro político-institucional não se projeta ao caso concreto, ora examinado. No plano dos interesses de ordem privada, não cabe falar em conflito de Poderes.

No caso de empate em deliberação societária, a peculiaridade da intervenção do Poder Judiciário está na circunstância de que a autoridade judicial não vai decidir sobre legalidade ou ilegalidade da questão posta. Esse aspecto obviamente será apreciado num primeiro momento, mas o cerne da intervenção judicial dirá respeito à conveniência e oportunidade da matéria a ser objeto da deliberação, no *interesse da companhia*, como literalmente diz a lei.

Essa solução, cujo amparo é o art. 129, § 2º da Lei das Sociedades Anônimas, não tem merecido elogios. Confira-se a crítica de José Waldecy Lucena, em sua admirável obra *Das Sociedades Por Quotas de Responsabilidade Limitada*: "(...) finalmente, o recurso ao Judiciário, para dirimir empate nas deliberações sociais, é esdruxularia a ser repelida" (2ª ed., Renovar, p. 443).

É neste ponto, a nosso ver, que se torna preciso fazer uma distinção de situações. Considere-se que, fora da jurisdição contenciosa, no plano da administração judicial de interesses privados – a *chamada jurisdição voluntária* – o Juiz pode decidir o mérito de questões que não se cingem à legalidade ou ilegalidade. Importante é que haja base legal autorizando o Poder Judiciário a dispor sobre a questão posta.

José Frederico Marques, em seu clássico *Ensaio sobre a Jurisdição Voluntária*, anota que "a jurisdição voluntária é administração pública de direitos privados". E invoca lição de J. Guasp para assinalar que "a definição de jurisdição voluntária vem integrada pelo concurso de duas notas: presença de um órgão judiciário e existência de um objeto jurídico privado" (São Paulo, Saraiva, 1958, p. 281).

É para esta alternativa que queremos chamar atenção. A matéria se insere claramente no âmbito da jurisdição voluntária, tal como acontece quando, desejando um cônjuge alienar um imóvel, o outro injustificadamente se opõe. Eis aí um empate dentro de uma sociedade, embora se trate de sociedade conjugal. Ora, o Juiz vai *suprir, ou não, o consentimento*. Vejam-se, p. ex., as decisões sobre a guarda de filho menor, suprimento de consentimento, ou autorização para venda de bem. São meros exemplos, bastando ponderar que os arts. 1.103 a 1.112 do CPC regem a matéria. No tópico, digno de nota é o art. 1.111 da codificação processual, estabelecendo que *a sentença poderá ser modificada, sem prejuízo dos efeitos já produzidos, se ocorrerem circunstâncias supervenientes*. Relevante no tema é a firme asserção feita pelo ilustre e saudoso Mestre no sentido de que "só onde houver a exigência da intervenção judiciária para se completar ou realizar o negócio jurídico-privado, é que se desenha ou surge um caso de jurisdição voluntária" (id., ib.). Ora, a lei societária é expressa, prevendo a invocação de préstimos do Juiz para a hipótese ora examinada. Daí nossa ponderação entendendo aplicável à espécie o instituto da jurisdição voluntária.

Se, no momento em que uma sociedade comercial precisa tomar uma decisão, deliberando em um certo sentido, se nesse momento se instaura um impasse, o caminho disponível é o de pedir que o Juiz decida, no âmbito da jurisdição voluntária. Assim, entendemos que o preceito invocado da lei de sociedades anônimas configura nítido caso de *Administração Pública de interesses privados*, matéria que nem é contenciosa nem caracteriza a jurisdição em sua plenitude.

Longe estamos de supor que a afirmativa, que ora fazemos, seja pacífica. E os doutos processualistas saberão definir o caminho que, afinal, deverá ser seguido. Mas, invocamos o magistério dos consagrados Araújo Cintra, Ada Pellegrini e Cândido Dinamarco, para reforçar nossa convicção sobre a viabilidade da fórmula exposta. "Analisando os elementos caracterizadores da jurisdição vemos com clareza a demonstração de que os atos da chamada jurisdição voluntária na realidade nada têm de jurisdicionais, porque: a) não se visa, com eles, à atuação do direito, mas à constituição de situações jurídicas novas; b) não há o caráter substitutivo, pois, antes disso, o que acontece é que o juiz se insere entre os participantes do negócio jurídico, numa intervenção necessária para a consecução dos objetivos desejados, mas sem exclusão das atividades das partes; c) além disso, o objeto dessa atividade não é uma lide, como sucede com a atividade jurisdicional; não há conflito de interesses entre duas pessoas, mas apenas um negócio, com a participação do magistrado" (*Teoria Geral do Processo*, 6ª ed., Ed. RT, p. 108).

Surgido o impasse, e necessitando a sociedade tomar uma deliberação, a adoção desta far-se-á para *constituir uma situação jurídica nova*; o Juiz deliberará *no interesse da companhia, entre os participantes do negócio jurídico* (os sócios); interessada na deliberação é a sociedade, o que permite argumentar que não há lide. Eis aí a subsunção do problema no figurino da jurisdição voluntária, tal como acima reproduzido da lição dos ilustres autores citados. O ponto nevrálgico da questão, como facilmente se percebe, é saber se a sociedade comercial envolvida fará o pedido em Juízo, o que vai depender de iniciativa do sócio-gerente. Mas, responda-se que esse sócio-gerente tem obrigação legal, em nome de cuidar dos interesses da sociedade, de postular a decisão judicial a respeito, sob pena de estar agindo contra a lei e abusando de seus poderes, ainda que por omissão (Decreto 3.708, arts. 10 e 11).

Assim, cabe obter um provimento, um *alvará*, ouvindo-se o Ministério Público. A decisão judicial virá em breve tempo, por se tratar de simples procedimento de jurisdição voluntária, e será modificável a qualquer tempo, conforme previsão do art. 1.111 do CPC, acima citado.

Eis aí, em síntese, a reflexão mais original que o tema versado no v. acórdão sugere.

5.2 Em torno a todas as questões postas, o douto acórdão sugere mais estas ponderações.

A autora-apelante ingressou em juízo pela via contenciosa, mediante ação possessória. Logrou bom êxito e viu-se reintegrada na posse. Não lhe teria sido mais simples pedir providência equivalente mediante simples procedimento de jurisdição voluntária? O caminho seria este: a) proposta ao sócio-gerente para ser deliberado, em reunião de sócios, que a sócia *não gerente* ficava autorizada a ingressar na empresa, para usar determinada dependência necessária às suas funções de sócia; b) impasse na deliberação, por sobrevir empate; c) registro do fato em ata; d) pedido ao Juiz para decidir, em sede de jurisdição voluntária.

6. Resta uma última ponderação em torno ao v. acórdão que tantas idéias suscita. O que fazer se, após haver sido determinado judicialmente o direito da sócia *não gerente* de livre acesso às dependências da empresa, tal fato acarretar um clima incompatível com a harmonia e tranqüilidade que necessariamente hão de imperar no recinto? Se a autorização de acesso foi tomada em sede de jurisdição voluntária, a solução processual é simples. Com base no art. 1.111 do CPC, tantas vezes lembrado, cabe pedir que o Juiz modifique a decisão anterior e formule nova. Eis aí, bem nítida, a superioridade de obter-se provimento judicial em sede de jurisdição voluntária, sem os riscos da *imutabilidade da coisa julgada*. Mas, tendo a situação surgido de decisão judicial proferida em ação contenciosa (como se deu no caso sob comento), tornada imutável pelo trânsito em julgado, o último argumento jurídico, que a administração (sócio-gerente) pode tomar é considerar o fato como impeditivo da sociedade alcançar seus fins (CCom, art. 336, I). Com efeito, esse dispositivo prevê a possibilidade de dissolução, *a requerimento de qualquer dos sócios, mostrando-se que é impossível a continuação da sociedade por não poder preencher o intuito e fim social*. Se a incompatibilidade chega a extremos de tornar *ingovernável a empresa*, o pedido de dissolução apresenta-se, *in extremis*, como a solução cabível.

20 de janeiro de 1999

Jurisprudência Comentada

PENHORA DE DINHEIRO EM BANCO

Comentários de
HAROLDO MALHEIROS DUCLERC VERÇOSA
ao acórdão no mandado de segurança 2864/97-SC

Penhora – Dinheiro – Banco – Dinheiro é, há séculos, a mercadoria por excelência de todos os bancos do mundo. Nada justifica, portanto, que, ao arrepio da lei e desobedecendo expressamente à ordem de gradação legal, a penhora em execução contra bancos deva recair sobre quaisquer tipos de papéis, títulos ou outros bens, que não o dinheiro (TST-RO-MS-78.963.5, ac. SDI 1.510/94, rel. Min. Armando Brito) (TRT-12ª R., Seção especializada, MS 2864/97-SC, rel. Juiz José Francisco de Oliveira, j. 4.5.98, v.u.).

ACÓRDÃO

Vistos, relatados e discutidos estes autos de mandado de segurança, originários do Tribunal Regional do Trabalho da 12ª Região, sendo impetrante ... e impetrado Exmo. Juiz do Trabalho Presidente da ... Junta de Conciliação e Julgamento de ...

... impetra o presente mandado de segurança com pedido liminar contra ato praticado pelo Exmo. Juiz Presidente da ... Junta de Conciliação e Julgamento de ..., que, nos autos da reclamatória trabalhista 335/94, determinou a penhora sobre numerário e sobre títulos da dívida pública da União indicados pelo executado.

Sustenta que houve violação ao direito líquido e certo, fundamentando seu pedido de segurança nos arts. 620 e 655, III, do Código de Processo Civil.

Requer a concessão de liminar com a finalidade de cassar o ato da autoridade e, no mérito, o deferimento da segurança de forma definitiva. Alternativamente, pleiteia a sustação da ordem de recolhimento do numerário a outro estabelecimento, para que o impetrante seja nomeado como depositário do montante penhorado.

A liminar *inaudita autera pars* deixou de ser concedida pelas razões expendidas às fls. 14/15.

Às fls. 24/25, manifestou-se o reclamante, na condição de litisconsorte passivo necessário, pugnando pela denegação do *writ*.

O insigne Representante do Ministério Público do Trabalho exara o parecer de fls. 30/31, opinando pelo processamento e indeferimento da segurança impetrada.

É o relatório.

VOTO

O impetrante insurge-se contra o ato judicial que, nos autos da reclamatória trabalhista 335/94, deferiu o pedido do exeqüente no sentido de que a penhora incidisse em dinheiro e não em títulos da dívida pública ofertados pelo executado.

Sustenta que o dinheiro depositado no Banco é impenhorável, por força do que dispõe o art. 68 da Lei 9.069, de 29.6.95, e que, segundo a norma, os depósitos efetuados ficam à disposição do Banco Central, sendo o remanescente de propriedade dos seus clientes, não dispondo, assim, de recursos próprios para sofrer ato de constrição judicial.

Estabelece o artigo citado que *os depósitos das instituições financeiras bancárias, mantidas no Banco Central e contabilizados na conta "Reservas Bancárias" são impenhoráveis e não responderão por qualquer tipo de dívida civil, comercial, fiscal, previdenciária, trabalhista ou de outra natureza, contraída por essas instituições ou quaisquer outras a elas ligadas.* Isso importa dizer que apenas os valores recolhidos ao Banco Central são excluídos do ato de constrição.

Com efeito, nos termos do art. 4º da Lei 4.595/64, somente 35% do total dos depósitos das instituições financeiras são recolhidos ao Banco Central. Assim, legítima é a penhora sobre o numerário existente na agência que não foi transferido para a conta dessas chamadas "Reservas Bancárias", já que o dinheiro que circula no estabelecimento bancário é de propriedade do Banco.

Insta assinalar que o ato impugnado no presente *mandamus* não determinou que se procedesse à constrição sobre as contas "Reservas Bancárias", como pretende fazer crer o impetrante.

Nos ensina Pontes de Miranda, que "o depósito de dinheiro, feito no banco, faz o banco adquirir a propriedade do que se depositou (...).

"Os depósitos bancários, quaisquer que sejam (com termo fixo, pré-aviso ou à vista), supõem, sempre, doação de dinheiro ao banco, com a transmissão da propriedade, por se tratar de bem fungível. O banco vincula-se a restituir a quantia, no mesmo gênero/e qualidade, e não a restituir com as mesmas cédulas, ou, sequer, do mesmo valor.

"Com a transmissão da propriedade, o banco pode dispor, no que entenda, como, onde e quando entenda, do recebido, sem que o cliente depositante se possa envolver nas operações que vão ser feitas, para o interesse da empresa bancária, inclusive se essa transfere à filial, agência ou à sede a quantia depositada (...).

"Todos os depósitos bancários têm como elemento comum a entrega da soma de dinheiro, da qual o banco adquire a posse própria e a propriedade, com o dever de restituição na mesma espécie de moeda, quando exigida de acordo com a convenção e a lei.

"A convenção pode resultar de uso bancário. O banco pode dispor como entenda do que foi depositado, porque é seu. Não tem o dever de conservar, por que restitui *o tantundem eiusdem generis ac qualitatis*, e não a *eadem res*" (in *Tratado do Direito Privado*, LII, 1966, pp. 73, 75 e 77).

Quando o Banco recebe certa quantia em dinheiro, nas palavras de Orlando Gomes, "adquire, nesse caso, pleno gozo da quantia depositada. Não a recebe para guardá-la. Aceitando-a, não está a prestar serviços ao depositante, como ocorre no depósito regular. Depositando, o cliente empresta ao banco, em última análise, a soma depositada. O depósito bancário não se confunde com a custódia, que é depósito regular. Nesta, o depositante não perde a propriedade da coisa depositada. Naquela, torna-se simples credor do banco" (in *Contratos*, 4ª ed., Forense, 1973, p. 363).

Maria Helena Diniz sustenta posição similar, ou seja, "o banco adquirirá a propriedade dessa soma em dinheiro, 'podendo utilizá-la'" (in *Curso de Direito Civil Brasileiro*, v. 3, "Teoria das obrigações contratuais e extracontratuais", 10ª ed., São Paulo, Saraiva, 1995, pp. 414 e 415).

A jurisprudência também não é vacilante sobre o assunto, conforme infiro dos seguintes arestos:

"*Penhora. Dinheiro. Banco.* Dinheiro é, há séculos, a mercadoria por excelência de todos os bancos do mundo. Nada justifica, portanto, que, ao arrepio da lei e desobedecendo expressamente à ordem de gradação legal, a penhora em execução contra bancos deva recair sobre quaisquer tipos de papéis, títulos ou outros bens, que não o dinheiro" (TST-RO-MS-78.963.5, ac. SDI 1.510/94, rel. Min. Armando Brito).

"*Banco. Penhora sobre dinheiro. Possibilidade.* O dinheiro depositado em estabelecimento bancário passa a ser de propriedade do banco, passando o depositante a ter direito de crédito contra o depositário, fato que legitima a penhora sobre numerário existente na agência" (MS, TRT-5ª R., 801.970156-74, ac. SEDI 15.830/97, de 18.8.97).

Assim, tanto a doutrina como a jurisprudência admitem a transferência da propriedade do dinheiro depositado, o que torna legítima sua sujeição ao ato constritivo.

No que se refere à violação ao disposto nos arts. 620 e 655 do CPC, melhor sorte não socorre ao impetrante.

Segundo a regra geral, a nomeação de bens à penhora atribui ao devedor a faculdade de indicar bens, integrantes de seu patrimônio, em valor suficiente para satisfazer o crédito do exeqüente. Na hipótese de não haver concordância com a nomeação ou esta vir a ser realizada fora do prazo legal, devolver-se-á ao credor o direito à nomeação, que o exercitará livremente (inteligência do art. 657, *caput*, segunda parte, do CPC).

A lei estabelece uma ordem preferencial de bens penhoráveis, cuja desobediência conduzirá ao decreto judicial de ineficácia da nomeação, nos termos dos arts. 655 e 656, I, do CPC.

Na hipótese nos autos, a constrição recaiu sobre numerários constantes na conta bancária, mantidos pelo executado, obedecendo a ordem imposta pelo estatuto processual civil.

Dessa forma, verifico que houve respeito às determinações legais, inexistindo violação legal ou abuso de poder por parte do Juiz, que exige a ordem preferencial da penhora, nos termos do que dispõe o art. 655 do CPC.

Nesse sentido transcrevo parte do seguinte julgado:

"*Mandado de segurança. Execução. Nomeação de bens à penhora e penhora de valores de conta bancária.* Não se caracteriza como ilegal ou abusivo o ato judicial que determina a penhora de valores de conta bancária da executada, quando impugnada pela exeqüente a nomeação de bens, sem a observância da ordem legal do art. 655 do CPC (...) Inexistência de direito líquido e certo da impetrante a ser protegido. Recurso ordinário a que se nega provimento" (TST-RO-MS 126.835/94.3, ac. SDI 3564/96, j. 17.6.96, rel. Min. Vantuil Abdala, *LTR* 61-11/1.569).

Diante do exposto, denego a segurança impetrada.

Pelo que, acordam os Juízes da Seção Especializada em Dissídios Individuais do Tribunal Regional do Trabalho da 12ª Região, à unanimidade de votos, denegar a segurança.

Custas na forma da lei.

Intimem-se.

Participaram do julgamento realizado na sessão do dia 13.4.98, sob a Presidência da Exma. Juíza Lília Leonor Abreu, os Exmos. Juízes J. L. Moreira Cacciari, Umberto Grillo, Dilnei Ângelo Biléssimo, Estanislau Emílio Bresolin, representante dos empregadores, Idemar Antônio Martini, representante dos trabalhadores, Marcus Pina, Roberto Luiz Guglielmetto, e José Francisco de Oliveira (relator). Presente o Exmo. Dr. Paulo Roberto Pereira, Procurador-Chefe da PRT/12ª Região.

Florianópolis, 4 de maio de 1998.

Lília Leonor Abreu, Presidente da Sessão. José Francisco de Oliveira, Relator. Paulo Roberto Pereira, Chefe da PRT/12ª Região.

Comentários de
Haroldo Malheiros Duclerc Verçosa

Na *RDM* 110/207 tive oportunidade de fazer comentário de acórdão da 8ª C. do TACivSP, ali transcrito, no qual criticava orientação no sentido da impenhorabilidade de numerário encontrado na tesouraria de instituição bancária. Volto ao tema para apreciar decisão que reconhece – acertadamente – o direito à penhora de dinheiro encontrado no caixa dos bancos, onde se discute a aplicação da mesma Lei 9.069, de 29.6.96, erroneamente interpretada pela Corte paulista.

O novo acórdão ora sob exame não desenvolve a tese nele esposada, tendo-lhe bastado, como fundamento, a menção de julgado anterior, onde se diz que *o dinheiro depositado em estabelecimento bancário passa a ser de propriedade do banco, passando o depositante a ter direito de crédito contra o depositário*.

Não é nenhuma novidade que o dinheiro tem sido uma mercadoria fungível – a mais fungível de todas –, desde tempos remotos, fato que proporcionou, justamente, que os bancos com ela viessem a trabalhar profissionalmente, remunerando-a de quem a entrega a título de depósito e cobrando juros a quem a repassa sob a figura do empréstimo.

Foi, portanto, aplicada de maneira correta a natureza jurídica do depósito bancário, onde se dá a transferência da propriedade do dinheiro depositado, que passa da pessoa do depositante para a da instituição financeira depositária. Ora, se as importâncias em causa pertencem ao banco, nada pode impedir sejam penhoradas em ação judicial, não se aplicando, ao caso, o conceito de *Reservas Bancárias*.

Não sendo necessário prolongar a discussão do tema, resta, apenas, ressaltar como nota interessante, que as Cortes Trabalhistas estão se mostrando mais conhecedoras do Direito Comercial do que as Cíveis.

Jurisprudência Comentada

DISSOLUÇÃO PARCIAL DE S/A. QUEBRA DA "AFFECTIO SOCIETATIS". APURAÇÃO DE HAVERES*

Comentários de
UNIE CAMINHA
ao acórdão do TJSP na apelação cível 217.352-1/7-SP

Rel. Des. José Osório

Rev. Des. Walter Theodósio

Aptes.: Geraldo Mantovani e outra

Apdo.: Nova Lindóia Hotéis e Turismo S/A

Deram provimento parcial ao apelo, nos termos do relator. V.u.

Juiz Luiz Correia Lima

Advs.: Hélio Ulpiano de Oliveira, Angelim Aparecido Pedroso de Oliveira, José Augusto de Mello Nogueira

ACÓRDÃO

Vistos, relatados e discutidos estes autos de apelação cível 217.352-1/7, da Comarca de São Paulo, em que são apelantes Geraldo Mantovani e outra, sendo apelada Nova Lindóia Hotéis e Turismo S/A:

Acordam, em 8ª Câmara Cível do Tribunal de Justiça do Estado de São Paulo, por votação unânime, dar parcial provimento ao recurso, de conformidade com o relatório e voto do relator, que ficam fazendo parte do acórdão.

O julgamento teve a participação dos desembargadores Walter Theodósio (Presidente) e Oswaldo Caron, com votos vencedores.

São Paulo, 3 de maio de 1995.

José Osório, Relator.

VOTO

"Sociedade anônima – Pedido de dissolução por sócio minoritário – Quebra da 'affectio societatis' – Prosseguimento da sociedade com retirada do sócio minoritário – Apuração de haveres em função do valor real do ativo e passivo. Recurso parcialmente provido".

Ação de dissolução de sociedade anônima intentada por acionistas, sob alegação de quebra da *affectio societatis*, foi julgada improcedente pela r. sentença de fls. 1.217 e ss., cujo relatório é adotado, e precedente a reconvenção, excluídos os autores da condição de acionistas da ré, feita a devida indenização.

Apelam as sucumbentes, alegando, em resumo, que o MM. Juiz formou sua convicção só da análise da contestação da

* Trabalho apresentado ao Curso de Pós-Graduação da FADUSP, 2º semestre de 1998, na Disciplina Interesses Públicos e Privados na Extinção das Sociedades Mercantis em Direito Comparado II, ministrada pelo Prof. Mauro Rodrigues Penteado.

ré e da petição inicial da reconvenção, quando deveria ter analisado o complexo dos elementos fornecidos, e aí o resultado da demanda teria sido bem outro; que a discórdia entre os sócios impede a sociedade de atingir seus fins; que foi em momento de dificuldade que os ora apelantes, criadores da ré, aceitaram outros sócios; que no contrato entre as partes ficou prevista a forma de divisão das responsabilidades na sociedade e o modo de investimento dos recursos, e tais alegações não foram contestadas; que no contrato ficou constando, também, que a administração seria dividida meio a meio entre os grupos Fator e Mantovani, mas o primeiro grupo, detentor de mais verbas, subscreveu maior número de ações ordinárias, sabendo que os apelantes não poderiam fazê-lo – tal fato alegado – não foi contestado que foi mediante práticas ilícitas que o grupo Fator cresceu na sociedade; que a quebra da *affectio societatis* neste caso é fator impeditivo da continuidade da existência da ré, pois o grupo Fator utiliza-se da mesma para fins que não os em função dos quais foi criada; que as manobras do grupo Fator para exaurir os apelantes, mostradas nos autos, são o parâmetro suficiente para a procedência do pedido; que em várias reuniões do Conselho de Administração o grupo Mantovani se ausentou por não concordar com as deliberações; que os contratos de aumento de capital social são nulos, pois devem ficar adstritos ao contrato plurilateral de constituição da sociedade, e não foi o que se deu no presente caso; que a ré foi utilizada pelo grupo Fator para se locupletar, e os apelantes foram esvaziados de sua posição acionária de maneira ignominiosa; que houve claro e ululante desvio de poder e fraude à lei praticados pelos acionistas majoritários, dito nessas condições, a dissolução da sociedade é o único meio de se resolver o problema apresentado; que o objetivo principal de uma sociedade comercial é a obtenção de lucros divisíveis entre os acionistas; que isso constitui direito essencial, e foi atingido pelo direcionamento dado à ré pelos acionistas majoritários, representados pelos administradores que indicaram que por ser o grupo Fator eminentemente voltado para o ramo imobiliário, os investimentos no hotel têm sido imobiliários, e não de hotelaria; que a sentença decretou a dissolução parcial da sociedade, com a exclusão dos apelantes, mas a forma de apelação dos haveres dos sócios lá preconizada não pode prevalecer, eis que a Súmula 265 do STF já fixou outra; que, desta forma, a apuração de haveres dos sócios veterantes deverá conter, por avaliação, todos os elementos da sociedade pelos seus valores reais e atuais, corrigidos monetariamente, após a fixação de valores pela forma pericial, que deve ser avaliatória e mediante apuração física; e que, assim, se não for decretada a dissolução da sociedade, como pretendida, deve-se apurar a parte cabente aos apelantes pela forma suso descrita. Citam os seguintes dispositivos legais: Lei 6.404/76, arts. 206, II, *b*, 110, *b*, 130, 109, I a V, 137, 170, § 1º, 45, CC, arts. 160, 146, DL 2.627, art. 91, 78, *a*, *b*, *c*, *d* e 107, *e*.

A ré interpôs recurso adesivo que, embora contra-arrazoado, foi julgado deserto pelo r. despacho de fls. 1.323.

Recurso bem processado, com resposta destacando o acerto da sentença; é citada ainda a Lei 6.385/86, art. 22. Entende a apelada que a natureza jurídica das sociedades anônimas é institucional, e não pessoal, como querem fazer crer os apelantes; que, mais ainda, os apelantes querem emprestar à sociedade a moldura de fechada, quando em verdade é aberta; que a ré tem em seu quadro societário a EMBRATUR e, por via desta, inúmeros acionistas preferenciais adquiriram ações nos leilões da FISET, mercado de balcão; que a invocação ao art. 146 do CC é descabida para o presente caso; que o outro processo invocado que versa sobre a aplicação do art. 170, § 1º, da Lei 6.404/76, pende ainda de recurso especial; que as provas produzidas nos autos deixam bem clara a posição da ré, de empresa idônea; que a ausência de lucros não é motivo para o fechamento da empresa, além de a expressão "lucro" ser complexa, não se podendo se resumir à simplicidade pretendida pelos apelantes; e que a r. sentença decidiu com inegável acerto, devendo prevalecer.

É o relatório.

No principal, o MM. Juiz decidiu com inegável acerto, pois a dissolução plena da sociedade não podia mesmo ser deferida.

A sociedade estava em enormes dificuldades financeiras – e conseqüentemente operacionais – quando do ingresso do grupo Fator e graças a esse ingresso é que o Projeto pôde ser levado avante. O autor e seus familiares não conseguiram acompanhar as chamadas de capital e sua participação no mesmo, quando da propositura da ação, era apenas de 4,375% (fls. 235).

Ao contrário do que dizem os autores, o contrato celebrado em 1981 (fls. 54/62) em nenhum momento impôs equilíbrio acionário entre os dois grupos.

As divergências se aprofundaram gravemente, culminando com publicações agressivas nos jornais.

O inconformismo dos autores com a perda do controle da sociedade e com a forte diluição da participação acionária não procede. Estes fatos ocorreram em conseqüência da simples necessidade de novos investimentos e da incapacidade econômica para novos aportes de capital.

Razão teriam, em tese, quanto à falta de distribuição de dividendos.

Para tanto, contudo, precisariam demonstrar concretamente a existência dos lucros e evasão dos mesmos. A presunção favorece à ré. O estado calamitoso do empreendimento por ocasião da entrada do grupo Fator sugere que a distribuição de lucros poderia demorar.

Contudo, a prova constante dos autos não apóia a defesa.

As críticas relativas à má administração caíram no vazio. O laudo pericial e a prova documental mostram que se trata de hotel 4 estrelas, consagrado nacionalmente.

O laudo do assistente técnico dos autores, na verdade, apenas verbera a política administrativa da empresa. Ainda que o rumo dado à administração pelo grupo Fator não tivesse sido o melhor, jamais poderia acarretar, só por isso, a dissolução da sociedade. Para tal seria necessário demonstrar o descalabro administrativo e que a empresa se tornou inviável.

Os autos mais uma vez revelam o contrário: o índice de ocupação do hotel é elevado e há aprovação maciça dos clientes, inclusive por parte de firmas de renome.

Absurdo, do ponto de vista social, cogitar-se da dissolução de sociedade de tal porte e com tal pujança em razão de querela entre os sócios, particularmente quando o insatisfeito detém pouco mais de 4% (quatro por cento) do capital social. A questão é de percepção imediata e dispensa maiores demonstrações.

A solução está, portanto, na preservação da empresa e da sociedade, com a dissolução parcial desta, saindo os autores.

A r. sentença só merece reparo no que diz respeito à forma contábil de apuração dos valores correspondentes aos sócios retirantes.

Embora constituída sob a forma de anônima, trata-se de sociedade fechada constituída por dois únicos grupos familiares ou econômicos, mais próxima, portanto, das sociedades de pessoas do que das típicas sociedades de capital.

Não é porque a sociedade recebeu aportes no regime da EMBRATUR que deva ser considerada sociedade aberta. Mais importante é a forma estabelecida para as relações entre os sócios e o modo de operar administrativamente. Para tanto, basta ver o contrato que foi celebrado entre os integrantes dos dois grupos (fls. 54). E basta ponderar sobre os sugestivos (e lamentáveis) episódios em que o grupo fator despediu a decoradora, pessoa da família Mantovani; e o representante do grupo Mantovani despediu o gerente contratado pelo grupo Fator.

Deve-se, assim, adotar os critérios vigentes para a dissolução parcial das sociedades de pessoas, conforme farta jurisprudência constante das razões e do parecer do Prof. Modesto Carvalhosa.

É a solução justa, que evitará o enriquecimento sem causa por parte do grupo remanescente e o conseqüente empobrecimento do grupo que se retira, o qual, indiretamente, recuperará os valores investidos em detrimento da distribuição de dividendos.

Diante do exposto, é dado parcial provimento ao recurso para se determinar que a apuração dos valores correspondentes às ações dos autores seja feita por arbitramento, levando-se em conta o valor real do ativo e do passivo da sociedade.

Os autores pagarão 2/3 e a ré 1/3 das custas e despesas. Os autores pagarão honorários de 10% (dez por cento) do valor atualizado da causa e a ré pagará 10% (dez por cento) do valor do arbitramento.

No mais, confirma-se a r. sentença, inclusive pelos sólidos fundamentos.

José Osório. TJSP/NP

Comentários de
Uinie Caminha

1. Colocação do problema

O acórdão trata de um tema controverso e ainda pouco explorado pela doutrina: a dissolução parcial de sociedade anônima.

A dissolução parcial de sociedade é uma solução encontrada pelos tribunais para equacionar dois princípios constitucionalmente reconhecidos que por vezes se tornam incompatíveis: o da liberdade de associação e o da função social da propriedade.

Trata-se da possibilidade de que, por via judicial, um sócio retire-se de determinada sociedade, com a apuração de seus haveres, sem se configurar hipótese de recesso.

Se, por um lado, até pela própria natureza do contrato de sociedade,[1] não se pode forçar alguém a permanecer associado quando não mais prevalece a *affectio societatis*, por outro, a continuidade da empresa produtiva transcende o interesse dos seus sócios, estendendo-se a toda comunidade em que ela atua, devendo, por isso mesmo, ser protegida pelo direito.[2]

Em prevalecendo o princípio da liberdade de associação, consagrado na CF/88 em seu art. 5º, XX, o sócio, preenchidas certas condições específicas de cada tipo societário de que se reveste a empresa, tem a faculdade de pleitear a dissolução total da sociedade, desmontando o aparato societário.

Por outro lado, pensando-se exclusivamente na função social da propriedade, princípio insculpido na CF/88, art. 170, III, e de seu consectário, a preservação da empresa, chegar-se-ia ao extremo de obrigar alguém a permanecer associado a uma organização que não mais atendesse a suas

1. De acordo com Ascarelli (*Problemas das Sociedades Anônimas e Direito Comparado*, 2ª ed., São Paulo, Saraiva, 1969, p. 290), "à pluralidade (das partes) corresponde à circunstância de que todos os interesses contrastantes das várias partes devem ser unificados por meio de uma finalidade comum; os contratos plurilaterais aparecem como *contratos com comunhão de fim*" (não há grifo no original).

2. Sobre o assunto já se posicionava Vivante (*Trattato de Diritti Commerciale*, 5ª ed., Milão, Vallardi, 1922, p. 441), afirmando que "Difendere l'azienda sociale che lavora al conseguimento del sua scopo per tutta la durata voluta dei soci, difenderla contro ogni causa de interna ed esterna dissolvimento, questo è lo scopo della legge. Col favorire la conservazione di questi centri collettivi de attività economica, il cui impianto, specialmente quando ha scopi industriali, è molto aleatorio e cososo, il legislatore giova ai soci che attendono dal conseguimento di quello scopo il compenso dell'opera e dei capitali che vi hanno impiegato, giova ai creditori sociali che vi ripongono la loro migliore garanzia".

expectativas, a seus anseios, onde já não mais existisse a *affectio societatis*.

Esse conflito ocorre, p. ex., quando da aplicação do art. 335, IV, do Código Comercial, que faculta a qualquer dos sócios pedir a dissolução da sociedade, por motivo de foro íntimo, bastando para isso que ela tenha sido constituída por tempo indeterminado. Ou quando, na hipótese prevista na Lei 6.404/76, art. 206, II, *b*, um número reduzido de acionistas pede a dissolução da companhia por não poder ela preencher seu fim.

Em ambos os casos, a adoção de soluções extremas, quais sejam, a dissolução total da sociedade a pedido de um número reduzido de sócios, ou o indeferimento do pleito com a consideração absoluta da função social da empresa, configurar-se-ia em prejuízo desnecessário para uma das partes, a sociedade, ou o sócio requerente.

Logo, uma medida intermediária, que possibilite a continuação da empresa e ao mesmo tempo a retirada do sócio insatisfeito, com a apuração de seus haveres como se de dissolução total se tratasse, afigura-se como uma solução proporcional.

Essa solução, a dissolução parcial, nasceu, assim, inspirada no princípio da preservação da empresa. É uma forma de equacionar os interesses sociais – da empresa e dos sócios que nela querem continuar, e os do sócio que se retira.

2. *Aplicação da dissolução parcial às limitadas*

A dissolução parcial passou, assim, a ser amplamente utilizada no que diz respeito às sociedades por quotas, fundada na quebra da *affectio societatis*, e inspirada no preceito de preservação da empresa como ente produtivo, gerador de empregos e tributos.

Tão disseminada tem sido essa solução conciliatória entre nós que, ultimamente, os tribunais pátrios têm considerado, inclusive, implícito ao pedido de dissolução total, o de dissolução parcial, como pedido alternativo.[3]

Quando em funcionamento, a empresa transcende o simples intuito de lucro que a instituiu. Passa a ser parte integrante da comunidade onde atua e, por isso mesmo, deve ser mantida ativa enquanto houverem condições materiais para isso.

Entre nós, vários são os doutrinadores que aplaudem essa iniciativa dos tribunais em proteger a empresa das conveniências individuais dos sócios, promovendo a dissolução parcial ao invés de total.[4]

Porém, não se deve perder de vista a idéia que inspirou a dissolução parcial. Não há sentido, p. ex., em aplicá-la quando a saída do sócio tornará inexeqüível a continuação dos negócios sociais. Isso acabaria simplesmente por beneficiar o sócio que se retira e não a empresa.

Assim, quando o quotista alega que a ruptura da *affectio societatis* torna inviável a continuação de certo empreendimento, ao invés de dissolvê-lo totalmente, observadas as condições para que a empresa continue prosperamente sem a presença do sócio insatisfeito, promove-se a dissolução parcial. Há, aí, dois elementos fundamentais a serem considerados: A *affectio societatis* e a possibilidade de continuação da empresa mesmo ausente o sócio retirante.

3. *Aplicação da dissolução parcial às companhias*

Enquanto no que diz respeito às sociedades por quotas a aplicação da dissolução

3. Nesse sentido, Modesto Carvalhosa, *Comentário à Lei das Sociedades Anônimas*, v. 4, t. I, São Paulo, Saraiva, 1998, p. 20: "(...) Não obstante esse requisito processual (pedido alternativo), tem os tribunais julgado *extra petita* no sentido de que cabe dissolução parcial a favor do requerente mesmo quando haja pedido único pela dissolução total. Essa orientação do judiciário tem sido adotada tanto nas sociedades anônimas quanto nas por quotas de responsabilidade limitada".

4. Dentre outros, Nelson Abrão, *RDM* 15-16/127-132.

parcial é praticamente pacífica, isso não ocorre quando se trata de sociedades anônimas. É fácil perceber qual seria a razão: a natureza institucional da sociedade por ações, que repele o elemento pessoal nas relações entre os sócios.

Nesse caso, seria, em tese, irrelevante para a sociedade anônima a animosidade entre os acionistas, muito antes por que a pessoa dos sócios deveria ser indiferente uns aos outros. A *affectio societatis* não seria um elemento determinante para a constituição ou continuação da companhia.

Como já mencionado anteriormente, a construção pretoriana em questão, a dissolução parcial, tem como fundamento de sua aplicação duas realidades: a quebra da *affectio societatis* e a possibilidade de continuação da empresa sem o sócio que pleiteia sua dissolução.

É obvio que, quanto a este último aspecto, não há dúvidas de que, ainda mais que nas limitadas, seria razoável se considerar possível a dissolução parcial das companhias. O problema encontra-se na possibilidade de existir como elemento formador do vínculo societário a *affectio societatis* no caso das sociedades por ações.

Primeiramente, cumpre ressaltar que a Lei 6.404/76, apesar de denominada genericamente Lei das Sociedades por Ações, possui em seu corpo regramento para várias sociedades de certa forma bem diferentes: a companhia aberta, a sociedade em comandita por ações, a companhia fechada, a subsidiária integral, a sociedade de economia mista, a companhia "fechadíssima".[5] Toda essa diversidade faz com que, por vezes, se queira aplicar a um certo tipo de sociedade normas com ela incompatíveis, apenas pelo fato de estar previsto naquela lei.

É um erro generalizar as sociedades anônimas em um só grupo, com características rígidas e bem definidas. Dentro do tipo sociedade anônima, se podem encaixar uma diversidade de realidades, que, muitas vezes, não correspondem à idéia clássica de companhia.

Tome-se, p. ex., as companhias fechadas – esmagadora maioria no Brasil. Nesse tipo de sociedade, o *intuitu personae* ainda é muito importante. A maioria dessas sociedades são constituídas com uma base familiar muito forte, e, embora se trate supostamente de uma sociedade de capitais, a quebra do vínculo de *affectio societatis* constitui forte empecilho à prosperidade da empresa, e um grande desconforto para os sócios.[6]

Assim, deve-se considerar uma sociedade como sendo de pessoas ou de capitais[7] se o elemento pessoal for relevante na

5. Sobre o assunto, cf. Paulo Salvador Frontini, "A sociedade limitada e seu apelo às normas da sociedade anônima", *RDM* nova série, n. 79, jul.-set./90, pp. 23-25.

6. Sem a intenção de polemizar ainda mais um tema tão controverso, mesmo as companhias abertas podem padecer deste mesmo problema. É que o mercado de capitais brasileiro, ainda incipiente, não é suficiente para dotar de liquidez as ações passíveis de negociação em bolsa e mercado de balcão. Por exemplo, no mês de outubro de 1998, 77,81% das ações negociadas na BOVESPA eram de apenas 15 companhias, sendo que uma parcela considerável desse percentual era de empresas da TELEBRÁS. Assim, a maioria das companhias abertas brasileiras representam um volume insignificante nas negociações do mercado, e, em muitas delas, os sócios mantêm vínculos em diversos graus. Porém, o motivo pelo qual não se considera, nesse trabalho, a dissolução parcial de companhias abertas é a possibilidade, mesmo potencial, de apelo ao público em geral, que exige mais formalismo por parte da companhia. Nesse sentido, Mauro Penteado, *Dissolução e Liquidação de Sociedades*, São Paulo, Brasília Jurídica, 1995, p. 190.

7. A classificação das sociedades em sociedades de pessoas e sociedade de capitais tem, em várias ocasiões, sua precisão questionada, sendo necessário que se lhe atribua determinado sentido, antes de utilizá-la. Cite-se, como exemplo, um breve comentário de Manara (*Delle Società e Delle Associazione Commerciale*, v. 1, Turim, Torinese, 1902, p. 441): "Invero, considerata materialmente, ossia nella locuzione colla quale essa se afferma, questa distinzione dice bem poco; anzi, dice cosa affato inesatta, perchè i capitali pressupongono i capitalisti, e sono questi che si associano, non già i capitali. Sono le persone, e non le cose, che stringono fra loro il vincolo sociale (...) È, dunque una locuzione figurata, metaforica, quella

gestão da empresa ou não. Deve-se evitar a presunção errônea de que a sociedade anônima é sempre alheia ao *intuitu personae* e à *affectio societatis*. No mesmo sentido, Fábio Konder Comparato fala explicitamente de uma "sociedade anônima de pessoas", distinta das "sociedades anônimas de capitais", sublinhando-se, pela contradição da primeira dessas expressões, a importância do *intuitu personae* como pressuposto integrativo do pacto societário.[8]

Uma companhia como a descrita no acórdão ora comentado, reúne, assim, os dois requisitos para a aplicação da dissolução parcial: tem possibilidade de continuar prosperamente sem os sócios retirantes, e tem no *intuitu personae* um importante elo de ligação entre seus sócios.

Na mesma linha de raciocínio, Comparato diz que naquelas sociedades que chama de "anônimas de pessoas" aplicam-se aos acionistas regras consideradas próprias das sociedades não acionárias. Esclarece ainda o autor que se trata apenas de admitir que nesse tipo específico de companhia, na qual os acionistas não são meros investidores de capital, mas colaboradores específicos num empreendimento comum, encontra inteira aplicação o princípio da *affectio societatis*.[9]

Assim, não se deve descartar de pronto a possibilidade de dissolução parcial de uma sociedade, apenas baseado no fato de ela ser constituída sob a forma de anônima, deve-se analisar o caso particular, e com base nos fatos concluir pela possibilidade ou não da dissolução parcial.

Uma vez que se constate que uma sociedade, mesmo sob a forma de anônima, pode ter sido constituída com base no *intuitu personae*, deve-se levar em conta que o conteúdo desse elemento passa a integrar as bases do negócio jurídico. O consentimento que está na base da relação societária está fundado na confiança mútua e na vontade dos sócios de cooperarem em conjunto para a obtenção de determinados benefícios.[10]

No caso em tela houve, claramente, a quebra da *affectio societatis*, da *bonae fides societatis*, em ambos os elementos que a compõem: a saber, a fidelidade e a confiança.[11] Os repetidos incidentes mencionados no acórdão bem descartam a possibilidade de pairar entre os sócios "intenção de colaboração ativa" visando um objetivo comum.[12]

4. Dissolução parcial de companhia e direito de recesso

Para que se possa considerar de forma séria a aplicação da dissolução parcial às companhias, deve-se, primeiramente, distingui-la do direito de recesso. Esse instituto, se pode ser semelhante à dissolução parcial no que diz respeito ao resultado prático (solução do liame obrigacional perante um sócio), tem gênese, estrutura, procedimento e conseqüências distintos.[13] Não

colla quale se afferma le distinzione fra società di persone e società di capitali".

8. Mais adiante, o mesmo autor informa das características dessa "sociedade anônima de pessoas", quais sejam: a limitação à circulação de suas ações, seja no estatuto, seja em acordo de acionistas, o *quorum* deliberativo mais elevado do que o legal para determinadas questões, tanto na assembléia-geral quanto no conselho de administração, o que equivale à atribuição de um poder de voto à minoria, a distribuição eqüitativa de cargos administrativos entre os grupos associados, a solução arbitral dos litígios societários (*RDM* 36, out.-dez./79, pp. 65-76).

9. Ob. cit., p. 68.

10. Vera Helena de Mello Franco, "Particularidades da *affectio societatis* no grupo econômico", *RDM* 89, jan.-mar./93, pp. 47-55.

11. Comparato, ob. cit., p. 67.

12. Sobre a *volonté de coopération économique*, característica da *affectio societatis*, Paul Pic, *Traité Général Théorique et Pratique de Droit Commercial – Des Société Commerciales*, t. 1, Paris, Rousseau, 1908.

13. Vera Helena de Mello Franco, "Dissolução parcial e recesso nas sociedades por quotas de responsabilidade limitada. Legitimidade e procedimento, critério e momento de apuração de haveres", *RDM* 75, jul.-set./89, pp. 19-30.

raro, no entanto, encontram-se decisões judiciais em que a dissolução parcial recebe tratamento semelhante àquele atribuído ao recesso, seja pela exigência de certos requisitos a ele inerentes, seja pelo recurso à lei ou aos estatutos para a apuração dos haveres.[14]

O recesso é o meio pelo qual o acionista retira-se da sociedade, com o reembolso de suas ações, nos casos expressamente previstos na lei do anonimato.

A disciplina do direito de recesso é severamente regulamentada na Lei 6.404/76, tanto no que diz respeito às hipóteses em que cabe seu exercício, quanto ao regime de apuração do valor do reembolso devido ao sócio que o exerce.

Trata-se de um direito potestativo ou formador, pois uma vez observadas as condições necessárias, a companhia nem os outros sócios podem obstar o seu exercício.[15] Quanto à sua natureza, o recesso é uma técnica de "governabilidade" das companhias, é uma contrapartida ao princípio majoritário. Possibilita um equilíbrio na tomada de decisões, quando a exigência de unanimidade a inviabilizasse, mas a simples sujeição dos minoritários à deliberação fosse por demais penosa.[16]

A dissolução parcial, por sua vez, não é, como o recesso, um direito potestativo do acionista. O juiz que examina o pedido de dissolução (total ou parcial), deve exercer um juízo mais complexo, analisando vários aspectos do caso: se animosidade entre os sócios prejudica a empresa, se com a saída daquele acionista a empresa poderia continuar prosperamente, se vale a pena manter vivo aquele organismo societário.

Esse tipo de análise deve ser feito sempre, inclusive em relação às sociedades por quotas, para evitar a tendência de se transformar a dissolução parcial numa verdadeira denúncia vazia. O simples pedido do sócio já se faz suficiente para que os tribunais concedam a dissolução. Perde-se de vista, assim, o motivo pelo qual foi criado o instituto.[17]

Outro ponto de distanciamento entre o direito de recesso e a dissolução parcial de sociedade é o regime de apuração de haveres do sócio que se retira.

O reembolso é legalmente disciplinado, tanto no que diz respeito às limitadas quanto às companhias. Naquelas, o Decreto 3.708/19, art. 15, faculta aos sócios que divergirem da alteração do contrato social retirarem-se da sociedade mediante o reembolso do valor de suas quotas na proporção do último balanço aprovado. Nas sociedades anônimas, a Lei 6.404/76 dispõe sobre o reembolso de ações no caso de recesso em seu art. 45.

A apuração de haveres é o instrumento aplicado às hipóteses de dissolução parcial das sociedades para se aquilatar o valor do patrimônio social que caberia ao sócio que se retira.[18] Aqui, não se discute o direito do sócio ao reembolso de suas participações decorrente de retirada, mas de seu direito material de participar no acervo da sociedade[19] como se de liquidação total se tratasse.

Sobre esse assunto já se manifestou o STF, na Súmula 265, no sentido de distinguir o modo de apuração de haveres do só-

14. Franco, ob. e loc. cits.

15. No mesmo sentido, Fábio Konder Comparato, "O valor do reembolso no recesso acionário", *RT* 563, set./82, p. 50.

16. Cf. Rachel Sztajn, *Direito de Recesso*, tese, FADUSP, 1982, pp. 11 e ss.

17. No mesmo sentido, Mauro Penteado, ob. cit., p. 191: "(...) seria lamentável que nossos tribunais passassem a deferir 'automaticamente' a dissolução, como, em muitos casos, vem ocorrendo com as sociedades em relação às sociedades por quotas de responsabilidade limitada. Tanto lá como aqui não se pode perder de vista o princípio que inspirou a construção doutrinária e jurisprudencial ora examinada".

18. Nesse sentido Marco Antônio Marcondes Pereira, "Regime dissolutório do Código Comercial. Dissolução total e dissolução parcial. Dissolução judicial e extrajudicial", *RDM* 100, out.-dez./95, pp. 63-84.

19. Franco, ob. cit., p. 25.

cio conforme o caso seja de recesso ou de dissolução parcial baseada em quebra da *affectio societatis*. Outras decisões no mesmo sentido podem ser encontradas, ordenando que a apuração de haveres seja feita com "exata verificação física e contábil dos valores do ativo".[20]

Não se deve assim utilizar os critérios do art. 45 da Lei das S/A com o intuito de se apurar os haveres do sócio que se retira, pois como o próprio *caput* do artigo indica, aquele procedimento destina-se aos casos de recesso, expressamente previstos em Lei.

5. A dissolução parcial e o Projeto do Código Civil

A dissolução parcial, embora amplamente aplicada às sociedades por quotas e mais modernamente às companhias, como no caso do acórdão analisado, carece de disciplina legal. Vem sendo adotada na forma de construção pretoriana, de acordo com o entendimento de cada julgador.

No entanto, o Projeto de Código Civil que ora tramita no Congresso Nacional virá disciplinar a matéria, chamando o instituto de resolução da sociedade em relação a um sócio.

A troca da expressão "dissolução parcial" por "resolução da sociedade em relação a um sócio" é fruto de críticas feitas pela doutrina ao termo utilizado já correntemente nos tribunais.

Com efeito, Ernani Estrella[21] explica que o uso freqüente do termo dissolução parcial para designar o afastamento do sócio com a sobrevida da sociedade decorre da imprecisão conceitual existente entre a efetiva dissolução da sociedade e a simples resilição parcial do contrato.

O Projeto dispõe sobre a resolução da sociedade em relação a um sócio nos arts. 1.031 a 1.035 no capítulo dedicado às sociedades simples. A sociedade simples, além de um tipo societário específico também é a fonte subsidiária na disciplina dos outros tipos de sociedade.

Diz o Projeto, em seu art. 1.032 que além dos casos previstos na lei ou no contrato, qualquer sócio pode retirar-se da sociedade; se de prazo indeterminado, mediante notificação aos demais sócios, com antecedência mínima de dois meses; se de prazo determinado, provando judicialmente justa causa. O Projeto faculta ainda aos demais sócios a dissolução da sociedade nos trinta dias consecutivos ao pedido.

Assim, a disciplina da dissolução parcial, ou melhor, da resolução da sociedade em relação a um sócio estaria formalizada e sua aplicação seria bem mais simples.

A controvérsia porém continuaria no que diz respeito às companhias. O Projeto trata das anônimas em apenas dois artigos: o primeiro (1.088), as define, e o segundo (1.089) dispõe que elas se regem por lei especial, aplicando-se-lhes, porém, nos casos omissos, o disposto no Código.

Poder-se-ia considerar, de um lado, que a Lei das S/A não trata da dissolução parcial simplesmente por que não lhes seria aplicável o instituto, ou, por outro lado, considerar isso uma omissão da lei aplicando-se-lhe o novo código.

Pelo exposto, acredita-se que a dissolução parcial, tal como hoje é procedimentalizada, aplica-se sim às sociedades anônimas fechadas, especialmente às marcadamente personalísticas. Considera-se, no entanto, um equívoco tornar essa prática generalizada, defendendo-se, como dito anteriormente, a análise de cada caso.

20. Cf. *RT* 593/93-95.

21. *Apuração de Haveres de Sócio*, Rio de Janeiro, J. Konfino Editor, 1960, pp. 97 e ss.

Jurisprudência Comentada

DISSOLUÇÃO DE S/A. LIQUIDAÇÃO IRREGULAR. RESPONSABILIDADE DOS ADMINISTRADORES*

Comentários de
CESAR AMENDOLARA
ao acórdão do 2º TACivSP no agravo de instrumento 203.870-1-SP

Agravo de instrumento 203.870-1-TACSP, 3.6.87

Sociedade comercial – Anônima – Liquidação irregular – Recebimento dos haveres pelos sócios sem cumprimento antecipado de obrigações sociais – Preexistência de obrigações sociais – Preexistência de débito oriundo de execução – Fraude contra credores caracterizada – Responsabilidade solidária dos sócios pelos débitos – Aplicação da teoria de desconsideração da personalidade jurídica – Determinação de penhora dos bens suficientes à satisfação do crédito exeqüendo.

Dissolvida a sociedade anônima, compete aos interessados na liquidação realizar o ativo e solver o passivo, inclusive com fundos particulares dos sócios se necessário (CCom, art. 346). Recebendo estes seus haveres sem o cumprimento antecipado das obrigações sociais, ficam solidariamente responsáveis pelos débitos, pena de se enriquecerem ilicitamente à custa de terceiros.

Em situação que tal não é possível manter a clássica distinção entre pessoa jurídica e pessoa natural.

Preexistindo à dissolução débito oriundo de execução encerrada quando a empresa se encontrava em regular funcionamento, foi aquela feita em fraude contra credores, justificando a penhora de bens dos sócios suficientes à satisfação do crédito exeqüendo.

ACÓRDÃO

Vistos, relatados e discutidos estes autos de agravo de instrumento 203.870-1, da Comarca de São Paulo, em que são agravantes M.L.S. e sua filha beneficiárias de J.J.S.F., sendo agravadas Cia. Paulista de Seguros e Funpress S/A – Indústria e Comércio: acordam, em 2ª Câmara do 2º Tribunal de Alçada Civil, por votação unânime, dar provimento ao recurso.

M.L.S. e C J.L.S., beneficiárias de J.J.S.F., nos autos da execução acidentária que movem contra Cia. Paulista de Seguros e a Funpress S/A – Indústria e Comércio, não se conformando com o despacho de fls. 405/v. dos referidos autos, que indeferiu o pedido de processamento da penhora dos bens de H.S.C. e outros, diretores da

* Trabalho apresentado ao Curso de Pós-Graduação da FADUSP, 2º semestre de 1998, na disciplina Interesses Públicos e Privados na Extinção das Sociedades Mercantis em Direito Comparado II, ministrada pelo Prof. Mauro Rodrigues Penteado.

aludida firma e que, sob o fundamento de que a pessoa jurídica da sociedade é inconfundível com a dos sócios, anulou a citação da ré, feita na pessoa de seus diretores e acionistas controladores, bem como indeferiu requerimento para a citação de outros nas mesmas condições, a fim de ser liquidado o crédito exeqüendo, interpõem agravo de instrumento, alegando, em resumo: 1) que a ré é pessoa jurídica de Direito Privado, sob a forma de sociedade anônima, e permitiu que seus bens desaparecessem sem que fossem satisfeitos os credores, bem como consentiram que a sociedade "encerrasse" as suas atividades sem promover-lhe a regular liquidação; 2) que a sociedade que se encerra da referida forma perde a personalidade jurídica e transforma-se em sociedade de fato. E a apresentação destas em juízo, nos termos do art. 12, VII, do CPC, pertence a todos os associados, quando nenhum deles individualmente responde pela administração de seus bens; 3) que a ação acidentária foi proposta há 17 anos, quando a companhia se encontrava em regular funcionamento, e sua "extinção" ocorreu posteriormente ao ajuizamento do feito, e, portanto, em fraude aos credores.

Os agravados não responderam.

Nos dois graus de jurisdição o Ministério Público opinou pelo provimento ao agravo é o relatório.

Como salientou o culto representante do Ministério Público de 1º grau, cuida-se de ação versando sobre acidente ocorrido quando vigia o Decreto-lei 7.036/44, e a empresa ré foi constituída quando em vigor o anterior diploma legal que dispunha sobre as sociedades por ações, o Decreto-lei 2.627, de 26.9.40.

Entende-se, em consonância com o referido parecer, referendado pela douta Procuradoria, na pessoa da Dra. Nair Cioccheti de Souza, que o recurso merece provimento.

A sociedade foi dissolvida quando já havia transitado em julgado a sentença condenatória em ação de acidente do trabalho movida pelo pai das agravantes. Como decidiu a E. 3ª Câmara desta Corte: "Competia aos interessados na liquidação da empresa realizar o ativo e solver o passivo, inclusive com fundos particulares dos sócios, se necessário (CCom, art. 346). Ora, se os sócios receberam os seus haveres sem o cumprimento antecipado das obrigações sociais, ficaram solidariamente responsáveis pelo débito, pena de se enriquecerem ilicitamente, à custa de terceiros. Ademais, os sócios da empresa, por força do art. 1º da Lei das Sociedades por Ações, são responsáveis solidários, sem limites, pelo fato de não terem oportunamente dado cumprimento ao disposto no art. 94 do Decreto-lei 7.036, de 10.11.44" (*JTACivSP* 28/212).

Ocorreu fraude à execução de credor acidentado no trabalho.

Às citações do ilustre Dr. Curador podem-se acrescentar as do eminente Sílvio de Salvo Venosa:

"Contudo, não é desviada de sua finalidade para atingir fins escusos, prejudicar terceiros ou fraudar a lei.

"Destarte, vem ganhando corpo na doutrina brasileira, baseado em escritos estrangeiros, certo abrandamento ao princípio exacerbado de proteção à pessoa jurídica.

"Toma corpo a noção de que, sob determinadas situações, não é possível manter a clássica distinção entre pessoa jurídica e pessoa natural. Há situações em que resguardar a pessoa jurídica dentro do seu manto leva a profundas iniqüidades" (*Direito Civil - Teoria Geral*, Atlas, 1984, p. 218).

Consoante eminente jurista, em casos tais, deve o julgador decidir como se o ato tivesse sido praticado por uma pessoa natural, imputando responsabilidade aos sócios que detinham em mira burlar a lei, podendo a fraude à lei ser uma fraude a um contrato, à própria lei ou como no caso *sub judice*, contra credores (livro cit., p. 219).

Face ao exposto, dá-se provimento ao agravo, para o reconhecimento da validade da citação de ré na pessoa de seus diretores, bem como a citação da requerida por precatória ou edital, na pessoa de seu diretor presidente e que seja efetuada a penhora de bens, para a satisfação do crédito exeqüendo.

Presidiu o julgamento o Juiz Pérsio Mancebo e dele participaram os Juízes Batista Lopes e Acayaba de Toledo.

São Paulo, 3 de junho de 1987.

Debatim Cardoso, Relator (*RT* 620/135).

Comentários de
Cesar Amendolara

O v. acórdão trata de agravo de instrumento interposto por credores de sociedade anônima contra despacho que indeferiu o procedimento de penhora dos bens e anulou a citação da empresa ré na pessoa dos sócios em ação movida com vistas a resguardar os interesses destes credores, em função da sociedade ter sido dissolvida e seus haveres partilhados antes de solvido o passivo da mesma.

O que podemos depreender do julgado ora comentado é que o procedimento de liquidação ordinária acarretou danos a credor de dívida preexistente ao início da liquidação. Como conseqüência os autores/recorrentes buscam responsabilizar ilimitadamente os administradores pelo montante das dívidas.

Primeiramente abordaremos quais são as conseqüências geradas a partir do momento da deliberação da dissolução da companhia, no que tange à continuação ou não da personalidade jurídica, até a sua extinção ao fim do procedimento de liquidação, para posteriormente enfocarmos a responsabilidade dos administradores, liquidantes e acionistas nos procedimentos ordinários de liquidação das sociedades anônimas.

Da análise do v. acórdão percebe-se que não houve a extinção da sociedade; e a apuração dos haveres, bem como a partilha destes entre os sócios se deu ao arrepio das normas que regem o procedimento ordinário de liquidação.

O Capítulo XVII da Lei Societária brasileira trata em seções específicas e ordenadas seqüencialmente da dissolução, liquidação e da extinção das sociedades anônimas. Esta sistemática legal utilizada pelo legislador, a nosso ver, teve como objetivo principal estabelecer expressamente quais as fases procedimentais a serem cumpridas, bem como demonstrar qual deverá ser a ordem cronológica dos atos a serem praticados.

Assim sendo, após decidida a dissolução da companhia, por uma das causas elencadas nos incisos do art. 206 da Lei 6.404/76, devem os órgãos desta observarem as normas referentes à instalação e execução dos procedimentos de liquidação, estabelecidos nos arts. 208 até o 218. Por fim, o art. 219, I, trata da extinção da companhia pelo encerramento da liquidação.

1ª Questão: A continuidade da personalidade jurídica e seus efeitos no procedimento ordinário de liquidação

O único artigo do Capítulo XVII da Lei 6.404/76 não citado foi o 207, que trata dos efeitos da dissolução da sociedade.

Neste artigo o legislador pátrio estatuiu que a companhia dissolvida conserva a personalidade jurídica até a sua extinção, fazendo a justificativa na própria norma: "(...) com o fim de proceder à liquidação". Assim sendo, a Lei 6.404/76 passou a prever expressamente um princípio que já se encontrava há muito tempo sacramentado em grande parte de nossa doutrina, e que implicitamente já vinha estabelecido no art. 139 do Decreto-lei 2.627/40.[1]

1. O art. 139 do Decreto-lei 2.627/40, *in verbis*: "Art. 139. Silenciando os estatutos, compete à assembléia-geral nos casos do art. 137, determinar o

Não há como negar que é de fundamental importância a manutenção do ente social durante a fase da liquidação, pois se assim não fosse instalar-se-ia uma grande insegurança jurídica justamente no momento mais delicado da existência da sociedade. Muitos seriam os riscos a que ficariam submetidos todos aqueles que se relacionam com a companhia.[2]

O ilustríssimo Professor Modesto Carvalhosa[3] encerra suas observações sobre a incompatibilidade da transformação do patrimônio da empresa em uma comunhão de bens, como efeito da dissolução, ao dizer que esta comunhão outorgaria direitos reais sobre o patrimônio social, o que é incompatível com a natureza e as funções e a natureza da empresa.

A continuidade da personalidade jurídica na fase da liquidação da companhia é condição *sine qua non* para a manutenção da capacidade ativa e passiva de agir da sociedade no mundo dos negócios, podendo, assim, defender os interesses do patrimônio social, o qual será alienado, e com o resultado auferido serão solvidas as dívidas dos credores e o remanescente será dividido entre os acionistas. Desta forma, a sociedade permanece proprietária do acervo da companhia permitindo que seja alcançado o novo objetivo da sociedade, qual seja, o pagamento do passivo e a posterior partilha do ativo.[4]

Vale lembrar, ainda, o princípio da preservação da empresa como fator preponderante para que o legislador e a jurisprudência[5] estabeleçam que haverá a continuidade da personalidade jurídica, até que se finde a liquidação, pois somente assim será viável a cessação do estado de liquidação e a conseqüente volta da empresa às suas atividades normais.

O legislador de 1976 acompanhou a tendência de inúmeros ordenamentos estrangeiros onde há previsão da permanência da personalidade jurídica. Nos Estado Unidos, a grande maioria das legislações estaduais estabelecem a continuação da personalidade jurídica durante a liquidação, na Lei de Sociedades Comerciais da Argentina a previsão é expressa (art. 101), assim como na Espanha (art. 154).

Por outro lado, o Código Civil italiano trata da matéria implicitamente, da mesma forma como era tratada, em nosso país, na vigência do Decreto-lei 2.527/40. O art. 2.451 estabelece que durante a liquidação se aplicam, enquanto forem compatíveis, as disposições sobre as assembléias e o conselho de administração. A doutrina da-

modo de liquidação e nomear o liquidante e o conselho fiscal, que deva funcionar durante o período de liquidação. Parágrafo único. A assembléia-geral pode, a todo tempo, destituir o liquidante e os membros do conselho fiscal". O parágrafo único atribui poderes à assembléia-geral durante a liquidação, o que implicitamente denota a permanência da personalidade jurídica da empresa.

2. Modesto Carvalhosa, *Comentários à Lei de Sociedades Anônimas*, v. 4, t. I, São Paulo, Saraiva, 1998, pp. 71 e ss., observa com muita propriedade que é incompatível com a sistemática das sociedades mercantis o princípio do art. 21 do CC que estabelece que a existência da pessoa jurídica termina com a sua dissolução. A gradativa separação do patrimônio da sociedade perante o dos sócios culminada com o advento das sociedades anônimas, impede que a dissolução da sociedade torne seu patrimônio uma universalidade, sobre a qual recairiam direitos reais dos acionistas e dos credores. A transformação do patrimônio em uma universalidade não se presume, deve estar prevista em lei, como ocorre no espólio e na falência.

3. In ob. cit., Carvalhosa invoca as lições de Cunha Peixoto, que de forma excepcional consegue sintetizar os motivos danosos que seriam causados pela não permanência da personalidade jurídica, *in verbis*: "confusão patrimonial, mudança de responsabilidade dos sócios para ilimitada e solidária; credores sociais em igualdade de condições com credores particulares; problemas de representação da sociedade perante terceiros".

4. Fran Martins conclui que com a perda da personalidade jurídica, como efeito da dissolução, o patrimônio social ficaria sem titular.

5. Acórdão do STF no RE 4.772: "A sociedade simplesmente dissolvida e não liquidada tem personalidade jurídica, legítima sendo sua intervenção no processo. A personalidade moral da sociedade sobrevive à dissolução, no interesse da liquidação, perecendo àquela apenas quando ultimada esta".

quele país é quase unânime em afirmar que só poderão permanecer inalteradas as funções assembleares da companhia com a manutenção da personalidade jurídica da mesma. O raciocínio é lógico, já que, sem a personalidade jurídica, não há mais sentido a divisão do capital em ações, e estas, por sua vez, não mais outorgariam a seus titulares o direito de voto, o que inviabilizaria a assembléia.

O Código Civil francês tem solução idêntica à adotada na Lei Societária brasileira atual ao estabelecer que a personalidade jurídica só se encerra com a publicação do ato final da sociedade (art. 1.844-8, alínea 3). Também, neste sentido estabelece o Código das Sociedades Comerciais português no art. 146, 2.

Entretanto, caberá sempre ao julgador do caso concreto verificar que, em função de a lei estabelecer a continuidade da personalidade jurídica até a extinção da sociedade, não poderão os liquidantes, administradores ou acionistas controladores se valerem deste instituto para praticarem atos lesivos à companhia, seus credores e acionistas minoritários, pena de se aplicar a teoria da desconsideração da personalidade jurídica.

Assim, entendemos que a teoria de desconsideração da personalidade jurídica deve ser aplicada às companhias em liquidação com fundamento nos mesmos princípios que se aplicaria às sociedades em regular funcionamento. A nosso ver, tal ocorreu na decisão do acórdão ora comentado, já que independentemente de a sociedade recorrida aparentemente estar dissolvida, os ínclitos julgadores fundamentaram a aplicação da *disreguard doctrine* em função do cometimento, por parte dos administradores, de ato fraudulento contra credor da sociedade, não com base na alegação de que a sociedade que encerra de fato sua atividades, e aliena sues bens, sem regular liquidação, automaticamente perde a personalidade jurídica

O levantamento temporário do manto da personalidade jurídica é uma exceção à regra, e como tal só pode ser aplicado quando o ente social, por ato fraudulento de seus administradores, lesar terceiros de boa-fé.

A nosso ver, mesmo que a empresa estivesse em seu regular funcionamento e, por ato de seus administradores dilapidasse seu patrimônio sem saldar dívida preexistente, poder-se-ia aplicar a teoria da desconsideração da personalidade jurídica para que os bens particulares dos administradores fossem alcançados com vistas a satisfazer o débito.

2ª Questão: A responsabilidade dos administradores, liquidantes, conselheiros fiscais e acionistas no procedimento ordinário de liquidação

A sistemática legal hoje vigente em nosso ordenamento jurídico em relação à responsabilidade na liquidação da companhia está baseada no art. 217 da Lei 6.404/76, o qual preleciona que serão equiparadas as responsabilidades do liquidante às do administrador. Este conceito já era observado no Decreto-lei 2.627/40. A derrogada norma dizia que os liquidantes, no que tange à responsabilidade, deveriam seguir as regras que regiam a responsabilidade dos *diretores*.

Esta diferenciação terminológica entre os textos da lei derrogada e da lei vigente tem seu fundamento na maneira como foi prevista a administração da companhia em cada um dos estatutos legais.

Com o advento da Lei 6.404/76 ampliou-se a forma de administração da companhia, já que o art. 138 prevê que a companhia será administrada, conforme o caso, pelo Conselho de Administração e pela Diretoria, ou somente pela Diretoria. Como a lei anterior não previa expressamente a constituição de um órgão colegiado, além da Diretoria, a administração da sociedade era exercida exclusivamente pelos diretores. Em decorrência disto, o estatuto legal equiparou a responsabilidade do liquidante àquela atribuída à Diretoria. Atualmente a responsabilidade pela gestão social abarca a Diretoria e o Conselho de Administração, portanto, ao liquidante se aplica a responsabilidade em sentido amplo.

Além da diferença acima observada, a redação do art. 217 trouxe uma outra importante inovação ao estabelecer expressamente que os deveres e responsabilidades dos administradores, fiscais e acionistas subsistirão até a extinção da companhia.

Esta regra tem coerência com a do já comentado art. 207, pois se subsiste a personalidade jurídica da sociedade até sua extinção, a responsabilidade dos sujeitos que com ela se relacionaram até este momento deverá também permanecer, para evitar-se que atos lesivos praticados por outrem, que não o liquidante, após a deliberação da dissolução fiquem isentos de responsabilidade.

A redação do art. 146 do Decreto-lei 2.627/40 atribuía responsabilidade apenas ao liquidante, sem mencionar administradores e acionistas. A evolução da norma atual é inegável ao permitir que seja atribuída responsabilidade, conforme já dito, tanto por atos posteriores à dissolução, praticados pelos administradores, como pelos atos cometidos antes da dissolução, os quais não poderiam ter sido executados pelo liquidante.

Ademais, nas companhias em que for mantido o Conselho de Administração, caberá a este a nomeação do liquidante. Assim sendo, poderão também ser responsabilizados, por atos do liquidante, os conselheiros que o nomearam. Na sistemática da lei anterior não seriam possíveis tais atribuições de responsabilidade, já que, como anteriormente referido, não havia a previsão da existência do Conselho de Administração.

Como já anteriormente foi abordado, a responsabilidade do liquidante é equiparada à do administrador em sentido amplo (art. 145 da Lei das S/A). Assim sendo, entendemos que o art. 217, no que tange à responsabilidade do liquidante, faz remissão aos arts. 153 a 159, os quais elencam os deveres e responsabilidades dos administradores.

Portanto, o liquidante, perante a sociedade, deverá ter o dever de diligência (art. 153), de lealdade (art. 155), dever de informar (art. 157), bem como estará vedada sua atuação quando estiver configurado o conflito de interesses (art. 156). A mesma solução encontrou o Código Civil italiano, já que o art. 2.452, ao tratar dos poderes, obrigações e responsabilidades dos liquidantes faz remissão expressa ao art. 2.276, que, por sua vez, remete aos arts. 2.257 e ss., os quais tratam das responsabilidades dos administradores.[6]

Desta forma, o liquidante responderá por culpa ou dolo, pelos prejuízos que causar à companhia quando agir dentro das suas atribuições; ou quando praticar atos *ultra vires*, conforme prevê o art. 158.

A sociedade, através de decisão assemblear, poderá propor ação contra o liquidante pelos prejuízos que tenha, por ventura, causado durante a sua gestão na liquidação. Além desta ação social, poderá o liquidante ser demandado particularmente pelo credor não satisfeito, por perdas e danos após encerrada a liquidação.[7]

6. No mesmo sentido a Lei de Sociedades Comerciais Argentina, *in verbis*: "Art. 108. Las obligaciones y la responsabilidad de los liquidadores se rigen por las disposiciones establecidas para los administradores, en todo cuanto no esté dispuesto en esta sección". Também o Código das Sociedades Comerciais português, em seu art. 1.520, 1, estipula que no que for compatível com suas atribuições, e ressalvadas as atribuições legais especiais, os liquidantes têm a mesma responsabilidade do órgão de administração da sociedade.

7. Diversa é a solução do Direito espanhol, onde a responsabilidade do liquidante não é equiparada à do administrador, respondendo este diretamente aos acionistas e aos credores e não cabendo, assim, contra este ação da sociedade.

No acórdão ora comentado, a ação foi proposta contra a sociedade, já que a "liquidação de fato", que causou danos aos credores foi promovida diretamente pelos administradores, sem sequer ter sido nomeado o liquidante (pelo menos não há qualquer menção, no acórdão, à figura do liquidante). Conforme a previsão do art. 217 da Lei 6.404/76 os deveres e responsabilidades dos administradores persistem até a extinção da companhia e, portanto, não tendo sido esta regularmente extinta e tendo sido seu ativo partilhado antes de pago o passivo, entendemos ter sido correta a decisão dos ínclitos julgadores.

O ilustríssimo Prof. Mauro Rodrigues Penteado, em seu magnífico estudo acerca da dissolução e liquidação das sociedades[8] entende que os administradores têm responsabilidade ilimitada e solidária pelos atos que praticaram antes e depois da liquidação, que tenham sido lesivos aos credores, à companhia e seus acionistas.

Reforça este entendimento o disposto no art. 218 da Lei Societária, ao estabelecer que mesmo que a liquidação tenha sido encerrada, ainda caberá ao credor não satisfeito o direito de exigir dos acionistas, individualmente, o pagamento de seu crédito, até o montante que cada acionista tenha recebido.

Com a devida *venia* para mais uma vez expor o pensamento do Prof. Modesto Carvalhosa[9] que, ao comentar o referido artigo, a nosso ver, fundamenta de forma precisa o princípio segundo o qual quando o patrimônio é transferido da companhia para os antigos acionistas, os débitos acompanham cada parcela transferida de forma proporcional.

O art. 218 *in fine* estabelece expressamente a solidariedade entre os acionistas ao facultar que o acionista que venha a ser executado por credor insatisfeito terá o direito de exigir dos outros acionistas as parcelas que lhes caberiam no débito. Este é o fundamento legal no qual se baseia a doutrina que entende que há responsabilidade ilimitada e solidária entre os acionistas, após encerrada a liquidação e distribuídos os haveres.

Resta salientar que nas sociedades em que funcionar o Conselho Fiscal, da mesma forma que se dá em relação aos administradores, permanecem os deveres e responsabilidades atribuídos aos conselheiros nos arts. 161 e ss., por atos que tenham cometido antes, durante a liquidação, e mesmo após encerrada a liquidação.

Por fim, quando o ativo da empresa for insuficiente para saldar seu passivo durante o procedimento de liquidação, há responsabilidade dos acionistas de, obrigatoriamente, integralizarem sua ações, independentemente do prazo estipulado para a integralização destes títulos à época da respectiva emissão.

Concluindo, a decisão prolatada no acórdão, ora comentado, ao caracterizar que houve fraude a credores e determinar a penhora dos bens dos administradores da sociedade, buscou resguardar a segurança nas relações jurídicas mercantis. Elogiosa, mais uma vez,[10] a construção pretoriana na

8. *Dissolução e Liquidação de Sociedades*, 1ª ed., Brasília, Brasília Jurídica, 1995.

9. In *Comentários à Lei de Sociedades Anônimas*, cit., p. 158.

10. Muito semelhante foi a decisão proferida no acórdão da 6ª Câmara Cível do TACivRJ, em 24.8.77, na apelação cível 75.713, cuja ementa reproduzimos: "Liquidação de S/A – Indenização acidentária devida por sociedade anônima em razão de condenação judicial – Liquidação da companhia ao inteiro arrepio das disposições legais pertinentes – Conseqüente responsabilidade dos diretores, em especial, do Diretor Presidente, pelo pagamento da dívida – Rejeição de alegação de impenhorabilidade de bem, não devidamente comprovados os pressupostos legais". Identificamos no texto do referido acórdão a justificativa no mesmo sentido do acórdão objeto destes comentários, *in verbis*: "Em suma, não houve liquidação, quer judicial, quer extrajudicial, pela forma e com observância dos preceitos legais pertinentes, fato, além do mais, antes de tudo imputável à culpa senão do dolo do ora apelado, como diretor-presidente da companhia".

busca pela salvaguarda do princípio da boa-fé. Os aplicadores do direito não podem se satisfazer com a letra das leis, mas devem, baseados nas normas legais e nos princípios gerais do direito emitir decisões que possam servir de base para a modernização do ordenamento jurídico brasileiro.

Em face do extremo dinamismo com que as práticas mercantis se modificam no mundo informatizado e globalizado o Poder Judiciário tem, talvez, o mais relevante papel no aprimoramento das relações jurídicas comerciais, em face da extrema morosidade das alterações no campo legislativo.

3ª *Questão: Ações judiciais pendentes e encerramento da liquidação*

No caso do v. acórdão, a sentença que deu origem à dívida que está sendo oposta à sociedade transitou em julgado antes se encerrar a liquidação da empresa. Assim sendo, a referida dívida passou a fazer parte do passivo da companhia e deveria ter sido solvida antes que fosse partilhado o ativo, respeitadas, inclusive, as disposições referentes a credores preferencias estabelecidas no art. 214 da Lei 6.404/76.

Ocorre que em muitos casos, em função da morosa sistemática processual, o procedimento de liquidação pode se encerrar antes que todas as ações judiciais, nas quais figure a sociedade como parte, tenham uma decisão definitiva. Esta situação poderia gerar tanto elementos ativos como passivos supervenientes à extinção da sociedade.

A Lei Societária brasileira, como a maioria dos ordenamentos jurídicos estrangeiros, não prevê expressamente qual o procedimento a ser adotado nestas hipóteses. Assim sendo, a única solução legalmente aceitável, apesar de não ser a ideal, para a destinação de eventual variação patrimonial que venha a ocorrer após a extinção da companhia seria a utilização das regras concernentes ao tratamento do patrimônio social durante o correr do procedimento de liquidação.

Desta forma, se, em função de decisão judicial definitiva posterior à extinção, a sociedade seja beneficiária de determinado ativo, este deve ser partilhado entre os acionistas na mesma proporção das ações que possuíam na companhia, em conformidade com o art. 215 da Lei das S/A. Determinadas circunstâncias, a nosso ver, podem tornar inviável, na prática, tal procedimento.

Primeiramente, porque não há mais órgãos da sociedade em funcionamento, e o liquidante não mais está encarregado de suas funções, o que dificulta a administração deste ativo. Ademais, não mais existindo a personalidade jurídica este patrimônio passa a ser um condomínio dos ex-acionistas, acarretando todos os inconvenientes já expostos anteriormente. Além disso, no caso de companhias abertas o rateio entre os antigos acionistas seria uma tarefa muito árdua.

Por outro lado, se a sentença transitada em julgado criar um passivo para a extinta sociedade, grande seria a insegurança para a satisfação do credor, não obstante estar assegurado por uma decisão judicial definitiva. A questão que parece oportuna é saber se este credor estaria amparado pela norma do art. 218 da Lei 6.404/76, mesmo tendo sua dívida sido constituída após a regular partilha do ativo. Portanto, à época em que se extinguiu a sociedade, esta dívida não fazia parte do passivo.

Não obstante, partindo do princípio de que as dívidas acompanham proporcionalmente os quinhões recebidos pelos acionistas, mesmo que estas não tenham sido formalmente constituídas (no caso de decisão judicial só há excutoriedade da dívida após sentença transitada em julgado) à época da liquidação, o fato que deu origem à demanda judicial se deu anteriormente à extinção da companhia, e, portanto, enquanto os acionistas ainda respondiam, proporcionalmente às suas respectivas participações na sociedade, pelas dívidas desta.

Vale ressaltar que o quinhão recebido em decorrência da partilha do ativo social é incorporado imediatamente ao patrimônio total do acionista, e portanto, o credor irá promover a execução do total da dívida contra um dos acionistas, pois não haveria como se esperar que a ação executória fosse proposta contra todos os ex-acionistas. A aplicação do art. 218, a estas hipóteses, possibilitaria a propositura de ação de regresso do acionista executado, para reaver dos demais eventuais quantias que não deveriam, por ele, ter sido pagas.

Muito controversa é a questão, assim, não temos a intenção de chegarmos a uma conclusão definitiva, mas apenas apresentar a solução legal adotada pelo Código das Sociedades Comercias português, que trata da matéria de forma expressa.

O art. 162º, 1 da lei societária portuguesa estipula, *in verbis*: "As ações em que a sociedade seja parte continuam após a extinção desta que se considera substituída pela generalidade dos sócios, *representados pelos liquidatários*, nos termos dos arts. 163º, ns. 2, 4 e 5 e 164º ns. 2 e 5" (grifo nosso).

A norma acima descrita não traz novidades, se comparada com o sistema legal pátrio, em relação à sucessão da sociedade extinta, apenas estipulando expressamente que a generalidade dos sócios sucederá a empresa. Por outro lado, ao determinar que o liquidante será o representante legal dos sócios nos processos judiciais, soluciona uma sorte de problemas que a lei brasileira não alcança, conforme já demonstramos. Daí conclui-se que nesta sistemática as funções do liquidante não se encerram com a extinção da companhia, e conseqüentemente subsistem todos os deveres e obrigações deste, bem como a sua responsabilidade por atos lesivos aos sócios e credores.

O art. 163º trata em seus números dos procedimentos relativos ao passivo superveniente, trazendo alguns avanços bastante positivos como a determinação de que os liquidantes serão os representantes legais para fins de atuação no pólo passivo nas ações interpostas contra a generalidade dos ex-sócios, inclusive com poderes para receber citação (n. 2). Determina, ainda, algumas atribuições, das quais o liquidante não poderá escusar-se (n. 5): dar conhecimento das ações a todos os antigos sócios, exigir destes provisão para encargos judiciais (n. 4).

Em relação ao ativo superveniente, o art. 164º, 1, não restringe a competência dos liquidantes àquele que a sociedade venha a receber após sua extinção, através de ações judiciais, mas estipula que caso se verifique a existência de bens não partilhados, o liquidante deverá propor aos ex-sócios a partilha adicional (n. 1). 0s ns. 2 e ss. tratam especificamente das ações que devam ser propostas pela sociedade ou que só tenham uma final solução após a sua extinção. Elogiável a solução do sistema português ao outorgar poderes para o liquidante propor as ações em nome da sociedade, sem prejuízo das ações que sejam propostas individualmente por qualquer dos sócios até o limite de seu interesse.

É inegável o avanço da lei portuguesa em relação aos demais ordenamentos, ao prever de forma tão detalhada como se regulará a "vida" patrimonial das empresas após a extinção destas. Se fosse adotada solução legal semelhante, entre nós, provavelmente seriam evitadas inúmeras controvérsias, as quais, via de regra, só são solucionadas nos tribunais em razão da falta de uma mais acurada previsão legal.

Jurisprudência Comentada

CUMULAÇÃO DE CAUSAS DE DISSOLUÇÃO DE S/A. PREVALÊNCIA DAQUELA QUE OCORREU EM PRIMEIRO LUGAR. CASOS DE INCONVERTIBILIDADE DO PROCEDIMENTO DE LIQUIDAÇÃO*

Comentários de
JACYRA XAVIER DE SÁ
ao acórdão do TJSP na apelação cível 275.021-SP

Apelação cível 275.021-SP

Apte.: Espólio de Mário Rovida representado por sua inventariante Maria Botta Rovida (ou Maria Luiza Yolanda Botta Rovida)

Apdos.: Marmindústria São Paulo S/A, em liquidação, e outros

Rel. Des. César de Moraes

j. 28.9.1978

Sociedade por ações – Dissolução facultativa – Deliberação por assembléia – Liquidação – Conversão em dissolução judicial.

Dissolução, por deliberação da assembléia-geral, seguindo-se a fase de liquidação. Pretensão posterior, de dissolução judicial. Fundamento jurídico inexistente, porque não se dissolve o que já está dissolvido. Alteração posterior, do objetivo da ação.

Impossibilidade, por não obtida a adesão dos réus e porque a apuração de haveres é conseqüência do processo facultativo, já realizado o ativo e pago o passivo. Recurso não provido.

ACÓRDÃO

Acordam, em 6ª Câmara Civil do Tribunal de Justiça de São Paulo, por votação unânime, adotado o relatório de fls., negar provimento à apelação.

Após analisar a funda controvérsia que se estabeleceu na doutrina brasileira, sob aspectos conceituais, a propósito da dissolução e liquidação das sociedades anota Waldirio Bulgarelli que a Lei 6.404, de 1976, "superou esses problemas, aceitando a linha da doutrina mais moderna, e caracterizando o processo como de dissolução, liquidação e extinção, esta ocorrendo quando terminada a liquidação (...), portanto, a dissolução é apenas uma fase, que irá passando pela liquidação, chega à extinção, que é o verdadeiro final do processo, e quando de fato a sociedade deixa de existir (...)" (*Comentários a Lei das Sociedades Anônimas*, Saraiva, v. IV/91).

* Trabalho apresentado ao Curso de Pós-Graduação da FADUSP, 2º semestre de 1998, na Disciplina Interesses Públicos e Privados na Extinção das Sociedades Mercantis em Direito Comparado II, ministrada pelo Prof. Mauro Rodrigues Penteado.

Decretada a dissolução facultativa, por deliberação da assembléia-geral, a sociedade entrou em fase de liquidação, com a nomeação de três liquidantes, na forma estatutária (art. 27 do Estatuto – cf. fl. 20).

A pretensão à dissolução, deduzida na presente demanda, é balda, assim, de fomento jurídico, pois não se dissolve o que já está dissolvido.

E verdade que, no curso da lide, o autor pretendeu alterar o objetivo da ação (fls. 144), manifestando o propósito de converter a dissolução facultativa em dissolução judicial e de compelir os liquidantes a promoverem medidas úteis para a extinção da sociedade.

Mas alteração desse teor encontra óbice na lei processual, já que não contou com a adesão dos réus (art. 264 do CPC).

Na apelação, o autor pretende converter a ação, a fim de ser encarada como pretensão a apuração de haveres; nem mesmo aqui pode ser atendido, em primeiro lugar porque o pedido maior, de dissolução de sociedade, se mostra inviável, por obstáculo lógico intransponível e, nessas condições, não poderia valer utilmente para amparar o pedido menor, de apuração de haveres; depois porque, estando a sociedade em dissolução, a apuração é consectário inafastável do processo instaurado facultativamente, após realizado o ativo e pago o passivo.

A inicial não pode, mesmo, ser aproveitada. Para confirmar a respeitável sentença, negam provimento à apelação. Custas pela apelante.

São Paulo, 28 de setembro de 1978.

Ítalo Galli, Presidente. César de Moraes, Relator. Geraldo Roberto Villa da Costa. (*Revista de Jurisprudência Brasileira* 64/321-322)

Comentários de
Jacyra Xavier de Sá

1. O acórdão transcrito levanta questões a respeito do tema da dissolução de sociedades ou, mais especificamente, da possibilidade ou não de conversão de uma forma de dissolução em outra. Antes de tratarmos do acórdão propriamente dito, julgamos oportuno trazermos algumas breves considerações acerca de temas relacionados com a análise que se pretende com o presente trabalho.

2. Modesto Carvalhosa aponta três vertentes quanto ao conceito de dissolução: a) dissolução equivale à extinção; b) dissolução é um momento que equivale à cessação da atividade negocial da companhia e o ponto de partida para sua liquidação e seqüente extinção (conceito adotado pela Lei 6.404/76); c) dissolução tem um significado amplo, abrangendo todo o período que vai da declaração que determina a cessação da atividade negocial da sociedade até a liquidação definitiva de seu patrimônio, partilha e extinção (posição adotada por Trajano Miranda Valverde, inserida no Decreto-lei 2.627/40).

Para Waldirio Bulgarelli, dissolução pode ser tomada em dois sentidos: a) amplo, compreendendo a série inteira de fases por que passa uma sociedade iniciada por uma das causas de dissolução até que desaparece como sujeito de direito, equiparando-se, portanto, à extinção; b) estrito, constituindo-a tão-só aquela que resulta da presença eficaz de uma causa legal ou estatutária de dissolução.

O Decreto-lei 2.627/40 tratava os casos de dissolução que figuravam nos arts. 137 e 138 como sendo liquidação. Trajano Miranda Valverde, autor de anteprojeto, inspirado no sistema inglês, culminou o termo "dissolução" (terminologia tradicional), substituindo-o por "liquidação", preocupado com a questão da permanência da existência da pessoa jurídica enquanto procedia aos atos liquidatórios, entendendo que havia uma verdadeira ficção no princípio de que as sociedades dissolvidas eram sociedades extintas.

A Lei 6.404/76 restabeleceu o conceito de dissolução. Assim, o fim da existência de uma sociedade e a conseqüente cessação de suas atividades normais, em geral, se dá através de um processo formado por três fases: a dissolução, a liquidação e a extinção.

A dissolução é um ato declaratório formal, necessário e suficiente para a abertura do processo de liquidação. Nesse sentido estrito, a dissolução equivale à causa que leva à extinção da sociedade.

A liquidação consiste basicamente na realização do ativo e no pagamento do passivo, e na posterior partilha do remanescente entre os acionistas, o que representa, inclusive, um direito essencial do acionista, nos termos do art. 109, inc. II.

A extinção põe fim definitivamente à existência da sociedade, extinguindo sua personalidade jurídica.

A dissolução não é um processo definitivo ou acabado, é apenas o primeiro estágio. Em determinados casos, mesmo tendo sido verificada a dissolução, a sociedade pode reviver, retomando suas atividades e fazendo cessar o estado de liquidação (art. 136, inc. VII). Verifica-se, também, que em caso de fusão, incorporação e cisão, a sociedade se extingue sem que tenha havido liquidação (arts. 219, inc. II, 227, 228 e 229).

Assim, apesar de estritamente ligados, a dissolução, a liquidação e a extinção são etapas conexas de um processo; mas não necessariamente interligadas.

3. O art. 206 da Lei 6.404/76 enumera os casos em que deva ocorrer a dissolução, classificando as hipóteses entre dissolução de pleno direito, dissolução por decisão judicial e dissolução por decisão de autoridade administrativa competente.

Segundo Mauro Penteado, é comum agrupar-se as causas de dissolução ordinária em duas espécies: as facultativas ou voluntárias (quando resultam da deliberação dos acionistas, em assembléia-geral, também chamadas de dissolução antecipada) e as de pleno direito (no caso de verificação de um dos eventos indicados em lei para tal fim).

Ocorre que entre as hipóteses de dissolução "de pleno direito" a Lei 6.404/76 incluiu a dissolução por decisão da assembléia-geral, que consiste num caso clássico de dissolução facultativa ou voluntária.

De acordo com Mauro Penteado, dos cinco casos de dissolução previstos no art. 206, inc. I, somente em três deles a dissolução independe de providências complementares de arquivamento no Registro do Comércio e publicação para que a companhia ingresse no estado de liquidação, pois os eventos dissolutórios já contavam com publicidade prévia: alíneas *a*, *b* e *d*. Melhor seria a classificação de causas ordinárias de dissolução. Os demais exigem a manifestação dos acionistas em assembléia, com ulterior arquivamento e publicação da ata respectiva.

4. O art. 206, inc. I, ao elencar quais são as causas de dissolução "de pleno direito", traz, na alínea *c* a hipótese de dissolução por deliberação de assembléia-geral. Para Mauro Penteado, esse dispositivo contém um desdobramento do princípio inscrito no art. 121, segundo o qual a assembléia-geral, convocada e instalada de acordo com a lei e o estatuto, tem poderes amplos para decidir todos os negócios relativos ao objeto da companhia.

Quanto ao quórum, o Decreto-lei 2.627/40 exigia que a dissolução antecipada fosse aprovada "na forma prevista para a destinada à reforma do estatuto" (art. 104: quórum de instalação, em primeira e segunda convocações, de acionistas que representassem no mínimo 2/3 do capital social, facultada, em terceira convocação, a instalação com qualquer número; art. 137, alínea *c* c/c arts. 94 e 105: quórum deliberativo, maioria simples, ou consentimento unânime manifestado em instrumento público). Na atual redação da Lei 6.404/76, exige-se o quórum qualificado estipulado pelo art. 136, inc. X para a dissolução consensual.

No regime do Decreto-lei 2.627/40, não se contemplava o direito de recesso ao acionista dissidente de deliberação que aprovasse a dissolução da companhia. A Lei 6.404/76 conferia o direito de recesso nessa hipótese e no caso de deliberação quanto à cessação do estado de liquidação, no art. 137 c/c art. 136, inc. VII. Posteriormente a Lei 9.457/97 suprimiu o direito de recesso em ambas as hipóteses.

Em princípio, nos termos do art. 121, a assembléia-geral é soberana para tomar a deliberação, sendo de seu exclusivo juízo avaliar se a sua dissolução é oportuna e conveniente para os sócios. Entretanto, há limites a essa intervenção assemblear que repousam na supremacia do princípio da preservação da empresa e na noção de exercício abusivo do poder de controle.

De acordo com Mauro Penteado, a questão dos limites impostos aos poderes discricionários da assembléia-geral para deliberar sobre a dissolução da companhia está diretamente ligado à função social da empresa (art. 116, parágrafo único) e aos deveres e responsabilidades do acionista controlador (art. 117, § 1º, alínea *b*).

Segundo Mauro Penteado, caracterizado o abuso de poder, caberia, além da ação de reparação de danos, ação para anulação do voto e da própria assembléia nas hipóteses de abuso de direito de voto e conflito de interesses do art. 115 c/c art. 286.

O acionista tem legitimidade para opor-se judicialmente à dissolução convencional quando se tratar de companhia próspera (vez que pode ter interesse em continuar participando do empreendimento, principalmente se ele for bem-sucedido), ou de relevante interesse público, sob o fundamento da inexistência ou da falsidade da causa geradora de deliberação assemblear, com fundamento nos arts. 117, § 1º, letra *b* e 116, respectivamente.

5. A dissolução da companhia por decisão judicial se dá em três hipóteses, conforme disciplina o art. 206, inc. II quando anulada a constituição da companhia quando provado que a companhia não pode preencher o seu fim e em caso de falência.

6. O Decreto-lei 2.627/40 não continha nenhuma norma de interpretação que consagrasse o princípio da preservação da empresa. A partir da Lei 6.404/76, superando-se a doutrina individualista anteriormente vigente, adotou-se o princípio da prevalência da função sócio-econômica e comunitária da companhia (art. 116) e o princípio da preservação da empresa (art. 117, § 1º, alínea *b*, segundo o qual configura abuso de poder do controlador promover a liquidação de companhia próspera).

A construção jurisprudencial e doutrinária da dissolução parcial foi inspirada pelo princípio da preservação da empresa e da sua função social.

Nossos tribunais relutam em decretar a dissolução voluntária de uma companhia a pedido de uma minoria, tendo em vista o interesse público encontrado na atividade empresarial, o que acaba prevalecendo é a retirada do postulante, apurando-se em execução os seus haveres. Se alternativo o pedido (dissolução total ou parcial), prevalecerá este último. Mesmo quando há pedido único pela dissolução total, tem os tribunais julgado no sentido de que cabe a dissolução parcial a favor do requerente.

Para Waldirio Bulgarelli há uma contradição entre privilegiar a empresa, evitando a dissolução social, e a punição da empresa, obrigando a sociedade ao desembolso imediato de quantia que pode afetar a empresa.

Para Modesto Carvalhosa, no tocante à figura da dissolução parcial de sociedade de pessoas, devem prevalecer os imperativos de ordem pública consubstanciados na manutenção da empresa, que supera a restrição ou omissão processual verificada no pedido do requerente. Para ele, em face dos interesses de ordem pública envolvidos, não se pode argüir julgamento *extra petita* nas dissoluções parciais decretadas nessas circunstâncias.

Essa orientação do Judiciário, largamente utilizada para as sociedades por quotas de responsabilidade limitada, tem sido recentemente adotada também nas sociedades anônimas.

7. Não se confundem a dissolução parcial e o direito de recesso. O direito de recesso existe para permitir a saída do sócio quando discordar de legítima deliberação da maioria, conforme as hipóteses previstas na Lei 6.404/76, com as alterações introduzidas pela Lei 9.457/97, que suprimiu o direito de retirada no caso de dissolução ou cessação do estado de liquidação.

Outra diferença fundamental é a forma de apuração de haveres. No direito de retirada, os haveres são apurados de acordo com o estabelecido nos arts. 45, 136 e 137 da Lei 6.404/76 (valor fundado no patrimônio líquido apurado no último balanço ou no valor econômico). No caso de dissolução parcial decretada, os haveres dos sócios são apurados tendo em conta o patrimônio real e atual da sociedade como se se tratasse de dissolução total, devendo ser pagos em prestação única.

8. Para Mauro Penteado, é possível ocorrer a cumulação ou o concurso de causas dissolutórias, de espécies diferentes.

A regra geral é a de que deve prevalecer a causa dissolutória que ocorreu em primeiro lugar, visto que, a companhia *ex tunc* teve seu *status* modificado, com todas as conseqüências daí decorrentes.

Entretanto essa regra comporta exceções, como por exemplo a superveniência de um pedido de falência de sociedade em fase de liquidação, vez que ela continua a deter personalidade jurídica e patrimônio próprio. A falência também é causa autônoma da dissolução, nos termos do art. 206, inc. II, alínea *c*.

Outra exceção é a chamada liquidação administrativa (art. 206, inc. III), pois razões de ordem pública e as circunstâncias do caso poderão determinar que seja imposta essa forma especial de liquidação, ainda que esteja em curso procedimento liquidatório, a cargo dos órgãos da companhia.

Quanto à transformação da liquidação ordinária em judicial, iniciada a primeira, somente sua interrupção ou paralisação, pelos administradores ou pela maioria dos acionistas, dará ensejo a que o Ministério Público, requeira a liquidação judicial (art. 209, inc. II).

Ainda quanto à transformação da liquidação ordinária em judicial, iniciada a primeira, pode qualquer acionista pedir a transformação da liquidação ordinária em judicial se os administradores ou a maioria dos acionistas deixarem de promover a liquidação, ou a ela se opuserem, entendendo Mauro Penteado que tal expressão deve ser tomada no sentido tanto do início do procedimento quanto na omissão na prática dos atos liquidatórios previstos em lei, após a deflagração do processo.

Mauro Penteado apresenta um caso[1] em que encontrava-se em curso uma ação de dissolução judicial, a pedido de acionista, quando ocorreu uma posterior deliberação de assembléia-geral aprovando a dissolução e liquidação pelos órgãos da companhia. Proposta a ação de dissolução, somente após o trânsito em julgado da sentença definitiva que a julgar procedente é que o evento dissolutório se concretiza, colocando a sociedade no estado de liquidação. Deve prevalecer, no caso, a dissolução voluntária, vez que a decisão que se proferisse não alcançaria o fato já concreto da dissolução operada por via voluntária.

Caso os acionistas, administradores e conselheiros fiscais obrarem de forma in-

1. Ac. de 27.9.79, TJPR, rel. Des. Maximiliano Stasiak, publicado na *Revista de Jurisprudência Brasileira* 64/180-181.

compatível com o estado de liquidação, haverá violação da lei e, conforme o caso, do próprio estatuto, gerando a responsabilidade a que aludem os arts. 115 a 117, 158 e 165 da Lei 6.404/76.

A Lei 6.404/76 prevê quatro tipos de liquidação: a) ordinária, antecipada, facultativa, extrajudicial, voluntária ou amigável, realizadas pelos órgãos da companhia (art. 206, inc. II, alínea *c*); b) judicial (art. 209); c) administrativa (art. 206, inc. III); d) concursal, que se segue à decretação da falência (art. 206, inc. II, alínea *c*).

9. A liquidação judicial se processa nos casos em que a dissolução decorre de decisão judicial, conforme art. 206, inc. II, e também nas hipóteses do art. 209.

As hipóteses elencadas no art. 206, inc. II, também são denominadas pela doutrina de "dissolução judicial própria", em oposição às hipóteses do art. 209, designadas de "dissolução judicial imprópria".

Verificada uma das hipóteses do art. 206, inc. II, transitada em julgado a sentença que decretar a dissolução da companhia, seguir-se-á o procedimento de liquidação judicial dos arts. 657 a 667 do Código de Processo Civil, de 1939, mantidos em vigor pelo Código de Processo Civil atual, conforme art. 1.218 da Lei 5.849/73, devendo o liquidante ser nomeado pelo juiz (Lei 6.404/76, art. 209, parágrafo único).

Nos casos de dissolução de pleno direito (art. 206, inc. I), enquanto não houver atuação da sociedade no sentido de implementar a liquidação, esta não se inicia. Por isso, o legislador conferiu a qualquer acionista a legitimidade para, no omissão dos órgãos da companhia em promover a liquidação ordinária, requerer a liquidação judicial, nos termos do art. 209, inc. I.

Também se dá a liquidação judicial no caso previsto no art. 209, inc. II c/c art. 206, inc. I.

10. Segundo Mauro Penteado, o liquidante pode ser destituído a qualquer tempo, pelo conselho de administração (art. 208, §§ 1º e 2º) ou, na sua ausência, pela assembléia-geral (art. 122, inc. VIII e art. 208).

Os poderes do liquidante estão anunciados no art. 211. Os deveres no art. 210. A lei impõe ao liquidante responsabilidades idênticas às dos órgãos de administração ordinária (art. 217 c/c art. 154 e ss.), cabendo-lhe suportar, igualmente, demandas eventualmente propostas pelo acionista dissidente ou por credor não satisfeito (art. 216, § 2º c/c art. 287, inc. II, alínea *b* e art. 218).

Assim o elenco exemplificativo de modalidades de exercício abusivo do poder do art. 117, § 1º, deve ser interpretado de forma a aplicar-se à figura do liquidante.

Para Modesto Carvalhosa, o liquidante é demissível *ad nutum* pelo órgão que o nomeou, sem necessidade de declaração da causa (art. 122, inc. II e art. 142, inc. II).

Nossa legislação societária não prevê expressamente a hipótese de destituição a pedido de minoria acionária. Entretanto, segundo Modesto Carvalhosa, é admissível com fundamento nos arts. 158 e 159. A legitimidade advém, conforme o caso, dos §§ 3º, 4º e 7º do art. 159. Agirá o acionista minoritário, conforme o caso, em benefício da companhia dissolvida ou na defesa de seu próprio interesse atingido pela gestão do liquidante.

Para Modesto Carvalhosa, serão responsáveis pela omissão ou interrupção, os administradores (arts. 158 e 159); os controladores (art. 117) e o liquidante (art. 217).

No direito comparado, algumas legislações admitem a destituição judicial do liquidante mediante a verificação de justa causa, a pedido de minoria acionária, independentemente de qual tenha sido o órgão que o elegeu. Nesse sentido pode ser citado o Direito alemão (Lei de 1965, art. 265), o Direito argentino (Decreto-lei 19.550, de 1972, art. 102) e o Direito italiano (Código Civil, art. 2.450).

11. Depreende-se da leitura do acórdão que uma sociedade teve decretada sua dissolução facultativa por deliberação da assembléia-geral, seguindo-se a fase de liquidação, com a nomeação de três liquidantes, na forma estatutária. Pretendeu-se, posteriormente, converter a dissolução em judicial, o que foi negado sob fundamento de que "não se dissolve o que já está dissolvido". No curso da lide, o autor pretendeu alterar o objetivo da ação almejando compelir os liquidantes a promoverem medidas úteis para a extinção da sociedade, o que não foi aceito, por falta de adesão dos réus. Na apelação, o autor pretendeu converter a ação, a fim de ser encarada como pretensão a apuração de haveres, no que também não foi atendido porque, afastada a dissolução judicial, impossível amparar o pedido de apuração de haveres.

O acórdão é bastante sucinto, mas parece-nos que o que o autor buscava era uma forma de ver o procedimento de liquidação encerrado, com a realização do ativo e pagamento do passivo para posterior partilha do remanescente entre os acionistas e a conseqüente extinção da sociedade.

No caso em análise, uma vez aprovada a dissolução voluntária por deliberação da assembléia-geral, concordamos que não se poderia converter a dissolução em judicial, vez que não restou caracterizada a ocorrência de qualquer das hipóteses disciplinadas no art. 206, inc. II.

Entretanto, entendemos que o caso poderia se enquadrar na hipótese prevista na parte final do inc. I do art. 209, que determina que a liquidação será processada judicialmente, a pedido de qualquer acionista, se os administradores ou a maioria de acionistas a ela se opuserem, nos casos do inc. I do art. 206. Deve-se entender por oposição à liquidação tanto a ação quanto a omissão dos administradores ou acionistas que retardam ou protelam o andamento do procedimento de liquidação já deflagrado.

Assim, pensamos que poderia ter sido admitido o pedido de conversão de dissolução voluntária na chamada dissolução judicial imprópria, do art. 209, inc. I, transpondo-se, desta forma, o impasse terminológico colocado no acórdão de que "não se dissolve o que já está dissolvido".

Talvez o autor tivesse obtido uma solução melhor através do requerimento judicial da destituição do liquidante, bem como sua responsabilização por perdas e danos.

No tocante ao pedido de apuração de haveres, estaria implícito um pedido de dissolução parcial da sociedade. Como pudemos verificar, a jurisprudência tem convolado pedidos de dissolução total em dissolução parcial. Entretanto, o acórdão não nos fornece elementos para avaliar se se trata de empresa próspera, e se caberia ou não evocar o princípio da preservação da empresa. Entendemos que deve prevalecer a dissolução voluntária anteriormente deliberada.

Bibliografia

BORBA, José Edwaldo Tavares, *Direito Societário*, 3ª ed., Rio de Janeiro, Freitas Bastos, 1997.

BULGARELLI, Waldirio, *Manual das Sociedades Anônimas*, 9ª ed., São Paulo, Atlas, 1997.

_______. *Comentários à Lei das Sociedades Anônimas*, v. 4, São Paulo, Saraiva, 1978.

_______. "Comentários de acórdão", *RDM* 4, São Paulo, 1971.

CARVALHOSA, Modesto, *Comentários à Lei de Sociedades Anônimas*, v. 4, t. I, São Paulo, Saraiva, 1998.

COMPARATO, Fábio Konder, *O Poder de Controle na Sociedade Anônima*, 3ª ed., Rio de Janeiro, Forense, 1983.

PENTEADO, Mauro Rodrigues, *Dissolução e Liquidação de Socie*dades, São Paulo/Brasília, Livraria e Editora Brasília Jurídica, 1995.

VALVERDE, Trajano Miranda, *Sociedades por Ações*, v. III, 3ª ed., Rio de Janeiro, Forense, 1959.

Espaço Discente

A ASSEMBLÉIA ESPECIAL DOS PREFERENCIALISTAS E OS PROCEDIMENTOS DE REESTRUTURAÇÃO DAS EMPRESAS*

PEDRO MARINI NETO

1. O momento sócio-econômico atravessado pela grande maioria das Nações do mundo todo tem se mostrado fonte irresistível de profundas mudanças e reformas em todas as áreas do conhecimento humano.

Fruto principalmente dos avanços tecnológicos nos meios de comunicação e transporte, não deixa de ter também na política um componente – autônomo ou derivado dos anteriores, segundo a orientação a que se filie – de magnitude significante.

Este fenômeno, rotulado de "globalização", não poupa de sua avassaladora influência praticamente nenhuma atividade, situação, relação ou pessoa, nos âmbitos individual, coletivo e social.

Esta influência não é intrinsecamente boa nem ruim. Muito pelo contrário, a experiência tem demonstrado que ela pode ser tanto negativa como positiva, dependendo de como são manipulados os seus efeitos, de como as Nações e, por extensão, os indivíduos que as compõe, se comportam diante da submissão, voluntária ou resistida, mas inevitável, à nova ordem, denunciada, entre outras coisas, pela ausência de fronteiras e da interação *on line* de toda a humanidade.

Fenômeno de tamanha magnitude não poderia passar desapercebido ao mundo do Direito. Muito pelo contrário, Direito e globalização, em muitos pontos, são verso e reverso de uma mesma moeda, na medida em que esta, na sua faceta social e econômica, deita raízes no mesmo substrato do qual historicamente o Direito emergiu.

O Direito Comercial, particularmente, se mostra bastante sujeito ao fenômeno da globalização, porquanto o comércio sempre foi um dos elementos de estímulo ao contato entre os povos.

Nos moldes atuais, face a complexidade e sofisticação das relações comerciais internas e externas, cada vez mais a mercancia aparece umbilicalmente unida à atividade econômica e financeira, sendo mesmo difícil divisar com precisão o espaço do Direito Comercial, do Econômico e do Financeiro.

Hoje em dia não são apenas as relações de troca que centralizam e constituem o ponto mais significativo da atividade econômica. O aperfeiçoamento do mercado financeiro e do mercado de capitais, concebidos originariamente como coadjuvantes à produção, comércio, indústria, prestação de serviços etc., subverteram

* Trabalho apresentado ao Curso de Pós-Graduação da FADUSP, 2º semestre de 1988, na disciplina Interesses Públicos e Privados na Extinção das Sociedades Mercantis em Direito Comparado II, ministrada pelo Prof. Mauro Rodrigues Penteado.

esta ordem natural de tal modo que esses mercados praticamente dominam e comandam mundialmente todas as demais atividades privadas e até mesmo estatais.

2. Acreditamos que boa parte desta revolução decorre da absurda importância que o crédito, em todas as suas formas de expressão, assumiu em todos os quadrantes, devido a interligação, em tempo real, de todos os centros detentores de poder de decisão sobre sua concessão e captação, o que implica grande facilidade de movimentação e forma de aplicação desses recursos.

Não há a menor sombra de dúvidas que o poder do crédito foi astronomicamente potencializado quer pelos avanços tecnológicos (principalmente telecomunicações e informática), quer pelas cada vez mais sofisticadas e mirabolantes operações de investimento, financiamento, e tantas mais voltadas a permitir e dinamizar cada vez mais a mobilização do crédito.

Os mercados de capitais unificados pela globalização, representado principalmente pelas bolsas de valores, têm se mostrado mundialmente um importante instrumento de mobilização e distribuição do crédito pelo planeta.

3. Todavia, o mercado de capital não pode ser só constituído por investidores. É necessário ter no que investir e é aí, justamente, que, descartada a ingerência do Estado, ou melhor, considerando apenas o âmbito da atividade privada, desponta sobranceira a importância da empresa.

Em apertadíssima síntese, podemos dizer que este contexto coloca também a "empresa" no centro das atenções da nova ordem sócio-econômica inaugurada pela globalização.

Os reflexos da globalização nas empresas, como em todos os outros setores, é o de amplificação e aceleração de tendências e resultados. Assim, tanto o sucesso como o fracasso desta, atualmente, podem, potencialmente, ser muito mais expressivos e rápidos.

Infelizmente, o que se tem acompanhado é que as empresas nacionais, que não conseguem transpor as fronteiras do País, ou seja, têm maior dificuldade para se adaptar ao mercado globalizado, vêm sendo duramente atingidas em suas perspectivas de êxito, o que reclamaria, segundo o prof. Jorge Lobo, inclusive, a inauguração de uma nova ordem jurídica, em substituição ao tradicional Direito Falimentar ou Concursal, para tratar do problema, a qual denominou "Direito da Crise Econômica da Empresa".[1]

4. Esse nosso pequeno trabalho, contudo, procura desenvolver um estudo sobre um ponto particular, relacionado com a reestruturação da empresa em geral, que pode ser reclamada tanto por situações de crise como de crescimento ou de mera mudança estratégica. Como visto anteriormente, a globalização potencializa todas essas situações razão pela qual, com muito maior freqüência do que antigamente, impõe-se a reavaliação dos conceitos e institutos inerentes à reestruturação das empresas.

Genericamente pode-se dizer que os mecanismos típicos de reestruturação de empresas são a: fusão, incorporação, cisão e transformação.[2] Elementarmente, a primeira significa a reunião de, no mínimo, duas empresa preexistentes resultando em uma terceira; a segunda, também pressupondo a existência prévia de, no mínimo, duas empresas, resultaria na absorção de uma pela outra, resultando na extinção de uma delas e, em regra, no aumento de capital da remanescente; a terceira é caracterizada pela transferência parcial do patrimônio da cindida para uma ou mais empresas preexistentes ou constituídas para este

1. *RDM* 109/64, Ed. RT, jan./mar. 98.

2. Sobre o tema: Carlos Alberto Hauer de Oliveira, in *Revista do IAP* (Instituto dos Advogados do Paraná) 26, pp. 83/125, 1996.

fim; e a quarta sendo a mera alteração do tipo social pelo qual se estrutura a empresa.

É intuitivo que qualquer dos mecanismos referidos pode trazer significantes repercussões no relacionamento entre os sócios, especialmente entre aqueles que mantém o controle da sociedade e os que estão dele alijado.

Pois bem, o problema do estabelecimento de regras sobre o relacionamento entre majoritários e minoritários não é novo, sendo talvez um dos maiores desafios do Direito Societário.

O caminho seguido por quase todas as legislações, inclusive a nossa, visando minimizar o confronto em momentos de reestruturação das empresas, foi dotar a fusão, incorporação, cisão e transformação de procedimentos legais expressos e obrigatórios para sua implementação.

5. Esses procedimentos se por um lado são impostos aos majoritários como garantia dos direitos dos minoritários (e não só a eles, mas também contemplando os credores e terceiros interessados), por outro lado não podem ser de tal ordem complexos e absolutos ao ponto de inviabilizar a reestruturação, colocando a empresa em situação de impasse insolúvel.

O não cumprimento do procedimento, se não sanável, poderá ser causa de nulidade, anulabilidade ou ineficácia do ato de reestruturação, consoante o grau de relevância e natureza da disposição procedimental violada.

Paralelamente à observância estrita do procedimento, também é de suma importância o regramento daquelas situações em que o minoritário simplesmente não concorda com a deliberação da maioria, deferindo-lhe ou não, de forma ampla ou restrita, o direito de recesso.

Pode-se dizer que estas variáveis se relacionam da seguinte forma: quanto mais rigoroso e complexo o procedimento de reestruturação e mais amplo e ilimitado o direito de recesso, mais se privilegia os minoritários.

Todavia, o que alguns têm sustentado é que a proteção e a concessão de poderes aos minoritários é incompatível com a realidade imposta pela globalização. Esta é, claramente, a linha adotada pela reforma à Lei 6.404/76, implementada pela Lei 9.457/97, além do casuísmo relacionado com o processo de privatização das empresa estatais.

Na verdade, cada vez mais o minoritário nas sociedades anônimas vem perdendo a característica de sócio, para assumir o papel de mero investidores de capital.

6. Situação bastante análoga à dos acionistas minoritários é a que se submetem os acionistas preferenciais pois se os primeiros não podem se opor à manobra reestruturadora por não disporem de votos suficientes, estes, em regra, sequer direito de voto têm. Porém, por vias transversas, existe a possibilidade de os preferencialistas virem a desempenhar um fundamental papel nos processos de fusão, incorporação ou cisão, como adiante se verá. Antes, contudo, algumas palavras merecem ser ditas a respeito das ações preferenciais.

Há não muito tempo, juristas de nomeada, do porte de Modesto Carvalhosa e Fernando Albino, chegaram a propugnar a extinção pura e simples dessa modalidade de ação, taxando-as de ações de segunda classe.[3]

Na verdade conquanto muitas das críticas que se lhe possam fazer sejam procedentes, ainda assim seriam insuficientes para autorizar solução tão drástica.

O tempo tem demonstrado a utilidade desse instrumento, ainda que como mera forma de captação de recursos financeiros.

3. Nota de rodapé 5, incluída por Priscila M. P. Corrêa da Fonseca, em trabalho publicado na *Revista do Advogado* 52, fev. 98, Associação dos Advogados de São Paulo, p. 40.

A própria reforma da Lei das S/A cuidou de referendar a importância das ações preferências, atribuindo-lhes, ainda que de forma tímida, certa vantagem pecuniária, consubstanciada pelo dividendo no mínimo 10% superior ao das ações ordinárias, salvo condição mais favorável.

Para coibir abusos, conta-se, também, com a importante regra do § 2º do art. 15, da Lei das S/A, que limita a emissão dessa classe de ação a 2/3 do total das ações emitidas.

Em resumo, tem-se que a permanência em nosso sistema normativo das ações preferenciais se afina com muita propriedade com a inafastável distinção conceitual entres os sócios efetivamente envolvidos com a vida da empresa e aqueles sócios meramente investidores.

7. Cumpre agora investigar qual o grau de ingerência que os acionistas preferencias podem exercer no procedimento de reestruturação da empresa.

Nas sociedades anônimas, os principais atos e eventos que integram os procedimentos de fusão, incorporação e cisão, são as assembléias, o protocolo, a justificação e avaliações.

De várias formas pode se concatenar esses atos, chegando mesmo alguns a admitir situações em que se poderia pensar em ato único, o que na verdade é um equívoco, pois, quando muito, poderia se falar em atos simultâneos pois sempre teria natureza complexa, mas isto, além de muitíssimo raro, não produziria conseqüências muito relevantes.

8. Efetivamente, o primeiro ato concreto no sentido da realização de qualquer das modalidades de reestruturação em comento é o protocolo. Viva é a controvérsia acerca da natureza jurídica desse ato. Parece-nos mais coerente o entendimento no sentido de que se trata de um contrato condicionado à posterior deliberação assemblear, ou seja, sujeito a uma condição suspensiva.[4]

9. Ao após segue-se a justificação, cujo escopo principal, s.m.j., é do persuadir a assembléia a votar favoravelmente à reorganização societária proposta no protocolo, aclarando os objetivos perseguidos e por ela almejados, bem como antecipar critérios de tratamento dos preferencialistas e dos dissidentes.

10. Por fim, tem-se a assembléia ou as assembléias de acionistas. Normalmente há uma primeira assembléia onde se discute e se aprova – ou se rejeita – exclusivamente o protocolo e, ato contínuo, o modo e meios com que se realizarão os trabalhos contábeis e de avaliação. O ponto culminante do procedimento de reorganização é representado pela assembléia-geral extraordinária que, aprovando o trabalho de avaliação dos patrimônios, sacramenta definitivamente a operação, inaugurando a nova forma estrutural da empresa ou grupo. Cabe ressaltar que, no caso, qualquer das assembléias estará sujeita ao *quorum* qualificado a que alude o art. 136 da Lei das S/A.

11. Note-se que, até aqui, o procedimento descrito pouco ou quase nada envolveu a figura dos acionistas preferencias, dando a entender que tudo possa se passar ao seu arrepio, colocando-os em uma situação mais marginal que a própria minoria dos acionistas ordinários, como meros espectadores sem ao menos ter o direito de votar vencido.

Todavia, essa passividade e indiferença do procedimento de reestruturação em relação aos preferencialista é apenas aparente.

12. Com efeito, paralelamente à fixação do *quorum* qualificado para deliberação sobre várias matérias de suma importância,

4. Cf. Carlos Alberto Hauer de Oliveira, ob. cit., p. 93.

entre elas a fusão cisão e incorporação, o art. 136 da Lei das S/A, em seu § 1º, introduziu mais um requisito formal à validade das deliberações sobre as matérias relacionadas nos seus incs. I e II, que dispõe sobre:

"I – criação de ações preferenciais ou aumento de classes existentes, sem guardar proporção com as demais espécies e classes, salvo se já previsto ou autorizado pelo estatuto;

"II – alteração nas preferências, vantagens e condições de resgate ou amortização de uma ou mais classes de ações preferenciais, ou criação de nova classe mais favorecida."

Ora, diante do espectro de abrangência dos referidos incisos, dificilmente a fusão, incorporação ou cisão, que envolva uma sociedade anônima com ações preferenciais, prescindirá da realização da assembléia especial dos preferencialistas.

13. Não se ignora que a substituição da expressão "ações preferenciais interessadas" por "ações preferenciais prejudicadas", levada a efeito pela Lei 9.457/97, restringiu um pouco o poder de influência dos preferencialista mas, mesmo assim, como a expressão "prejudicada" comporta larga margem interpretativa e é carregada de subjetivismo, pode-se afirmar que, na prática, esta alteração apenas reforçou o ônus da parte interessada em fazer a prova da lesividade da deliberação da assembléia-geral extraordinária.

Chama-se ainda a atenção para o importante papel que a assembléia especial cumpre como instrumento de atenuação de tensões entre majoritários e minoritários, ou melhor, entre os acionistas controladores e os acionistas investidores, muito bem definido por Modesto Carvalhosa, nos seguintes termos:

"Daí terem encontrado os juristas uma fórmula que conciliou, na espécie, os aspectos contratuais e institucionais, qual seja, a da assembléia especial que combina a exigência de tutela do acionista privilegiado com a liberdade de movimentos da sociedade.

"A assembléia, portanto, concebe a coletividade de acionistas preferenciais como uma comunhão no seio da qual também deve prevalecer o regime de deliberação majoritária. Atenua-se, dessa maneira, a eventual prepotência individual dos seus componentes. A manifestação da vontade da comunhão pela maioria dos seus membros constitui a solução adotada por todas as legislações, seja por meio da assembléia especial, seja pela deliberação em separado, na própria assembléia-geral."[5]

Assim, a regra insculpida no art. 136, § 1º, da Lei das S/A, dá aos preferencialistas um inusitado poder de influir nas manobras de reestruturação das empresas mediante fusão, incorporação e cisão, uma vez que, na maior parte dos casos, estes mecanismos de reestruturação implicam deliberações acerca das matérias constantes dos incs. I e II do mesmo artigo.

14. Mais ainda, este direito sequer é removível pela via indireta do recesso, pois os preferencialista tem o poder de, no particular, impor a sua decisão soberana à maioria, pois que não se confundem nem se submetem uma a outra (as assembléias-geral extraordinária relativamente à especial dos preferencialistas).

Pouco importa que as ações preferenciais representem 10% do capital social e que destas apenas a metade mais uma rejeitaram a proposta de alteração de qualquer das matérias relacionadas nos incs. I e II do art. 136, da Lei das S/A, remetida pela maioria unânime, constituída pelos 90% remanescentes.

A aprovação pela assembléia especial constitui condição de eficácia e validade da deliberação da AGE sobre as matérias dos incs. I e II *retro* e, num projeto de reorga-

5. *Comentários à Lei de Sociedade Anônimas*, v. 2, p. 722.

nização de empresa, no mais das vezes, a deliberação sobre a referida matéria é pressuposto indissociável da implementação da fusão, incorporação ou cisão. Logo, sem o consenso dos preferencialistas fica obstado o ato de concentração ou desconcentração da empresa.

Cabe ainda salientar que o prazo ânuo fixado no § 1º, do art. 136, da Lei das S/A, é de decadência e, ao contrário do que a primeira vista possa parecer, corre contra os controladores, na medida em que a eles é atribuído o ônus de convocar a assembléia dos preferencialista e esta suspende a eficácia, no particular, da AGE, se esta lhe foi anterior.

15. As peculiaridades provocadas pela assembléia especial dos preferencialista também produz efeitos práticos no que concerne ao exercício do direito de recesso pelos dissidentes da deliberação.

Primeiramente, destaca-se que a dissidência dos preferencialistas, nas hipóteses dos incs. I e II do art. 136, da Lei das S/A, sempre deverá ser aferida, quanto ao resultado da votação, tomando-se como referência a deliberação da assembléia especial.

Diante disto, no que tange ao prazo para o exercício do recesso, duas seqüências podem ser observadas, dependendo do momento em que a assembléia dos preferencialista é instalada, se antes ou após a AGE correspondente. A Lei das S/A não distinguiu as duas situações, prescrevendo, no que tange ao prazo para manifestação da intenção de se retirar, sempre a contagem do trintídio a partir da publicação da ata da assembléia dos preferencialista.

Na hipótese mais comum, ou seja, naquela em que a assembléia dos preferencialista tem por objetivo a ratificação da AGE, não se vislumbra a existência de maiores problemas no regime legal adotado.

A situação do preferencialista dissidente fica um pouco estranha quando a assembléia deste se realiza previamente à AGE pois aí, seguindo ao pé da letra a disposição do art. 137, inc. IV, a contagem do prazo para o exercício do direito de recesso prescindiria da realização da AGE, o que nos parece um contra-senso pois o dissidente estaria se voltando contra uma deliberação ainda não eficaz, uma vez que a eventual implementação na mudança no regime das preferências, somente se tornará efetiva, no caso, após a deliberação pela AGE.

Assim, tendo em vista que as duas assembléias sempre dependerão uma da outra, nos parece mais razoável que o prazo para o exercício do direito de recesso fosse contado sempre da publicação da ata da assembléia que ocorresse por último, quando efetivamente a deliberação sobre as matérias relacionadas nos incs. I e II do art. 136 da Lei das S/A se reputa definitivamente aperfeiçoada.

16. Em conclusão, destaca-se o importante papel desempenhado pelo mecanismo da assembléia especial, diferenciada pela natureza dos acionista que a integram.

Trata-se, sem dúvida, de um importante mecanismo para "democratizar" o relacionamento entre os titulares de variados tipos de interesse que gravitam em torno da empresa, que implica, sinteticamente, em um mínimo de cerceamento da atividade e iniciativa do controlador, sem expor o acionista investidor (preferencialista) em demasia, atribuindo-lhe grande poder, ainda que relativamente a matéria bastante restrita.

A criação de outros "centros" de deliberação que tem composição e matéria de atribuição rigidamente especificados e fora da administração rotineira da empresa, pode se constituir em importante elemento de transparência e garantias recíprocas entre as várias classes e modelos de acionistas, como reclamado pelo atual mercado de capitais globalizado.

Saliente-se que, nestas situações, o poder atribuído às deliberações desses órgãos e especiais vai muito além do mero, pleno e efetivo exercício do direito de recesso, na medida em que a maioria dos preferencialistas pode impor a sua vontade, mesmo que no cômputo geral da composição do capital social da empresa eles constituam minoria, posto que a lei defere à deliberação por eles tomada o *status* no que diz respeito a afetação dos seus interesses específicos, de condição de eficácia da correspondente deliberação da AGE.

Bibliografia

BULGARELLI, Waldirio, *Fusões, Incorporações e Cisões de Sociedades*, 2ª ed., São Paulo, Atlas, 1996.

________. *Regime Jurídico da Proteção às Minorias nas S/A*, Rio de Janeiro, Renovar, 1998.

CARVALHOSA, Modesto, *Comentários à Lei de Sociedade Anônimas*, vs. 2 e 4, t. I, São Paulo, Saraiva, 1998.

FONSECA, Priscila M. P. Corrêa da, "Alterações relativas às ações preferenciais", in *Revista do Advogado* 52/39, Associação dos Advogados de São Paulo, fev. 98.

LOBO, Jorge, "Direito da crise econômica da empresa", in *RDM* 109/64, São Paulo, Malheiros Editores, jan./mar. 98.

OLIVEIRA, Carlos Alberto Hauer, "Reorganização societária", in *Revista do Instituto dos Advogados do Paraná* 26/83, 1996.

Espaço Discente

ESTACIONAMENTOS EM "SHOPPING CENTERS" (UMA ANÁLISE DA EVOLUÇÃO JURISPRUDENCIAL)

SANDRA DE MEDEIROS NERY

I – Introdução. II – A importância, no mundo moderno, dos estacionamentos oferecidos pelos estabelecimentos comerciais. III – O "shopping center". IV – Classificação dos estacionamentos. V – Natureza do estacionamento: cortesia ou serviço? VI – Responsabilidade do "shopping center" por eventos ocorridos no estacionamento. VII – Conclusão. VIII – Bibliografia. IX – Apêndice.

I – Introdução

A. Justificativa

A ocorrência de eventos relacionados ao estacionamento de veículos em *shopping centers* e outros estabelecimentos comerciais que oferecem locais para esse fim, tais como supermercados e bancos, tem dado ensejo, desde a década de 80, a inúmeras ações judiciais interpostas, principalmente, por proprietários de veículos que se julgaram lesados em seus direitos.

Em razão das controvérsias existentes, em especial, quanto à natureza jurídica dos estacionamentos colocados à disposição dos clientes pelos estabelecimentos comerciais sem que houvesse um pagamento imediato (os denominados estacionamentos gratuitos), a jurisprudência a respeito do assunto nem sempre foi uniforme, mas foi objeto de uma evolução.

Uma vez que, em regra, a jurisprudência tem avaliado a questão sob a ótica do Direito Civil comum, é oportuno fazer uma análise da evolução das decisões, procurando verificar se é possível aplicar aos estacionamentos oferecidos pelos *shopping centers* as regras dispostas pela Lei 8.078/90 – Código de Defesa do Consumidor.

B. Proposta de desenvolvimento

Inicialmente, será feito um comentário sobre a importância dos estacionamentos oferecidos pelos estabelecimentos comerciais no mundo moderno, bem como, será introduzida a noção de *shopping center*.

Entrando na questão específica dos estacionamentos, serão abordadas as características que estes últimos podem apresentar e a questão do estacionamento gratuito ser uma cortesia ou um serviço. Cumpre ressaltar que os problemas relacionados a eventos ocorridos em estacionamentos de *shopping centers* são semelhantes àqueles que há muito vinham ocorrendo em estacionamentos de supermercados e bancos e, assim, a jurisprudência relacionada a estas duas últimas espécies de estabelecimentos comerciais também será objeto de análise.

A responsabilidade do *shopping center* por eventos ocorridos nos estacionamentos será analisada à luz do Direito Civil comum e do Código de Defesa do Consumidor, seguindo-se a Conclusão e a Bibliografia.

No Apêndice, encontram-se a jurisprudência consultada e a lista das abreviaturas utilizadas.

II – A importância, no mundo moderno, dos estacionamentos oferecidos pelos estabelecimentos comerciais

Nos anos 80, o adensamento urbano nas cidades brasileiras cresceu de maneira vertiginosa. Não só a população urbana aumentou, como também, cresceram todos os problemas vinculados à urbanização, dentre os quais aqueles relacionados à circulação de grande massa de pessoas, refletidos na diminuição da segurança e nos problemas ligados ao tráfego de veículos.

O aumento populacional nas áreas urbanas, em geral desacompanhado de um sistema eficiente de transporte coletivo, fez com que, a cada dia, mais pessoas utilizassem o automóvel particular como meio de transporte que, assim, com a promessa de trazer comodidade, tornou-se o grande sonho de consumo dos brasileiros. Em conseqüência, as ruas tornaram-se pequenas para tantos carros, surgiram cada vez mais restrições aos estacionamentos nas ruas e o “sonho de consumo dos brasileiros” tornou-se objeto de danos, furtos e roubos freqüentes.

Historicamente, os estabelecimentos bancários sempre estiveram localizados em regiões com alto índice de concentração comercial, as quais foram as primeiras a sentir os efeitos do aumento do tráfego urbano e das restrições ao estacionamento de veículos nas ruas. Assim, para viabilizar a atividade de suas agências, os bancos passaram a reservar espaços para o estacionamento de veículos de seus clientes, colocando em desvantagem os concorrentes que não ofereciam tais espaços. O espaço para estacionamento tornou-se, portanto, fator de atração da clientela.

Para fazer face às necessidades de consumo de uma população sempre crescente, grandes supermercados começaram a se instalar no país e, assim como em outras partes do mundo, buscaram grandes terrenos, mais baratos, fora das regiões centrais, para os quais o único meio de acesso, praticamente, era o automóvel. Dessa forma, cada grande supermercado reservava uma grande área para que seus clientes pudessem estacionar seus veículos. Se não existissem tais áreas, os empreendimentos tornar-se-iam inviáveis, visto que sua viabilidade dependia de grande massa de consumidores. Se estes últimos não pudessem estacionar seus veículos num espaço adequado, caso se dispusessem a freqüentar tais centros comerciais, correriam o risco de andar quilômetros entre o local, em via pública, em que o veículo seria deixado, e o supermercado, dada a imensa fila de carros estacionados que se formaria nas ruas próximas ao estabelecimento, o que, provavelmente, causaria, também, grandes congestionamentos.

Dessa forma, conclui-se que a disponibilidade de um local para estacionar veículos é menos uma comodidade para o usuário do que um importante fator de atração de clientes para os estabelecimentos comerciais. Pode-se mesmo dizer que, em determinados casos, a disponibilização de vagas de estacionamento para o público é essencial à atividade empresarial, como, p. ex., à atividade dos *shopping centers*, como será visto a seguir.

III – O “shopping center”

Segundo relata Washington de Barros Monteiro, citando a *Grande Enciclopédia do Instituto Geográfico*, de Agostini de

Novara, "o *shopping center* efetivamente apareceu na década de 50, mais exatamente no ano de 1952, nos Estados Unidos".[1] Também denominado *mall* ou *shopping mall*[2] caracteriza-se por ser uma "sofisticação extremada da forma de consumir e espalhou-se pelo mundo todo com uma aceitação nunca antes vista, especialmente no Brasil",[3] onde a instalação do primeiro *shopping center* ocorreu em 1966, em São Paulo.

Para Alfredo Buzaid, "um *shopping center* é uma cidade em miniatura, nasce planejada". Seu aspecto exterior é de um "edifício, dividido em numerosas lojas com cinemas, armazéns, restaurantes e áreas de lazer, cedidas a comerciantes de atividades diversificadas (...) que expõem à venda tudo ou quase tudo que uma pessoa possa necessitar a fim de satisfazer às suas necessidades, comprando e levando em seu automóvel, que estaciona em lugar próprio, todas as mercadorias adquiridas. (...) A variada disposição do *shopping center* estimula a economia de consumo, porque dentro dessa cidade em miniatura tudo se pode comprar sem esforço e sem sacrifício, sem pressa e sem longas locomoções. As lanchonetes, os restaurantes e os cinemas são um convite para permanecer no *shopping center* por largo tempo, conciliando as necessidades individuais com o lazer (...)".[4]

Todavia, a simples concentração de estabelecimentos comerciais não caracteriza um *shopping center*, que diferencia-se de uma galeria de lojas, "sobretudo, por sua sistemática ou ordenamento, com um complexo de relações internas entre o incorporador ou incorporadores do empreendimento e os lojistas e prestadores de serviços, de índole eminentemente obrigacional, inclusive entre os próprios lojistas e prestadores de serviços, ligados entre si por uma espécie de solidariedade e congregados muitas vezes numa entidade associativa para a defesa de seus interesses".[5] Em razão do escopo do presente trabalho, não cabe, aqui, analisar com mais profundidade essas relações jurídicas entre o incorporador e o lojista.

O crescimento urbano e os problemas dele decorrentes, relacionados à segurança e à circulação das pessoas, deram origem, nos anos 80, ao início da "febre" brasileira dos *shopping centers*, que tem continuado até o fim do século 20. Rubens Requião anota que os referidos centros comerciais "impõem-se como uma excelente solução para o *marketing*, tendo em vista o adensamento populacional, para o incômodo problema da urbanização e do conseqüente congestionamento do tráfego. (...) A rede viária deve ser considerada, para afastar o desconforto e angústia do tráfego congestionado, oferecendo um local amplo para comportar um estacionamento de automóveis, uma das condições essenciais para o sucesso do empreendimento".[6]

Para incrementar seus negócios, por vezes estagnados pelos problemas já mencionados, restou aos comerciantes participar de tais "cidades", que lhes fornecem, assim como a seus fregueses, uma infra-estrutura de circulação funcional de pessoas, distribuição racional de lojas, organização, limpeza e segurança, reguladas por "princípios, que são dispostos em regimento interno e aceitos previamente por todos os titulares de unidades que operam dentro do conjunto".[7]

1. "*Shopping centers*", *RT* 580/9.

2. Cf. Password: *English Dicitionary for Speakers of Portuguese*.

3. Ana Lúcia da Silva Cardoso Arrochela Lobo, "Ação civil pública – Vício – Segurança – Produto/Serviço – Vazamento de gás", *RDC* 21/203.

4. "Estudo sobre *shopping centers*", *Shopping centers – Questões Jurídicas* (Doutrina e Jurisprudência), pp. 7 a 9.

5. "*Shopping centers*", *RT* 580/10.

6. "Considerações jurídicas sobre os centros comerciais (*shopping centers*) no Brasil", *RT* 571/11-12.

7. "Estudo sobre *shopping centers*", *Shopping centers – Questões Jurídicas* (Doutrina e Jurisprudência), p. 7.

Da mesma forma que os grandes supermercados, tais empreendimentos seriam inviáveis se não dispusessem de amplas áreas reservadas de estacionamento. Yussef Sahid Cahali bem coloca que "o êxito dos *shopping centers* tem sido explicado, não só pela concentração de opções de compra e pela abrigada situação das vias de acesso às lojas, como também, pela existência de amplos espaços reservados ao estacionamento de veículos. (...) A existência de estacionamento participa da própria definição conceitual e empresarial do empreendimento".[8]

A figura do estacionamento como sendo parte do conceito de *shopping center* também consta da definição dada pela *Grande Enciclopédia Cultural Larousse*, citada por Washington de Barros Monteiro: o *shopping center* é um "conjunto de lojas varejistas, concebido, realizado, possuído e administrado como uma só entidade, em geral, longe das aglomerações, oferecendo facilidades para estacionamento de automóveis e adaptado à região que serve, pela situação, pelas dimensões e pelos tipos de lojas de que se compõem".[9]

Paula Castello Miguel[10] relata que um ponto comum na escolha do local de qualquer *shopping center* é a possibilidade de oferecer aos seus freqüentadores um grande estacionamento, visto que este último é fator preponderante de atração do público. Ela ressalta que a Associação Brasileira de *Shopping Centers* (ABRASCE), que representa o Brasil na associação *International Council of Shopping Center*, e que, desde 1976, visa ao desenvolvimento do setor, destaca a importância do estacionamento como parte dos requisitos necessários para a caracterização do empreendimento, conforme estabelece o art. 4º de seu estatuto, a seguir transcrito:

"Art. 4º. Para os efeitos deste Estatuto, define-se *shopping center* como um centro comercial planejado, sob administração única e centralizada, e que: I – seja composto de lojas destinadas à exploração de ramos diversificados ou especializados de comércio e prestação de serviços, e que permanece, em sua maior parte, objeto da locação; II – estejam os locatários sujeitos às normas contratuais padronizadas, visando à manutenção do equilíbrio de oferta e da funcionalidade, para assegurar, como objetivo básico, a convivência integrada; III – varie o preço da locação, ao menos em parte, de acordo com o faturamento dos locatários; IV – ofereça a seus usuários estacionamento permanente e tecnicamente bastante."

Observa-se, assim, que é praticamente impossível conceber um *shopping center* que não coloque à disposição de seus clientes um local para o estacionamento de veículos.

IV – Classificação dos estacionamentos

Maria Clara Osuna Diaz Falavigna classifica os estacionamentos em *abertos* ou *fechados* e em *onerosos* ou *gratuitos*.[11]

Estacionamentos *abertos* são aqueles em que não existem barreiras físicas para a entrada e saída de veículos, os quais, muitas vezes não apresentam nenhuma proteção, tais como muros, grades ou guaritas para vigias. São *fechados* os estacionamentos que possuem barreiras, com portaria que controle a entrada e a saída de veículos, nos quais costuma-se entregar ao motorista um comprovante na entrada para ser devolvido na saída.

A utilização de um estacionamento pode ser efetuada mediante o desembolso

8. "Furto de veículos em estacionamento de *shopping center*", *Shopping centers – Questões Jurídicas* (Doutrina e Jurisprudência), p. 242.

9. "*Shopping centers*", *RT* 580/9.

10. "Contratos de *shopping center*", *RDM* 107/137-182, Nova Série.

11. *Da Repercussão do Dano em Decorrência do Estacionamento de Veículos*, pp. 35-36.

imediato e direto em contraprestação ao serviço prestado. Quando se utiliza esta modalidade, o estacionamento usualmente é tido como *oneroso* ou *pago*. O estacionamento pode, também, ser colocado à disposição dos clientes sem que haja uma cobrança imediata pelo uso do espaço, ao que se denomina *estacionamento gratuito*.

Em geral, por sua natureza, os estacionamentos pelos quais os clientes pagam uma remuneração direta pelo uso, também possuem controle de entrada e de saída de cada veículo usuário, mediante a entrega de comprovantes, mesmo porque, segundo relata Maria Clara Osuna Diaz Falavigna, "o seguro de responsabilidade civil, contratado para a guarda de veículos de terceiros, de maneira indireta faz a exigência do controle", pois suas cláusulas estabelecem que a cobertura de furto depende de registro por escrito da entrada e saída de veículos, com sua identificação e horário de permanência.[12] Pode-se dizer, portanto, que os estacionamentos onerosos são, também, fechados.

Por outro lado, nos chamados estacionamentos gratuitos, pode ou não haver um controle individualizado dos veículos.

Inicialmente, os locais para estacionamento fornecidos pelos bancos, supermercados e *shopping centers* eram, em quase sua totalidade, colocados à disposição de seus clientes, sem que houvesse nenhum pagamento imediato e sem um controle individualizado da entrada e da saída dos veículos, ou seja, em regra, os estacionamentos eram gratuitos e abertos. Conforme menciona Ricardo Pereira Lira,[13] nesses locais prevalecem as seguintes características:

a) inexistência de um sistema de controle individualizado de entrada e saída dos veículos;

b) o usuário permanece durante todo o tempo com as chaves do veículo, em nenhum momento entregando-as a preposto do *shopping*;

c) inexistência de qualquer promessa de segurança ou incolumidade dos veículos, por meio de publicidade através de placas ou avisos;

d) presença de prepostos do *shopping* na área de entrada e saída de veículos, que antecede a área de estacionamento, bem como, orientando o tráfego e indicando os locais onde ainda existam vagas;

e) o usuário estaciona livremente no local onde lhe aprouver, podendo alterar esse local sem a necessidade de avisar prepostos do *shopping*; e

f) é possível o acesso indiscriminado de qualquer pessoa, motorizada ou não.

Existe, também, a modalidade de estacionamento gratuito e fechado, que apresenta as características relacionadas nos itens "b", "d" e "e", acima, porém, com controle de entrada e de saída.

Vale dizer que, desde 1991, em função da Lei Municipal 10.927, de 8 de janeiro daquele ano, os supermercados e centros comerciais da cidade de São Paulo, que coloquem à disposição de seus clientes mais de 50 vagas para estacionamento, devem providenciar seguro contra furto e roubo dos veículos que utilizem os referidos locais. Assim, atualmente, no Município de São Paulo predominam os estacionamentos fechados, sejam eles gratuitos ou não.[14]

12. Na p. 36 de sua tese de mestrado, Maria Clara Osugna Diaz Falavigna relata que o prof. Rubens Limongi França, ao apresentar as normas gerais para o contrato de seguro de veículos em estacionamentos, escreveu, em seu *Manual de Direito Civil*, que "nos estabelecimentos em que não houver registro por escrito de entrada e saída de veículos com sua identificação e horário de permanência, a cobertura de furto só prevalecerá nos casos em que ficar comprovada a destruição ou rompimento de obstáculo à subtração do veículo".

13. "Os *shopping centers* e alguns aspectos da responsabilidade civil", *Shopping centers – Questões Jurídicas* (Doutrina e Jurisprudência), p. 205.

14. A Lei 2.050, de 30.12.92, do Estado do Rio de Janeiro, veda a cobrança ao usuário de estaciona-

V – Natureza do estacionamento: cortesia ou serviço?

Um estacionamento que somente pode ser utilizado mediante remuneração não pode ser considerado como cortesia. Existe um contrato entre o cliente e o administrador do estacionamento, segundo o qual o primeiro compromete-se a pagar pela estadia e o último compromete-se a garantir que o veículo não sofra danos.

No tocante aos estacionamentos gratuitos, a questão entre ser o estacionamento proporcionado ao cliente de uma empresa comercial uma mera cortesia ou um serviço prestado gerou muitas discussões, doutrinárias e jurisprudenciais, a seguir resumidas.

Ricardo Pereira Lira[15] entende que "nos *shoppings*, em cujo estacionamento exista sistema de controle de acesso e saída, mediante *tickets*, com remuneração pelo parqueamento, existindo essas características isolada ou cumulativamente, haverá desenganadamente uma relação contratual inominada, que não chega sequer a consubstanciar um depósito tácito, por isso que não há a entrega efetiva do veículo por parte do motorista à outra parte, mas se cria contratualmente um vínculo do qual surge para o *shopping* um dever de vigilância". Todavia, entende ele que, no tocante aos estacionamentos sem controle de entrada e saída dos veículos mediante *tickets*, o aumento potencial da clientela em razão do estacionamento "não desnatura a índole de liberalidade do brinde", caracterizando o estacionamento reservado pelo *shopping centers* aos seus clientes como uma cortesia ou liberalidade.

Em 1989, no seminário *Shopping centers – Questões Jurídicas*, Carlos Alberto Menezes expôs seu entendimento de que "o estacionamento no *shopping center* não é uma gentileza. Ele existe como parte essencial do negócio, gerando para o cliente uma verdadeira expectativa de guarda, isto é, a certeza de que é melhor freqüentar o *shopping center* para compra ou lazer, pela segurança e facilidades oferecidas, dentre as quais está o estacionamento. (...) A visibilidade do estacionamento, como integrante do *shopping center*, impõe a este o dever de custódia, independentemente das circunstâncias específicas de ser pago, ou não, de ter controle de entrada e saída, ou de ter suficiente proteção, ou não".[16]

No referido artigo, Carlos Alberto Menezes concorda com a posição da 7ª Câmara Cível do TJRJ, na decisão da ap. cível 40.300, no sentido de que "se a ré se descuida e não mantém guardas suficientes no dito estacionamento, o problema é dela, não do cliente. Se oferece o estacionamento como meio de atrair a clientela, cabe-lhe o dever de assegurar garantia de quaisquer danos aos veículos, inclusive furto".

A análise da evolução jurisprudencial mostra que, inicialmente, os juízes entendiam que os estacionamentos colocados à disposição pelos centros comerciais sem pagamento direto constituíam mera cortesia. Em 20.10.87, a 2ª Turma do STF, por votação unânime, julgou o RE 114.671-RJ, entendendo que a tese de que o estacionamento é pago indiretamente pelas compras feitas pelos clientes "não tem, *data venia*, substância para configurar a culpa do estabelecimento pelo furto do automóvel, em ordem a responsabilizá-lo pelo prejuízo sofrido pelo cliente. É que não há, na espécie, *vigilância presumida*, desde que o que

mento em áreas privadas, tais como, *shopping centers*. Foi proposta ação argüindo sua inconstitucionalidade, perante o STF. Em 25.6.97, o Pretório Excelso concedeu liminar, suspendendo a eficácia da referida lei. Dessa forma, é pacífica a possibilidade de os *shopping centers* cobrarem dos usuários o uso do estacionamento colocado à disposição.

15. "Os *shopping centers* e alguns aspectos da responsabilidade civil", *Shopping centers – Questões Jurídicas* (Doutrina e Jurisprudência), pp. 203-218.

16. "Anotações sobre a responsabilidade civil por furto de automóveis em *shopping centers*", *RT* 651/238-239.

é oferecido aos clientes é apenas o espaço para que estacionem seus carros".[17]

No mesmo sentido, a 2ª Câmara Cível do TJRJ, ao julgar a ap. cível 36.788,[18] que dizia respeito ao furto de um veículo no estacionamento de um *shopping center* carioca, entendeu que "(...) o freguês usa o estacionamento como comodidade sua. De graça. Ele não faz entrega do veículo ao responsável pelo estacionamento. Então, se ocorre furto, não pode ele, responsável pelo estacionamento, ser responsabilizado, pois não terá havido negligência ou omissão a ser-lhe imputada. Não se formou entre as partes nenhum contrato (...)".

O referido acórdão corroborou, também, a tese constante do acórdão proferido anteriormente pelo TJRJ na ap. cível 30.079, de que "o estacionamento, cuja utilização independe, como é notório, de prévio consentimento da direção da loja, funciona, para dito fim, como prolongamento da via pública".

Todavia, aos poucos, a jurisprudência consolidou-se no sentido de considerar o estacionamento, ainda que gratuito, não uma cortesia, mas um atrativo de clientes e, portanto, um serviço prestado. Dentre diversos acórdãos neste sentido, pode-se citar, a título de exemplo, o julgamento, em 19.2.92, proferido por maioria, pela 3ª Turma do STJ sobre o REsp 5.886-SP,[19] relativo ao furto de veículo de um estacionamento de *shopping center*, que conclui:

"Não é bem como uma mera cortesia propiciada a seus fregueses que os estabelecimentos comerciais reservam área adjacente para o estacionamento de automóveis.

"Mais que isso, a comodidade é estabelecida como atrativo para a afluência de consumidores, servindo para facilitar a aproximação e a guarda de veículos. No próprio interesse do comércio empreendido, assim, que se incrementa pelo estímulo do conforto oferecido ao público, onde se faz marcante a importância do automóvel como meio de transporte individual.

"Nesse quadro, o estacionamento de veículos consiste em serviço a mais, com vantagem ministrada pela casa ou núcleo comercial, para sobrepor-se aos demais, na concorrência pela conquista da preferência dos consumidores. E o próprio êxito dos *shopping centers* tem sido explicado não só pela concentração de opções de compra e pela abrigada situação das vias de acesso às lojas, mas também pela existência de amplos espaços de guarda de veículos para uso do público.

"Se, assim, o estacionamento consiste em um serviço prestado no interesse do próprio incremento do comércio, disso decorre, para a empresa que o mantém, o dever jurídico de vigilância e guarda dos veículos ali conservados. Com a correlata responsabilidade pela reparação, em caso de furto, quando menos em atenção ao princípio que se define pela atribuição dos sacrifícios a quem recolhe os benefícios de uma determinada atividade ou empreendimento.

"Pouco importa que o pátio seja franqueado ao acesso de veículos, sem controle de entrada ou saída, pois o seu espaço, de todo o modo, é um prolongamento do estabelecimento comercial, não uma via pública. Sendo indiferente, por igual, a existência de avisos indicativos da disposição de não assumir a responsabilidade por furtos ocorridos no período de estacionamento, afixados pela empresa comercial, que isso é absolutamente irrelevante para escusá-la, como prestadora do serviço, do dever de preservar o veículo no local, até ser retomado por seu dono."

Nota-se, assim, que, inversamente ao entendimento do TJRJ, expresso no acórdão da ap. cível 36.788, de que o estacionamento gratuito seria um prolongamento da via pública, o STJ concluiu que, independentemente de controle de entrada ou

17. V. item 1.1 do Apêndice.

18. *Shopping centers – Questões Jurídicas* (Doutrina e Jurisprudência), pp. 419-422; v. item 6.1 do Apêndice.

19. V. item 2.2 do Apêndice.

saída, o espaço franqueado ao estacionamento de veículos de clientes é um prolongamento do estabelecimento comercial.

Em acórdão de 12.6.85, a 8ª Câmara do TJSP entendeu que "o fato de ser gratuito o estacionamento de automóveis em *shopping centers* não significa que não se esteja obtendo lucro com este, não se eximindo a administradora e a locatária da área arrendada ao estacionamento indenização devida pela subtração do veículo."[20]

Em 2.11.88, a 7ª Câmara do TJSP, em ação envolvendo estacionamento gratuito oferecido por *shopping center*, concluiu que "é certo que a retribuição pelos serviços está devidamente incluída no preço de custo das mercadorias".[21]

Assim, tendo em vista que o *shopping center* caracteriza-se por ser um centro de consumo e prestação de serviços que tem o estacionamento como um dos requisitos para a caracterização do empreendimento, não se pode considerar como mera cortesia o fato de o centro comercial colocar à disposição dos usuários uma área reservada para o estacionamento de veículos. Dessa forma, a jurisprudência caminhou no sentido de que os estacionamentos colocados à disposição do público, pelos *shopping centers*, são sempre onerosos, seja porque o preço está embutido no custo das mercadorias, seja porque o empreendedor obtém lucro advindo do aumento da clientela.

Tal entendimento, como será visto a seguir, é muito importante para caracterizar a responsabilidade do *shopping center* por eventos ocorridos no estacionamento.

VI – Responsabilidade do "shopping center" por eventos ocorridos no estacionamento

Os eventos ocorridos em estacionamentos de estabelecimentos comerciais (bancos, supermercados e *shopping centers*) têm sido objeto de muitas ações judiciais, relacionadas, em grande parte, a furto de veículos. Para solucionar as lides, a jurisprudência tem utilizado, principalmente, as disposições do Direito Civil comum.

Após examinar como evoluiu o fundamento jurídico das decisões dos tribunais, cabe verificar se essas questões poderiam ser solucionadas com base no Código de Defesa do Consumidor.

A. Aplicação do Direito Civil comum

1. A existência de contrato de depósito

Conforme já relatado, no princípio, prevalecia a tese de que, se não fosse cobrada uma remuneração direta pelo uso do estacionamento colocado à disposição pelo estabelecimento comercial, não caberia qualquer responsabilidade deste último, visto tratar-se de mera cortesia. Como exemplo, tem-se o acórdão proferido em 20.10.87, pela 2ª Turma do STF, no RE 114.671-RJ, já mencionado.

Posteriormente, a jurisprudência passou a admitir a responsabilidade do estabelecimento comercial pelo furto de veículos no interior do estacionamento, ainda que gratuito. Diversos julgados entenderam que existiria um contrato de depósito, ainda que gratuito o estacionamento. Como exemplo, tem-se a decisão proferida pela 3ª Turma do STJ, em 19.2.91, no REsp 5.886-SP, relativo ao furto de veículo de estacionamento mantido por *shopping center*:

"De acordo com a orientação da 3ª Turma, por maioria, existe, em casos dessa espécie, contrato de depósito, ainda que gratuito o estacionamento, respondendo o depositário, em conseqüência, pelos prejuízos causados ao depositante (REsp 4.582). 'Serviço prestado no interesse do próprio incremento do comércio', daí 'o dever de vigilância e guarda'."

Segundo Cláudia Lima Marques, o contrato de depósito, nos últimos anos, ga-

20. Ap. cível 62.021. V. ementa no item 4.1 do Apêndice a este trabalho.

21. V. item 4.5 do Apêndice.

nhou "novo e surpreendente destaque", que se deve à atuação da jurisprudência, "utilizando a figura do contrato de depósito tácito entre o visitante do *shopping center* ou do supermercado, que guarda seu automóvel na garagem ou estacionamento daquele centro de compras, e o administrador do complexo ou proprietário do supermercado, que oferece essa comodidade como *facilities* para o consumidor em potencial".[22]

O contrato de depósito, que embora possa se dar a título gratuito, requer, porém, o cumprimento de determinados requisitos, tais como, a entrega da coisa (CC, art. 1.265). Maria Clara Osuna Diaz Falavigna coloca, com propriedade, que "em alguns casos não é possível vislumbrar que ocorreu a tradição do veículo, como é o caso do estacionamento de um *shopping center*, ou supermercado, em que o condutor se encarrega da escolha da vaga, estaciona, leva as chaves do veículo e o tem em sua inteira disposição, ao contrário do que aconteceria se estivéssemos diante de um contrato de depósito".[23]

Como exemplo da controvérsia sobre a existência ou não de contrato de depósito nos estacionamentos, tem-se, como exemplo, a decisão do TJRS, de 26.2.92, segundo a qual, o proprietário de estacionamentos abertos ao público, adjacentes a *shoppings* ou a supermercados, "não assume a guarda, nem responde por furtos verificados nesses locais, salvo se for comprovada sua manifesta culpa, que não existe por si só", concluindo pela inexistência de depósito.[24]

22. *Contratos no Código de Defesa do Consumidor*, 3ª ed., p. 183. Cláudia Lima Marques cita, como *leading case*, a decisão no REsp 4.582-SP (item 2.1 do Apêndice a este trabalho), referente a furto de veículo em supermercado.

23. *Da Repercussão do Dano em Estacionamento de Veículos*, p. 45. Segundo a autora, vislumbra-se um contrato de depósito, nos termos dos arts. 1.265 e 1.266 do CC, quando veículo é deixado e as chaves são entregues a um manobrista.

24. *Contratos no Código de Defesa do Consumidor*, cit., p. 184. V. ementa no item 7.1 do Apêndice a este trabalho.

Segundo Cláudia Lima Marques,[25] a utilização das figuras contratuais da guarda ou do depósito para basear a responsabilidade por danos ou furtos ocorridos nos referidos estacionamentos, embora não seja tese pacífica, "traz, como ponto positivo, o fato de exonerar o consumidor de provar a culpa (aquiliana) do estabelecimento, necessitando apenas provar o fato [do] mesmo ter estacionado seu carro na garagem ou estacionamento do réu".

2. O estacionamento como prestação de serviços

Para caracterizar a responsabilidade do estabelecimento comercial, uma outra corrente jurisprudencial admitiu que o relacionamento entre o usuário do estacionamento e a administração do *shopping center* caracteriza-se como prestação de serviços. Como exemplo, tem-se a decisão do TJSP, proferida em 2.11.88, que concluiu que "o relacionamento entre o cliente usuário do estacionamento e a administração do *shopping center* não se caracteriza como contrato de depósito típico, mas como prestação de serviços que podem ser definidos como de segurança".[26]

O STJ também acompanhou essa tendência, conforme se depreende do julgamento do REsp 23.602-6-SP proferido em 20.10.92 pela 4ª Turma do mencionado tribunal, relativo ao pedido de indenização em decorrência do furto de uma motocicleta do estacionamento de uma agência bancária:

"A facilidade de estacionamento oferecida aos clientes é fator decisivo para que se alcance o grande volume de vendas que notoriamente ali se registra, diariamente. (...) Razão não assiste ao banco-recorrente, por outro lado, quando alega sua não responsabilidade em face da inexistência

25. *Contratos no Código de Defesa do Consumidor*, 3ª ed., p. 184.

26. V. item 4.5 do Apêndice.

de contrato de depósito, por não ter recebido o veículo, nem suas chaves, quando cediço que a tradição, *in casu*, se perfaz com o estacionamento do veículo pelo cliente e não quando de sua entrega ou de suas chaves.

"Certo é que esta Turma tem evoluído e seu entendimento, após maiores reflexões, para descortinar, em situações similares à versada nos autos, não propriamente a figura do contrato de depósito, mas sim responsabilidade pela guarda do veículo em decorrência de uma prestação do serviço."[27]

Consoante Orlando Gomes, o contrato de prestação de serviços é aquele em que "uma pessoa obriga-se a prestar serviços a outra, eventualmente, em troca de determinada remuneração, executando-os com independência técnica e sem subordinação hierárquica".[28]

Com efeito, os estacionamentos dos bancos, supermercados e *shopping centers* são serviços secundários, pois o "consumidor vai à procura de um produto diverso daquele que é oferecido pelo estacionamento (...) um serviço acessório, que muitas vezes serve de chamariz para o consumo principal".[29]

No tocante à questão da remuneração pelo serviço prestado, conforme já mencionado neste trabalho, a jurisprudência tem entendido que os estacionamentos fornecidos "de graça" pelos bancos, supermercados e *shopping centers*, na realidade, nada têm de gratuitos, seja porque o preço está embutido no custo das mercadorias, seja porque o empreendedor obtém lucro advindo do aumento da clientela.

3. Avisos de não responsabilidade

Com relação aos avisos de não responsabilidade por parte do estabelecimento comercial quanto a eventos ocorridos no interior do estacionamento por ele mantido, existiam, anteriormente, alguns entendimentos de que se tais informações fossem prestadas claramente aos clientes, isentariam o estabelecimento comercial de qualquer responsabilidade, conforme relata o trecho, a seguir, do acórdão emitido pela 4ª Turma do STJ, sobre o REsp 52.270-6-SP:[30]

"(...) Quanto ao efeito da afixação de cartazes ou placas prevenindo ou ressalvando a responsabilidade da empresa por furtos ocorridos no estacionamento por ela mantido, realmente esta Turma chegou a admitir, num primeiro momento, que não haveria obrigação de guarda nos casos em que 'ostensivos avisos comunicam que a empresa não assume tal encargo' (REsp 5.905-RJ) (...)."

Segundo o referido acórdão, o entendimento anterior "restou (...) superado, resultando do processo de evolução jurisprudencial em sentido oposto, consoante se verifica, por exemplo do decidido no REsp 23.602-SP e no AgRg 48.901-SP".

No mesmo sentido foi a decisão do já citado REsp 23.602-6-SP proferido em 20.10.92 pela 4ª Turma do STJ, relativo ao pedido de indenização em decorrência do furto de uma motocicleta do estacionamento de uma agência bancária: "(...) Relativamente ao alerta do banco de que não se responsabilizava pelos danos ocorridos nos veículos durante o período em que os mesmos estivessem no estacionamento, sem embargo de opiniões em contrárias não se apresenta o mesmo idôneo para afastar o dever indenizatório. Assim, não pode a empresa, por meio de simples avisos de não assunção de responsabilidade, eximir-se de seu dever de ter na guarda e conservação da coisa confiada ao cuidado e à diligência habituais com aquilo que é seu. (...) Logrando proveito com o fornecimen-

27. V. item 2.7 do Apêndice.

28. *Contratos*, 11ª ed., p. 325.

29. *Da Repercussão do Dano em Estacionamento de Veículos*, p. 39.

30. V. itens 2.16 e 2.21 do Apêndice.

to de local para estacionar, não pode o proprietário do estabelecimento comercial livrar-se, por prática unilateral, da responsabilidade pela guarda de seu próprio local".

4. Conclusão

Visando pôr um fim às controvérsias ainda existentes quanto ao assunto, o STJ editou a Súmula 130, no seguinte sentido: "A empresa responde, perante o cliente, pela reparação do dano ou furto de veículo ocorridos em seu estacionamento".

B. Aplicação do Código de Defesa do Consumidor

Na jurisprudência analisada, observa-se que as decisões dos problemas ocorridos em estacionamentos de *shopping centers*, bancos e supermercados não mencionaram nenhuma disposição especial de proteção aos consumidores. No tocante ao estacionamento proporcionado pelos *shopping centers*, que é o objeto do presente trabalho, cabe, portanto, verificar se existe uma relação de consumo entre o usuário do estacionamento e, portanto, se é cabível a aplicação da Lei 8.078/90 (Código de Defesa do Consumidor) para solucionar as lides relativas ao assunto.

1. O estacionamento como prestação de serviço

Inicialmente, cumpre avaliar se o estacionamento colocado à disposição dos clientes constitui um serviço, nos termos do art. 3º, § 2º, do CDC, que assim dispõe: "Serviço é qualquer atividade fornecida no mercado de consumo, mediante remuneração, inclusive as de natureza bancária, financeira, de crédito e securitária, salvo as decorrentes das relações de caráter trabalhista".

James M. Marins de Souza, citado por Ana Lúcia da Silva Cardoso Arrochela Lobo, colocou de maneira clara que "deve-se entender a expressão 'mediante remuneração' não apenas como representativa da remuneração direta, isto é, o pagamento diretamente efetuado pelo consumidor ao fornecedor. Compreende também a remuneração do fornecedor o benefício comercial indireto advindo de prestações de serviços aparentemente gratuitas assim como a remuneração 'embutida' em outros custos".[31] Essa corrente doutrinária tem entendido que, de fato, os *shopping centers* nunca proporcionam estacionamentos gratuitos, pois sempre há uma remuneração indireta, proveniente do preço incluído no valor pago pelas mercadorias ou do incremento do negócio.[32]

Conforme já exposto, a jurisprudência, em especial o STJ, tem entendido que as facilidades de estacionamento, gratuito ou não, são proporcionadas pelos estabelecimentos comerciais no interesse da própria atividade comercial, constituindo, assim, um serviço.

Já foi também relatado, tendo como exemplo a decisão do STJ no acórdão proferido no REsp 5.886-SP, que a jurisprudência passou a considerar o estacionamento de veículos como "um serviço prestado no próprio incremento do comércio". Segundo Cláudia Lima Marques, "em regra, os contratos gratuitos estão excluídos do campo de aplicação do CDC, mas, tendo em vista estas últimas manifestações da jurisprudência, a sua inclusão como 'contrato de consumo *sui generis*' ou *pré-con-*

31. "Ação civil pública – Vício – Segurança Produto/Serviço – Vazamento de gás", *RDC* 21/206.

32. Em sua tese de mestrado, Maria Clara Osuna Diaz Falavigna coloca que, ainda que "se o condutor deixa seu veículo no estacionamento do *shopping center* e para ele não se dirige, ou se nada adquire em produtos ou serviços, mesmo assim, está usufruindo de mais um serviço oferecido por este tipo de empreendimento comercial, portanto, o estacionamento de *shopping center* é sempre oneroso, pois há um rateio deste custo em todos os produtos e serviços oferecidos por seus estabelecimentos comerciais, assim como a verba destinada a *marketing* e a segurança, por exemplo".

trato de consumo parece de todo possível. A polêmica foi agora pacificada com a edição da Súmula 130".[33]

Conclui-se, assim, que os estacionamentos dos *shopping centers* constituem, de fato, um dos serviços prestados pelos centros comerciais, enquadrando-se, perfeitamente, na definição do art. 3º, § 2º, da Lei 8.078/90.

2. O usuário do estacionamento como consumidor

Em segundo lugar, deve-se avaliar se o usuário do estacionamento pode ser considerado consumidor, nos termos do art. 2º do CDC, que assim dispõe: "Consumidor é toda pessoa física ou jurídica que adquire ou utiliza produto ou serviço como destinatário final".

Uma vez que o estacionamento colocado à disposição dos clientes constitui um serviço, basta que uma pessoa estacione um veículo no lugar destinado a esse fim, para ser considerado consumidor. Não há necessidade de que o usuário, efetivamente, adquira um bem ou um outro serviço no estabelecimento comercial que colocou à disposição dos usuários o local para estacionamento.

Com relação aos *shopping centers*, Rubens Requião, em 1983, já entendia que o transeunte que apenas olha as vitrinas, sem nada comprar, não deixa de ser "um freguês virtual, que ao menos dá maior movimento e alegria ao ambiente, atraindo a verdadeira clientela consumidora".[34] É bem verdade que um estabelecimento comercial vazio não atrai clientela, além do fato de que, ainda que o freqüentador do *shopping center* tenha a intenção inicial de nada comprar, pode ter sua atenção atraída por algum dos inúmeros estímulos inerentes ao local, de forma que consuma algo, mesmo que em algum dia posterior.

A partir desse raciocínio, Ana Lúcia da Silva Cardoso Arrochela Lobo conclui que "o simples freqüentador do *shopping center* é sempre um consumidor nos termos do art. 2º do CDC, porque, ao adentrar o recinto do *shopping*, ele já estará se beneficiando (consumindo) das utilidades do empreendimento colocadas à sua disposição, as quais, embora aparentemente gratuitas, são, em verdade, remuneradas de forma indireta".[35]

Neste ponto, cabe mencionar o acórdão proferido em 2.2.93, pelo TJSP, na ap. cível 184.735I/l-Ribeirão Preto.[36] O autor da ação era empregado de uma das lojas do Ribeirão *Shopping* e, diariamente, colocava seu automóvel no estacionamento do condomínio. Certo dia, cumprida a jornada de trabalho, dirigiu-se ao local onde estacionara o veículo e tomou conhecimento da ocorrência do furto do veículo. O Tribunal decidiu que não ficou caracterizada a responsabilidade civil do *shopping*, porque o autor, por ser empregado de uma das lojas do condomínio, não poderia ser considerado cliente.

Arystóbulo de Oliveira Freitas, comentando o referido acórdão, conclui que o autor da referida ação equiparar-se-ia ao consumidor, pois "o demandante, apesar de não ser consumidor (real) dos serviços prestados pelo *shopping*, faz parte da coletividade de pessoas, ainda que indeterminável, que interveio na relação de consumo entre o *shopping* e os destinatários finais dos produtos e serviços comercializados por intermédio dos lojistas. Dessa forma, o autor da demanda é, por lei, equiparado ao consumidor para todos os efeitos de direito, independentemente de eventual

33. *Contratos no Código de Defesa do Consumidor*, 3ª ed., pp. 186-187. A Súmula 130 do STJ, anteriormente citada, reza que "a empresa responde, perante o cliente, pela reparação do dano a furto de veículos ocorridos em seu estacionamento".

34. "Considerações jurídicas sobre os centros comerciais (*shopping centers*) no Brasil", *RT* 571/14.

35. "Ação civil pública – Vício – Segurança – Produto/Serviço – Vazamento de gás", *RDC* 21/201.

36. V. item 4.18 do Apêndice.

relação contratual (emprego) com o condomínio ou com lojista".[37]

3. O *shopping center* como fornecedor

Para que a relação de consumo se concretize é necessário verificar se o *shopping center* pode ser considerado um fornecedor, nos termos do art. 3º do CDC, que assim dispõe: "Art. 3º. Fornecedor é toda pessoa física ou jurídica, pública ou privada, nacional ou estrangeira, bem como os entes despersonalizados, que desenvolvem atividades de produção, montagem, criação, construção, transformação, importação, exportação, distribuição ou comercialização de produtos ou prestação de serviços".

Ana Lúcia da Silva Cardoso Arrochela Lobo conclui, com propriedade, que "a relação que se estabelece entre a clientela e o empreendedor e/ou administrador é uma relação típica de consumo, quer porque este, no que concerne aos produtos e serviços fornecidos pelos lojistas é um fornecedor de segundo grau (sua remuneração é constituída de percentual sobre o faturamento deles) quer porque a clientela retira do empreendimento todas as utilidades possíveis, inclusive aquelas oferecidas diretamente pelo próprio *shopping center* (estacionamento, lazer, recreio, descanso, diversão segurança e outras), relação esta que se estabelece ou se instaura no momento mesmo em que o freqüentador adentra os limites físicos do empreendimento".[38]

Assim, o *shopping center* que coloca à disposição um local para que os usuários deixem seus veículos, efetivamente, desenvolve a atividade de prestador de serviço de estacionamento, sendo considerado fornecedor nos termos do Código de Defesa do Consumidor.

37. "Indenização. Responsabilidade civil. Furto de veículo. Estacionamento de *shopping*", *RDC* 11/225.

38. "Ação civil pública – Vício – Segurança – Produto/Serviço – Vazamento de gás", *RDC* 21/207-208.

Conclui-se, portanto, que o estacionamento do *shopping center* faz parte de uma relação jurídica de consumo, tendo, por um lado, como fornecedor, o condomínio que constitui o *shopping*, e por outro lado, na qualidade de consumidor, o usuário do estacionamento.

4. Fundamento do ressarcimento

Segundo Nelson Néry Jr., "duas são as espécies de responsabilidade civil reguladas pelo CDC: a responsabilidade pelo fato do produto ou serviço e a responsabilidade pelos vícios do produto ou do serviço".[39] A responsabilidade do fornecedor pelo fato do serviço está regulada pelo art. 14, e a responsabilidade pelo vício do serviço está contemplada no art. 20, ambos do Código de Defesa do Consumidor.

Relatam Calais-Auloy e Steinmetz que "os produtos e serviços devem estar conformes à espera legítima dos consumidores, aos quais são propostos e fornecidos". No tocante aos serviços, "a espera legítima deve ser apreciada em função de diversos fatores, dentre os quais a natureza do serviço, sua destinação (...) e as informações fornecidas pelos prestadores do serviço. (...) Porém, os consumidores devem esperar apenas o razoável, dadas as condições técnicas e econômicas".[40]

Consoante o art. 20 do CDC, a seguir reproduzido, o serviço prestado contém vícios quando se mostra inadequado para os fins que dele se espera ou não atenda às normas regulamentares de prestabilidade, bem como, quando houver disparidade com as indicações constantes da oferta ou mensagem publicitária.

"Art. 20. O fornecedor de serviços responde pelos vícios de qualidade que os tornam impróprios ao consumo ou lhes diminuam o valor, assim como aqueles decorrentes da disparidade com as indicações

39. *Revista do Advogado* 33/77.

40. *Droit de la Consommation*, p. 187.

constantes da oferta ou mensagem publicitária, podendo o consumidor exigir alternativamente e à sua escolha: I – a reexecução dos serviços, sem custo adicional e quando cabível; II – a restituição imediata da quantia paga, monetariamente atualizada, sem prejuízo de eventuais perdas e danos; III – o abatimento proporcional no preço. § 1º. A reexecução dos serviços poderá ser confiada a terceiros devidamente capacitados, por conta e risco do fornecedor. § 2º. São impróprios os serviços que se mostrem inadequados para os fins que razoavelmente deles se esperam, bem como aqueles que não atendam às normas regulamentares de prestabilidade."

Quando o serviço prestado, além de defeituoso, for inseguro, trata-se da responsabilidade do fornecedor por fato do serviço, disciplinada pelo art. 14 do CDC, a seguir transcrito. Há uma relação de causa e efeito entre o defeito do serviço e um evento danoso, designado "acidente de consumo":

"Art. 14. O fornecedor de serviços responde, independentemente da existência de culpa, pela reparação dos danos causados aos consumidores por defeitos relativos à prestação de serviços, bem como por informações insuficientes ou inadequadas sobre sua fruição e riscos. § 1º. O serviço é defeituoso quando não fornece a segurança que o consumidor dele pode esperar, levando-se em consideração as circunstâncias relevantes, entre as quais: I – o modo de seu fornecimento; II – o resultado e os riscos que razoavelmente dele se esperam; III – a época em que foi fornecido. § 2º. O serviço não é considerado defeituoso pela adoção de novas técnicas. § 3º. O fornecedor de serviços só não será responsabilizado quando provar: I – que, tendo prestado o serviço, o defeito inexiste; II – a culpa exclusiva do consumidor ou de terceiro. § 4º. A responsabilidade pessoal dos profissionais liberais será apurada mediante a verificação de culpa."

Segundo Zelmo Denari,[41] a responsabilidade do fornecedor por vícios de qualidade ou inadequação, nos termos do art. 20 do CDC, está *in re ipsa*, ou seja, a perda patrimonial do consumidor não ultrapassa os limites valorativos do serviço defeituoso, na exata medida da sua inservibilidade ou imprestabilidade, bem como, seu fundamento é diverso daquele que em que se apoia a responsabilidade por danos, constante do art. 14 do CDC. Por outro lado, segundo ele, os defeitos de insegurança "suscitam responsabilidade de muito maior vulto, pois nos acidentes de consumo os danos ultrapassam, em muito, os limites valorativos do produto ou serviço".

Dentre os serviços que podem padecer do vício por inadequação, Zelmo Denari relaciona o estacionamento de veículos, em que "é possível surpreender a impropriedade prestacional, comprometendo a harmonia e equilíbrio das relações de consumo, máxime nas hipóteses de inobservância das normas regulamentares de prestabilidade".[42]

Por outro lado, Zelmo Denari também relaciona, dentre os acidentes de consumo mais freqüentes, em decorrência de serviços prestados, os danos causados por defeitos nos serviços de guarda e estacionamento de veículos, nos termos do art. 14 do CDC.[43]

A relevância jurídica da distinção entre responsabilidade por vício do produto e responsabilidade pelo fato do produto consiste, segundo Newton De Lucca, na conseqüência jurídica de ambos: conforme o art. 18 do CDC, se se tratar de vício do produto, o consumidor terá direito à subs-

41. *Código Brasileiro de Defesa do Consumidor Comentado pelos Autores do Anteprojeto*, 5ª ed., pp. 141 e 164.

42. *Código Brasileiro de Defesa do Consumidor Comentado pelos Autores do Anteprojeto*, cit., p. 175.

43. *Código Brasileiro de Defesa do Consumidor Comentado pelos Autores do Anteprojeto*, cit., p. 158.

tituição do produto, à restituição da quantia paga ou ao abatimento proporcional do preço. Quanto à responsabilidade pelo fato do produto, regulada pelo art. 12 e ss. do CDC, o fornecedor será obrigado a pagar os danos causados ao consumidor por defeito do produto ou do serviço.[44] Como as considerações efetuadas para os produtos também se aplicam aos serviços, tem-se que, se se tratar de vício de inadequação, o consumidor terá direito à reexecução dos serviços, sem custo adicional e quando cabível; à restituição imediata da quantia paga, sem prejuízo de eventuais perdas e danos, ou ao abatimento proporcional do preço.

Tendo em vista o acima exposto, observa-se que a responsabilidade do *shopping center* pelo ressarcimento por danos ocorridos em seus estacionamentos pode decorrer de vício de inadequação ou de acidente de consumo.

Se a responsabilidade do *shopping center* por evento ocorrido no estacionamento decorrer de vício de inadequação, o consumidor terá direito:

• à reexecução dos serviços de estacionamento, sem custo adicional e quando cabível;

• à restituição imediata da quantia paga, no caso de estacionamento pago, sem prejuízo de eventuais perdas e danos;

• ao abatimento proporcional do preço, no caso de estacionamento pago.

A dificuldade surge, portanto, em determinar quando a responsabilidade do *shopping center* por eventuais danos causados em estacionamentos por eles colocados à disposição do público pode ser fundamentada no art. 14 e quando pode ter seu fundamento no art. 20 do CDC.

Se um evento colocar em risco a segurança física do usuário de estacionamento de estabelecimento comercial, seja ele motorista, passageiro do veículo, ou transeunte, trata-se de um acidente de consumo, conforme definido no art. 14. Em princípio, poderiam ser citados, como exemplos, roubo de veículo, explosão de tubulação de gás do *shopping*, atropelamento, seqüestro, falta de sistema de exaustão de gases poluentes, causando problemas de saúde em consumidor etc. Nesses casos, a saúde e a segurança física do consumidor são atingidas ou ficam expostas a riscos, devendo o estabelecimento comercial ser responsabilizado por prestação de serviços com vício de segurança.

No tocante a eventos ocorridos em estacionamentos em *shopping centers* que causem apenas danos patrimoniais, tais como furto, a questão suscita controvérsias quanto à possibilidade dos danos causados pelos serviços incidirem, diretamente, sobre as pessoas ou apenas sobre o patrimônio.

Segundo Zelmo Denari,[45] o § 1º do art. 14 do CDC "é mera adaptação da norma que conceitua o 'produto defeituoso', prevista no art. 6º da Diretiva 374/85 da CCE e no § 1º do art. 12 do nosso Código de Defesa do Consumidor".[46] Relata Calais-Auloy que "a diretiva de 1985 se aplica aos danos causados pelos produtos. (...) Quanto aos danos, a diretiva visa, em princípio, à morte ou às lesões corporais: ela foi elaborada, essencialmente, para esse tipo de dano. Porém, ela visa, também, ao dano causado a outra coisa diversa do produto defeituoso em si, sob a condição de que esta coisa seja destinada ao consumo privado. A diretiva adota, portanto, uma noção ampla de segurança, limitada ao campo do direito do consumo. É importante observar que a diretiva não diz respeito à conformidade dos produtos. Ela se aplicará, p. ex., ao caso

44. *Direito do Consumidor Aspectos Práticos – Perguntas e Respostas*, p. 179.

45. *Código Brasileiro de Defesa do Consumidor Comentado pelos Autores do Anteprojeto*, cit., p. 158.

46. O art. 12 do CDC refere-se à responsabilidade pelo fato do produto.

onde a explosão de um aparelho de TV causa danos corporais ou materiais, mas não ao caso onde semelhante aparelho produza imagens ruins. Os problemas de conformidade, dependem, no momento, do direito nacional de cada Estado".[47]

Assim, com relação a danos materiais ocorridos em estacionamentos de *shopping centers*, em princípio, existe a possibilidade de que a responsabilidade do centro comercial seja fundamentada com base no art. 14 do CDC, que cuida da responsabilidade por fato do serviço, visto que o estacionamento é uma prestação de serviços em que há o dever de vigilância e de conservação do veículo. Se o serviço de estacionamento foi prestado de forma a provocar danos, ainda que somente materiais, o *shopping center* deve responder por estes últimos.

Por outro lado, em que pesem as opiniões de que o *quantum* a ser obtido pelo ressarcimento por danos materiais fundamentado no art. 20 não deve ultrapassar os valores do serviço prestado, o inc. II do referido artigo permite que o consumidor pleiteie perdas e danos causados por vício de inadequação do serviço.

5. Avisos de não responsabilidade

Cabe verificar quais efeitos teriam, perante o CDC, eventuais avisos de não responsabilidade por parte do *shopping center* em caso de acontecimentos envolvendo veículos estacionados no local destinado. Nos termos do art. 51, I, do CDC, a seguir transcrito, tais cláusulas podem ser consideradas abusivas.

"Art. 51. São nulas de pleno direito, entre outras, as cláusulas contratuais relativas ao fornecimento de produtos e serviços que: I – impossibilitem, exonerem ou atenuem a responsabilidade do fornecedor por vícios de qualquer natureza dos produtos ou serviços que impliquem renúncia ou disposição de direitos. Nas relações de consumo entre o fornecedor e o consumidor-pessoa jurídica, a indenização poderá ser limitada, em situações justificáveis."

Também o art. 25 do CDC veda a estipulação de cláusula contratual que impossibilite, atenue ou exonere a obrigação de indenizar prevista nas três Seções do Capítulo IV do Código, a saber, sobre vícios do produto ou serviço, sobre o fato do produto ou serviço e sobre qualidade e prevenção/reparação dos danos. Segundo Cláudia Lima Marques, a obrigação de indenizar imputada pelo CDC ao fornecedor, nessas Seções, não pode ser afastada por cláusula contratual, como conseqüência lógica da força e hierarquia das normas do Código, as quais são de ordem pública.[48]

Nelson Néry Jr., em artigo publicado no final de 1990, relatou que "hoje em dia é muito comum observarmos essas cláusulas da exclusão de responsabilidade civil em avisos existentes em estacionamentos de automóveis, por exemplo, que, a partir da entrada em vigor do CDC, não mais poderão ter eficácia".[49] Todavia, mesmo após a entrada em vigor da Lei 8.078/90, as cláusulas exonerativas continuaram a ser alegadas pelos fornecedores.[50]

47. *Droit de la Consommation*, p. 271. No original "La directive de 1985 s'applique aux dommages causés par des produits. (...) Quant aux dommages, la directive vise d'abord la mort ou les lésions corporelles: elle a été faite essentellement pour ce genre de dommage. Mais elle vise aussi le dommage causé à une chose autre que le produit défectueux luimême, à condition que cette chose soit vouée à la consommation privée. La directive adopte donc une notion large de la sécurité, tout en restant limitée au champ du droit de la consommation. Il est important d'observer que la directive ne touche en rien la conformité des produits. Elle s'appliquera, par exemple, au cas ou l'implosion d'un appareil de télévision cause des dommages corporels ou matériels, mais non au cas ou un tel appareil donne de mauvaises images. Les problèmes de conformité relèvent, pour le moment, du droit national de chaque État".

48. *Contratos no Código de Defesa do Consumidor*, cit., pp. 424-426.

49. *Revista do Advogado* 33/79.

50. Como exemplo, v. ementa de acórdão do STJ de 23.8.94, no item 2.16 do Apêndice.

Tem-se, como exemplo recente, o caso objeto de ação civil pública interposta pelo Ministério Público, assim relatado por Estefano Kvastek Kummer: "mantém o Mogi *Shopping* estacionamento de veículos destinados a seus clientes, em área de sua propriedade; entrega aos seus usuários, para controle dos veículos estacionados, cartões de estacionamento (*tickets*) em que figura cláusula que exime o estabelecimento em caso de acontecimentos (danos materiais, roubos e incêndio de veículo) envolvendo veículos estacionados no interior de seu pátio".[51]

O MP, ao propor a ação civil pública, considerou tal cláusula "francamente abusiva, devendo ser considerada nula de pleno direito conforme preceitua o art. 51, inc. I, do CDC, por exonerar o fornecedor por vícios na qualidade de seus serviços". A referida ação teve por objeto suprimir dos *tickets* a referida cláusula exonerativa de responsabilidade civil que neles constava e incluir informação correta relativa à sua responsabilidade, "qual seja, a de que os veículos que permanecem no estacionamento estão segurados contra danos materiais, roubo e incêndio de veículos".[52]

Nota-se que, conforme já relatado, a jurisprudência brasileira caminhou no sentido de considerar ineficazes tais avisos de responsabilidade, por entender que, uma vez tendo proveito com o fornecimento de local para estacionar, o proprietário do estabelecimento comercial não pode, por prática unilateral, eximir-se da responsabilidade pela guarda de seu próprio local. O CDC veio reforçar esta opinião, tornando indisponíveis quaisquer convenções isentando o *shopping center* de responsabilidade sobre acontecimentos envolvendo veículos estacionados nos locais por eles determinados para esse fim.

VII – Conclusão

A análise das decisões sobre eventos ocorridos nos estacionamentos oferecidos pelos estabelecimentos comerciais, incluindo-se os *shopping centers*, as quais culminaram com a emissão, pelo STJ, da Súmula 130, no sentido de que "a empresa responde, perante o cliente, pela reparação do dano ou furto de veículo ocorridos em seu estacionamento", mostra que:

- os estacionamentos, quando gratuitos, somente apresentam esta característica na aparência, sendo, de fato, onerosos;
- em conseqüência, a relação entre o usuário do estacionamento e o proprietário do estacionamento não tem a natureza de um contrato de depósito, mas de prestação de serviços;
- o usuário do estacionamento, mesmo que nada adquira nas dependências do estabelecimento comercial, caracteriza-se como consumidor, pois já usufruiu do próprio serviço colocado à disposição. Os estabelecimentos comerciais que colocam estacionamentos à disposição do público, inclusive os *shopping centers*, por sua vez, caracterizam-se como fornecedores, e
- mesmo não mencionando expressamente disposições do CDC, houve uma tendência em decidir-se as questões relacionadas a eventos ocorridos nos estacionamentos oferecidos pelos estabelecimentos comerciais como uma relação de consumo.

Por fim, cabe observar que o elevado número de ações judiciais pleiteando indenização em decorrência de eventos ocorridos nos estacionamentos oferecidos ao público pelos *shopping centers* surgiu porque estes últimos, assim como outros estabelecimentos comerciais, relutaram em assumir a responsabilidade por tais eventos, o que levou a normas tais como a vigente no Município de São Paulo, que exige que os es-

51. "Ação civil pública. Estacionamento em *shopping*. Responsabilidade civil. Cláusulas exonerativas", *RDC* 17/342.

52. "Ação civil pública. Estacionamento em *shopping*. Responsabilidade civil. Cláusulas exonerativas", *RDC* 17/343.

tabelecimentos que coloquem à disposição de seus clientes mais de 50 vagas para estacionamento devem providenciar seguro contra furto e roubo dos veículos que utilizem os referidos locais. Em conseqüência, grande número de estabelecimentos comerciais, principalmente os *shopping centers*, passaram a cobrar diretamente pelo uso estacionamentos que colocaram à disposição do público.

VIII – Bibliografia

AULOY, Jean Calais e STEINMETZ, Frank, *Droit de la Consommation*, 4ª ed., Paris, Dalloz, 1996.

BENJAMIN, Antônio Hermann de Vasconcellos e; DENARI, Zelmo; FILOMENO, José Geraldo Brito; FINK, Daniel Roberto; GRINOVER, Ada Pellegrini; NÉRY JR., Nelson e WATANABE, Kazuo, *Código Brasileiro de Defesa do Consumidor: Comentado pelos Autores do Anteprojeto*, 5ª ed., Rio de Janeiro, Forense Universitária, 1998.

COSTA, Zilda Angela Ramos, "Ação ordinária de indenização – Danos morais – Responsabilidade civil – Supermercado – Dever de guarda", *RDC* 25/215-223.

FALAVIGNA, Maria Clara Osuna Diaz, *Da Repercussão do Dano em Decorrência do Estacionamento de Veículos*, dissertação de Mestrado perante a Faculdade de Direito da USP, 1996.

FREITAS, Arystóbulo de Oliveira, "Indenização. Responsabilidade Civil. Furto de veículo. Estacionamento de *shopping*", *Revista de Direito do Consumidor* 11/223-225.

GOMES, Orlando, *Contratos*, 11ª ed., Rio de Janeiro, Forense, 1986.

KUMMER, Estefano Kvastek, "Ação civil pública. Estacionamento em *shopping*. Responsabilidade civil. Cláusulas exoneratívas", *RDC* 17/342-343.

LOBO, Ana Lúcia da Silva Cardoso Arrochela. "Ação civil pública – Vício – Segurança – Produto/Serviço – Vazamento de gás", *RDC* 21/195-225.

LUCCA, Newton De, *Direito do Consumidor Aspectos Práticos – Perguntas e Respostas*, São Paulo, Ed. RT, 1995 (Biblioteca de Direito do Consumidor – 10).

MARQUES, Cláudia Lima, *Contratos no Código de Defesa do Consumidor*, 3ª ed., São Paulo, Ed. RT, 1998 (Biblioteca de Direito do Consumidor – 1).

MENEZES, Carlos Alberto, "Anotações sobre a responsabilidade civil por furto de automóveis em *shopping centers*", *RT* 651/235-239, jan. 1990.

MIGUEL, Paula Castello, "Contratos de *shopping center*", *RDM* 107/137-182, Nova Série, jul.-set. 1997.

MONTEIRO, Washington de Barros, "*Shopping centers*", *RT* 580/9–14, fev. 1984.

NÉRY JR., Nelson, "Aspectos da responsabilidade civil do fornecedor no Código de Defesa do Consumidor (Lei 8.078/90)", *Revista do Advogado* 33/76-79, São Paulo, Associação dos Advogados de São Paulo, dez. 90.

PARKER, John e STAHEL, Monica, *Password: English Dictionary for Speakers of Portuguese*, 2ª ed., São Paulo, Martins Fontes, 1998.

PINTO, Roberto W. Renault e OLIVEIRA Fernando A. Albino (coords.), "*Shopping centers*". *Questões Jurídicas (Doutrina e Jurisprudência)*, São Paulo, Saraiva, 1991.

REQUIÃO, Rubens," Considerações jurídicas sobre os centros comerciais (*shopping centers*) no Brasil", *RT* 571/9 e ss., mai. 1983.

STOCCO, Rui, *Responsabilidade Civil e sua Interpretação Jurisprudencial: Doutrina e Jurisprudência*, 3ª ed., São Paulo, Ed. RT, 1997.

IX – Apêndice

I – Jurisprudência sobre estacionamento em "shopping centers" e outros estabelecimentos comerciais

A jurisprudência a seguir relacionada foi coletada, principalmente, em:

• *Revista de Direito do Consumidor – RDC.*

• *Boletins da Associação dos Advogados de São Paulo* (*BAASP*). A consulta foi feita na Internet, mediante acesso do site www.aasp.org.br.

• Acórdãos relacionados na obra coordenada por Roberto Wilson Renault Pinto e Fernando A. Albino de Oliveira, *"Shopping centers". Questões Jurídicas. Doutrina e Jurisprudência*, editada pela Saraiva, em 1991.

Acórdãos relacionados por Rui Stocco em *Responsabilidade Civil e sua Interpretação Jurisprudencial*, editado pela Ed. RT, em 1997.

Quando possível, foram citados, também, os repertórios oficiais de jurisprudência que apresentam o conteúdo completo dos acórdãos.

ACÓRDÃOS (EMENTAS)

1. Supremo Tribunal Federal (STF)

1.1 STF-2ª T., RE 114.671-1-RJ, j. 20.10.87, v.u., rel. Carlos Madeira (*BAASP* 1.527/72, de 23.3.88; *RTJ* 125/378; *RT* 626/250)

"*Responsabilidade civil – Furto de veículo – Estacionamento de supermercado – Responsabilidade inexistente.* Não sendo cobrado dos proprietários de veículos o estacionamento no espaço destinado a esse fim, fora do prédio do supermercado, não há de cuidar do dever de vigilância, em ordem a caracterizar a responsabilidade civil da firma proprietária do estabelecimento, em caso de furto."

Resumo: "A tese do acórdão recorrido de que o estacionamento é pago indiretamente pelas compras feitas pelos clientes, não tem, *data venia*, substância para configurar a culpa do estabelecimento pelo furto do automóvel, em ordem a responsabilizá-lo pelo prejuízo sofrido pelo cliente. É que não há, na espécie, vigilância presumida, desde que o que é oferecido aos clientes é apenas o espaço para que estacionem seus carros".

2. Superior Tribunal de Justiça (STJ)

2.1 STJ-3ª T., REsp 4.582-SP, j. 16.10.90, rel. Waldemar Zveiter (*RDC* 6/286-288; *RSTJ* 29/324)

"*Contrato de depósito para guarda de veículo – Estacionamento – Furto – Indenização.* 1. Comprovada a existência de depósito, ainda que não exigido por escrito, o depositário é responsável por eventuais danos à coisa. 2. Depositado o bem móvel (veículo), ainda que gratuito o estacionamento, responde o depositário pelos prejuízos causados ao depositante, por ter aquele agido com culpa *in vigilando*, vez que é obrigado a ter na guarda e conservação da coisa depositada o cuidado e diligência que costuma com o que lhe pertence (art. 1.266, 1ª parte, do CC). 3. Inexistentes os pressupostos previstos nas alíneas *a* e *c* do permissivo constitucional (inc. III do art. 105 da CF), não se conhece do recurso especial."

Resumo: "Trata-se de recurso especial, fundando no art. 105, III, *a* e *c*, da CF, contra acórdão da 6ª Câmara Civil do TJSP que, por decisão unânime, julgou procedente ação ordinária de indenização promovida pela proprietária do veículo furtado do estacionamento do Banco recorrente. Alega a recorrente que o acórdão recorrido teria negado a vigência dos arts. 159 e 1.281 do CC, eis que as partes não celebraram contrato escrito de depósito, não havendo porque se falar em culpa em fato pelo qual não está obrigado a fazer ou a deixar de fazer, não tendo agido por ação ou omissão, considerando que não recebeu o automóvel da recorrida em depósito e este não é presumível".

2.2 STJ-3ª T., REsp 5.886-SP, j. 19.2.91, v.u., rel. Nílson Naves (*RDC* 6/281-286; *BAASP* 1.699/185, de 19.2.91; *DJU*-I de 8.4.91, p. 3.883, ementa)

"*Estacionamento mantido por shopping center – Furto de veículo – Indenização.* 1. De acordo com a orientação da 3ª Turma, por maioria, existe, em casos dessa espécie, contrato de depósito, ainda que gratuito o estacionamento, respondendo o depositário, em conseqüência, pelos prejuízos causados ao depositante (REsp 4.582). 'Serviço prestado no interesse do próprio incremento do comércio', daí 'o dever de vigilância e guarda'. 2. Embargos de declaração. Imposição de multa. Caso em que a Turma, por maioria de votos, entendeu ofendido o art. 538, parágrafo único, do CPC. 3. Recurso especial, quanto à primeira questão, conhecido pela alínea *c*, por unanimidade, mas improvido, por maioria de votos, e quanto à segunda questão, conhecido pela alínea *a* e provido, por maioria de votos."

Resumo: "Na base da lide está o furto de um automóvel em estacionamento mantido por um *shopping center*. E sobre ela se assentou a pretensão de receber, da empresa que explora esse estabelecimento, o valor correspondente ao veículo furtado, a título de indenização. A ação foi julgada improcedente em 1º grau, mas o TJSP entendeu, por maioria, prover a apelação interposta.

"Não é bem como uma mera cortesia propiciada a seus fregueses que os estabelecimentos comerciais reservam área adjacente para o estacionamento de automóveis. Mais que isso, a comodidade é estabelecida como atrativo para a afluência de consumidores, servindo para facilitar a aproximação e a guarda de veículos. No próprio interesse do comércio empreendido, assim, que se incrementa pelo estímulo do conforto oferecido ao público, onde se faz marcante a importância do automóvel como meio de transporte individual.

"Nesse quadro, o estacionamento de veículos consiste em serviço a mais, com vantagem ministrada pela casa ou núcleo comercial, para sobrepor-se aos demais, na concorrência pela conquista da preferência dos consumidores. E o próprio êxito dos *shopping centers* tem sido explicado não só pela concentração de opções de compra e pela obrigada situação das vias de acesso às lojas, mas também pela existência de amplos espaços de guarda de veículos para uso do público.

"Se, assim, o estacionamento consiste em um serviço prestado no interesse do próprio incremento do comércio, disso decorre, para a empresa que o mantém, o dever jurídico de vigilância e guarda dos veículos ali conservados. Com a correlata responsabilidade pela reparação, em caso de furto, quando menos em atenção ao princípio que se define pela atribuição dos sacrifícios a quem recolhe os benefícios de uma determinada atividade ou empreendimento.

"O espaço destinado ao estacionamento é um prolongamento do estabelecimento comercial, não uma via pública. Sendo indiferente, por igual, a existência de avisos indicativos da disposição de não assumir a responsabilidade por furtos ocorridos no período de estacionamento, afixados pela empresa comercial, que isso é absolutamente irrelevante para escusá-la, como prestadora do serviço, do dever de preservar o veículo no local, até ser retomado por seu dono."

Voto vencido – *Resumo* (Min. Eduardo Ribeiro): O contrato de depósito, que tem natureza real, só se perfaz com a efetiva entrega da coisa. Não configura tradição o simples fato de alguém permitir que outrem se utilize de determinado espaço para estacionar seu veículo.

2.3 STJ-4ª T., REsp 4.805-RJ, j. 15.4.91, v.u., rel. Fontes de Alencar (*RDC* 6/277-279)

"*Estacionamento – Furto de veículo – Indenização*. 1. A empresa que oferece ao cliente, ainda que gratuitamente, estacionamento de veículos, responde pelo prejuízo sofrido pelo depositante em caso de furto da coisa depositada. 2. Precedentes do Superior Tribunal de Justiça. 3. Recurso especial não conhecido. 4. Unânime."

Resumo: Trata-se de ação ordinária de indenização proposta contra um supermercado por um cliente que teve seu veículo furtado do estacionamento que fica no subsolo da empresa, enquanto fazia compras no supermercado.

Ressalva do Min. Athos Carneiro declara o seguinte: "entendo que naqueles casos em que grandes estabelecimentos comerciais propiciam locais de estacionamento aos seus clientes, quer no subsolo do próprio prédio, quer em pátios de estacionamento contíguos, dotados de vigilância, o dever de indenizar, em princípio, ocorre. Faço apenas exceção àquelas hipóteses em que o cliente é devidamente prevenido através de avisos ostensivos e inequívocos, de que a empresa não dispõe de vigilância e não assume a guarda dos veículos estacionados. Nestes casos, entendo que o risco de furto ou danos recai no próprio proprietário que, nos dias de hoje, normalmente coloca em seu próprio veículo determinados instrumentos ou sistemas de segurança e de alarme".

2.4 STJ-3ª T., Resp 9.851-SP, j. 19.11.91, rel. Eduardo Ribeiro (*RDC* 6/280)

"*Estacionamento de veículo – Roubo – Força maior*. Constitui força maior, a isentar da obrigação de indenizar, a circunstância de não poder o veículo ser entregue a seu proprietário em virtude de roubo a mão armada. Não é razoavelmente exigível mantenha o administrador do local, destinado a estacionamento, aparato de segurança apto a impedir tais eventos."

Resumo: "José Carlos P. F. Brandão ajuizou ação contra Obras Sociais Nossa Senhora das Graças pretendendo indenização por roubo de veículo de sua propriedade, ocorrido no estacionamento explorado pela ré".

2.5 STJ-4ª T., REsp, j. 9.6.92, rel. Bueno de Souza (*RT* 690/163; *Responsabilidade Civil e sua Interpretação Jurisprudencial*, p. 269)

"*Civil – Responsabilidade – Furto de auto móveis – Estacionamento de supermercado.* 1. Consoante a orientação jurisprudencial que veio a prevalecer nesta Corte, deve o estabelecimento comercial responder pelos prejuízos causados à sua clientela no interior de área própria destinada ao estacionamento de veículos. 2. Recurso especial conhecido, mas desprovido."

2.6 STJ-3ª T., REsp 12.021-0-SP, j. 30.6.92, v.u., rel. Eduardo Ribeiro (*BAASP* 1.767/428, de 4.11.92)

"*Responsabilidade civil – Estacionamento – Furto de veículo.* Oferecendo o comerciante estacionamento para seus clientes que, pelo aparato apresentado, são induzidos à crença de que também se propicia segurança, responde civilmente pelos prejuízos decorrentes de furto ou danificação do veículo."

2.7 STJ-4ª T., REsp 23.602-SP, j. 20.10.92, v.u., rel. Sálvio de Figueiredo (*BAASP* 1.778/23, de 20.1.93)

"*Direito civil – Indenização – Estacionamento em agência bancária – Furto de motocicleta – Responsabilidade pela guarda da coisa – Procedimento inadequado – Inocorrência de prejuízo – Nulidade não acolhida – Princípio da instrumentalidade – Recurso desprovido.* I – Mesmo que não se descortine a figura contratual do depósito, responsável é o banco por furto de veículo ocorrido em seu estacionamento, colocado à disposição da sua clientela em atenção aos seus objetivos empresariais. II – Simples avisos de não responsabilidade não têm o condão de eximir o dono do estacionamento do bem confiado à guarda e à diligência habituais com o que é seu. III – Se inocorrente prejuízo, recomenda o princípio da instrumentalidade que não se deve anular o processo apenas por inobservância do procedimento."

2.8 STJ, REsp, j. 7.12.92, rel. Barros Monteiro (*DJU* 234/23.322; *Responsabilidade Civil e sua Interpretação Jurisprudencial*, p. 269)

"*Responsabilidade civil – Estacionamento em supermercado – Furto de automóvel.* A empresa que, visando atrair clientes, põe à disposição destes estacionamento de veículos responde pelos prejuízos sofridos em caso de furto. Precedentes do STJ."

2.9 STJ-3ª T., REsp 31.426-8-SP, j. 8.3.93, v.u., rel. Dias Trindade (*BAASP* 1.817/445, de 20.10.93)

"*Civil – Responsabilidade – Furto em estacionamento de supermercado.* A empresa que explora supermercado é responsável pela indenização de dano causado por furto de veículo em 'estacionamento interessado' que mantém, por falta ao dever de vigilância."

2.10 STJ-4ª T., REsp 32.826-7-SP, j. 30.3.93, v.u., rel. Sálvio de Figueiredo (*BAASP* 1.803/291, de 14.7.93)

"*Direito civil – Indenização – Furto de veículo – Estacionamento de supermercado – Responsabilidade pela guarda e vigilância – Precedentes – Recurso não conhecido.* O estabelecimento comercial que oferece, como fator de captação de clientela, local presumivelmente seguro para estacionamento, assume dever de guardar e vigilância sobre os veículos parqueados, respondendo civilmente em caso de furto ou danificação dos mesmos."

2.11 STJ-3ª T., REsp 48.678-5-RJ, j. 2.8.93, v.u., rel. Waldemar Zveiter (*BAASP* 1.869/121, de 19.10.94)

"*Ação ordinária de indenização – Estacionamento – Supermercado – Furto de veículo.* Comprovada a existência de depósito, ainda que não exigido por escrito, o depositário é responsável por eventuais danos à coisa. Depositado o veículo, ainda que gratuito o estacionamento, responde o depositário pelos prejuízos causados ao depositante, por ter aquele agido com culpa *in vigilando*, vez que é obrigado a ter na guarda e conservação da coisa depositada o cuidado e diligência que costuma com o que lhe pertence (art. 1.266, 1ª parte, do CC)." No mesmo sentido: REsp 53.059-8-SP, j. 27.9.94 (*BAASP* 1.874/138, de 31.10.94).

2.12 STJ-3ª T., REsp 37.970-9-SP, j. 25.10.93, v.u., rel. Nílson Naves (*BAASP* 1.835/24-e, de 28.2.94)

"Responsabilidade civil – Furto de veículo em estacionamento de supermercado – Caso em que a indenização é devida, conforme precedentes do STJ: REsp 5.886, 5.905, 6.517, 7.159, 32.826, 34.743 etc. – Recurso especial conhecido e provido."

2.13 STJ-4ª T., REsp 38.568-7-RS, j. 23.2.94, maioria, rel. Antônio Torreão Braz (*BAASP* 1.856/85-e, de 26.7.94

"*Furto de veículo de estacionamento de supermercado – Prova* – Negada, pela instância revisora ordinária, a existência de prova do fato ensejador do pedido indenizatório, não cabe, em recurso especial, o reexame das provas em que se louvou o acórdão."

2.14 STJ-3ª T., REsp, j. 28.2.94, rel. Eduardo Ribeiro (*RSTJ* 62/312; *Responsabilidade Civil e sua Interpretação Jurisprudencial*, pp. 262 e 269)

"A jurisprudência do STJ orientou-se no sentido de que o furto do veículo ocorrido em estacionamento de estabelecimentos comerciais ou bancários é indenizável e, ainda que se trate de depósito irregular, gratuito, o depositário responde pelos prejuízos."

2.15 STJ-4ª T., REsp 51.854-7, j. 17.8.94, v.u., rel. Fontes de Alencar (*BAASP* 1.867/116-e, de 5.10.94)

"*Responsabilidade civil – Furto de veículo – Estacionamento – Empresa* – Pelo prejuízo derivante do furto de veículo automotor do cliente, ocorrido em seu estacionamento, responde a empresa comercial – Súmula 83 do STJ – Recurso especial de que não se conheceu."

2.16 STJ, REsp 52.270-6-SP, j. 23.8.94, v.u., rel. Sálvio de Figueiredo Teixeira (*RDC* 17/187-189; *DJU* de 19.9.94, p. 24.702)

"*Responsabilidade civil – Furto de veículo em estacionamento de supermercado – Dever de guarda e vigilância – Avisos ostensivos precedentes. Recurso provido.* I – O estabelecimento comercial que, como fator de captação de clientela, oferece local presumivelmente seguro para estacionamento, ainda que nada cobre por isso, assume obrigação de guarda e vigilância sobre os veículos parqueados, respondendo civilmente pela reparação devida em caso de furto ou danificação dos mesmos. II – Simples avisos de não responsabilidade não têm o condão de eximir o mantenedor do estacionamento do dever de conservação dos bens confiados à sua guarda."

Obs.: O acórdão menciona os seguintes precedentes do STJ: REsp 10.962 (*DJ* de 26.8.91), 30.708 (*DJ* de 22.3.93), 32.826 (*DJ* de 3.5.93), 40.295 (*DJ* de 11.4.94), 19.360 (*DJ* de 28.9.92) e 29.198 (*DJ* de 2.8.93).

2.17 STJ-4ª T., AgRg, j. 12.9.94, rel. Ruy Rosado de Aguiar (*RSTJ* 66/20; *Responsabilidade Civil e sua Interpretação Jurisprudencial*, pp. 262-263)

"O estabelecimento bancário que põe à disposição de seus clientes uma área para estacionamento dos veículos assume o dever, derivado do princípio da boa-fé objetiva, de proteger os bens e a pessoa do usuário. O vínculo tem sua fonte na relação contratual de fato assim estabelecida, que serve de fundamento à responsabilidade civil pelo dano decorrente do cumprimento do dever."

2.18 STJ-3ª T., REsp, j. 28.6.91, rel. Cláudio Santos (*RT* 678/214; *Responsabilidade Civil e sua Interpretação Jurisprudencial*, p. 269)

"*Responsabilidade civil – Estacionamento – Supermercado – Furto.* Ante o interesse da empresa em dispor de estacionamento para angariar clientela é de presumir-se seu dever de guarda dos veículos ali estacionados, sendo indenizável o prejuízo decorrente de furto."

2.19 STJ-4ª T., REsp, j. 18.6.91, rel. Fontes de Alencar (*RT* 679/208; *Responsabilidade Civil e sua Interpretação Jurisprudencial*, p. 269)

"A matéria já se acha pacificada nesta Corte, no sentido de que, se o furto de veículo ocorre no estacionamento (interno) do supermercado, a responsabilidade pelos prejuízos é do estabelecimento comercial, pela culpa *in vigilando*."

2.20 STJ-3ª T., REsp 37.095-7, j. 8.8.94, rel. Cláudio Santos (*DJU* de 8.8.94, p. 19.565; *Responsabilidade Civil e sua Interpretação Jurisprudencial*, p. 270)

"*Responsabilidade civil – Furto de veículo – Supermercado – Oferta de estacionamento*. 1. Ao oferecer estacionamento gratuito, inclusive com ostensivo anúncio de tal, o supermercado assume um dever junto ao cliente. 2. Por tal, responsabiliza-se civilmente, porquanto o cliente é atraído pela comodidade oferecida e na convicção de que terá o seu patrimônio garantido contra danos. 3. Recurso a que se nega provimento."

2.21 STJ-4ª T., REsp, j. 4.12.90, rel. Athos Carneiro (*RSTJ* 20/384; *Responsabilidade Civil e sua Interpretação Jurisprudencial*, p. 270)

"*Responsabilidade civil – Furto de veículo em estacionamento de supermercado*. Embora inexistente pagamento direto, a empresa tem manifesto interesse econômico em dispor de local para estacionamento de carros, eis que atualmente este é o fator mais ponderável no angariar e atrair clientes. Presumível, assim, um dever de guarda dos veículos ali estacionados, salvo se ostensivos avisos comunicam que a empresa não assume tal encargo. Caso em que as circunstâncias indicam a assunção do ônus."

2.22 STJ-3ª T., REsp, j. 9.3.92. rel. Dias Trindade (*RT* 699/189; *Responsabilidade Civil e sua Interpretação Jurisprudencial*, p. 270)

"A empresa que explora supermercado é responsável pela indenização de furto de automóvel, verificado em estacionamento que mantém, ainda que não cobre por esse serviço destinado a atrair a clientela, por falta ao seu dever de vigilância."

2.23 STJ-4ª T., REsp, j. 12.12.94, rel. Sálvio de Figueiredo (*RSTJ* 73/264; *Responsabilidade Civil e sua Interpretação Jurisprudencial*, p. 271)

"Mesmo que a empresa não tem qualquer relação com o fornecimento de serviços de guarda e segurança, como as que se dedicam ao comércio atacadista de supermercado, assumem dever de guarda e conservação, cumprindo-lhes fornecer vigilância adequada, o que encerra compromisso de diligenciar as cautelas e providências assecuratórias regulares, normais. Não se mostra exigível à empresa, no entanto, como regra, evitar subtração realizada com emprego de ameaça e violência a que nem mesmo os próprios donos dos veículos teriam condições de resistir."

3. Tribunal de Alçada de Minas Gerais (TAMG)

3.1 TAMG-2ª C., ap. cível 161.415-3, j. 5.10.93, rel. Isalino Lisboa (*RDC* 11/249-252)

"*Responsabilidade civil – Estabelecimento comercial – Estacionamento – Furto de veículo – Culpa objetiva – Prova – Presunção*. O estabelecimento comercial responde, em grau de culpa objetiva, pelo dano ou furto de veículo ocorridos em seu estacionamento. Prevalece como elemento probante o boletim de ocorrência policial não infirmado por outros meios de convencimento."

4. Tribunal de Justiça de São Paulo (TJSP)

4.1 TJSP-8ª C., ap. cível 62.021, j. 12.6.85, rel. Fonseca Tavares (*Shopping centers – Questões Jurídicas*, pp. 432-435; *Responsabilidade Civil e sua Interpretação Jurisprudencial*, p. 267; *RT* 600/79 e *RJTJSP* 96/156-8)

"*Indenização – Responsabilidade civil – Ato ilícito – Furto de veículo em estacionamento de shopping – Responsabilidade da administradora – Irrelevância da ausência de depósito do veículo junto à ré, bem como da inexistência de pagamento direto, por estar devidamente incluído no preço de custo da mercadoria – Indenização devida – Recurso provido para esse fim*. O fato de ser gratuito o estacionamento de automóveis em *shopping centers* não significa que não se esteja obtendo lucro com este, não se eximindo a administradora e a locatária da área destinada ao estacionamento da indenização devida pela subtração do veículo."

4.2 TJSP, ap. cível 77.285-l, j. 1.10.86, rel. Nelson Hanada (*Shopping centers – Questões Jurídicas*, pp. 419-422 e *RJTJSP* 107/148-149)

"*Indenização – Responsabilidade civil – Ato ilícito – Furto de objetos de veículo em estacionamento de shopping center – Responsabilidade da administradora – Irrelevância da ausência de depósito do veículo junto à ré, bem como de pagamento direto, por estar implicitamente incluído no preço do custo da mercadoria. Indenização devida.*"

Resumo: "Objetos deixados no porta-malas do veículo foram retirados, mediante arrombamento, por desconhecidos, durante o tempo em que o veículo permaneceu no estacionamento interno do *shopping center*. O estacionamento, oferecido como gratuito, todavia, de gratuito só tem a falta de pagamento direto, porque, como já se disse: 'é bem certo que o dispêndio com a retribuição pelos serviços estará devidamente incluído no preço de custo da mercadoria' (*RT* 600/79).

"O relacionamento existente entre o cliente usuário do estacionamento e a administração do *shopping center* não se caracteriza como contrato de depósito típico, posto que há, a desnaturá-lo, a prestação de serviços que podem ser definidos como de segurança."

4.3 TJSP-1ª C., EInfs, j. 9.8.88, rel. Álvaro Lazzarini (*Responsabilidade Civil e sua Interpretação Jurisprudencial*, p. 269; *RJTJSP* 116/350)

"*Indenização – Responsabilidade civil – Ato ilícito – Furto de veículo em estacionamento de supermercado – Dever de vigilância e custódia – Vínculo jurídico decorrente do preço incluído no valor das mercadorias e na perspectiva de lucro da afluência de clientela atraída pela comodidade do estacionamento – Embargos rejeitados.*"

4.4 TJSP-7ª C., ap. cível 103.248-1, j. 2.11.88, rel. Sousa Lima (*Shopping centers – Questões Jurídicas*, pp. 428-429)

"*Responsabilidade civil – Shopping center – Furto de veículo em estacionamento – Gratuidade que não afasta o dever de guarda – Relação que não se caracteriza como contrato de depósito típico, mas envolve prestação de serviços de segurança cobrados indiretamente no custo da mercadoria – Indenização devida.* Na hipótese dos autos, não se pode duvidar das afirmativas feitas pelo autor, que imediatamente comunicou o furto aos prepostos da ré e à policia, logo após ter chegado ao local, depois das compras que fez no *shopping*, ocasião em que não mais encontrou seu carro. O estacionamento do *shopping* em questão é cercado, possui cancelas de entrada e saída, guaritas e guarda de segurança, de modo a assegurar tranqüilidade à clientela, o que, aliás, é objeto de propaganda. Assim não colhem os argumentos expendidos pela ré com o objetivo de isentar-se de responsabilidade pelo evento danoso."

4.5 TJSP-7ª C., ap., j. 2.11.88, rel. Sousa Lima (*RT* 639/60; *Responsabilidade Civil e sua Interpretação Jurisprudencial*, p. 268)

"Os *shopping centers* que oferecem estacionamento gratuito a seus clientes não se isentam de responsabilidade pelo furto de veículos colocados sob sua guarda, pois é certo que a retribuição pelos serviços está devidamente incluída no preço de custo das mercadorias. O relacionamento entre o cliente usuário do estacionamento e a administração do *shopping* não se caracteriza como contrato de depósito típico, mas como prestação de serviços que podem ser definitivos como de segurança." No mesmo sentido: *RJTJSP* 95/138, 96/156, 98/148, 102/101, 107/149 e 108/373.

4.6 TJSP-1ª C., ap., j. 22.8.89, rel. Luís de Macedo (*RJTJSP* 123/154; *RT* 646/69; *Responsabilidade Civil e sua Interpretação Jurisprudencial*, pp. 267-268)

"*Indenização – Responsabilidade civil – Ato ilícito – Furto de veículo em estacio-*

namento de shopping center – Existência de vigilância ostensiva no local, além de contrato de seguro, mantido pelo réu, por danos causados a veículos de terceiros – Gratuidade do serviço e permanência do veículo na posse de seu motorista que não excluem o dever de indenizar – Ação procedente – Recurso não provido. A responsabilidade civil do *shopping center* por furto de veículo ocorrido em seu estacionamento não pode ser afastada pelo fato de ser gratuito o uso do local, tampouco por permanecer o motorista do carro na posse da respectiva chave. É o conjunto de circunstâncias em que se opera o estacionamento que irá definir o dever de indenizar. Assim, se o local conta com ostensivo e sofisticado aparato de segurança a atrair a clientela, se o *shopping* mantém contrato de seguro por danos causados a veículos de terceiros 'sob sua guarda' e se o estacionamento é fundamental para o sucesso comercial das lojas que o compõem, inafastável, portanto, o dever de reparar o dano."

4.7 TJSP-5ª C., ap., j. 22.3.90, rel. Márcio Bonilha (*RJTJSP* 126/163; *RT* 655/78; *Responsabilidade Civil e sua Interpretação Jurisprudencial*, p. 268)

"*Indenização – Responsabilidade civil – Ato ilícito – Furto de veículo em estacionamento de shopping center – Dever de vigilância e custódia – Relação jurídica decorrente do preço incluído no valor das mercadorias e na perspectiva de lucro da afluência de clientela atraída pela comodidade oferecida – Verba devida – Recurso não provido.* Há responsabilidade civil do *shopping center* por furto de veículo ocorrido em seu estacionamento, pois, destinando área para tal finalidade com intuito de atrair a clientela, o estabelecimento assume o dever de vigilância, pouco importando que, no sentido direto, não haja contraprestação pecuniária pelo respectivo uso ou que não seja utilizado o sistema de entrega de comprovante de estacionamento."

4.8 TJSP-8ª C., ap., j. 28.3.90, rel. José Osório (*RT* 659/79; *Responsabilidade Civil e sua Interpretação Jurisprudencial*, p. 265)

"O estabelecimento que oferece estacionamento gratuito a seus clientes não se exime da obrigação de indenizar caso haja furto de veículo, pois o contrato não é autenticamente gratuito, mas, sim, fruto de cortesia com interesse de agradar os clientes, visando ao aumento da clientela. Tal contrato (*contrat de garage*), é provado por qualquer meio."

4.9 TJSP-2ª C., ap., j. 6.2.90, rel. Cezar Peluzo (*RJTJSP* 125/180; *Responsabilidade Civil e sua Interpretação Jurisprudencial*, p. 269)

"*Indenização – Responsabilidade civil – Ato ilícito – Furto de veículo em estacionamento de supermercado – Dever de vigilância e custódia – Relação jurídica decorrente de serviço complementar, remunerado de maneira indireta – Irrelevância de não ter havido transferência de posse mediante entrega das chaves do veículo e de a oferta de estacionamento ser imposição legal – Verba devida – Ação procedente – Recurso não provido.*"

4.10 TJSP-3ª C., ap., j. 11.12.90, rel. Flávio Pinheiro (*RJTJSP* 131/71; *Responsabilidade Civil e sua Interpretação Jurisprudencial*, p. 262)

"*Indenização – Responsabilidade civil – Ato ilícito – Furto de veículo em estacionamento de agência bancária – Responsabilidade emergente do serviço complementar prestado – Existência, ademais, de vigilância ostensiva no local, contratada pela ré para comodidade da clientela – Verba devida – Ação procedente – Recurso não provido.*" Vide *RT* 672/100.

4.11 TJSP-4ª C., ap., j. 25.7.91, rel. Cunha de Abreu (*RT* 677/117; *Responsabilidade Civil e sua Interpretação Jurisprudencial*, p. 268)

"O *shopping center* é responsável pelo furto de veículo ocorrido em estacionamento colocado à disposição da clientela. Nem se argumente que o serviço de estacionamento é gratuito pela falta de contraprestação pecuniária, uma vez que o preço está incluído no valor das mercadorias ou dos serviços prestados."

4.12 TJSP-1ª C., ap., j. 12.11.91, rel. Gomes de Amorim (*RJTJSP* 135/150; *Responsabilidade Civil e sua Interpretação Jurisprudencial*, p. 268)

"Indenização – Responsabilidade civil – Ato ilícito – Furto de veículo em estacionamento de shopping center – Dever de custódia que decorre logicamente da vantagem auferida com o estacionamento – Serviço apenas aparentemente gratuito, em face da inegável remuneração indireta embutida nos preços das mercadorias ou dos serviços – Verba devida – Recurso não provido."

4.13 TJSP-7ª C., ap. 184.519-116, j. 20.1.92, rel. Campos Mello (*RDC* 25/215-216)

"Responsabilidade civil – Morte de filho – Atropelamento ocorrido em estacionamento de supermercado – Acidente causado por autor do furto de veículo estacionado no seu interior – Irrelevância do dano ter sido causado por terceiro – Dever de guarda momentaneamente transferido ao supermercado – Caracterização de culpa leve que gera obrigação de indenizar – Indenização devida."

Resumo: "(...) a responsabilidade da ré exsurge nítida no caso, na gênese dos acontecimentos, ou seja, na ocorrência da subtração do veículo. A ré tem o dever legal de zelar pela segurança dos veículos estacionados no interior de seu estabelecimento. E que não se pode negar a responsabilidade que ordinariamente está conferida ao titular de estabelecimento de acesso franqueado aos clientes. Ainda que não se vislumbre contrato de depósito, com tradição real ou simbólica, o aparato de segurança existente funciona como atrativo à captação de clientela. Área cercada, e guardas de segurança em seu interior, esse quadro funciona como poderoso chamariz ao consumidor mediano, que supõe, justamente, que lá seu veículo estará sendo protegido de subtrações. Tal aparato de segurança acarreta, em contrapartida, dever de vigilância que não pode ser negligenciado. (...) Se o aparato de segurança induz o consumidor mediano a adquirir os produtos da apelante, se serve como atrativo na captação da clientela, o dever de proteção que lhe é correlato não pode ser meramente aparente. Ao contrário, deve ser exercido eficazmente. Afinal, ainda que se admita, por epítrope, a impossibilidade de que os custos daí decorrentes venham a ser repassados à clientela, não se pode perder de vista que os lucros auferidos em estabelecimentos dessa natureza são provenientes, primordialmente, do volume de vendas efetuadas, que, por seu turno, são decisivamente impulsionadas pelas condições de segurança que são aparentemente ofertadas aos consumidores (...)".

4.14 TJSP-4ª C., EInfs, j. 27.2.92, rel. Cunha de Abreu (*RJTJSP* 137/388; *Responsabilidade Civil e sua Interpretação Jurisprudencial*, p. 268)

"Indenização – Responsabilidade civil – Ato ilícito – Furto de veículo em estacionamento de shopping center – Existência de aparato de segurança a funcionar como captador de clientela – Onerosidade do serviço, ademais, embutida nos preços finais dos bens e/ou serviços operacionalizados no estabelecimento – Verba devida – Embargos recebidos."

4.15 TJSP-2ª C., EInfs, j. 30.6.92, rel. Cezar Pelazo (*RT* 696/97; *Responsabilidade Civil e sua Interpretação Jurisprudencial*, pp. 268-269)

"Responsabilidade civil – Furto de veículo em estacionamento de shopping center – Indenização devida pelo centro comercial a despeito de não haver contraprestação pecuniária direta pelo uso – Dever de custódia assumido quando do oferecimento, por obrigação legal ou simples conveniência econômica, do espaço destinado aos veículos – Voto vencido. Sempre que, no âmbito doutra relação jurídica, como a que se estabelece entre os fregueses e os centros comerciais (*shopping centers*), supermercados etc., o vendedor ou o prestador de serviços ofereça, por obrigação legal ou simples conveniência econômica, espaço próprio para veículos, assume dever de custódia."

4.16 TJSP-6ª CCivil de férias, ap. cível 171.056-1/2-SP, j. 6.8.92, v.u., rel. José Malerbi (*BAASP* 1.793/174, de 5.5.93)

"*Ação indenizatória por furto ocorrido em estacionamento de supermercado – Prova de que estava fazendo compras no supermercado.*"

Resumo: "Trata-se de ação indenizatória por furto de veículo ocorrido em estacionamento de supermercado. [Em 1º grau], a ação foi julgada improcedente por falta de prova no sentido de que tenha o delito ocorrido efetivamente no estacionamento. (...)

"É inquestionável o dever de vigilância de estabelecimento comercial que oferece a seus clientes estacionamento, angariando assim clientela, acenando-lhes com maior conforto e segurança. Em conseqüência, assume o dever de vigilância. Na falta desta, tem a obrigação de indenizar. (...) A prova do fato (...) é suficiente para admitir como verdadeiras as alegações iniciais. O apelante comunicou o fato às 23h30 do dia 18.12.89, indicando como local do furto o pátio do estacionamento da recorrida. Juntou aos autos a nota de compra tirada às 21h47 do mesmo dia. (...) Houve o registro oportuno do furto perante a autoridade policial, reforçando a imediata reação do autor à veracidade dos fatos por ele narrados. Não consta nos autos ter o recorrido tomado as medidas judiciais cabíveis, no sentido de atribuir ao autor a hipótese prevista no art. 340 do CP, ou seja, provocar a autoridade, comunicando a ocorrência de crime ou de contravenção, que sabe não se ter verificado."

4.17 TJSP-4ª CCivil, EInfs 170.359-1/0-01-SP, j. 17.12.92, rel. Freitas Camargo (*BAASP* 1.809/352, de 25.8.93)

"*Indenização – Furto de automóveis em estacionamento de supermercado – Inexistência de lei que obrigue a empresa comercial a responsabilizar-se por veículo em seu estacionamento – Culpa in vigilando não caracterizada.*"

Resumo: "Argumenta a embargante que não assumiu a guarda do veículo furtado e que o pátio de estacionamento é gratuito e constitui mera comodidade oferecida aos seus clientes, não havendo nessa oferta nenhuma obrigação de natureza contratual ou legal, que lhe imponha o dever de guarda dos veículos que ali estacionam.

"A embargante tem razão. A decisão recorrida nega o preceito do inc. II, do art. 5º, da CF/88, no sentido de que 'ninguém será obrigado a fazer ou deixar de fazer alguma coisa senão em virtude de lei'. Não há no Direito Positivo brasileiro lei alguma que imponha o dever de guarda ao proprietário de empresa comercial que mantenha pátio de estacionamento para os veículos de seus clientes. A responsabilidade civil na sistemática do nosso Direito está baseada no princípio da culpa, como já salientou o STF no julgamento do RE 114.671, em caso análogo e pondo em evidência que a responsabilidade objetiva só é admissível em casos expressos em lei, o que, todavia, não ocorre no caso em exame.

"Por conseqüência, sem que haja lei ou contrato, não se pode falar na existência de culpa e, tampouco, na existência de 'culpa *in vigilando*', uma vez que a ré não assumiu a responsabilidade da guarda dos veículos estacionados no aludido pátio."

4.18 TJSP-1ª C., ap. cível 184.775-1/1-Ribeirão Preto, j. 2.2.93, v.u., rel. Guimarães e Souza (*RDC* 11/223)

"*Indenização – Furto de veículo em estacionamento de shopping center – Autor não era cliente – Responsabilidade civil não caracterizada.*"

Resumo: "Trata-se de ação de indenização julgada improcedente, condenando o autor ao pagamento das despesas processuais e dos honorários advocatícios do réu. Apelou o autor pugnando pela reforma da decisão recorrida, para que a ação seja julgada procedente, porque além de funcionário era também consumidor do *shopping*, devendo este indenizar tanto clientes como funcionários que deixam seus veículos em seus estacionamentos.

"A decisão recorrida bem apreciou a questão debatida nos autos, merecendo, por isso, subsistir por seus próprios e jurídicos fundamentos.

"A inicial é clara: o autor estacionou o veículo de sua propriedade no condomínio-réu, para se dirigir ao seu local de trabalho e, após cumprida a jornada de trabalho, ao dirigir-se ao local onde havia deixado seu automóvel, foi surpreendido com o furto que noticia.

"Ainda que o autor se inclua como um dos consumidores das lojas instaladas no condomínio-réu, no dia do furto de seu veículo lá não compareceu como consumidor, mas sim, como empregado de uma das lojas nele localizadas.

"Assim sendo, a jurisprudência que admite a responsabilidade de estabelecimentos comerciais por furto de veículos deixados por clientes em seus estacionamentos, não favorece, de fato, o autor, pois não o alcança.

"Somente poderia haver responsabilidade do empregador se este destinasse espaços para estacionamento de seus funcionários. Nesse caso, a empresa passa a ser depositária dos veículos de seus empregados.

"O caso dos autos é diverso: o autor não é empregado do réu. Portanto, não há como se cogitar, sequer, de responsabilidade do ora apelado, porque, inexistente o vínculo empregatício, não ofereceu ele estacionamento ao autor, assumindo a condição de depositário.

"Ante o exposto, nega-se provimento ao recurso."

4.19 TJSP-8ª C., ap. cível 238.119-1/8-SP, j. 14.2.96, v.u., rel. Aldo Magalhães (*BAASP* 1.999/31-e de 16.4.97; *RT* 734/319)

"*Responsabilidade civil – Estacionamento de veículos – Roubo praticado mediante grave ameaça – Exclusão da culpa e responsabilidade da empresa proprietária do estabelecimento – Inteligência do art. 1.057 do CC.* O roubo de veículo realizado em interior de estabelecimento comercial, mas praticado mediante violência ou grave ameaça, exclui a culpa e conseqüentemente a responsabilidade civil da proprietária do estacionamento, como resulta do art. 1.057 do CC."

4.20 TJSP-2ª C., ap., j. 30.6.92, rel. Cezar Peluzo (*RJTJSP* 125/180; *Responsabilidade Civil e sua Interpretação Jurisprudencial*, p. 269)

"*Indenização – Responsabilidade civil – Ato ilícito – Furto de veículo em estacionamento de supermercado – Dever de vigilância e custódia – Relação jurídica decorrente de serviço complementar, remunerado de maneira indireta – Irrelevância de não ter havido transferência de posse mediante entrega das chaves do veículo e de a oferta de estacionamento ser imposição legal – Verba devida – Ação procedente – Recurso não provido.*"

4.21 TJSP-1ª C., ap. 147.766-1, j. 13.8.91, rel. Renan Lotufo (Ement. Jurisp. Recente jan.-fev./92, p. 32; *Responsabilidade Civil e sua Interpretação Jurisprudencial*, pp. 269-270)

"*Indenização – Responsabilidade civil – Veículo – Furto em estacionamento do Makro – Determinado pagamento da verba – Alegada ilegitimidade da parte e inexistência de responsabilidade contratual, em face da ausência de vínculo – Inadmissibilidade – Hipótese em que a oferta do estacionamento, pela autora, já implica a responsabilidade do estabelecimento, independentemente de vigilância específica. Recurso não provido.*"

4.22 TJSP 7ª C., ap., j. 12.12.90, rel. Leite Cintra (*RJTJSP* 131/172; *Responsabilidade Civil e sua Interpretação Jurisprudencial*, p. 270)

"*Indenização – Responsabilidade civil – Ato ilícito – Furto de veículo em estacionamento de supermercado – Dever de vigilância e custódia – Vínculo jurídico decorrente do preço embutido no valor das mercadorias e na perspectiva de lucro na afluência de clientela atraída pela comodidade do estacionamento – Verba devida – Recurso provido.* Na disputa da clientela pelo estabelecimento comercial, um bom estacionamento constitui fator de muita importância, e quem tira proveito das dependências de que dispõe há de responder pelos riscos de quem deixa o veículo lá. Trata-se de responsabilidade objetiva, somente elidida por eventual intercessão de outro fluxo causal autônomo (caso fortuito)."

4.23 TJSP-1ª C., ap. 220.519-1/7, j. 6.7.94, rel. Álvaro Lazzarini (*Responsabilidade Civil e sua Interpretação Jurisprudencial*, p. 270)

"A gratuidade do estacionamento não é real, porque o preço por sua utilização está embutido no valor das mercadorias que irão ser consumidas pelos clientes que nele adentrarem, não podendo o apelante montar uma armadilha em oferecer estacionamento, como fator de captação de clientela, dando-lhe idéia de segurança, para ao depois proceder como vem procedendo, nestes casos e nos inúmeros casos que envolvem a empresa-apelante, de furtos de veículos em seus estacionamentos." No mesmo sentido e do mesmo relator: ap. 195.879-1 e 196.540-1.

4.24 TJSP-1ª C., ap., j. 6.7.94, rel. Álvaro Lazzarini (*RT* 709/83; *Responsabilidade Civil e sua Interpretação Jurisprudencial*, p. 270)

"Não há como o supermercado isentar-se da responsabilidade sobre a guarda do veículo, a pretexto de não ter caracterizado qualquer espécie de depósito e o estacionamento ser absolutamente gratuito, pois tal gratuidade não é real, porque o preço por sua utilização está embutido no valor das mercadorias que irão ser consumidas pelos clientes que nele adentrarem. A alegação de que inocorreu comprovação do furto de veículo no pátio do estabelecimento do supermercado cai por terra principalmente com a 'certidão de não localização do veículo', exarada pelo Depto. Estadual de Investigações Criminais e o boletim de ocorrência, já que este último goza de presunção *juris tantum* de verdade dos atos jurídicos em geral, de forma que suas conclusões, não infirmadas por antiprova robusta, servem para esteiar a composição do conflito."

4.25 TJSP-7ª C., ap., j. 20.1.92, rel. Campos Mello (*RT* 700/69; *Responsabilidade Civil e sua Interpretação Jurisprudencial*, p. 270)

"A responsabilidade do supermercado exsurge nítida no caso de atropelamento e morte ocorridos nas dependências do seu estacionamento, causados por veículo que acabara de ser furtado na fuga do autor da subtração, pois era seu dever jurídico impedir a consumação da subtração do veículo. Era seu dever também evitar o rompimento do equilíbrio jurídico. Afinal, é sabido que ordinariamente, cabe ao detentor da coisa potencialmente perigosa, como um veículo automotor, zelar para que ela não cause danos a terceiros. Nas circunstâncias porém, esse dever de guarda, normalmente atribuído ao proprietário ou possuidor do veículo, estava momentaneamente transferido ao supermercado que dele não se desincumbiu a contento. Não importa que o autor direto do dano tenha sido terceiro. No âmbito civil, mesmo a culpa leve gera obrigação de indenizar. E a negligência dos prepostos do supermercado no dever de vigilância restou patenteada pelas próprias circunstâncias da subtração perpetrada."

5. Conselho Recursal do Juizado Especial Cível e do Consumidor do RJ

5.1 CRJECC-11ª T., Rec. 427/97, j. 25.6.97, rel. Luiz Felipe Miranda de Medeiros Francisco (*RDC* 23-24/357 e ss.).

"*Responsabilidade civil – Indenização por danos causados a veículo no interior do estacionamento de supermercado – Em se tratando de responsabilidade civil, objetivando reparação de dano causado a veículo, por ele responde o supermercado, se comprovado ali tenha ocorrido o fato, porque do estacionamento se beneficia a empresa, para a incrementação do seu negócio.*"

Resumo: "Francisco Edison Fontenele compareceu ao Juizado Especial Cível e do Consumidor de Realengo, onde formulou reclamação contra a firma Carrefour Com. e Ind. Ltda., pretendendo vê-la compelida a indenizá-lo por avarias causadas ao veículo de sua propriedade, quando ali se encontrava estacionado, anexando ao pedido orçamentos.

"A hipótese é de responsabilidade civil, havendo a sentença recorrida acolhido a pretensão indenizatória e condenado a reclamada ao pagamento do valor correspondente ao orçamento de menor preço para a reparação.

De toda a prova colhida nos autos, resulta claro que o fato efetivamente ocorreu no estacionamento do supermercado, sendo dispensável o registro policial da ocorrência, eis que do fato não resultou nenhuma vítima, como bem enfatizou o julgador de primeiro grau."

6. Tribunal de Justiça do RJ (TJRJ)

6.1 TJRJ-2ª CCivel, ap. cível 36.788, j. s/d, rel. Felisberto Ribeiro (*Shopping centers – Questões Jurídicas*, pp. 419-422)

"*Responsabilidade civil – Furto de automóvel em estacionamento gratuito, proporcionado pelo estabelecimento comercial a seus fregueses – Ausência de culpa – Inexistência de contrato – Fato sem comprovação convincente – Improcedência da ação.* A respeito, já haviam se proferido dois acórdãos, nas apelações cíveis 30.079, de Niterói, e 30.305, de Nova Iguaçu, estabelecendo o seguinte: 'Furto de automóvel em estacionamento proporcionado por estabelecimento comercial a seus fregueses. Inexistência de culpa do estabelecimento e improcedência da ação de indenização'. Qualquer do povo tem acesso ao estacionamento de um *shopping center*, assim como tem aceso às vias públicas. Conforme acentuado no acórdão proferido na ap. 20.079, 'o estacionamento, cuja utilização independe, como é notório, de prévio consentimento da direção da loja, funciona, para dito fim, como prolongamento da via pública'. A oferecê-lo aos fregueses, o proprietário do estacionamento não assume a responsabilidade de guarda do veículo, do qual não se torna depositário. O freguês usa o estacionamento como comodidade sua. De graça. Ele não faz entrega do veículo ao responsável pelo estacionamento. Então, se ocorre furto, não pode ele, responsável pelo estacionamento, ser responsabilizado, pois não terá havido negligência ou omissão a ser-lhe imputada. Não se formou entre as partes nenhum contrato."

Voto vencido: "Considerou que, em tese, o veículo guardado na garagem do *Shopping Center* Rio Sul encontra-se sob custódia do mesmo, como, de resto, acontece com todos os supermercados, nos quais existe policiamento em áreas cobertas, irrelevante a entrega das chaves ou o pagamento do estacionamento.

"Reforça essa tese o fato de a gratuidade ser meramente aparente, pois é de interesse para o *shopping center* o aumento de clientela, através de pessoas cujos carros se guardam nas garagens neles situadas.

"A responsabilidade decorre de má escolha dos guardas que policiam a garagem (culpa *in eligendo*) ou da falta de vigilância da área. Aliás, é psicológico o fato de uma pessoa, deixando de estacionar o seu veículo na rua, levá-lo para o interior da garagem do *shopping center*, onde o interessado, além de efetuar as suas compras, sente-se seguro, na certeza de que o policiamento lá existente lhe garantirá a segurança do carro."

6.2 TJRJ-1ª CCível, ap. cível 2.934/ 88, j. 30.3.89, rel. Emílio Carmo (*Shopping centers – Questões Jurídicas*, pp. 422-425). Apte. Rogério F. Rodrigues, Apdo. Ibeas Sul Academia Ltda.

"*Responsabilidade civil – Furto de veículo – Vaga de garagem em shopping center – Academia de ginástica – Ilegitimidade 'ad causam' passiva – Carência de ação – Ação ordinária de indenização por suposta guarda de veículos – Não caracterizada a responsabilidade pela guarda, num estacionamento público e gratuito, embora dentro de um shopping – Em caso de furto do veículo, não há obrigação de indenizar por parte de um dos lojistas, a cujo estabelecimento se dirigiu o dono do veículo, 'in casu', uma academia de ginástica, que é parte ilegítima 'ad causam' para integrar o pólo passivo da relação processual, ainda quando tenha anunciado a comodidade do estacionamento gratuito – Responsabilidade que deveria ser repartida entre todos os condôminos, com o acionamento do condomínio do shopping se a guarda fosse uma contraprestação de serviços ou se ficasse caracterizada como serviço do shopping – Nenhum contrato firmado entre este e o dono do veículo, com interveniência da academia de ginástica –*

Apelo do dono do veículo desprovido julgando-se-o, como autor, carecedor de ação contra a apelada, extinto o processo sem julgamento do mérito – Decisão unânime. Num estacionamento gratuito, sem contraprestação de serviço em troca de pagamento, coloco mesmo em dúvida a possibilidade de 'rateio de responsabilidade' pelos demais lojistas, que, talvez, não poderiam responder solidariamente por uma indenização a que não deram causa. A meu juízo, oferecer uma 'área comum' não seria suficiente para importar em assumir os riscos do furto. A área assim disposta seria um simples abrigo, uma comodidade, e nem sempre importa em garantia para o proprietário do veículo, que não está pagando para tê-lo sob guarda."

7. Tribunal de Justiça do Rio Grande do Sul (TJRGS)

7.1 TJRGS-3ª CCível, ap. cível 592000145-3, j. 26.2.92, rel. Décio Antônio Erpen (*Contratos no CDC*, p. 184; *Revista de Jurisprudência TJRGS* 156/383-390)

"*Responsabilidade civil – Furto de automóvel em estacionamento gratuito, proporcionado pelo estabelecimento comercial a seus fregueses – Ausência de culpa – Inexistência de contrato – Fato sem comprovação convincente – Improcedência da ação.* A respeito, já haviam se proferido dois acórdãos, nas apelações cíveis 30.079, de Niterói, e 30.305, de Nova Iguaçu, estabelecendo o seguinte: 'Furto de automóvel em estacionamento proporcionado por estabelecimento comercial a seus fregueses. Inexistência de culpa do estabelecimento e improcedência da ação de indenização'."

SENTENÇA (EMENTA)

Proc. 1.959/96, 5ª Vara Cível de Osasco-SP, j. 26.5.97, Juiz Manoel Barbosa de Oliveira (*RDC* 23-24/412-424)

"*Ação civil pública – Impugnação do valor da causa – Acidente no Osasco Plaza Shopping – Reparação de danos morais e/ou patrimoniais sofridos pelas vítimas – Desconsideração da personalidade jurídica – Reconhecimento da legitimidade passiva dos co-réus, pessoas físicas.*"

II – Abreviaturas utilizadas

AgRg – Agravo Regimental

BAASP – Boletim da Associação dos Advogados de São Paulo

DJU – Diário de Justiça da União

EInfs – Embargos Infringentes

RE – Recurso Extraordinário

REsp – Recurso Especial

RJTJ – Revista de Jurisprudência do Tribunal de Justiça (do Estado)

RSTJ – Revista do Superior Tribunal de Justiça

RT – Revista dos Tribunais

RTJ – Revista Trimestral de Jurisprudência (STF)

Textos Clássicos

O DESENVOLVIMENTO HISTÓRICO DO DIREITO COMERCIAL E O SIGNIFICADO DA UNIFICAÇÃO DO DIREITO PRIVADO*

TULLIO ASCARELLI

1. A bipartição do direito privado e o conceito de direito especial. 2. A posição do direito comercial e a sua origem na civilização medieval. O primeiro período da história do direito comercial. 3. A formação das monarquias nacionais e o segundo período da história do direito comercial. O problema do crédito. A crise do sistema e a passagem para um critério objetivo. 4. A especialidade do direito comercial e o capitalismo. 5. O princípio da livre concorrência e o interesse do consumidor. 6. Disciplina da concorrência e disciplina do mercado. 7. A disciplina do mercado e o empresário. Diversas finalidades do intervencionismo. Disciplina do ato e da atividade. 8. Unificação do direito das obrigações e relevância do conceito de empresário. Empresa e causa dos contratos. Empresa e atividade. Atividade e ato. Empresa e critérios probabilísticos do direito. 9. Várias finalidades na disciplina da atividade.

1. Observando a história do direito, não tardamos em perceber a freqüência com a qual o direito privado se apresenta subdividido em dois sistemas, por vezes um deles regulando determinadas matérias com exclusão do outro, outras vezes, ao contrário, concorrendo na regulação da mesma matéria. Ao sistema "tradicional" contrapõe-se, então, um sistema "eqüitativo". Eqüidade, neste caso, não significa "justiça no caso concreto" ou "regra de direito social em contraposição ao estatal", mas significa o emergir, primeiramente de modo limitado e depois historicamente mais amplo, de novos valores e novos princípios, invocados antes *supplendi vel corrigendi gratia* e, depois, em um âmbito mais vasto, até que, no desenvolvimento histórico, normas antes consideradas excepcionais, depois sistematizadas como um direito especial, cheguem a constituir um direito geral e comum. Acabam, então, as normas contrastantes do velho direito tradicional por assumir por vezes quase o caráter de relíquias históricas de um sistema, a essa altura geralmente inspirado naquele que, ao início do desenvolvimento, formava o seu temperamento. *Jus civile* e *jus honorarium*, no direito romano, mostram-nos essa distinção; *common law* e *equity*, no direito anglo-saxão, repetem a dicotomia, indicando a importância de um fenômeno próprio dos dois sistemas, nos quais posteriormente se inspiravam todos os sistemas jurídicos da Cristandade. Essa dicotomia parece ilógica a quem se preocupa com simetrias sistemáticas; mas ela corresponde àquela con-

* Tradução de Fábio Konder Comparato, in *Saggi di Diritto Commerciale*, Milão, Giuffrè.

ciliação entre exigências conservadoras e progressistas, entre a rigidez e a elasticidade imanentes em cada sistema, permitindo a adoção de novos princípios por uma via quase experimental, que consente na sua adoção primeiramente em alguns setores e, progressivamente, em outros, admitindo-lhes abstratamente uma aplicação geral, mas sancionando-os somente na medida em que isso se faça necessário, tanto que sua expansão permanece confiada ao tempo e sujeita ao valor que a experiência lhe der.

O direito "especial" caracteriza-se, justamente, por sua limitada aplicação, a despeito da amplitude geral e abstrata dos seus princípios; as suas características podem prender-se, antes a uma consideração histórica do direito no seu desenvolvimento, do que a uma consideração sistemática em certo momento. A eqüidade se apresenta, então, como afirmação efetiva de novas normas que, mais chegadas à consciência atual, são consideradas eqüitativas em confronto com aquelas tradicionais, mas que também têm um caráter geral e acabam por afirmar-se como tais no desenvolvimento histórico do direito, até que sejam sancionadas como princípio geral, tal qual se deu com o "Judicature Act" inglês de 1875.

2. O direito comercial, parece-me nas suas origens e no seu desenvolvimento, liga-se aos fenômenos ora mencionados.

Sem dúvida, podemos em cada época destacar normas particulares do comércio; mas um sistema de direito comercial, em contraposição ao do direito civil, somente surge com o renascimento da vida medieval nas comunas italianas, com o assentar-se, dentro dos muros das novas cidades, de uma civilização urbana e burguesa, fundada no trabalho livre e na renovada operosidade do tráfico mercantil, concomitantemente com o prodigioso florescimento cultural, que conheceu o cântico de São Francisco e o poema de Dante, a redescoberta de Aristóteles e as pesquisas experimentais.

O direito romano, mesmo nas normas particulares do comércio, não conhecera um sistema autônomo de direito comercial. Talvez para isso houvesse concorrido a dicotomia entre *juris civile* e *honorarium*, à qual nos referimos, bem como a satisfação, através do *jus gentium*, daquelas exigências internacionais, tão vivas na formação do direito comercial.

Um sistema de direito comercial se encontra, ao contrário, nas nossas cidades medievais, em conexão e em contraste com o ainda vigente direito romano-canônico. A elaboração então realizada foi, antes de mais nada, produto do desenvolvimento consuetudinário no meio corporativo, em função de sua peculiar jurisdição; um direito pois, particular, elaborado pelos próprios comerciantes dentro de uma esfera de autonomia (o que explica sua aplicabilidade apenas a estes, por um critério subjetivo). Ao lado da minuciosa regulamentação corporativa referente a filiação à corporação, a disciplina destas, a das mercadorias e dos serviços dos seus membros, desenvolvem-se normas, sempre aplicadas por critérios subjetivos, que dizem respeito à troca de mercadorias e de serviços. São essas normas que, elaboradas nas corporações mercantis e aplicadas pelos respectivos tribunais da justiça consular, e desenvolvidas nas feiras, combinam-se com a evolução dos costumes para a formação de um *corpus juris* substancial e internacionalmente uniforme no âmbito mercantil e que encontra no seu internacionalismo nova razão de vida e de autonomia. Não obstante essas normas, pela sua origem, serem aplicadas em função de um critério subjetivo, consagra-se a competência da jurisdição consular mesmo quando apenas uma das partes é comerciante. O mar, principal meio de comunicação, apresenta, por seu turno, na elaboração de seus institutos, princípios bem ricos de desenvolvimento; na origem dos seguros encontramos o hoje esquecido empréstimo de câmbio marítimo.

As normas assim elaboradas dizem respeito sobretudo ao mercado e ao câmbio, constituindo assim aquele direito que ainda hoje chamamos mercantil. São justamente os problemas de mercado que prevalecem neste primeiro período do direito comercial, cujo início podemos, para indicar uma data, fazer remontar ao início do século XII e cujo término podemos situar na segunda metade do século XVI. Um tratado desse primeiro período encontramos completo na obra de Stracca (1553), primeiro sistematizador do direito comercial.

O direito comercial distingue-se, então, do direito comum no que diz respeito às suas fontes, porque estas residem acima de tudo na autonomia corporativa e nos costumes dos comerciantes, direito esse outrossim não apenas a estes aplicável, mas por eles elaborado, com uma jurisdição especial que é a das corporações e das feiras, com uma autonomia corporativa comparável à das diversas classes sociais e fruto da autonomia de que estas gozam no direito medieval. Relativamente ao seu conteúdo, o direito comercial deste período gravita em torno de um pólo normativo, constituído pelo câmbio e pelo mercado e que desde então adquire (não obstante o critério subjetivo de sua aplicação) um valor próprio, distinguindo-se assim de um mero direito classista e da disciplina interna das corporações e dos seus membros, de importância predominante nas corporações de ofícios. Neste período formam-se regras sobre a conclusão dos contratos, sobre representação, sobre auxiliares do comerciante, sobre pagamentos (a letra de câmbio aparece como instrumento de pagamentos internacionais) sobre a venda, sobre comissão, sobre livros do comerciante, sobre falências e assim sucessivamente.

A formação dessas normas, originariamente italianas, é basicamente uniforme no campo internacional e independente dos limites geográficos, pelo que Stracca pôde falar adequadamente de um novo *jus gentium*. Isto ocorre mesmo além das fronteiras que permaneceram hostis à penetração do direito romano comum, ou seja, mesmo na Inglaterra. Ao desenvolvimento corporativo e consuetudinário do direito comercial nas cidades da Europa Continental corresponde, na Inglaterra, com ampla semelhança de princípios, a sua evolução através de procedimento sumário dos tribunais das feiras (os *piepowder courts*) e a disciplina especial das cidades dotadas de um privilégio de mercado (*staple system*).

3. Concluído o processo de formação das monarquias centralizadas, abriu-se, no meu modo de ver, um segundo período da história do direito comercial, cujo início podemos situar nos fins do século XVI. As fontes do direito comercial não mais serão encontradas na autonomia das corporações, pois o direito comercial passará a fazer parte do direito comum. A evolução consuetudinária sucederá um desenvolvimento fundado nas ordenações emanadas da autoridade régia, preocupada com a formação de um mercado nacional e enciumada com a autonomia das várias ordens profissionais. As normas elaboradas no primeiro período, referentes à troca e ao mercado, demonstram a sua própria força, através da persistência da autonomia do direito comercial, a despeito de modificações havidas em suas características. Com efeito, nascido no meio corporativo e fruto da elaboração dos comerciantes, o direito comercial se reafirma através da capacidade de superar suas origens corporativas. Seu centro de propulsão desloca-se da Itália, que não consegue tornar-se um Estado Nacional, exatamente quando alhures se afirmam as grandes monarquias nacionais centralizadas, para os Países Baixos, França e Inglaterra, ao mesmo tempo em que a Alemanha conhece uma profunda crise econômica, agravada depois pela Guerra dos Trinta Anos. Na Europa Oriental, em contraposição com a evolução da Europa Ocidental, reforça-se e se sistematiza a servidão da gleba, tanto que a libertação das massas camponesas lá ocorrerá, assim, como em grande parte da Alemanha, somente no século XIX.

A Especialização da Justiça, ministrada por tribunais especiais, compostos por comerciantes (correspondendo-lhes na Inglaterra o entendimento de regras mercantis como costumeiras, sujeitas a julgamento de fato pelos jurados, não obstante a avocação, desde 1606, da jurisdição comercial pelos tribunais de *common law*) e a qualificação dos comerciantes como critério determinante da aplicabilidade das regras mercantis continuam a distinguir o direito comercial, mas também este se apresenta, a despeito de sua especialidade, como parte do direito em geral, regido por vezes pelas grandes Ordenações, como a de Luís XIV. As exigências do tráfico mercantil, aliás, provocam na França uma legislação comercial mais intensa e sistemática do que a do direito civil (esta mais fiel ao direito romano comum e aos costumes), sistematização legislativa essa que encontramos justamente na Ordenação de Luís XIV. Enfraquece-se, ante a formação de um mercado nacional surgido da monarquia, o sistema corporativo, também então sujeito à autoridade real, que impõe uma disciplina minuciosa e publicista, que constitui a parte predominante do ordenamento comercialista. A indústria, cuja origem provinha da iniciativa de comerciantes, organizando artesãos ou trabalhadores a domicílios, encontra estímulo em seu desenvolvimento fora das corporações de ofício, e é não raro incentivada e protegida pela autoridade régia. As normas (privadas) comerciais vão sendo, com freqüência, cada vez mais aplicadas objetivamente (embora através do artifício da comerciabilidade do sujeito *quoad actum*). A especialidade dos princípios elaborados prevalece, na autonomia do direito comercial, sobre o caráter ordinário de um direito classista e na Ordenação de Luís XIV se afirma a comercialidade absoluta dos atos cambiais.

O problema, que parece predominante na elaboração levada a efeito nesse período, não é mais o das trocas, mas o do crédito, assim como o investimento, diante das exigências surgidas pelo desenvolvimento da indústria, sobretudo a de mineração, e especialmente pela expansão colonial, que levava a ambição européia de conhecimento e conquista a reencontrar pelo mar o caminho das Índias, com a descoberta de um novo e fabuloso continente. Exigências do crédito significam exigências de sua circulação, porque crédito e investimento serão tanto mais fáceis, quanto mais fácil for sua mobilização; é, portanto, a facilidade na circulação de crédito que determina efetivamente a possibilidade de desenvolvimento.

Encontramos nesse período o desenvolvimento da letra de câmbio que, de instrumento de câmbio internacional torna-se instrumento de crédito pela criação do saque e pela disciplina da posição do sacado. Encontramos aqui, também, o desenvolvimento das sociedades anônimas, que aperfeiçoam seus próprios princípios, inicialmente afirmados no início do século XVII pelas companhias coloniais, às quais, quase imediatamente, se relaciona, de modo natural, o desenvolvimento das bolsas de valores. As operações destas, no longínquo século XVII, não nos parecem diversas das de hoje, segundo a descrição constante do opúsculo (1688) do misterioso José de La Veja, preocupada justamente em descrever aquele "jogo" das ações, que a expansão das companhias coloniais provoca em Amsterdã, que tinha então a função que tem hoje sua "filha", a Nova Amsterdã, como originariamente se chamava Nova Iorque.

A evolução da sociedade anônima – mais livre nos Países Baixos e na Inglaterra assim como mais livre se apresenta aí a atividade econômica; na França, porém, mais estreitamente vinculada à política mercantilista – revela uma conexão de elementos privatísticos e publicísticos. O ato em que se funda a companhia fixava-lhe a personalidade e os privilégios; a concessão atribuía à companhia personalidade jurídica e circulabilidade dos títulos, ao mesmo tempo em que a investia de monopólio e privilégios, confiando-lhe a exploração de distantes terras de além-mar.

O sistema conheceu sua crise com o final do século XVIII.

Na Inglaterra, em meados do século XVIII, com a ascensão (1759) de Lord Mansfield a *Chief Justice*, as normas comerciais passam a ser fixadas diretamente pelos tribunais de *Common Law* e o direito comercial veio a ser consolidado e desenvolvido através de precedentes jurisprudenciais, embora conservando em larga escala a sua herança romana, no âmbito da *Common Law*, ao invés de ser enquadrado como um sistema especial. Mais rápido, por um lado é o processo de modernização da agricultura, e o da industrialização por outro, assim como a afirmação de uma classe média e a revolta contra o Estado autoritário e contra o sistema de privilégios no exercício da atividade econômica já se haviam manifestado na Inglaterra, quando no continente se expandia o Estado absolutista. A distinção entre *common law* e *equity*, que perdurava pelo século XIX adentro, mantém uma dicotomia que assume uma função de elasticidade no sistema de direito privado.

No continente europeu, o direito comercial continua a contrapor-se ao civil, continua a ser aplicado por jurisdições especiais compostas por comerciantes (revelando-se nessa composição dos órgãos judiciários a coligação com o período anterior); mas o Código napoleônico, cuja edição assinala o final do que denominamos o segundo período da história do direito comercial e o início do período atual, erige desde então um sistema de normas objetivamente aplicáveis, quaisquer que sejam os sujeitos do ato.

A objetivação do sistema aumenta necessariamente o seu campo de aplicação, não só porque ele se estende aos atos de comércio ocasionais (sempre raros), mas também porque a aplicação das normas comerciais doravante prescinde da qualificação do sujeito, e poderá também estender-se ao negócio unilateralmente comercial e, assim, ao ato do consumidor. A indústria é atraída para o âmbito do direito comercial por meio do critério, já substancialmente formulado por Stracca, da empresa, contrapondo-se, assim, ao artesanato (cuja consideração, na ordenação de Luís XIV, vinculava-se ao controle régio das corporações de ofícios e à disciplina pública do comércio, superada com a dissolução das corporações).

A objetivação acentua-se no correr do século XIX: novos atos são atraídos para a esfera do direito comercial que, com o Código italiano de 1882, supera a fronteira que parece intransponível dos negócios imobiliários e sanciona a sujeição do negócio bilateral, em sua inteireza, à lei comercial, mesmo quando comercial somente um dos atos que o constituem, sujeitando então ao direito comercial também o ato com o fito de consumo.

Praticamente, com o fim do século XIX o direito comercial, no desenvolvimento jurídico de vários países, tende a regular cada ato econômico "inter vivos", que estejam fora do âmbito da agricultura; a agricultura contrapõe-se, no seu tradicionalismo patriarcal, ao comércio e à indústria, avizinhando-se de uma atividade de mero usufruto e administração de bens. O direito das obrigações comercializa-se, segundo a frase de um grande comercialista, e isto a tal ponto que, quando (como também aconteceu em alguns países, por exemplo o Brasil) o Código Civil é posterior ao Comercial, é no Civil e não no Comercial que encontramos aqueles princípios que determinam os atos propriamente comerciais. O direito civil permanece como o direito da família, das sucessões, dos direitos reais; os princípios comerciais aplicam-se, de fato, a todo o direito das operações econômicas, com exceção da agricultura.

Os institutos comerciais mais típicos (das sociedades anônimas ao seguro e à cambial) tornam-se antes institutos de aplicação geral, aos quais também se recorre na atividade agrícola (e por vezes são por esta razão regulados por leis especiais ou passam diretamente para o Código Civil), sujeitos doravante a uma disciplina constante (e em muitos direitos a sociedade anônima com objetivo civil é até mesmo possível de falência), qualquer que seja a sua utilização.

Dentro dessa capacidade de objetivação encontra-se a razão da persistência e da fecundidade do direito comercial, que, assim, acompanha aquele processo geral de objetivação de todo o direito, o qual conduz à formação de um direito idêntico para todos. Esse processo de objetivação, que se colhe em todo direito, colhe-se também no direito comercial e é justamente pela sua capacidade de objetivação que ele, mesmo vinculando-se, nas suas antigas origens, à diferenciação dos direitos autonomamente elaborados pelas várias categorias, consegue elaborar um conjunto normativo independente das características dos sujeitos e de aplicação sempre mais geral. Essa capacidade de objetivação pode, talvez, ser entendida num duplo sentido: como elaboração de regras objetivamente aplicáveis, independentemente das características subjetivas; ou como elaboração de regras objetivamente voltadas para um interesse geral de progresso econômico e não dirigidos à tutela de interesses de categorias, e, justamente por esta razão, objetivamente aplicáveis aos atos, independentemente das qualificações do sujeito.

4. Fica claro que a especialidade do direito comercial não deriva da especialidade da matéria regulada, mas da emersão em determinados setores, de exigências e valores de caráter geral e, como tal, susceptíveis, no desenvolvimento histórico, de uma aplicação geral. Não são as exigências técnicas inerentes ao comércio, à indústria, à produção, e por aí afora, que "necessariamente" determinam normas especiais, porque, se assim fosse, o direito estaria fora da história, ou inserido numa história separada. O direito, e portanto também o direito comercial, não pode ser compreendido fora da história e a sua especialidade não pode ser posta em relação com exigências técnicas imutáveis, mas com o desenvolvimento histórico da nossa experiência jurídica, que vem gradativamente afirmando – por isso primeiramente em campos determinados – novos princípios, depois susceptíveis de aplicações mais gerais, justamente porque o direito não obedece no seu desenvolvimento a preordenadas simetrias sistemáticas, mas à necessidade e à consciência dos homens, cujas relações regula, no ordenamento da convivência social.

Portanto, se quisermos encontrar um paralelo ao direito comercial nas categorias da economia, não poderemos encontrá-lo nas categorias da economia descritiva; e a história desmente, na verdade, as propostas identificações do direito comercial com o direito da intermediação, ou da circulação, ou da atividade organizada da empresa, ou da produção e do câmbio (em oposição ao consumo, posição esta que, no âmbito da obrigação, reduz-se à negação daquela sujeição integral do negócio unilateralmente comercial ao direito comercial, a qual pelo contrário já vinha estabelecida no Código italiano de 1882). Estas identificações substancialmente nos indicam o âmbito do direito comercial em momentos e países determinados, mas não nos dão os motivos da variabilidade histórica desse âmbito.

Para encontrar um paralelismo para esta variabilidade devemos nos referir às categorias da história econômica. O direito comercial apresenta-se como o direito do capitalismo, afirmando-se justamente quando este se estabelece originalmente, nas cidades comunais italianas; desenvolve-se com o desenvolvimento da economia de crédito, que acaba por contradistinguir o capitalismo; passando de direito autônomo de classe a direito estatal com a formação das monarquias centralizadas e com o mercantilismo; estendendo-se do comércio, onde primeiro se afirma o capitalismo, à indústria, que pelo contrário permaneceu artesanal por séculos; apresentando hoje aqueles problemas que são justamente os de uma estrutura econômica capitalista; contrapondo-se à agricultura, onde a estrutura econômica capitalista penetra mais tardiamente e onde está ainda, muitas vezes, ausente, tanto que pressupõe-se no seu âmbito problemas que não se ligam ao desenvolvimento do capitalismo, mas à superação de condições pré-capitalistas (como a reforma agrária); caracterizando-se os seus institutos por aquelas preocupações (tutela do crédito e da sua circulação, anonimato e despersonalização, conexão de vários negócios entre sujeitos diversos, disciplina em vista da produção para o mercado e assim por diante) que são típicas de uma estrutura capitalista; refletindo-se, no assentamento básico atual dos seus diálogos, motivos que pressupõem uma estrutura capitalista.

E, porque os instrumentos jurídicos têm um valor técnico, por assim dizer, neutro com relação às suas premissas, enquanto por um lado o intervencionismo público – perdoem-me por repetir minha expressão velha e feia –, "administrativizando" a economia, às vezes com aquilo que alguém já chamou um "recurso" mercantilista, por outro lado (e mesmo sob este aspecto pode-se notar um recurso ao mercantilismo particularmente evidente na fenomenologia da sociedade por ações e na própria disciplina de algumas de suas instituições) os institutos de direito comercial (a sociedade anônima, os títulos de crédito, ou as sociedades) são suscetíveis de aplicação na atividade de entes de direito público (que, por sua vez, em épocas distantes contribuiu para o desenvolvimento de institutos comerciais) ou em economias socializadas, justamente como instrumentos jurídicos da atividade econômica.

5. A crise do sistema, ainda em vigor até fins do século XVIII, marcou (na França com as leis de 1776, primeiramente, e depois de 1791) o fim do ordenamento corporativo e de um sistema de privilégios pessoais e a afirmação do princípio da livre iniciativa. A uma economia que hoje diríamos planificada, ou melhor, regulamentada como a mercantilista, sucede a convicção – mais tarde juridicamente manifestada na codificação napoleônica – de que a própria livre iniciativa e a livre competição garantem aquele máximo bem-estar coletivo, que inutilmente seria perseguido por regulamentos autoritários; os homens são considerados como seres racionais e maduros, portanto juridicamente iguais, e não como crianças que devem ser guiadas; a máxima preocupação passa a ser, assim, a de garantir o livre jogo da concorrência e da iniciativa, desaparecendo a disciplina diferenciada das várias atividades econômicas e permanecendo somente a noção geral de comerciante como sujeito que cumpre profissionalmente atos de comércio; são abolidos privilégios e monopólios e dissolvidas as corporações profissionais; a própria formação da sociedade anônima será, durante o século XIX, primeiramente no Estado de Nova Iorque, depois na Inglaterra e França, sujeita a uma disciplina normativa geral, independentemente da concessão da personalidade em cada caso concreto.

A burguesia triunfante, que se afirma com a Revolução Francesa e se reafirma depois nas lutas do século XIX, quebrava esquemas aos quais devem, em séculos passados, a sua primeira afirmação e rebelava-se contra a autoridade régia, à qual anteriormente se havia ligado para lutar contra os privilégios das classes feudais.

A preocupação dominante torna-se a do interesse do consumidor, e é esse interesse que se protege ao se regular a concorrência entre produtores, em relação aos quais o consumidor é o "terceiro que desfruta", concorrência essa que passa a ser entendida como estimulo e juízo suscetível de trazer, através do progresso técnico, diminuição de custos e aumento dos salários reais com um progresso geral.

É por essa deslocação do acento que o direito comercial do período que se inicia com a codificação napoleônica se distingue do de períodos anteriores; as instâncias críticas assinalavam limites e custos do sistema, mas sempre visando à satisfação do mesmo no interesse de progresso técnico e bem-estar econômico geral.

O princípio correspondia àquele processo geral de objetivação do direito, que havia levado à superação de relevância das qualificações subjetivas e, por isso, à afirmação de um direito idêntico, com o renascimento da igualdade de todos, em lugar dos vários direitos das diversas "ordens" da sociedade, o que, sob outro aspecto, correspondia à unidade e soberania do Estado e ao prevalecimento do interesse geral sobre os interesses seccionais de categorias.

Essa orientação, traduzindo-se num direito objetivamente aplicável e, por isso, único para todos os sujeitos, traduzia-se economicamente na tutela do consumidor que é, afinal, o sujeito indiferenciado cujo interesse é considerado como geral.

Ao desenvolvimento da livre concorrência vinculou-se, por outro lado, desde o final do século XVIII, primeiro na Inglaterra, e depois mais geralmente o desenvolvimento da indústria e da técnica.

Esse progresso tem sido também o fruto dos instrumentos do direito comercial. Não teríamos automóveis e aviões ou produtos químicos sem uma conveniente regulação de sociedades anônimas, cambiais, bancos, sociedades seguradoras, patentes de invenções e assim por diante. Os instrumentos elaborados pelo direito comercial caracterizam a nossa época em medida não inferior às máquinas que, sem aqueles instrumentos, o gênio individual teria podido conceber, mas que não poderiam ter sido produzidos e difundidos para o nosso conforto. O gênio de Leonardo adivinhava o domínio do ar, mas sem sociedades, responsabilidade limitada, circulação das ações, bolsa, financiamento, bancos, cambiais, desconto, patentes, os aviões não sulcariam os céus.

6. O novo problema que, na história do direito comercial, vem caracterizar o período atual parece-me o da concorrência, em conseqüência, sem dúvida, da afirmação da liberdade geral de iniciativa e de acesso ao mercado.

A objetivação do sistema do direito comercial assume exatamente este significado histórico: um ordenamento que prescinde das qualificações objetivas significa justamente liberdade de iniciativa e de acesso ao mercado, liberdades essas anteriormente vedadas pela estrutura geral do sistema.

Na essência, nos regimes anteriores as probabilidades de ganho por parte dos indivíduos eram diretamente controladas, conferindo-se a uns o privilégio de desenvolver, com exclusividade, uma determinada atividade (ou negando-se aos outros essa possibilidade) e disciplinando-se diretamente o conteúdo da atividade econômica.

Com a afirmação do princípio da liberdade de iniciativa (cujo pleno triunfo, pode-se dizer, foi marcado pelo advento das leis que, na segunda metade do século XIX, reconheceram a liberdade de constituição das sociedades anônimas, enquanto a liberdade de iniciativa era reconhecida, em 1869, também na Alemanha, na *Gewerbeordnung*), o controle sobre as possibilidades de obtenção de ganho advém, por via indireta, através da tutela do direito de propriedade por um lado, e da liberdade de contratar, por outro; por isso, não é estranho que, na sistemática do Código Napoleônico, os contratos sejam considerados sob o perfil dos modos de aquisição da propriedade. Foi necessário, portanto, então, também disciplinar diretamente a concorrência, a princípio indiretamente regulada através da mesma disciplina de acesso ao mercado.

Recorre-se também à propriedade, no reconhecimento de direitos sobre bens imateriais, identificando-se assim o pressuposto da exclusividade, em contraste com o anterior regime de privilégios, na realização de uma criação intelectual e nesta, portanto, o objeto de exclusividade, independentemente de uma intervenção discricionária da Administração Pública. Mas, dado que essa exclusividade se atém ao exercício de uma atividade e, por conseguinte, a uma limitação da concorrência, o seu reconhecimento jurídico só ocorre em harmonia com o interesse do consumidor com o qual novamente se harmoniza a disciplina do direito nos vários casos, conciliando assim a exclusividade com o critério no qual se inspira a afirmada liberdade de concorrência.

O direito sobre bens imateriais, na verdade, atribui (em caráter de exclusividade) a um sujeito a possibilidade de produção ou desfrute de uma criação intelectual objetivada, mas isso só quanto aos tipos de criações intelectuais em relação às quais a exclusividade é justificada pelo interesse público. O Ordenamento assim dado não visa somente à composição de um conflito entre os interesses contrastantes do "criador" e dos consumidores: a mesma concessão de exclusividade, e não só o seu limite, corresponde, pelos tipos de criações intelectuais pelos quais é admitida, ao interesse público, que seria prejudicado quer pela falta de limites, quer pela falta de exclusividade. Isto ocorre justamente no caso dos sinais distintivos, porque ao interesse do empresário de organizar e conservar sua clientela (e por isso à atribuição da probabilidade de ganho derivada da organização e conservação da clientela) corresponde o interesse do consumidor de não ser enganado. Verifica-se igualmente nas invenções industriais e nas obras do engenho humano, porque a concessão de exclusividade estimula as contribuições técnicas e culturais que, em ambos os casos, a limitação da duração (mais breve no primeiro, dada a maior importância do privilégio) e, também no primeiro caso, a regulação da atividade, permite fazer cair no domínio público, assim como, sempre no primeiro caso, a atribuição de exclusividade ao primeiro requerente (ou àqueles cujo pedido goza de prioridades) estimula a revelação que, depois, permite o desfrute público.

E o relevo do interesse público que, a mim me parece, permite que se entenda o porquê da diversa disciplina nas três hipóteses *supra* distintas e a diversidade dos bens assim individuados, assim como os limites da proteção.

É justamente com a Revolução Francesa que a Europa Continental disciplina marcas (anteriormente considerada, ao contrário, como marcas obrigatórias, destinadas a garantir a qualidade do produto em função do ordenamento corporativo), direitos autorais (cuja disciplina enudeou-se a partir dos privilégios anteriormente concedidos para a impressão, segundo o precedente inglês de 1709) e patentes de invenção industrial (segundo o precedente inglês do *statute* de 1623, que proclamou a abolição dos privilégios, salvo o do inventor).

O bem imaterial, objetivado, tomado assim objeto de domínio, contrapõe-se à coisa que passa a constituir o veículo de sua exteriorização. Este existe de tal maneira que pode ser simultânea e integralmente objeto do mesmo desfrute por parte de um número ilimitado de pessoas e isto, justamente, pela sua natureza intelectual, como tal contraposta às coisas (inclusive as energias) materiais. Assim se os sinais distintivos apresentam, em sua função distintiva, a razão de exclusividade de emprego, a invenção industrial e a obra do engenho realizam sua função social exatamente através da possibilidade de um desfrute geral. É nessa sua infinidade, como escreveu Carnelutti, que está a sua característica. A possibilidade de gozo realiza-se tanto mais facilmente quanto maior o desenvolvimento da indústria, que permite a ilimitada reprodução ou utilização das idéias em uma infinidade de coisas; ela se liga, por sua vez, à liberdade de iniciativa que exclui possa a utilização da idéia ser submetida a um controle de mérito por parte da Autoridade Pública.

A exclusividade vincula-se, pois, como salientado, à disciplina da concorrência.

Esta se relaciona, assim, não apenas com os sinais distintivos, como há muito se afirma, dado que eles constituem justamente coletores de clientela, mas também com os direitos de autor e de inventor, como foi amplamente demonstrado na Alemanha e França e recentemente na Itália, ou seja com o direito autoral em sentido amplo. Deste, o direito de exclusividade industrial e o direito sobre as obras do engenho humano constituem na verdade subespécies caracterizadas pela peculiaridade da criação ideal assim tutelada e pela peculiaridade da exclusividade correspondentemente concedida.

Esse relacionamento (entre direito autoral e privilégios industriais ou sinais distintivos) não deriva de coexistência, na tutela do direito de autor, de um elemento concorrencial, ao lado de um elemento patrimonial e moral. O que sucede é que o direito de utilização do autor e do inventor – prescindindo do direito a ser reconhecido como autor, que pertence ao autor de qualquer criação intelectual, mesmo independente do direito à utilização – relaciona-se, em via definitiva, com o exercício de uma atividade que, afinal, diz respeito à fabricação e ao comércio das coisas nas quais a criação se materializa.

Enquanto disciplina de atividade, a exclusividade do direito do autor e do inventor se relaciona à disciplina da concorrência. Mas a exclusividade não é concedida em relação ao exercício de uma atividade definida somente no seu gênero, constituindo assim um monopólio, mas em relação a uma criação intelectual especificada, tornada assim objeto de direito real e, por isso, nos limites derivados dos domínios sobre o bem assim individuado. Ela é concedida somente em harmonia com o interesse público, portanto, somente para criações intelectuais nominadas, com um ordenamento diferenciado para as várias criações em relação à diversa gravidade dos limites impostos pelo interesse dos consumidores, de modo a conciliá-la com o princípio da liberdade de concorrência.

7. Na Administração Pública da economia é, por sua vez, freqüentemente necessário retornar à atividade econômica do sujeito.

A exigência dessa disciplina veio sendo posta a partir do final do século XIX e mais intensamente após o verdadeiro final do século XIX, assinalado pela primeira guerra européia, sob o impulso das exigências da conjuntura então iniciada e pelo relevo geral que adquiriu o exercício de atividade econômica, em conseqüência do desenvolvimento da industrialização.

Inicialmente, na verdade, essa disciplina visava a eliminar ou atenuar o caráter de classe da legislação surgida com a revolução burguesa; a tutelar o trabalho (em relação ao qual a dissolução das corporações de ofícios, devido à afirmação da liberdade de iniciativa econômica, traduziu-se em um obstáculo às associações de trabalhadores); a intervenções destinadas a reprimir concentrações de poder econômico, ou a nacionalizar os serviços públicos ou as fontes de energia; à abolição de persistentes estruturas semifeudais e pré-capitalistas.

Sucessivamente – talvez de maneira conseqüente, depois do malogro que, com a desvalorização da libra e do dólar, sofreram as tentativas de restabelecimento de um mercado monetário internacional, após a primeira guerra européia, com a difusa convicção da oportunidade de intervenção publicista, em relação ao andamento da conjuntura econômica e com a acentuação do intervencionismo, no campo do comércio internacional, anteriormente caracterizado por sua elasticidade – passou-se a uma disciplina mais abrangente, acentuada ainda mais depois da segunda guerra européia.

Nessa regulação encontramos, todavia, contrastes funcionais, também em relação a análogas estruturas institucionais. Na verdade, por vezes essa regulação, permanecendo fiel ao critério inspirador do desenvolvimento do direito comercial, inspira-se, apesar de tudo, no interesse do consumidor (com o qual coincide o dos trabalhadores) e assim visa a promover progresso técnico e expansão, no interesse de um bem-estar econômico geral; outras vezes, ao contrário, visa a uma tutela dos empresários diante dos consumidores ou segue uma orientação paternalista.

A freqüente contraposição entre o individualismo do Código Napoleônico e o atual intervencionismo ou dirigismo me parece insuficiente, porque esquece que o Código Napoleônico é substancialmente anterior ao desenvolvimento industrial (anterior à primeira locomotiva, aos altos fornos e ao gás, e não apenas ao desenvolvimento da indústria elétrica, ao automóvel, ao cinema e à máquina de escrever), assim, como, não se esqueça, e substancialmente anterior ao predomínio do papel-moeda, e, por isso, anterior aos problemas enfrentados ou resolvidos com o intervencionismo atual. A sociedade disciplinada pelo Código Napoleônico é ainda largamente fundada na propriedade agrária e nas rendas de capital, num capitalismo ainda prevalecentemente comercial e numa indústria malsaída da fase artesanal. Pense-se na sociedade descrita por Balzac e Stendhal, no balzaquiano barão de Nucingen e no triunfo artesanal do gênero de César Birotteau, ou nas ambições do jovem Julien Sorel. Por isso, a contraposição entre o individualismo do Código Napoleônico e o intervencionismo atual parece-me insuficiente, além do que é necessário distinguir entre as diversas finalidades perseguidas com o intervencionismo. Eles agora se harmonizam com a tutela dos consumidores, visando (e é este o problema do direito do Trabalho) a corrigir uma desproporção de forças (justificando-se por isso as coalizões de trabalhadores, enquanto se adota, no interesse do consumidor e do progresso técnico, uma atitude cautelosa em relação às coalizões de empresários); a combater e proibir posições de monopólio; a substituir a atividade privada, onde esta seja ausente ou insuficiente ou não possa tornar-se um instrumento de progresso econômico geral; a atenuar os contrastes de riquezas, quer para proteção dos próprios empresários, quer dos empresários existentes num determinado momento em confronto com possíveis concorrentes ou os consumidores. Com o que seja lícito observar são criadas "reservas de carga" privilegiadas, que aumentam a rigidez de estrutura econômica a favor de quantos se encontram no comando da economia, de modo a tornar mais difícil o emprego das forças de trabalho e o desdobramento do espírito de iniciativa.

Funcionalmente as várias medidas de intervenção, exatamente pelo fato de serem de intervenção, devem distinguir-se segundo a finalidade colimada. Estruturalmente, elas podem ser idênticas, não obstante a diversidade funcional o que, por vezes, leva a pôr de lado, como freqüentemente tem ocorrido, essa diversidade e, com isso, a aproximar ou identificar medidas e orientações funcionalmente opostas.

Estruturalmente podemos encontrar tanto o exercício direto, por parte do Estado ou de entes públicos controlados pelo Estado, de determinadas atividades, seja em regime de monopólio, seja em regime de concorrência; quanto a disciplina publicística, para a realização de finalidades econômicas, de atividades e atos privados. Na primeira dessas duas hipóteses, é considerada a atividade e não o ato. Na segunda, ao invés, o ato singular. A diferença é nítida no confronto dos diversos vícios (e, por isso, das diversas sanções) que podem dizer respeito a uma atividade ou a um ato singular. É justamente quanto a disciplina de intervenção diz respeito ao exercício de uma atividade (e não ao cumprimento de atos singulares) que voltamos a acentuar o critério da atividade econômica, ao qual precedentemente nos referimos.

É justamente no confronto das normas de intervencionismo, dadas as finalidades econômicas por ele perseguidas, que o diverso escopo das várias atividades econômicas torna-se relevante. A unificação do direito das obrigações (realizada primeiramente no Código suíço) foi acompanhada por isso de um novo fracionamento da disciplina. Esse fracionamento não é uma conseqüência direta de diversa natureza técnica das várias matérias, mas se verifica em função das finalidades perseguidas pela legislação de intervenção, em relação à qual tornam-se relevantes diferenças ao contrário irrelevantes num regime de livre concorrência As invocadas autonomias dos ramos saídos do tronco do velho direito comercial não encontram a sua razão de ser em considerações técnicas, mas (como acentuado pela freqüente afirmação da concorrência, em tais ramos, de normas privatistas e publicistas, invocada para demonstrar a autonomia) na relevância que, diante de uma legislação de controle adquirem as diversas finalidades perseguidas nas diversas atividades, o que leva naturalmente a substituir, à bipartição do direito em público e privado (própria de um regime que considera a atividade econômica essencialmente no âmbito da autonomia privada, respeitados os limites gerais de ordem pública), uma subdistinção segundo a diferente natureza das atividades e as diversas finalidades concretamente perseguidas com a intervenção pública, com o concurso então de normas privadas e públicas. Esse concurso não indica tanto a peculiaridade de um ramo quanto o aparecimento num campo determinado de um critério de subdistinção do direito, devidos à intervenção pública e que, de fato, se reencontrava iterativamente em todos os setores sujeitos a uma intervenção pública na economia.

Sob esse aspecto o empresário vem a ser ulteriormente qualificado em relação às normas de controle ditadas para os vários setores. Nessas suas ulteriores qualificações (em contraste com a indiscriminação da noção de comerciante), a noção de empresário volta a revelar-se como um instrumento de controle público da atividade econômica.

8. As considerações anteriores explicam, parece-me por que tenha amadurecido, desde o final do século XIX e também por efeito da unificação jurisdicional então realizada, a unificação do direito das obrigações, com um ritmo talvez acentuado, após o final da primeira guerra européia (também por efeito do mais acentuado dirigismo no comércio internacional, que obstrui a espontânea formação normativa internacional, que havia concorrido à criação de especialidade do direito comercial). A unificação realizou-se na codificação italiana de 1942. Realizou-se, porém, não por via de supressão, mas de triunfo dos princípios comercialistas, praticamente reconhecidos no Código de 1942 como princípios gerais de todo o direito privado (em matéria de solidariedade; de juros; de resolução e execução compulsória de venda; de prescrição etc.), sancionando quanto já (dada a largueza da categoria dos atos de comércio no Código de 1882 e a realizada unificação jurisdicional) havia ocorrido espontaneamente. Não mais portanto atos de comércio e não mais atos de comércio qualificáveis quer objetivamente, quer subjetivamente; o ato já não é diferenciável como comercial ou não, em relação às suas características objetivas, ou à qualificação do sujeito.

A unificação realizou-se no âmbito do direito das obrigações, conservando-se por outro lado um estatuto especial para os empresários comerciais e mesmo para os médios e grandes empresários comerciais, e as sociedades comerciais. Partiu-se do pressuposto da falta, no âmbito do direito das obrigações, de uma diversidade de exigências nos vários setores da economia (talvez subestimando-se o perdurante patriarcalismo da agricultura em muitas zonas); de subsistência, ao contrário, dessa diversidade em relação à disciplina subjetiva e à execução (dado o relevo que assume o crédito para os grandes e médios empresários comerciais e a diversa natureza dele) e essas duas premissas assinalam, de um lado, o alcance e, de outro, os limites da unificação.

O critério da atividade econômica do sujeito, de um lado, conserva o seu valor para o efeito do especial estatuto pessoal do empresário comercial, de outro lado sente como um denominador comum da atividade econômica dos sujeitos de direito privado e de direito público; da atividade tradicionalmente comercial e da agrícola.

Esta última, considerada como atividade econômica, ao superar assim a tendência patriarcal e quase mobiliária que anteriormente a contrapunha à atividade comercial, coloca-se em simetria com esta última, e é justamente pelo fato de ambas constituírem uma atividade econômica que a agricultura, de um lado, o comércio e a indústria, de outro, encontram um denominador comum, de tal forma que essa referência comum coordena-se, por sua vez, com a unificação e, assim com um alcance mais geral e, se se quiser, uma objetivação mais plena das normas elaboradas pelo direito comercial.

Mais do que uma superação da especialidade do direito comercial, dever-se-ia na verdade falar de uma superação da especialidade da agricultura. Considerando-se também esta como atividade econômica, tem-se a sua aproximação da atividade comercial e industrial e nega-se assim a característica peculiar que, diante da atual importância prevalecente da atividade comercial e industrial no mundo econômico, mantinha-se como própria da agricultura, o que encontra paralelo na extensão a todo o direito das obrigações, pela unificação, dos princípios originariamente comercialistas.

O Código Civil italiano (art. 2.082) define o empresário, e não me parece possível identificar a figura geral do empresário com a subespécie do empresário comercial ou estendê-la somente à agricultura industrializada ou divisar na agricultura uma pura atividade de administração, retomando então, por outro caminho, àquela contraposição entre comércio e indústria, de um lado, e agricultura de outro, contraposição que o Código, segundo penso, quis superar, e subestimando a normal destinação dos produtos agrícolas ao mercado.

Mas o relevo da figura geral do empresário (independentemente do da figura do empresário comercial para os fins do estatuto ao qual é submetido o grande e médio empresários comerciais e no qual, assim como na disciplina das sociedades comerciais, persiste a peculiaridade do direito comercial), entendida como denominador comum da agricultura e do comércio, não se encontra numa disciplina comum da atividade quanto (com exceção das normas sobre decadência da proposta e aceitação dos contratos, de extinção do mandato, de interpretação dos contratos e em matéria de pequeno empresário) na disciplina de concorrência, em função das normas sobre concorrência entre empresários e dos institutos que a esta se vinculam, assim como na disciplina publicista, depois desdobrada na legislação especial quando esta diga respeito ao exercício ou à possibilidade de exercício de determinada atividade.

Não me parece, ao contrário, que a presença do empresário caracteriza a causa de determinados contratos, de modo a individuar-lhes o tipo, como amiúde se ensina, no tocante ao contrato de seguro e dos contratos bancários, seguindo-se e desenvolvendo-se a tese outrora esposada por Vivante para o contrato de seguro. O contrato de seguro, não concluído por um empresário, não é por isso um contrato tipicamente diverso ainda que o segurador seja então sujeito a sanções e o contrato seja resolúvel mediante denúncia do segurado; pois as sanções e a resolução pressupõem justamente que o contrato seja, apesar de tudo, sempre de seguro. Essas sanções são ditadas contra o empresário que não atenda aos requisitos específicos exigidos para o exercício do seguro, mas devem aplicar-se *a fortiori* também ao seguro ocasional. Se se admitisse que a falta de qualidade de empresário no seguro impedisse a possibilidade de se considerar o contrato como de seguro atingir-se-ia o próprio segurado que a lei especial ao contrário quer proteger. Nem se saberia então, negada a qualificação de seguro, como definir o contrato que não poderia certamente ser o de jogo, porque a diferença entre seguro e jogo repousa no elemento do interesse e não na presença ou ausência de um empresário (aliás, freqüentíssima no jogo).

A presença de um empresário na conclusão de determinados contratos resolve, dada a aplicabilidade dos critérios probabilísticos, antinomias de outra forma insolúveis (como aquele entre a possibilidade do emprego, por parte do depositário, do dinheiro depositado em banco e sua retirada à vista) e permite ao contrato cumprir uma função que, de outro modo, não poderia realizar (como através da concentração dos riscos no segurado, que permite ao contrato de seguro realizar uma função de segurança social, que não poderia existir com a simples transferência do risco de um para outro sujeito). É pois natural a exigência que determinados contratos sejam concluídos por um empresário e um empresário com qualificações determinadas, ou que o seu cumprimento profissional seja submetido a disciplina especial, notadamente quando presente um particular relevo em relação ao andamento geral da economia.

Mas nem por isso o conceito de empresário deixa de se ligar à relevância de uma atividade com o objetivo de regulação da economia, para passar a caracterizar um tipo de contrato, abandonando-se, na classificação dos contratos, o critério objetivo da causa.

Eis por que não me parece que o critério subjetivo da empresa possa ser invocado a fim de se fixar o tipo dos vários contratos, mas apenas com o fito de disciplinas especiais que, no entanto, pela sua aplicabilidade, pressupõem que o tipo de contrato seja determinado por critérios objetivos.

Empresa é, antes de tudo, o exercício profissional de uma atividade organizada e empresário, o que exerce, profissionalmente, a atividade econômica organizada. É justamente enquanto atividade (e não enquanto organização objetiva, embora resultante da atividade na grande e média empresa) que a empresa pode ser mais utilmente considerada no seu perfil geral, e contraposta ao estabelecimento, com o complexo de bens que instrumentam uma atividade, e ao complexo das relações patrimoniais das quais, dado o exercício da empresa, é titular o empresário. Atividade e não (como no velho Código, tendo em vista o critério objetivo então fundamental) modalidade de exercício de um ato. Atividade significa cumprimento de uma série de atos. O exercício de atividade é, por isso, em relação às pessoas físicas, um fato; em relação às pessoas jurídicas ou coletividades organizadas, antes de tudo, um escopo (e será, ao invés, um fato quando, embora imputável à pessoa jurídica ou à coletividade, não seja abrangido pelo escopo).

A atividade será imputada à pessoa física à qual são juridicamente imputáveis os atos, ou à pessoa jurídica que a persegue como escopo, e será qualificada em função dos atos cumpridos ou do escopo perseguido. A contraposição voltará a revelar-se em relação às qualificações de atividade; estas ligar-se-ão, para as pessoas físicas, às características de fato da atividade ou aos seus motivos (por ex. o intuito lucrativo) e, para as pessoas jurídicas e as coletividades, antes de tudo às qualificações do escopo. Sendo imputada à pessoa física ou à pessoa jurídica ou à coletividade à qual juridicamente são imputados os atos, a atividade que enseja a qualificação do empresário é, pelo menos em princípio, considerada de modo autônomo, em relação à sua real iniciativa ou à sua definitiva incidência econômica. Pressupõem-se, por isso, no âmbito das pessoas jurídicas ou das coletividades, os problemas que se referem à atribuição da iniciativa e à incidência do risco no cumprimento da atividade imputada ao ente.

Embora havendo um claro precedente na noção de comerciante, elaborado nos sistemas de direito comercial de tipo objetivo, o conceito de "atividade" se apresenta como novo em relação às nossas habituais categorias jurídicas que se referem, ao contrário, ao ato.

Podemos, sob determinado aspecto, encontrar um certo paralelo disto também nessa espécie de microcosmo jurídico constituído pelas sociedades comercias (e especialmente as sociedades por ações). Problemas recentes acabam pondo em evidência as várias categorias de acionistas em relação à diversidade do escopo perseguido da atividade realizada, do efetivo poder exercido. Propriedade e controle de riqueza são, na atual estrutura econômica, contrapostos e tendo sido assinalado (justamente em razão da estrutura das sociedades e talvez, melhor ainda, da dos títulos de crédito e à sua conexão com as sociedades) o substancial predomínio do segundo sobre a primeira; o poder econômico tende a concentrar-se naqueles que possuem o controle da riqueza, embora graças à poupança de estratos cada vez mais vastos da população; a concentração do poder econômico se exerce através do controle, mais do que através da propriedade de riqueza, a qual, ao contrário, o desenvolvimento industrial tende a fracionar.

Note-se, por outro lado, que, em relação a quantos exercem uma atividade econômica, os bens se apresentam como instrumentais, e que, ademais, os bens instrumentais pressupõem o exercício de uma determinada atividade econômica, de tal arte que a relevância de atividade se coordena com a tendência a uma regulação especial na disciplina dos bens instrumentais.

A atividade como fato pode existir ou não existir; pode ser imputável ou não a determinado sujeito. Mas não pode ser "nula" ou "anulável", embora possa ser irregular ou ilícita (e o problema, de substância, já se havia apresentado na doutrina tradicional em relação às incompatibilidades para o exercício do comércio). A atividade pode ser disciplinada de modo distinto dos atos singulares, com distintas condições de capacidade para efeito de sua imputabilidade e, por isso, da qualificação subjetiva que deriva do seu cumprimento, e com distintas sanções. A irregularidade da atividade não imputa, necessariamente, um vício dos atos singulares, que poderão eventualmente permanecer válidos ou ser apenas resolúveis (ao invés de nulos), quando a atividade seja ilícita (e a distinção, mais do que no direito privado, será relevante em relação às normas públicas de controle); o vício dos atos singulares pode, por sua vez, não acarretar a inexistência de atividade. A atividade é um fato duradouro (e, por sua vez, um escopo implica desenvolvimento no tempo, o que todavia, em minha opinião, não é suficiente para se negar a presença de uma empresa na sociedade mercantil ocasional), e essa duração significa pois um indício, um fim, uma localização no espaço, a qual poderá ser considerada independentemente do ato singular, mesmo em matéria de conflitos de leis.

No âmbito dos atos adquirem, pois, uma posição especial os que se dirigem ao exercício de uma atividade futura e, na verdade, diante da dicotomia ato/atividade, revela-se a especialidade do contrato de sociedade, pois a constituição de uma sociedade, ou a adesão a ela, é sem dúvida um ato, mas um ato ligado ao cumprimento de uma atividade.

Empresa é, pois, antes de tudo, atividade e, como atividade, ela é relevante na disciplina, quer privatista de concorrência, quer publicista da economia. Enquanto relacionado a uma "atividade", o conceito de empresário vincula-se, como lembrado, ao de comerciante do revogado Código de Comércio italiano, mas o seu relevo já não decorre da aplicação de um estatuto pessoal e à sujeição a um ordenamento particular, nem da aplicabilidade em geral de um ordenamento particular de atos cumpridos pelo sujeito, mas essencialmente da disciplina privatista de concorrência e da publicista da economia.

9. Quer no campo do direito privado, quer no do direito público encontramos na disciplina de atividade econômica aquela ambigüidade à qual nos referimos, relativamente às possíveis finalidades das normas, voltadas ora à proteção do próprio empresário, ora à dos que contratam com o empresário, ora com um caráter integrativo, ora com uma pretensão sistemática.

Essa ambigüidade, segundo me parece, é encontrável também nos diálogos doutrinários. Ela não pode ser superada senão com o natural desenvolvimento interpretativo, em relação às normas de Constituição em matéria econômica e à evolução geral da consciência jurídica. Essa ambigüidade reflete-se na disciplina dos contratos singulares, que freqüentemente evidencia uma tendência favorável aos empresários (como em matéria de seguro), não obstante a existência de premissas e normas destinadas à proteção do consumidor. A mesma ambigüidade é encontrada na disciplina das sociedades e consórcios favorável, mais do que outras disciplinas internacionalmente vigentes, aos grupos de comando da economia e, indiretamente por isso, a uma estrutura monopolista da economia.

Não me parece, porém, que a "utilidade social" do art. 41 da Constituição italiana possa ser entendida de forma a desdenhar o interesse do consumidor, que é, afinal, o cidadão indiferenciado com o qual se relaciona o Estado em sua base institucional.

A elaboração do conceito de empresa e a solução da ambigüidade que me permiti assinalar liga-se, por isso, à elaboração normativa das orientações constitucionais e, sob esse aspecto, ao próprio desenvolvimento futuro.

Pareceres

QUESTÃO REFERENTE A LIVROS SOCIETÁRIOS E DOCUMENTOS RELATIVOS À PRESENÇA E ÀS DELIBERAÇÕES DAS ASSEMBLÉIAS-GERAIS – IRREGULARIDADES DE MENOR MONTA QUE NÃO SE CONFUNDEM COM FALSIDADE NEM JUSTIFICAM A SUA ANULAÇÃO

WALDIRIO BULGARELLI

I – Da consulta

Consulta-me prestigioso escritório de advocacia a respeito de questões ligadas a assinaturas de acionistas no livro de atas e no livro de Presença de Acionistas. A propósito fornece os seguintes subsídios que vão transcritos a seguir, para que bem se entenda as questões em foco, a saber:

"Subsídios para o parecer:

A T. S/A foi constituída a partir de um consórcio criado para disputar a concessão do sistema de telefonia celular na chamada banda *B*, em São Paulo. O capital subscrito na Assembléia de constituição da T. S/A, realizada em 15.8.97, teve a seguinte composição:

ACIONISTA	ord.	pref.
T.O.A.B.	49%	49%
P.C. Ltda.	39%	40,5%
E.C.C.A.	12%	10,5%

Em 4.12.97 a P.C. Ltda. cedeu, para a T.O.A.B., por contrato escrito, seus direitos de subscrição do aumento de capital a ser realizado em decorrência da outorga da concessão e necessário para dar andamento às atividades da T. S/A. A T.O.A.B., por sua vez repassou a cessão para a L. S/A. Tecnologia da Informação, que efetivamente subscreveu o aumento. Com a cessão de seu direito e subseqüente subscrição pelo cessionário, a P.C. Ltda. passou a deter menos de um porcento do capital da sociedade. Na realização de seus atos societários a T. S/A jamais primou pelo rigorismo formal, como se pode ver pelas cópias em anexo.

A ata da Assembléia de constituição da T. S/A foi assinada pelos fundadores em folhas soltas, vez que não havia, ainda, o livro de Registro de Atas de Assembléias-Gerais.

No mesmo dia da Assembléia de constituição foi realizada uma Assembléia-Geral Extraordinária, para mudar um dos membros do Conselho de Administração.

Depois destas, somente houve a indigitada Assembléia-Geral Extraordinária de 21.3.98, cuja legalidade está sendo contestada pela P.C. Ltda., por não ter sido a referida ata assinada pelos acionistas no livro competente, constando ali apenas uma certidão assinada pelo secretário. Além disto, também não houve a assinatura dos presentes no Livro de Registro de Presença de Acionistas. A citada ata foi, entretanto, assinada em folhas soltas pelos acionistas.

Fato semelhante ocorreu com as atas de reunião do Conselho de Administração (que não estão sendo contestadas), de 15.8.97, 4.9.97, 24.9.97, 30.10.97 e 26.3.98, todas assinadas em folhas soltas. É de notar-se, por importante, que a Ata de Reunião do Conselho de Administração, de 26.3.98, posterior, portanto, à indigitada AGE de 21.3.98, foi assinada *via fax*, inclusive pelos conselheiros eleitos pela P.C. Ltda., com a ciência e a concordância expressa do Sr. M.A.C., representante da P.C. Ltda. em todo o processo de constituição da T. S/A, como se pode ver pelo *fax* passado por ele, no dia seguinte ao da reunião.

A ata da Assembléia-Geral de 21.3.98, impressa e assinada em folhas soltas pelos presentes foi juntada, com a contestação, no processo n. 668/98 (Medida Cautelar Inominada, incidente à Ação de Anulação de Assembléia-Geral Extraordinária) que a P.C. Ltda. move contra a T. S/A.

Verifica-se, então, que toda a controvérsia, no que diz respeito à validade da Assembléia-Geral extraordinária, de 21.3.98, gira em torno de ser, ou não, admissível fazerem-se as atas de assembléias-gerais em folhas soltas, assinadas pelos presentes, transcrevendo-se seu conteúdo no Livro de Registro de Atas de Assembléias-Gerais, com a assinatura apenas do secretário da assembléia.

Anexos

I – ata da Assembléia de Constituição da T. S/A assinada pelos presentes em folhas soltas e encaminhado para arquivamento na JUCESP;

II – estatuto social da T. S/A, assinado em folha solta pelos presentes e encaminhado à JUCESP, Juntamente com a ata da Assembléia de constituição;

III – ata da AGE de 15.8.97, assinada somente pelo Presidente da Assembléia e encaminhada à JUCESP para arquivamento;

IV – ata da AGE de 21.3.98, assinada em folhas soltas pelos presentes;

V – ata da AGE de 21.3.98, assinada pelo Secretário da Assembléia e encaminhada à JUCESP para arquivamento;

VI – ata da AGE de 21.3.98, transcrita no livro após o arquivamento na JUCESP;

VII – ata de reunião do Conselho de Administração, de 15.8.97, assinada em folhas soltas pelos conselheiros;

VIII – ata de reunião do Conselho de Administração, de 15.8.97, assinada pelo Presidente do Conselho e encaminhada para arquivamento na JUCESP;

IX – ata de reunião do Conselho de Administração, de 15.8.97, lançada no Livro de Registro de Atas de Reunião do Conselho de Administração;

X – ata de reunião do Conselho de Administração, de 4.9.97, assinada pelos conselheiros e encaminhada à JUCESP para arquivamento;

XI – ata de reunião do Conselho de Administração, de 4.9 97, lançada no livro;

XII – ata de reunião do Conselho de Administração, de 24.9.97, assinada em folhas soltas pelos conselheiros;

XIII – ata de reunião do Conselho de Administração, de 24.9.97, assinada pelo Presidente do Conselho e encaminhada à JUCESP para arquivamento;

XIV – ata de reunião do Conselho de Administração, de 24.9.97, lançada no livro;

XV – ata de reunião do Conselho de Administração, de 30.10.97, assinada em folhas soltas e encaminhada à JUCESP, para arquivamento;

XVI – ata de reunião do Conselho de Administração, de 30.10.97, lançada no livro;

XVII – ata de reunião do Conselho de Administração, de 26.3.98, assinada em folhas soltas pelos conselheiros, inclusive pelos eleitos pela P.C. Ltda.;

XVIII – fax enviado pela P.C. Ltda., por seu representante M.A.C. (o mesmo que assinou pela P.C. Ltda. a ata da Assembléia de constituição), confirmando a assinatura da ata que lhe foi enviada via *fax*.

XIX – ata de reunião do Conselho de Administração, de 26.3.98, lançada no livro."

Junta ademais a consulta uma série de peças dos processos em andamento.

Após estudo atento a respeito, passo ao parecer seguinte.

II – Parecer

1. A questão que é colocada pela Consulta tem como base essencial a possibilidade (podendo-se acrescer validade, vigência e eficácia) da assinatura dos acionistas presentes nas Assembléias-Gerais em folha avulsa e não no próprio livro de atas e de Presença de Acionistas a que se refere o art. 100 da Lei 6.404/76.

No caso presente, está-se perante uma sociedade anônima – e este é um ponto muito importante a ser levado em conta, na análise da questão – decorrente de um consórcio criado especialmente para levar a efeito determinado empreendimento, em que, como observa a Consulta, não se deu maior atenção às formalidades menores. Sobre tal aspecto deve-se levar em conta como advertência isagógica que o rigor formal excessivo pode constituir – como, aliás, em geral constitui – um formalismo exagerado já chamado de *perverso*, aspecto deletério que o Direito busca corrigir ou ao menos atenuar, em todos os seus ramos, sobretudo no âmbito dos títulos de crédito, dos contratos e das sociedades, através de uma visão mais do que racional e sim *razoável*.[1]

A questão acena, como é fácil de verificar, para vários pontos que é preciso analisar, o que faremos a seguir.

2. Estando-se frente a *livro* e a *documento* impõe-se a utilização da teoria da interpretação mais atual, como a queria, por exemplo, N. Bobbio que se refere à *estrutura* e à *função*, ou como T. Ascarelli que predicava a função social típica da norma à função típica social a que a norma está destinada.[2]

3. A doutrina e mesmo grande parte de decisões judiciais tem levado em consideração o valor de uns e outros (livros e documentos) no contexto em que se apresentam, sendo certo que os documentos se sobrepõem aos livros em que se inserem, podendo estes, os livros, serem dispensados como de fato acontece, em muitos casos, desconsiderados ou afastados. Veja-se, a propósito, que em nossas leis, as quais ainda estão envolvidas em velhas fórmulas de origem romana, não cabe mais – sobretudo no âmbito do direito empresarial – a idéia arcaica e ultrapassada[3] dos livros encadernados ou brochurados, tanto que foram substituídos por certidões de toda a ordem, inclusive por fichas, e ainda mais, foi abolido o antigo Livro de Registro de Cartas que nos vinha do velho Código de Direito Comercial.[4]

A propósito, já ensinava a velha doutrina que não importa especificamente o livro, mas o que nele se contém, portanto, documentos probatórios que nele estão inseridos.

Vai-se, assim, abandonando – o que deve aqui ser reiterado – a noção dos livros (encadernados, brochurados, manuscritos, sem raspaduras, emendas nem borrões, a que se referem os arts. 12 a 14 do Código Comercial), por fórmulas mais modernas e

1. Cf. Ch. Perelman, *Le Raisonnable et le Déraisonnable en Droit*, Ed. Paris, 1984.

2. Cf. o nosso *Normas Jurídicas Empresariais*, Ed. SP, 1992.

3. Cf. o nosso *Direito Comercial*, Ed. SP, 1999.

4. Cf. o texto original do Código Comercial.

práticas, tanto mais que se cristalizaram, além dos usos, facilidades de se transmutar, modernamente, a idéia, não tão velha, preconizada por Carnelutti, de que o documento – revestido em livro ou não – se volta para a sua função principal, que é a da *prova*.

Um exemplo significante, neste caso, pode ser apontado para o instituto do *acordo de acionistas*, novidade introduzida pela Lei 6.404/76, que se refere ao *arquivamento* na companhia, não mencionando qualquer livro a respeito, o que poderia ter feito na relação que oferece no seu art. 100.

4. Cabe a esta altura uma incursão, ainda que resumida, à teoria geral das nulidades, pois que toma, no caso das companhias, uma especial configuração. Difere, assim, da teoria geral das nulidades, assumindo novos contornos, como, por exemplo, o que se poderia chamar de *saneamento*, ou seja, a correção de qualquer irregularidade (ou algum vício formal), o que veio a ser acatado pela Lei 6.404/76, em vários pontos, como, por exemplo, no caso de constituição irregular de sociedade (cf. art. 97, § 1º) ao que se deve acrescer o disposto no art. 285, parágrafo único, em tema de prescrição, podendo-se, assim, corrigir irregularidades, mesmo após a interposição de ação judicial a respeito.

Note-se, a propósito, que a Lei 6.404/76 dá atenção não às nulidades propriamente ditas, mas aos vícios e irregularidades (cf. arts. 97, 104, 285 etc.).

Já a função do livro de Presença de Acionistas, por exemplo, no aspecto que se liga à estrutura da norma, é a apuração do *quorum* para a formação dos que devem estar presentes; o que importa, reitere-se que seja correto, comparando-se através do cotejo com documentos regulares, a existência dos acionistas presentes.

5. Ao que informa a Consulta, não houve qualquer falsificação nas presenças e no teor das atas, a que todos aderiram em folha solta ou *fax*, e ainda acrescendo uma razão importante, ou seja, da própria inexistência dos livros, pois que a companhia estava em fase de constituição.

Ora, os vícios e irregularidades tantas vezes mencionados pela Lei 6.404/76 não se confundem necessariamente com o *falso* e o *vero* como acentua a doutrina. Por toda a doutrina, vale mencionar Paulo Guidi, em sua obra *Teoria Giuridica del Documento* (ed. Milão, 1950), destacando dois tópicos significantes:

I – "79. É necessário, antes de mais nada, fixar o conceito exato de documento falso.

"O documento falso, na maior parte dos casos, representa um fato não-verdadeiro ou um fato diverso do verdadeiro; representa sempre o fato da sua formação.

"Pode, porém, representar um fato verdadeiro. Neste caso, o falso está apenas na formação do documento: o fato da formação do documento, tal qual é representado, é diverso do verdadeiro, mas principalmente por ser formado por pessoa diversa daquela declarada ou daquela que tinha o direito a formá-lo.

"Exemplo típico desta última espécie de documentos falsos apenas no que concerne à sua formação, é dado pela falsa quitação de um pagamento que realmente ocorreu. O devedor pagou seu débito, mas o credor não emitiu a quitação. Para obter a prova do ocorrido pagamento, o próprio devedor escreve, ou faz escrever por outro a quitação, e assina-a, ou fá-la assinar por outrem, com o nome do credor que foi pago. O fato do pagamento é verdadeiro, mas a quitação, não sendo formada por quem de direito, é falsa. Também aqui nos deparamos com um documento falso". (...)

II – "É, portanto, falso, sem mais, o documento que é capaz de fornecer a representação de um fato não-verdadeiro ou de um fato diverso do verdadeiro, se bem que unicamente em relação à formação desse documento. A qualificação de falso é derivada para o documento da relação de conexão com fato não-verdadeiro ou diverso do verdadeiro e da sua idoneidade em representá-lo. A lei pois, de um lado, se preocupa em atingir com uma sanção penal o autor do documento falso e, por outro, eliminar, quanto aos efeitos civis, o objeto da falsificação, que é o documento".

6. Vícios e irregularidades não se confundem – repita-se para que bem claro fique – com falsidade, conforme ficou demonstrado no período anterior deste. Ao que consta, conforme as informações recebidas, nenhum nome foi alterado, nada mais do que o deliberado foi acrescido, enfim, tudo corretamente, só tendo faltado a assinatura dos acionistas no livro de Presença, e de atas, que conforme afirmado na consulta, e parece razoável, sequer existia ainda.

7. A propósito ainda da questão dos livros e documentos, veja-se que a Lei 6.404/76 admite que os interessados possam pedir certidão de certos livros, relacionados no art. 100, § 1º.

Aliás, a esse propósito, o Registro de Comércio permite a qualquer um do povo, sem que tenha de provar interesse específico, que peça as certidões dos registros das companhias.

8. Ora, ao concluir o presente parecer que já muito se alonga, havemos de dizer que nada foi constatado, em termos de *falso*, e sim uma pequena irregularidade na questão da assinatura pessoal dos acionistas no livro de Presença e de atas, o que, certamente, não invalida toda a configuração posterior, como, aliás, a Lei 6.404/76 faz questão de acentuar.

9. E assim sendo, concluímos este trabalho, certos de que, pelas informações da Consulta, nada houve de falsidade, mas mera irregularidade, natural, em negócios e empreendimentos que se iniciam, aliás, como a nossa experiência indica, inevitáveis.

Encerramos assim este trabalho, certos de ter seguido a orientação do bom Direito.

Pareceres

RESTRIÇÃO À CONCORRÊNCIA, AUTORIZAÇÃO LEGAL E SEUS LIMITES. – LEI 8.884, DE 1994 E LEI 6.729, DE 1979 ("LEI FERRARI")

EROS ROBERTO GRAU
e
PAULA A. FORGIONI

Consulta. Parecer: I – Introdução. II – A tutela da livre concorrência no sistema jurídico brasileiro e as infrações à ordem econômica. III – A possibilidade de legitimação das práticas restritivas da concorrência. IV – Os acordos verticais. V – A interpretação da Lei 8.884/94 – As particularidades do caso presente.

CONSULTA

O contrato de concessão celebrado entre um fabricante de veículos automotores terrestres e seus distribuidores determina que estes desenvolverão suas atividades com exclusividade, não podendo comercializar veículos fabricados por outras montadoras.

Alguns dos distribuidores confrontaram-se com a recusa de seu fabricante em admitir que o mesmo empresário, em sociedades comerciais distintas, venha a exercer concessão comercial de veículos de marcas diversas, sem que para tal atitude ofereça qualquer outra justificativa que não a recusa arbitrária.

Indaga-se da licitude da conduta do fabricante, considerando-se, em especial, a legislação brasileira de defesa da livre concorrência e repressão ao abuso do poder econômico.

PARECER

I – Introdução

1. A Lei n. 8.884, de 11 de junho de 1994, também conhecida como "Lei Antitruste", dispõe sobre matérias relacionadas às infrações contra a ordem econômica, disciplinando o comportamento dos agentes econômicos no mercado tendo em vista a proteção da livre concorrência e a repressão ao abuso do poder econômico.

A legislação antitruste, tal como hoje concebida, nasce com a promulgação do *Sherman Act*, em 1890, pelo congresso norte-americano. Além disso, a profícua aplicação, pelas Cortes dos Estados Unidos, tanto desse texto quanto da legislação subseqüente, fez com que as leis e as decisões judiciais norte-americanas fossem, desde sempre, tomadas como paradigmas para aplicação de leis similares surgidas posteriormente em outros países.

Mesmo a legislação européia de disciplina da concorrência não pôde ignorar o regramento norte-americano, ainda que tenha buscado um caminho diverso, no percorrer do qual a concorrência não é vista como um fim em si mesma, mas como um instrumento de que se deve lançar mão para atingir os objetivos maiores da União Européia.

Por isso é que hoje, ao lado da legislação e da *praxis* norte-americana, a vivência européia na área da disciplina da concorrência constitui referencial que não pode ser ignorado, principalmente em países com uma estrutura industrial altamente concentrada, como é o caso brasileiro.

2. No Brasil, muito embora o Decreto-lei n. 869, de 1938, já contivesse algumas disposições tipicamente antitruste, apenas recentemente começa a delinear-se um ensaio de "cultura da concorrência" entre os agentes econômicos. O Estado não encetara, até atualmente – nem se podia identificar com clareza – qualquer "política da concorrência".

Criado em 1962, com a promulgação da Lei n. 4.137, o CADE-Conselho Administrativo de Defesa Econômica[1] vinha desempenhando, até o início da década de 90, papel pouco expressivo entre nós. Provocada contudo pela "abertura do mercado brasileiro" patrocinada pelos governos Collor e Cardoso e pelo reaquecimento da concorrência entre os agentes econômicos, a autoridade antitruste passou a atuar de modo incisivo, ocupando as manchetes dos jornais e despertando a atenção dos empresários. A legislação que trata da matéria encontra, destarte, condições de efetividade.

3. Nem o CADE, nem as pessoas que se arrogavam a condição de especialistas na matéria dispunham, até então, de uma "jurisprudência" administrativa ou judicial consolidada. Em outras palavras, sentia-se a falta de "pautas de interpretação" que pudessem servir de referencial à aplicação da legislação que disciplina a concorrência.

Havia, sim, algumas decisões antigas e desconectadas entre si, mas que não se prestavam a funcionar como paradigmas a inspirarem a atuação decisória do órgão.

Assim, era natural que se fosse buscar nas fontes americanas o material argumentativo que poderia balizar as teses dos advogados e juristas que iniciavam a militância nessa área, bem assim a atuação do próprio CADE. De outra parte, também a prática européia passou a ser considerada, ainda que de forma secundária.

A referência a julgados e autores estrangeiros, então, tornou-se a mais comezinha das práticas. Os relatórios dos Conselheiros do CADE passaram a fundamentar-se, por exemplo, nas lições de Sullivan e Hovenkamp,[2] ao mesmo tempo que o conhecido HHI (*Herindhal-Hirschman Index*),[3] sem que a lei brasileira lhe faça qualquer menção, passa a ser adotado como índice apto a mensurar o grau de concentração em determinados mercados.

4. É certo no entanto que, embora o recurso à doutrina e à jurisprudência estrangeiras possa consubstanciar fonte de subsídios útil, nem uma nem outra podem ser tomadas como absolutas. Vale dizer: elas não podem ser transplantadas para a realidade brasileira sem que sejam consideradas as *particularidades do nosso mercado e do nosso sistema jurídico.* A indiscriminada transposição de teorias e para-

1. É obrigatória a menção ao Decreto-lei n. 7.666, de 1945, que criou a CADE-Comissão Administrativa de Defesa Econômica. No entanto, esse diploma não teve duração superior a dois meses.

2. Cf. Ato de Concentração n. 27/94, Requerente: K & S Aquisições Ltda., Atual Denominação: Kolynos do Brasil Ltda. Relatora: Conselheira Lucia Helena Salgado e Silva.

3. O Conselheiro do CADE Marcelo Monteiro Soares, no ato de concentração n. 1/94, expressamente aplicou o HHI para avaliar o impacto da operação de concentração no mercado (in *Revista* do *IBRAC* v. 2, n. 4:15).

digmas pode mostrar-se inadequada e mesmo perigosa, colocando em risco a efetividade e a eficácia[4] da legislação brasileira e nos conduzindo por caminhos incompatíveis com o direito brasileiro.

Insista-se em que o direito é um nível funcional do todo social; assim, ele será, sempre, fruto de uma determinada cultura. Por isso não pode ser concebido como um fenômeno universal e atemporal e, *v.g.*, embora se possa referir um direito do modo de produção capitalista, em cada sociedade manifesta-se *um determinado direito*, diverso e distinto dos outros direitos, que se manifestam em outras sociedades.[5]

Importa repetirmos, também, que em cada sistema jurídico subjaz, latente, um sistema de princípios, diverso daqueles próprios a outros sistemas. O intérprete [autêntico ou não], não pode deixar de considerar, ao tomar cada texto normativo, as singularidades do ordenamento jurídico do qual o texto participa, considerando-as, ademais, no momento histórico vivenciado. Devem ser relidas, com atenção, todas as sábias advertências lançadas por Tullio Ascarelli.[6]

5. Em síntese, a doutrina e a jurisprudência estrangeiras podem e devem ser utilizadas pelo intérprete – o que, de resto, será feito no desenvolvimento deste parecer. Cumpre porém repudiarmos a mera transposição de institutos e teorias, de um para outro direito.

Interpretar o direito é *concretar a lei* em cada caso, ou seja, é *aplicar*[7] a lei; o intérprete, ao interpretar a lei, desde um caso concreto, a *aplica.* Daí dizermos que *interpretação* e *aplicação* não se realizam autonomamente. O intérprete discerne o sentido do texto a partir e em virtude de um determinado caso dado.[8] Assim, existe uma equação entre *interpretação* e *aplicação:* não estamos, aqui, diante de dois momentos distintos, porém frente a uma só operação.[9] *Interpretação* e *aplicação* se superpõem.

Ora, sendo, a *interpretação,* concomitantemente *aplicação* do direito, deve ser entendida como *produção prática do direito,* precisamente como a toma Friedrich Müller,[10] para quem inexiste tensão entre *direito* e *realidade;* não existe um terreno composto de elementos *normativos,* de um lado, e de elementos *reais* ou *empíricos,* do outro. Por isso a articulação *ser e dever-ser* (a relação *norma-fato*) é mais do que uma questão da filosofia do direito, é uma questão da estrutura da norma jurídica tomada na sua transposição prática e, por conseqüência, ao mesmo tempo uma questão da estrutura deste processo de transposição.

Isso significa que a *norma* é produzida, pelo intérprete, não apenas a partir de elementos que se despreendem do *texto* (mundo do dever-ser), mas também a partir de elementos do caso ao qual será ela aplicada, isto é, a partir de elementos da realidade (mundo do ser).[11] O que incisivamente deve aqui ser afirmado, a partir da metáfora de Kelsen,[12] é o fato de a *moldu-*

4. Para os conceitos de *efetividade* e *eficácia* vide Eros Roberto Grau, *A Ordem Econômica na Constituição de 1988*, 3ª ed., Malheiros Editores, São Paulo, 1997, pp. 317-321.

5. Cf. Eros Roberto Grau, *O Direito Posto e o Direito Pressuposto*, Malheiros Editores, São Paulo, 1996, pp. 17-18.

6. *Problemas das Sociedades Anônimas*, Saraiva, São Paulo, 1945, pp. 4-16.

7. Cf. Hans-Georg Gadamer, *Verdad y Método*, 4ª ed. e trad. de Ana Agud Aparicio y Rafael de Agapito, Ediciones Sígueme, Salamanca, 1991, p. 401.

8. Idem, p. 397.

9. Vide Enrique E. Mari "La interpretación de la ley. Análisis histórico de la escuela exegética y su nexo con el processo codificatorio de la modernidad", in *Materiales para una Teoría Crítica del Derecho*, Enrique E. Marí *et alii*, Abeledo-Perrot, Buenos Aires, 1991, p. 236.

10. *Juristische Methodik*, 5ª ed., Duncker & Humblot, Berlin, 1993, pp. 145-146.

11. Vide Cristiane Derani, *Direito Ambiental Econômico*, Max Limonad, São Paulo, 1997, pp. 40-44.

12. *Teoria Pura do Direito*, trad. de João Baptista Machado, 4ª ed., Arménio Amado Editor, Coimbra, 1979, p. 467.

ra da norma ser, diversamente, moldura do *texto,* mas não apenas dele; ela é, concomitantemente, moldura do *texto* e moldura do *caso*. O intérprete interpreta também o *caso,* necessariamente, além dos *textos,* ao empreender a produção prática do direito.

É certo, a doutrina e a jurisprudência estrangeiras podem ser úteis ao intérprete do direito brasileiro. Mas elas não podem, sob qualquer pretexto, ser superpostas aos elementos do caso – isto é, aos elementos da realidade [mundo do ser] – ao qual a norma será aplicada.

Em linguagem simpática aos especialistas do antitruste, deve-se proceder a uma análise pelo *case by case approach*, tomando-se em conta o mercado e o sistema jurídico brasileiro, como um todo.

Não será demasiada a repetição, por fim, de que a interpretação do direito não pode ser feita em tiras, aos pedaços. Não se interpreta, portanto, o texto de lei, mas o direito, lançando-se mão de um processo hermenêutico que considera o ordenamento jurídico como um todo e, conseqüentemente, o sistema de princípios que lhe é subjacente. Não se pode interpretar isoladamente a Lei n. 8.884, de 1994, apartando-a das ordens econômica e jurídica brasileiras.

II – A tutela da livre concorrência no sistema jurídico brasileiro e as infrações à ordem econômica

6. A Constituição do Brasil é muito clara ao definir a *livre concorrência* como um *meio,* um *instrumento* voltado ao alcance de um bem maior, o de "assegurar a todos existência digna, conforme os ditames da justiça social".[13]

Deveras, dispõe o seu art. 170:

"A ordem econômica, *fundada* na valorização do trabalho humano e *na livre iniciativa*, tem por fim assegurar a todos existência digna, conforme os ditames da justiça social, observados os seguintes princípios:

"(...)

"IV – *livre concorrência*;

"(...)" (grifamos).

De outra parte, determina o § 4º do art. 173:

"A lei reprimirá o abuso do poder econômico que vise à dominação dos mercados, a eliminação da concorrência e ao aumento arbitrário de lucros".

7. Buscando a concreção desses preceitos constitucionais, a Lei n. 8.884/94 "dispõe sobre a prevenção e a repressão às infrações contra a ordem econômica, orientada pelos ditames constitucionais de liberdade de iniciativa, livre concorrência, função social da propriedade, defesa dos consumidores e repressão ao abuso do poder econômico" (cf. art. 1º), definindo, em seu art. 20, as infrações à ordem econômica:

"Art. 20. Constituem infração da ordem econômica, independentemente de culpa, os atos sob qualquer forma manifestados, que tenham por objeto ou possam produzir os seguintes efeitos, ainda que não sejam alcançados:

"I – limitar, falsear ou de qualquer forma prejudicar a livre concorrência ou a livre iniciativa;

"II – dominar mercado relevante de bens ou serviços;

"III – aumentar arbitrariamente os lucros;

"IV – exercer de forma abusiva posição dominante.

"§ 1º. A conquista de mercado resultante de processo natural fundado na maior eficiência de agente econômico em relação

13. A instrumentalidade de nossas normas antitruste era já apontada antes mesmo da promulgação da Constituição de 1988, pois a tutela da livre concorrência sempre foi posta a serviço de um bem maior: o interesse coletivo, de ordem pública (neste sentido, José Alexandre Tavares Guerreiro, "Formas de abuso de poder econômico", *Revista de Direito Mercantil,* n. 66, 1987, pp. 45 e ss).

a seus competidores não caracteriza o ilícito previsto no inciso II.

"§ 2º. Ocorre posição dominante quando uma empresa ou grupo de empresas controla parcela substancial de mercado relevante, como fornecedor, intermediário, adquirente ou financiador de um produto, serviço ou tecnologia a ele relativa.

"§ 3º. A posição dominante a que se refere o parágrafo anterior é presumida quando a empresa ou grupo de empresas controla 20% (vinte por cento) de mercado relevante, podendo este percentual ser alterado pelo CADE para setores específicos da economia."

Já a simples leitura dos enunciados normativos transcritos evidencia que qualquer ato tendo por objeto ou por efeito o prejuízo à concorrência constitui uma *infração à ordem econômica*, independentemente de culpa (i.e., da intenção do agente econômico ao praticar o ato).

8. Aí, nesse art. 20, encontramos o cerne da Lei n. 8.884/94,[14] razão pela qual devemos nos deter, ainda que brevemente, na análise de sua *ratio* e da função que o preceito desempenha em nosso ordenamento jurídico.

É bem antiga a convicção, afirmada em discursos pronunciados desde o final do século XVI, de que a livre concorrência é o *antídoto natural* contra os males do mercado, perfeitamente capaz de impedir a exploração do consumidor e o indevido aumento de preços (= a exploração dos adquirentes) e de fomentar a otimização da qualidade dos bens e serviços.[15]

Embora essa afirmação, necessária no contexto dos discursos nos quais inserida, tenha sido relativizada, ainda assim permanecem, os sistemas jurídicos, a dedicar efetiva proteção à livre concorrência. Por isso a legislação antitruste deve ser aplicada de forma a impedir o falseamento da concorrência nos mercados. Em outros termos: *não se pode admitir que agentes econômicos, seja através de ato unilateral, seja mediante a celebração de um contrato, impeçam que a livre concorrência exerça seu papel no mercado.*

Daí a *livre concorrência*[16] ter sido consagrada, em nosso ordenamento jurídi-

14. Pretenderam alguns, equivocadamente, identificar no art. 54 o cerne da lei.

15. Não se pode deixar de referir as palavras proferidas pela Corte Inglesa, no ano de 1603, apontando os malefícios trazidos pela ausência de concorrência: "The sole trade of any mechanical artifice, or any other monopoly, is not only a damage and prejudice to those who exercise the same trade, but also to all other subjects, for the end of all these monopolies is for the private gain of the patentees; and although provisions and cautions are added to moderate them, yet... it is mere foolly to think that there is any measure in mischief or wickedness: and, therefore, there are inseparable incidents to every monopoly against the commonwealth... 1. That the price of the same commodity, will be raised, for he who has the sole selling of any commodity, may and will make the price as he pleases... The 2d incident to a monopoly is, that after the monopoly granted, the commodity is not so good and merchantable as it was before; for the patentee having the sole trade, regards only his private benefit, and not the common wealth. 3. It tends to the impoverishment of divers artificers and others, who before, by the labour of their hands in their art of trade, had maintained themselves and their families, who now will of necessity be constrained to live in idleness and beggary" (decisão transcrita por Fox & Sullivan, *Cases and Materials on Antitrust*, St. Paul, West Publishing Co., 1989, pp. 12 e 13).

16. É bem curiosa, aliás, a menção do texto constitucional à livre concorrência *e* à livre iniciativa, visto que a liberdade de iniciativa implica liberdade de concorrência e vice-versa. Veja-se em Grau, *A Ordem Econômica na Constituição de 1988*, cit., pp. 224-225, os "inúmeros sentidos" que "podem ser divisados no princípio, em sua dupla face, ou seja, enquanto liberdade de comércio e indústria e enquanto liberdade de concorrência", equacionando-os da seguinte forma: a) liberdade de comércio e indústria (não-ingerência do Estado no domínio econômico): a.1) faculdade de criar e explorar uma atividade econômica a título privado. liberdade pública; a.2) não-sujeição a qualquer restrição estatal senão em virtude de lei. liberdade pública; b) liberdade de concorrência: b.1) faculdade de conquistar a clientela, desde que não através de concorrência desleal. liberdade privada; b.2) proibição de formas de atuação que deteriam a concorrência. liberdade privada; b.3) neutralidade do Estado diante do fenômeno concorren-

co, como um bem digno de receber tutela jurídica – o art. 170 da Constituição do Brasil impõe seja, a ordem econômica, fundada na *livre iniciativa* e o art. 20, I da Lei n. 8.884/94, inspirado no § 4º do art. 173 do Texto Constitucional, condena qualquer ato que possa prejudicar a livre concorrência.[17]

Isso importa em que a concorrência cause alguns *prejuízos* a determinados agentes econômicos, que, impedidos de adotar estratégias independentes, restam obrigados a respeitar o "jogo" próprio ao mercado em que atuam (mercado relevante). Em conseqüência, lucros menores e maiores preocupações com os concorrentes, consumidores e fornecedores.[18]

9. É explicável, portanto, o desejo nutrido pelos agentes econômicos, de eliminação de toda concorrência incômoda que lhes seja contraposta. Isso é muitas vezes buscado mediante a celebração de acordo entre os agentes econômicos concorrentes (cartel). Outras, o agente econômico que detém poder de mercado adota praticas anticompetitivas (abusando, portanto, do poder que detém), visando à eliminação da concorrência. É o que ocorre, por exemplo, nos casos de vendas abaixo do preço de custo.

Nada há de ilícito na eliminação de um concorrente, desde que a expulsão do mercado, ou mesmo o prejuízo a ele infligido, derivem de uma *vantagem competitiva,* i.e., da superioridade de um dos agentes econômicos em relação aos outros. Daí porque o § 1º do art. 20 admite o domínio de mercado obtido de forma *natural, fundado na maior eficiência do agente econômico em relação a seus competidores.* O que o sistema jurídico não admite é o abuso, o acordo, a imposição, o ardil que eliminam a concorrência.

10. O texto do art. 20 da Lei n. 8.884/94 é bastante amplo, abrangendo um semnúmero de atos ou contratos que possam ser praticados ou celebrados em restrição à concorrência. Por essa razão, o art. 21 introduz uma série de exemplos de caracterização de infrações à ordem econômica, *quando configurem hipótese prevista no art. 20 e seus incisos.* Isso significa que o art. 21 da Lei n. 8.884/94, *exemplificativamente*, enuncia uma série de condutas que caracterizarão infração à ordem econômica desde que sua prática configure qualquer daquelas hipóteses.

III – A possibilidade de legitimação das práticas restritivas da concorrência

11. A condenação, indistintamente, de todas as práticas restritivas da concorrência poderia conduzir a um resultado diametralmente oposto àquele que é constitucionalmente pretendido, na afirmação da livre

cial, em igualdade de condições dos concorrentes. liberdade pública. Josserand, por sua vez, vislumbra três aspectos da liberdade de comércio que se concretizam no dogma da livre concorrência: (i) liberdade de estabelecimento; (ii) liberdade de fabricação; e (iii) liberdade de circulação de mercadorias, em conformidade com as leis econômicas, principalmente a lei da oferta e da procura (*De l'Esprit des Droits et de leur Relativité; Théorie dite de l'Abus des Droits*, 12ème ed., Dalloz, Paris, 1939, pp. 231-2).

17. A Lei Antitruste não confronta os princípios do Estado Liberal. Ao contrário, hoje se vê com clareza que nada há, na regulamentação da concorrência, de adverso ao espírito do liberalismo econômico. Vide Grau, *A Ordem Econômica na Constituição de 1988*, cit., pp. 15-16: "O modelo clássico de mercado ignorava e recusava a idéia de poder econômico. Na práxis, todavia, os defensores do poder econômico, porque plenamente conscientes de sua capacidade de dominação, atuando a largas braçadas sob a égide de um princípio sem princípios o princípio do livre mercado passaram e desde então perseveram a controlar os mercados. Daí o arranjo inteligente das leis antitruste, que preservam as estruturas dos mercados, sem contudo extirpar a hegemonia dos monopólios e oligopólios". A eliminação das distorções conjunturais, próprias do mercado e do modo de produção capitalista, visa à preservação do mesmo mercado – e do modo de produção – mercado no qual os agentes econômicos podem atuar, conquistar novos consumidores e, portanto, competir livremente.

18. A esse respeito, v. Paula A. Forgioni, *Os Fundamentos do Antitruste*, São Paulo, Ed. RT, 1998, pp. 274 e ss.

concorrência. Assim, não se justifica a condenação de tais práticas quando aos prejuízos delas decorrentes, suportados pelo mercado, ou pela concorrência, corresponderem vantagens a serem auferidas pela economia nacional como um todo, de sorte que estas vantagens sejam relativamente maiores do que aqueles prejuízos

Imagine-se, por exemplo, um acordo de cooperação entre duas empresas para o desenvolvimento de uma nova tecnologia. Parece óbvio que a união dos dois agentes econômicos, embora importe na eliminação da concorrência recíproca (pois eles não mais deverão competir pela inovação tecnológica), pode ser socialmente relevante, de modo a beneficiar o desenvolvimento tecnológico. Se assim é, a união não deve ser obstada, ainda que importe em um certo "prejuízo para a concorrência".

12. Os sistemas antitruste admitem, em vista disso, a legitimação de algumas práticas restritivas. Visando precisamente instrumentar essa legitimação, criou-se, nos *Estados Unidos*, a *"regra da razão"* (*rule of reason*).[19] O art. 1º do *Sherman Act*[20] não incidirá sempre que a prática restritiva acarretar um prejuízo *razoável* para a concorrência.

A primeira manifestação da Suprema Corte americana envolvendo a regra da razão ocorre no julgamento do caso *Standard Oil Co. of New Jersey v. United States.* O *Sherman Act,* no entender do Juiz White: "*evidenced the intent not to restrain the right to make and enforce contracts, whether resulting from combination or otherwise, which did not unduly restrain interstate or foreign commerce, but to protect that commerce from being restrained by methods, whether old or new, which would constitute an interference that is an undue restraint*".

A regra da razão – observa Shieber, na mais clássica obra brasileira sobre o Direito Antitruste[21] – acaba, na realidade, por determinar uma modificação no suporte fático do art. 1º do *Sherman Act,* ainda que o seu texto não tenha sofrido qualquer alteração. A regra implica tenha ele passado a viger com a seguinte redação:

"Art. 1º. Todo e qualquer contrato, combinação sob a forma de truste ou qualquer outra forma ou conspiração em *(desarrazoada)* restrição do tráfico ou comércio entre os Estados, ou com nações estrangeiras, é declarado ilícito pela presente lei".

13. Na Europa, o item 3 do art. 85 do Tratado da União Européia prevê a possibilidade de *isenção* de acordos restritivos da concorrência pela Comissão Européia. Eis os textos do Tratado de Maastricht:

"Art. 85. São incompatíveis com o mercado comum e proibidos todos os acordos entre empresas, todas as decisões de associações de empresas e todas as práticas concertadas que sejam susceptíveis de afectar o comércio entre os Estados-membros e que tenham por objectivo ou por efeito impedir, restringir ou falsear a concorrência no mercado comum.

"(...)

"2. São nulos de pleno direito os acordos ou decisões proibidos por este artigo.

"3. As disposições no n. 1 podem, todavia, ser declaradas inaplicáveis:

"– a qualquer acordo ou categoria de acordos, entre empresas;

"– a qualquer decisão, ou categoria de decisões, de associações de empresas; e

19. Ver, a respeito, o estudo efetuado, no Brasil, sobre as origens da regra da razão: Shieber, *Abusos do Poder Econômico (Direito e Experiência Antitruste no Brasil e nos EUA)*, São Paulo, Ed. RT, 1966, pp. 72 e ss. Cf., também, Nuno T. P. Carvalho, *As Concentrações de Empresas no Direito Antitruste*, São Paulo, Resenha Tributária, 1995, pp. 69 e ss.

20. Para uma breve e conclusiva explicação da *per se rule* e da regra da razão, veja-se Phillip Areeda, "The changing contours of the per se rule", *Antitrust Law Journal*, v. 54, 1985, pp. 27 e ss.

21. Shieber, ob. cit., p. 75.

"– a qualquer prática concertada, ou categoria de práticas concertadas, que contribuam para melhorar a produção ou distribuição dos produtos ou para promover o progresso técnico ou econômico, contanto que aos utilizadores se reserve uma parte eqüitativa do lucro daí resultante, e que

"a) Não imponham às empresas em causa quaisquer restrições que não sejam indispensáveis à consecução desses objetivos;

"b) Nem dêem a essas empresas a possibilidade de eliminar a concorrência relativamente a uma parte substancial dos produtos em causa."

Note-se, parenteticamente, que o enunciado do art. 85 do Tratado de Maastricht é tão ou mais amplo do que o do art. 20 da Lei n. 8.884/94, até porque o direito antitruste europeu foi, declaradamente, a fonte de inspiração do legislador brasileiro.

O número de práticas que deveriam ser submetidas à aprovação da Comissão Européia era demasiadamente elevado e o órgão não possuía sequer condições materiais para proceder à análise de todas elas.[22] Por essa razão, foram editados vários regulamentos que *isentam em bloco* determinadas categorias de acordos, cujas características demonstram que o prejuízo à concorrência eventualmente causado é suplantado pelos benefícios trazidos ao desenvolvimento do próprio mercado.

Quando o acordo celebrado recai nos limites da isenção em bloco (*block exemption*), a Comissão Européia não necessita, sequer, ser comunicada da prática do ato.

Por fim, cumpre anotarmos, ainda parenteticamente, que o Regulamento n. 1.983, de 22 de junho de 1983, concede uma isenção em bloco para os contratos de distribuição exclusiva que produzam ou possam produzir efeitos em território europeu. Mais especificamente, o Regulamento n. 1.475, de 1995, estabelece uma isenção em bloco para os acordos de distribuição de veículos automotores mediante o qual um contratante se obriga perante o outro a fornecer, em um território definido dentro do Mercado Comum, esses veículos e peças de reposição.[23]

22. James S. Venit indica os seguintes motivos como determintes da adoção das isenções em bloco: (i) caráter dúplice do art. 85 do Tratado da União Européia, que permite a isenção de uma prática restritiva da concorrência; (ii) inexistência de uma regra da razão que impedisse a incidência do § 1º do art. 85 do Tratado CE sobre práticas que poderiam ser consideradas "benéficas"; e (iii) a incapacidade da Comissão, derivada da limitação de seus recursos, para isentar (ou isentar em um período razoável de tempo) todas as práticas notificadas que não deveriam ser proibidas ("Technology Licensing in the EC", *Antitrust Law Journal,* v. 59, 1991, p. 485). Pode-se ver também, na concessão de isenções em bloco, uma atitude da Comissão que propicia ao agente econômico *segurança e previsibilidade*, pois a partir do momento em que são atendidos os requisitos para a concessão previstos no regulamento respectivo, a prática restritiva nem sequer deverá ser comunicada à autoridade antitruste européia. Ainda sobre os motivos da introdução das isenções em bloco, cf. Paolo Mengozzi, *Il Diritto della Comunità Europea*, Cedam, Padova, 1990, p. 335.

23. Segundo Bael & Bellis, será aplicável o Regulamento n. 1983, de 1983, quando for designado apenas um concessionário por território; já o regulamento n. 1.475, de 1995, permite que sejam nomeados um ou mais concessionários em cada zona contratual (*Il Diritto della Concorrenza nella Comunità Europea*, Torino, Giappichelli, 1995, p. 180. Tradução da terceira edição em língua inglesa, *Competition Law of the Europea Community*, Londres, CCH, 1994). A própria Comissão, a esse respeito, esclarece: "The (...) group exemption regulations concerning the distributions of goods, Commission Regulation (ECC) n. 1983 and (ECC) n. 1984/93, remain applicable to cars. This means that producers are free to choose to organize their distribution system according to Regulation 1475/95 or according to these to other group exemption (...)" Esse último regulamento coloca sob a égide da isenção em bloco apenas as restrições impostas ao distribuidor de não comercializar "veículos automóveis novos oferecidos por outrem que não o construtor a não ser em estabelecimentos separados, com uma gestão distinta, sob uma forma jurídica distinta e de modo a excluir qualquer confusão de marca" (cf. art. 3º, n. 3). Em outras palavras, o distribuidor é livre para comercializar carros fabricados por outrem, desde que o faça em estabelecimento distinto, evitando a confusão de marcas. Qualquer restrição imposta nesse sentido ou será nula de pleno direito, nos termos do *caput* do art. 85 do Tratado da

14. No Brasil, o art. 54 da Lei n. 8.884/94 admite a *aprovação* de atos que impliquem prejuízo à livre concorrência, ou mesmo o domínio de mercado:

"Art. 54. Os atos, sob qualquer forma manifestados, que possam limitar ou de qualquer forma prejudicar a livre concorrência, ou resultar na dominação de mercados relevantes de bens ou serviços, deverão ser submetidos à aprovação do CADE".

Embora o texto desse art. 54 provoque espanto em alguns, na medida em que *legitimaria* a prática de *infrações*, o fato é que a autoridade antitruste brasileira pode autorizar a prática de atos restritivos da concorrência, desde que sejam atendidas as chamadas *eficiências* enunciadas nos parágrafos do mesmo art. 54.[24] Na realidade, no entanto, quando cogitamos de autorizações ou isenções colocamo-nos diante de dois suportes fáticos distintos: um relacionado à tipificação da infração à ordem econômica [art. 20] e outro que, quando verificado, dá lugar à incidência da estatuição excludente de infração [art. 54].[25]

Insista-se em que, no sistema da lei brasileira, o que se tem em vista são condições bem definidas, vinculantes do controle exercido pela autoridade antitruste, e não razoabilidade do prejuízo à concorrência. Aquelas condições é que informam a decisão sobre a autorização [= aprovação] do exercício da prática, nos termos do art. 54 da Lei n. 8.884/94.

O direito brasileiro não admite uma *regra da razão* capaz de afetar, modificando-a, a hipótese de incidência do art. 20 da Lei n. 8.884/94.[26]

União Européia ou deverá ser isentado pela Comissão *(individual exemption),* na forma prevista no § 3º do mesmo dispositivo. Vale, aqui, determo-nos na análise do item 7 do preâmbulo do Regulamento 1475, de 1995: "A cláusula de não concorrência pode ser isenta na medida em que não impeça o distribuidor de distribuir veículos automóveis de outras marcas de um modo que evite qualquer confusão de marcas (ponto 3 do art. 3º). A obrigação de só proceder à venda de produtos de outros construtores em locais distintos e com uma gestão distinta, acompanhada da obrigação geral de evitar a confusão a nível das marcas, assegura a exclusividade da distribuição de uma única marca por cada estabelecimento (...)" (cf. *Jornal Oficial das Comunidades Européias*, em 29 de junho de 1995, n. I, pp. 145/25, www.clubi.ie/competition/compframesite/index.htm, em 2 de setembro de 1998).

24. "§ 1º. O CADE poderá autorizar os atos a que se refere o *caput*, desde que atendam às seguintes condições: I – tenham por objetivo, cumulada ou alternativamente: a) aumentar a produtividade; b) melhorar a qualidade de bens ou serviços; ou c) propiciar a eficiência e o desenvolvimento tecnológico ou econômico. II – os benefícios decorrentes sejam distribuídos eqüitativamente entre os seus participantes, de um lado, e os consumidores ou usuários finais, de outro; III – Não impliquem eliminação da concorrência de parte substancial de mercado relevante de bens e serviços; IV – sejam observados os limites estritamente necessários para atingir os objetivos visados. § 2º. Também poderão ser considerados legítimos os atos previstos neste artigo, desde que atendidas pelo menos três das condições previstas nos incisos do parágrafo anterior, quando necessários por motivo preponderante da economia nacional e do bem comum, e desde que não impliquem prejuízo ao consumidor ou usuário final".

25. Vide Pontes de Miranda, *Tratado de Direito Privado*, t. I, Borsoi, Rio de Janeiro, 1954, p. 26.

26. Advertindo sobre as diferenças entre os sistemas europeu e americano, Frignani e Waelbroeck assinalam, quanto às isenções, que:. "Non si tratta dell 'equivalente della. rule of reason. del diritto antitrust statunitense: questa non permette di giustificare intese il cui oggetto restrittivo sia dimostrato, ma di valutare se certi accordi o pratiche che non sono vietati in se stessi (per se) possano essere considerati ammissibili, o debbano, al contrario, essere vietati tenuto conto dei loro effetti. Al contrario, l'art.85, paragrafo 3 permette di esentare tutte le intese, anche quelle di cui sia dimostrato il carattere intrinsecamente anticoncorrenziale" (*Disciplina della Concorrenza nella CEE,* 3ª ed., Napoli, Jovene, l983, p. 89). No mesmo sentido, Bernini faz ver que o § 3º do art. 85 do Tratado CE introduziu um teste de eficiência que não se encontra na experiência antitrust dos Estados Unidos, havendo, portanto, uma diferença substancial entre a *rule of reason* e as isenções ("As regras de concorrência", in *CE, Trinta Anos de Direito Comunitário,* Luxemburgo, 1981, p. 370). Embora essa distinção seja patente, alguns autores insistem em que o Tratado CE teria adotado a sistemática da *rule of reason,* encaixotando-se no fascínio que o modelo antitruste americano exerce sobre jovens analistas europeus (*v.g.* Pietro Manzini, *L'Esclusione della Concorrenza nel Diritto Antitrust Comunitario,* Milano, Giuffrè, 1994, pp. 190 e s. No mesmo senti-

IV – Os acordos verticais

15. O relacionamento comercial que se estabeleceu entre o fabricante de veículos automotores e seus distribuidores corporifica, na terminologia consagrada pela prática antitruste e pelos economistas que tratam de organização industrial, um típico *acordo vertical.*[27]

Esses acordos eram vistos, no passado, com extrema cautela pelas autoridades antitruste e mesmo pelo Poder Judiciário. Nas últimas décadas, contudo, essa posição vem sendo alterada, sobretudo nos Estados Unidos, por influência da Escola de Chicago. Salienta-se hoje, mais do que nunca, os benefícios decorrentes da celebração de tais acordos verticais, que *aumentam as eficiências alocativas* e diminuem os *custos de transação.*

Ocorre que, embora produzindo benefícios de outra ordem, esses acordos verticais, semelhantes àquele que ora consideramos, *restringem a concorrência,* por variados motivos, entre os quais destacamos aquele que, no contexto deste parecer, assume maior relevância: *os acordos verticais mediante os quais o fabricante impõe a seus distribuidores a exclusividade de relacionamento ("exclusive dealing") podem impedir que o concorrente do mesmo fabricante tenha acesso aos canais de distribuição utilizados pelo outro agente econômico.*[28] *Ademais, é ainda possível, no caso de novas empresas que pretendam se estabelecer no Brasil, que a imposição de exclusividade limite seu acesso ao mercado.*

16. Note-se bem que, para fins de determinação da incidência, ou não incidência, da Lei n. 8.884/94 sobre o caso presente, não é bastante afirmarmos, de forma genérica, que a concorrência está sendo prejudicada. Ao contrário, é necessária a indicação, com precisão, da concorrência de que se cogita.

É relevante, na hipótese submetida a nossa apreciação, a concorrência existente entre os vários fabricantes de automóveis (Fiat, GM, Volkswagen e outras), no mercado brasileiro. Em outras palavras, toma-

do, cf., ainda, Jan Peeters "The rule of reason revisted: Prohibitiion on Restraints of Competitio in the Sherman Act and the EEC Treaty", *The American Journal of Competition Law* 37(3), Berkeley, 1989, pp. 521-570 e Luciano di Via, "Alcune riflessioni sulla rule of reason ed il concetto di consistenza di una restrizione della concorrenza", *Diritto del Commercio Internazionale,* 10.2-3:289, aprile-settembre 1996). As razões práticas de se querer vislumbrar a regra da razão no *caput* do art. 85 do Tratado CE são bastante óbvias: afastaria da Comissão Européia o direito (e o dever) de analisar *quaisquer* práticas restritivas da concorrência, de forma que esse órgão somente deveria ser informado das práticas que restringissem a concorrência de uma forma *não razoável.* Dessa forma, lograr-se-ia diminuir o volume de casos a serem apreciados pela Comissão. Não obstante, essa autoridade antitruste, como já reiterado em diversas ocasiões, *não* entende que o art. 85 do Tratado CE encerre a previsão de uma regra da razão, mas sim de um sistema de isenções, nos termos do § 3º do mesmo artigo. Conseqüentemente, a Comissão entende que *quaisquer* práticas restritivas da concorrência devem a ela ser comunicadas.

27. Acordo vertical é aquele celebrado entre agentes econômicos que não são diretamente concorrentes (ou seja, não atuam no mesmo mercado relevante), mas se encontram em mercados situados em uma imaginária linha vertical que nos conduz, através da extração da matéria-prima, das várias fases da produção e comercialização, até o consumidor final do produto (cf. Fox & Sullivan, ob. cit., p. 522 e também Roberto Pardolesi, "Intese restrittive della libertà di concorrenza", AAVV, *Diritto Antitrust Italiano,* org. A. Frignani, R. Pardolesi, A. Patroni Griffi, L. C. Ubertazzi. Bologna, Zanichelli, 1993, p. 244). Assim, são considerados típicos acordos verticais os de distribuição, fornecimento, franquia, concessão comercial e outros.

28. Ou, como dizem Sullivan & Hovenkamp: "*The vertical restraint may be used to* (...) *create barriers to entry that foreclose competition*", *Antitrust Law, Policy and Procedure,* 3ª ed., The Michie Company, Charlottesville, 1994, p. 405. Referindo-se especificamente aos contratos de distribuição exclusiva, Matteo Caroli afirma que "Contratti di questo genere sono forme di interazione verticale che possono porre in condizioni di svantaggio i concorrenti dell'opertore che beneficia dell'esclusiva. Questo è tanto più vero quanto più i soggetti che concedono l'esclusiva hanno un ruolo quantitativamente e qualitativamente rilevante nel proprio campo di attività" (*La Regolamentazione dei Regimi Concorrenziali,* Giuffrè, Milano, 1990, pp. 77-78).

mos como relevante o mercado brasileiro (*mercado relevante geográfico*), de fabricantes de automóveis (*mercado relevante material* ou do produto).

Estamos, ao considerar o *mercado de fabricantes de automóveis*, privilegiando a concorrência entre os fabricantes ou entre as *marcas* (*inter brand competition*), por entendermos que a concorrência entre os distribuidores de uma mesma fabricante (*intra brand competition*) não está sendo afetada pela imposição do fabricante.

Assim, cumpre verificarmos se a hipótese versada na consulta configuraria infração a ordem econômica, determinando a incidência do art. 20, I e do art. 21,[29] incisos IV[30] e VI da Lei Antitruste, na medida em que a imposição restringe a concorrência entre os agentes econômicos.

V – A interpretação da Lei 8.884/94 – As particularidades do caso presente

17. Alcançado este ponto de nossa exposição, cumpre dedicarmos detida atenção à restrição que está sendo imposta pelo fabricante de veículos automotores a seus distribuidores, nela apartando dois aspectos distintos:

(i) o fabricante exige, de uma banda, que o distribuidor comercialize apenas veículos novos de sua marca;

(ii) ao mesmo tempo, exige também que a pessoa física participante do capital social da sociedade distribuidora (ou seja, que possui a "bandeira" do fabricante) não participe de outra sociedade que distribua veículos fabricados por seus concorrentes.

A primeira restrição, ao contrário do que poderia parecer em uma análise menos detida, *não consubstancia infração à ordem econômica*.

A segunda, ao contrário, implica a incidência do art. 20, I da Lei n. 8.884/94, como passamos a demonstrar.

18. É certo – vimos acima – que a interpretação do direito não pode ser feita em tiras, aos pedaços. Não se interpreta o texto de lei, isoladamente, mas o direito, lançando-se mão de um processo hermenêutico que considera o ordenamento jurídico como um todo e, conseqüentemente, o sistema de princípios que lhe é subjacente.

Por isso não se pode interpretar isoladamente a Lei n. 8.884/94. Cumpre considerarmos, em conjunto com o seu texto, o texto da Lei n. 6.729, de 28 de novembro de 1979, que "dispõe sobre a concessão comercial entre produtores e distribuidores de veículos automotores de via terrestre".

19. A Lei n. 6.729/79 permanece plena de vigência, não foi revogada pela Lei n. 8.884/94.

Dir-se-á, prontamente, que ambas permanecem em vigor porque a primeira, embora anterior, trata de matéria específica (a concessão comercial entre fabricantes e distribuidores), enquanto que a segunda, que lhe é posterior, "dispõe sobre a prevenção e a repressão às infrações contra a ordem econômica". A Lei Antitruste disciplina a concorrência travada entre *todos* os agentes econômicos, e não apenas aquela que se estabelece entre os fabricantes e/ou distribuidores. Estamos portanto, no caso, diante de uma lei especial (anterior) e uma lei geral (posterior).

29. "Art. 21. As seguintes condutas, além de outras, na medida em que configurem hipótese prevista no art. 20 e seus incisos, caracteriza infração à ordem econômica: (...) IV – limitar ou impedir o acesso de novas empresas ao mercado; (...) VI – impedir o acesso de concorrente (...) aos canais de distribuição".

30. Entendemos que o inciso IV do art. 21 poderá ser invocado no caso em tela se houver grande possibilidade de um fabricante estrangeiro de veículos automotores pretender iniciar suas atividades no mercado brasileiro, não bastando porém a mera "suposição" desprovida de fortes evidências da possível entrada. Sem elementos bem específicos, não se pode formular conclusões a respeito do grau de influência que a concorrência potencial exerce sobre a concorrência atual, ou seja, aquela existente entre os agentes econômicos que já atuem no mercado brasileiro.

Cumpre, pois, considerarmos o impacto, em relação a elas, do aforisma *lex generalis legem specialem non derrogat.*[31]

20. Essa consideração há de ser feita a partir do exame de preceito contido na Lei de Introdução ao Código Civil Brasileiro, o Decreto-lei n. 4.657, de 4 de setembro de 1942, cujo art. 2º e seus §§ 1º e 2º assim dispõem:

"Art. 2º. Não se destinando à vigência temporária, a lei terá vigor até que outra a modifique ou revogue.

"§ 1º. A lei posterior revoga a anterior quando expressamente o declare, quando seja com ela incompatível ou quando regule inteiramente a matéria de que tratava a lei anterior.

"§ 2º. A lei nova, que estabeleça disposições gerais ou especiais a par das já existentes, não revoga nem modifica a lei anterior."

A matéria estava regulada de modo diverso no texto da Introdução que abria o Código Civil, na sua edição, em 1916.

O art. 4º dessa Introdução assim dispunha:

"A lei só se revoga ou derroga por outra lei, mas a disposição especial não revoga a geral nem a geral revoga a especial, senão quando a ela, ou ao seu assunto, se referir, alterando-a explícita ou implicitamente".

21. Tem a doutrina, entre nós, entrado em freqüentes desacordos a respeito da interpretação mais correta a ser conferida ao § 2º do art. 2º da vigente Lei de Introdução ao Código Civil, chegando-se mesmo a afirmar que esta disposição e a do art. 4º da antiga Introdução ao Código Civil reciprocamente se completam[32] – o que soa estranho, em razão da nova lei ter regulado inteiramente a matéria de que tratava o texto de 1916.

Entendemos, de modo diverso, que a complementação do sentido do aludido § 2º há de ser buscada no texto do § 1º do próprio art. 2º do texto em vigência.

O que resultou definido no § 2º do art. 2º da vigente Lei de Introdução ao Código Civil é que a lei nova – qualquer que seja ela: geral ou especial – não revoga nem modifica a lei anterior quando estabelecer disposições *a par* das já existentes.

Logo, em sentido contrário, teremos que a *lex nova* – qualquer que seja ela, repita-se: geral ou especial – revoga ou modifica a lei anterior quando não estabelecer disposições *a par* das já existentes.

22. Disso se deve retirar duas verificações: a) o aforisma *lex generalis legem specialem non derrogat* não foi contemplado no direito positivo brasileiro – Lei de Introdução ao Código Civil; b) para que o sentido do § 2º do art. 2º da Lei de Introdução ao Código Civil possa ser plenamente discernido, cumpre-nos definir a significação da expressão *disposições a par das já existentes.*

Disposição a par de outra existente é aquela que com esta convive. A expressão *a par de outra existente* há de ser entendida com o sentido que tem na linguagem natural, da qual se nutre a linguagem jurídica.[33]

Quem está *a par* de outrem convive com o outro, assim como algo que está a par de outra coisa coexiste com a outra coisa. *Estar a par,* pois, é conviver ou coexistir.

A significação da expressão *disposições gerais ou especiais a par das já existentes*, no § 2º, do art. 2º da Lei de Introdução ao Código Civil, portanto, é a seguinte: *disposições gerais ou especiais que co-*

31. Vide Eros Roberto Grau, *Correção Monetária: Concordata e Créditos Fiscais*, Ed. RT, São Paulo, 1985, pp. 28-32.

32. Vicente Ráo, *O Direito e a Vida dos Direitos*, v. 1, Max Limonad, São Paulo, 1960, p. 392, nota 273.

33. Vide Eros Roberto Grau, *Direito, Conceitos e Normas Jurídicas*, Ed. RT, São Paulo, 1988, pp. 58 e ss.

existem com outras disposições gerais ou especiais.

Há coexistência de disposições quando mais de uma disposição exista concomitantemente.

As primeiras disposições a considerar, no caso, são as da lei nova, a Lei n. 8.884/94. O citado § 2º do art. 2º menciona: "A lei nova, que estabeleça disposições gerais ou especiais a par...".

As segundas, as que já existiam anteriormente ao advento da lei nova. O mesmo preceito prossegue: "... a par das já existentes, não revoga nem modifica a lei anterior".

A segunda das disposições referidas no § 2º do art. 2º da Lei de Introdução ao Código Civil, assim, é a que já existia em lei anterior, lei esta que não é revogada nem alterada pela lei nova.

Pois bem: se as primeiras disposições coexistentes com outras são as contidas na lei nova, resta saber quando as segundas disposições – preexistentes – conservam existência, perdurando, a par das inscritas na lei nova. Para sabê-lo, é imperiosa a consideração do que define o § 1º do art. 2º da Lei de Introdução ao Código Civil.

23. A norma extraída do § 2º daquele art. 2º dá resposta à seguinte indagação: quando a lei nova não revoga nem modifica a lei anterior?

A do § 1º, à questão que assim se põe: quando a lei nova revoga a anterior?

Para que possamos determinar, portanto, se a disposição preexistente à lei nova perdura, a par desta, é necessário verificarmos se não foi ela revogada pela lei nova.

Isso se verifica mediante a aplicação das regras definidas pelo sempre mencionado § 1º do art. 2º da Lei de Introdução ao Código Civil, que alinha três hipóteses, dentro das quais a lei nova revoga a anterior:

a) quando a lei posterior expressamente o declare;

b) quando a lei posterior – ou disposição dela – seja incompatível com a anterior;

c) quando a lei posterior – ou disposição dela regula inteiramente a matéria de que tratava a anterior.

Visto isso podemos – sem nos perdermos em considerações inócuas, atinentes ao aforisma *lex generalis legem specialem non derrogat*, que o vigente direito positivo brasileiro não acolheu – enunciar, nos termos seguintes, toda a significação da norma contida no § 2º do art. 2º da Lei de Introdução ao Código Civil: a lei nova – geral ou especial, especial ou geral, pouco importa – não revoga nem modifica a lei anterior: a) se não contiver expressa declaração nesse sentido; ou b) se não for incompatível com ela; ou ainda c) se não regular inteiramente a matéria de que tratava a lei anterior.

24. Ora, a Lei n. 8.884/94 não revogou expressamente, nem é incompatível com ela, nem regulou inteiramente a matéria de que trata a Lei n. 6.729/79.

É certo, portanto, que ambas permanecem em vigor.

Detenhamo-nos, pois, sobre o texto do § 1º do art. 3º da Lei n. 6.729, de 1979:

"§ 1º. A concessão poderá, em cada caso:

"(...)

"b) vedar a comercialização de veículos automotores novos fabricados ou fornecidos por outro produtor."

Concessão, para os efeitos da Lei n. 6.729/79,[34] e, nos termos do seu art. 1º, o negócio jurídico, celebrado entre *produtores* e *distribuidores,* que visa a efetivar a "distribuição de veículos automotores de via terrestre". *Produtor* – define o inciso I do art. 2º – é a *empresa* industrial que realiza a fabricação ou montagem de veículos automotores; *distribuidor,* nos termos do

34. Parcialmente alterada pela Lei n. 8.132, de 1990.

inciso II desse mesmo art. 2º, "a empresa comercial pertencente a respectiva categoria econômica, que realiza a comercialização de veículos automotores, implementos e componentes novos, presta assistência técnica a esses produtos e exerce outras funções pertinentes à atividade".

O preceito legal, como se vê, faculta ao produtor, na concessão, proibir à *empresa* distribuidora, pertencente a determinada categoria econômica, a distribuição de veículos concorrentes com os por ele produzidos.

Em outras palavras, a Lei n. 6.729/79 *permite que o contrato de concessão contenha cláusula restritiva da concorrência, qual seja, a possibilidade de impedir-se que o distribuidor (como tal entendido a empresa) comercialize veículos novos fabricados por outrem, prejudicando a concorrência entre as montadoras.*

25. Fazendo-o, o nosso sistema jurídico consagra uma espécie de *isenção* ou *autorização em bloco* para a exclusividade imposta aos distribuidores de veículos automotores, afastando a incidência, sobre essa imposição, do disposto no art. 20, I da Lei n. 8.884/94.

Sucede que essa isenção/autorização contém algumas limitações.

Assim, a proibição decorrente da exclusividade deve restringir-se a *distribuição de veículos novos, fabricados ou fornecidos por outro produtor.* Logo, caso o fabricante decida impor aos seus distribuidores a proibição da comercialização de veículos *usados* de outro produtor, *essa imposição não estará amparada pela autorização concedida pelo art. 3º da Lei n. 6.729/79 e – uma vez que configura restrição à concorrência entre os fabricantes – será considerada infração à ordem econômica, nos exatos e precisos termos do disposto no art. 20, I da Lei n. 8.884/94.*

O mesmo se dá em relação à restrição, referida na consulta, que o produtor pretende impor a seus distribuidores. A Lei n. 6.729/79 apenas permite que o contrato de concessão impeça o *distribuidor* (ou seja, *a empresa; não o empresário, sócio ou acionista*)[35] de comercializar produtos novos concorrentes. Sob seu abrigo, portanto, *não se pode colocar a proibição de o empresário (acionista ou sócio) participar de outra sociedade (ou empresa), que exerça sua atividade – esta sim – distribuindo veículos automotores de marca concorrente.*

26. O art. 3º da Lei n. 6.729/79 *não pode ser interpretado extensivamente*, de forma a abranger a restrição pretendida pelo fabricante.

Vimos bem que a imposição da exclusividade é uma *exceção*, uma *restrição à livre concorrência e/ou à livre iniciativa,* cuja possibilidade, limites e fundamentos estão especificadamente delineados no art. 3º da Lei n. 6.729/79. Aí – repita-se – temos uma *isenção* que, fundada na pressuposição de que os prejuízos eventualmente decorrentes da restrição serão suplantados pelos benefícios por ela produzidos, permite uma prática restritiva da concorrência.

Ora, em se tratando de uma *restrição,* o art. 3º da Lei n. 6.729/79 não admite *interpretação extensiva.* Vale reproduzir, aqui, a sempre atual e precisa lição de Carlos Maximiliano, inspirada em Coelho da Rocha:

"Quando um ato dispensa de praticar o estabelecido em lei, regulamento, ou ordem geral, assume o caráter de exceção, interpreta-se em tom limitativo, aplica-se às pessoas e aos casos e tempos expressos, exclusivamente".[36]

A interpretação extensiva do preceito conduziria, inevitavelmente, à violação do princípio da livre iniciativa (e, pois, da livre concorrência).

35. Não será oportuno, neste parecer, o debate a respeito da distinção entre *empresa* e *sociedade,* tema que encanta os comercialistas. Aqui basta enfatizarmos a circunstância de a lei referir-se à *empresa,* não ao *empresário.*

36. *Hermenêutica e Aplicação do Direito,* 6ª ed., Livraria Freitas Bastos, São Paulo, 1957, p. 291.

27. Por fim, cumpre deixarmos bem vincado que a jurisprudência norte-americana, que entende que a exclusividade imposta a alguns distribuidores seria razoável, *não é aplicável ao sistema brasileiro para fins de descaracterizar a infração à ordem econômica.*[37]

No sistema estrangeiro não são considerados ilícitos, em virtude da regra da razão,[38] os atos que restringem a concorrência de forma *razoável,* como explicamos acima. Já a lei brasileira determina que *qualquer ato que implique restrição à concorrência* (como aquele objeto do presente parecer) *deve,* para que não acarrete a aplicação das sanções previstas em lei, *ser submetido à apreciação do CADE*, nos termos do art. 54 da Lei n. 8.884/94.

De resto, pretender aplicar à hipótese a jurisprudência americana, que se embasa na regra da razão, equivaleria, em termos metodológicos, a isentar-se a prática com base no Regulamento Europeu n. 1.475, de 1995!

Aqui, também, é inadmissível a "colonização" do direito brasileiro.

28. Em face do exposto concluímos afirmando que:

a) a restrição pretendida pelo fabricante é ilícita, configurando infração à ordem econômica, o que determina a incidência do disposto no art. 20, inciso I, da Lei n. 8.884/94, bem como no inciso VI do seu art. 21; se a restrição afetar novos fabricantes estrangeiros de veículos automotores, que pretendam ter acesso ao mercado brasileiro, neste caso, desde que efetivamente comprovada essa pretensão, verificar-se-á, também, a hipótese prevista no art. 21, IV da Lei n. 8.884/94;

b) os distribuidores poderão encaminhar representação escrita e fundamentada à Secretaria de Direito Econômico – SDE, nos termos do disposto no art. 30 da Lei n. 8.884/94, comunicando a infração à ordem econômica praticada pelo fabricante;

c) se os agentes econômicos (produtor e distribuidores) vierem a se compor, no sentido de fazer constar aquela imposição restritiva da concorrência do contrato de concessão, neste caso deverão submeter a prática à análise do CADE, nos termos do disposto no art. 54 da Lei n. 8.884/94, sob pena de suportarem as multas previstas no art. 23 da Lei Antitruste e demais sanções aplicáveis.

É o que nos parece.

37. Essa jurisprudência poderia, no máximo, ser invocada para fins meramente argumentativos, se a prática fosse submetida à apreciação do CADE, com o fito de demonstrar o atendimento às *eficiências* colocadas pelo art. 54 da Lei n. 8.884/94.

38. A questão da exclusividade vem também regulada pelo art. 3º do *Clayton Act* e sua aplicação passa pela valoração típica da *rule of reason*. Dispõe o art. 3º do Clayton Act: *"It shall be unlafull ... that ... the purchaser ... shall not use or deal in the goods ... of a competitor ... of the ... seller ... where the effect of such ... sale ... may be to substantialy lessen competition"* (grifamos).

Impressão e acabamento: GRÁFICA PAYM Tel. (011) 4392-3344

RDM 114

DOUTRINA: O DIREITO DE RECESSO NO DIREITO BRASILEIRO E NA LEGISLAÇÃO COMPARADA – Newton de Lucca • A RESPONSABILIDADE SOCIAL DAS COMPANHIAS – Rachel Sztajn • CONDUTAS ANTI-CONCORRENCIAIS NO SETOR BANCÁRIO – Calixto Salomão Filho • ***ATUALIDADES:*** NEGÓCIOS COM OPÇÕES – A OPÇÃO FLEXÍVEL – Haroldo Malheiros Duclerc Verçosa • EFEITOS DO SILÊNCIO E DA RATIFICAÇÃO NO CONTRATO DE MANDATO CIVIL OU MERCANTIL – Jorge Lobo • OS JUROS NO DIREITO BRASILEIRO – João Luiz Coelho da Rocha • POSIÇÃO DO PROMITENTE-COMPRADOR, NO NEGÓCIO JURÍDICO COMPLEXO REGIDO PELA LEI DE INCORPORAÇÃO IMOBILIÁRIA, NA HIPÓTESE DE FALÊNCIA DO INCORPORADOR – Luiz Antonio Guerra da Silva • CRISE CAMBIAL E REVISÃO JUDICIAL DOS CONTRATOS DE "LEASING" INDEXADOS EM MOEDA ESTRANGEIRA: BREVE CONTRIBUIÇÃO AO DEBATE – Renato Ventura Ribeiro • BUSCA E APREENSÃO NA ALIENAÇÃO FIDUCIÁRIA – Luiz Rodrigues Wambier • REFLEXÃO SOBRE A ATIVIDADE INVENTIVA – Mauricio Lopes de Oliveira • O DIREITO DE CONTINUAR SÓCIO DE S/A FACE AS REORGANIZACÕES SOCIETÁRIAS – Christian Max Finardi Squassoni • FORMAÇÃO DO CONTRATO DE COMPRA E VENDA INTERNACIONAL DE MERCADORIAS – Patrícia Bezerra de M. Galindo da Fonseca • ***JURISPRUDÊNCIA COMENTADA:*** SOCIEDADE POR QUOTAS – Paulo Salvador Frontini • PENHORA DE DINHEIRO EM BANCO – Haroldo Malheiros Duclerc Verçosa • DISSOLUÇÃO PARCIAL DE S/A. QUEBRA DA "AFFECTIO SOCIETATIS". APURAÇÃO DE HAVERES – Uinie Caminha • DISSOLUÇÃO DE S/A. LIQUIDAÇÃO IRREGULAR. RESPONSABILIDADE DOS ADMINISTRADORES – Cesar Amendolara • CUMULAÇÃO DE CAUSAS DE DISSOLUÇÃO DE S/A. PREVALÊNCIA DAQUELA QUE OCORREU EM PRIMEIRO LUGAR. CASOS DE INCONVERTIBILIDADE DO PROCEDIMENTO DE LIQUIDAÇÃO – Jacyra Xavier de Sá • ***ESPAÇO DISCENTE:*** A ASSEMBLÉIA ESPECIAL DOS PREFERENCIALISTAS E OS PROCEDIMENTOS DE REESTRUTURAÇÃO DAS EMPRESAS – Pedro Marini Neto • ESTACIONAMENTOS EM "SHOPPING CENTERS" (UMA ANÁLISE DA EVOLUÇÃO JURISPRUDENCIAL) – Sandra de Medeiros Nery • ***TEXTOS CLÁSSICOS:*** O DESENVOLVIMENTO HISTÓRICO DO DIREITO COMERCIAL E O SIGNIFICADO DA UNIFICAÇÃO DO DIREITO PRIVADO – Tullio Ascarelli, trad. de Fábio Konder Comparato • ***PARECERES:*** QUESTÃO REFERENTE A LIVROS SOCIETÁRIOS E DOCUMENTOS RELATIVOS À PRESENÇA E ÀS DELIBERAÇÕES DAS ASSEMBLÉIAS-GERAIS – IRREGULARIDADES DE MENOR MONTA QUE NÃO SE CONFUNDEM COM FALSIDADE NEM JUSTIFICAM A SUA ANULAÇÃO – Waldirio Bulgarelli • RESTRIÇÃO À CONCORRÊNCIA, AUTORIZAÇÃO LEGAL E SEUS LIMITES. – LEI 8.884, DE 1994 E LEI 6.729, DE 1979 ("LEI FERRARI") – Eros Roberto Grau e Paula A. Forgioni

MALHEIROS EDITORES

Revista de Direito Mercantil

industrial, econômico e financeiro

vol. 158
:/jun. 2011